30년의 위기

탈단극 시대 미국과 세계질서

THE THIRTY YEARS' CRISIS

America and the World Order in the Post-Unipolar Era

First published in 2024 by Sungkyunkwan University Press
25-2, Sungkyunkwan-ro, Jongno-gu, Seoul, Korea
http://press.skku.edu

30년의 위기

차태서 지음

탈단극 시대 미국과 세계질서

성균관대학교 출판부

프롤로그

"첫 10년은 온갖 희망에 차 있다가
그다음 10년은 엄청난 절망으로 급전직하…."
—E. H. 카, 『20년의 위기』

1.

이 책 역시 특정한 정세(conjoncture) 속에서 탄생했다. 연구의 서두는 2016년 7월 도널드 트럼프(Donald J. Trump)가 세간의 예상을 뒤엎고 공화당의 대선후보로 지명되는 시점에 쓰여지기 시작했으며, 그로부터 7년가량 지난 2023년 가을, 러시아-우크라이나전쟁의 포성이 여전히 울리고 중동에서 새로운 분쟁의 불씨가 타오르는 가운데 전체 초고의 후반부가 일단락되었다. 각 장을 구성하는 개별 텍스트들은 물론 각기 특수한 계기로부터 탄생한 것이지만, 또한 동일한 시대의 생산물이기도 하다. 즉, 이 글들은 모두 탈냉전 '30년의 위기'라는 우리 시대의 고유한 역사적 국면을 미국과 세계질서의 변화라는 키워드를 중심으로 분석하고자 한 시도이다.

2020년대 초반은 세계사에서 하나의 거대한 순환(cycle)이 종료되었음을 조망하게 되는 시간이다. 2021년 여름 아프가니스탄에서의 미군 철수와 탈레반 재집권, 2022년 초 러시아의 우크라이나 침공 등은 단극체제의 균열과 자유세계질서 프로젝트의 종식을 재삼 확인시켜주었다. 특히 두 에피소드 모두 탈냉전기 미국에 의해 추진된 단선론적 역사철학에 근거한 거대 사회공학 구상이 모순에 부딪혀 나타난 후과라는 점에서, 각 사건은 오늘날 세계체제 요동의 징후로서 읽혀진다. 그리하여 오늘날 독일인들이 일컫는 '시대 전환(Zeitenwende)'의 계기가 도래하면서—마치 갑자기 대지진이 발생하면 감춰져 있던 지층이 노출되듯—그전에는 잘 드러나 보이지 않던, 미국이 건설하고 주도해온 소위 자유세계질서의 진실된 속 모습을 관찰할 수 있게 되었다.

회고건대, 팍스아메리카나의 거대한 전환이 시작된 것은 조지 부시(George W. Bush) 행정부 말기 전 지구적 금융위기가 발생하고 대테러전이 수렁에 빠지던 때부터다. 그러나 그 변화의 심도를 세계인 모두가 심각하게 느끼게 된 계기는 브렉시트(Brexit)와 트럼프의 당선이었고, 이때부터 미중 패권 경쟁의 심화, 코로나 팬데믹 기간 글로벌 거버넌스의 기능 부전, 그리고 마침내 우크라이나전쟁 발발 등의 사건을 경유하며, 우리는 전간기(戰間期, interwar period)의 기시감 속에 국제정치의 흐름을 불안한 마음으로 읽게 되었다. 안정적 패권국이 부재한 '대공위기(大空位期, Interregnum)'에 자유주의적 이상주의 프로젝트가 파산에 이른 상황이라는 역사의 평행성 때문에 E. H. 카의 불온한 예언에 우리가 귀를 기울이게 된 셈이다. 마치 전간기가 제1차 세계대전과 제2차 세계대전 사이의 짧은 간주곡에 불과했던 것처럼, 지난 탈냉전 30년의 '좋은 시절(belle epoch)'도 구냉전과 신냉전 사이의 휴지기에 불과했던 것은 아닐까.

다른 한편, 이 책은 특정한 정세의 산물인 동시에 또한 지배적인 정세에 이론적으로 개입하는 것을 목적으로 한다. 즉, 단극 하 자유국제질서라는 낡아버린 전제 혹은 '역사의 종언' 류의 자유(승리)주의적 시대정신 속에 세계를 파악하려는 지적 관성에 대한 비판을 중요한 목표로 삼았다. 또한 '각주구검(刻舟求劍)'의 고사가 예시하듯, 그간 당연시되었던 한국 외교의 정책 패러다임이 더 이상 현실적 해법이 되지 못할 수 있음을 깨닫고, 그 가정 전반을 재고하여야 함을 독자들에게 설득할 수 있길 바랐다. 건국 이후 사실상 전 기간 대한민국은 미국의 패권질서를 전제로 삼아 대외정책을 수립해왔다. 하지만 앞으로는 그러한 기본 조건이 거의 소멸된 환경에서 전면적으로 재검토된 국가전략을 발명해내야만 하는 암중모색의 시간이 상당 기간 지속될 것이다.

2.

이상의 맥락 속에 본서는 총 3부 10장의 내용으로 구성되어 있다. 책 전체의 이론적 분석틀을 소개하는 서장에서는 저명한 역사가이자 고전 현실주의 국제정치이론의 태두인 에드워드 할렛 카(Edward Hallet Carr)의 『20년의 위기(The Twenty Years' Crisis,

1919-1939)』를 원용하여 양차 대전 사이 시기와의 유비를 통해 우리 시대 거시적 변동의 대강을 이해해보고자 한다. 여기서는 특히 패권구조의 침식과 자유주의적 세계 비전의 실패 속에 지정학적 경쟁이 귀환하고 비자유주의적 사회 세력이 고양되는 양상에 초점을 두고서 냉전 후 30년 세계질서의 궤적을 시론적으로 재구성해볼 것이다.

제1부에서는 역사의 돌발적 에피소드로 치부되기 쉬운 '트럼프 현상'을 미국의 정치운동과 사상의 계보 그리고 국제구조의 맥락에 위치 지움으로써 그 성격을 명확히 하고, 동시에 그것이 동시대 세계질서 전반에 지니는 함의를 탐구한다. 제1장이 미국 포퓰리즘 운동의 궤적 속에 트럼프주의의 역사적 의미를 밝힌다면, 제2장에서는 미국사에 면면히 흐르는 반제국적 공화주의 전통에 비추어 트럼프 독트린의 핵심을 파악해본다. 이어서 제3장에서는 지금처럼 미국 패권의 하강 국면에 집권했던 리처드 닉슨(Richard M. Nixon)의 현실주의적 대전략과 트럼프의 이단적 외교 접근법의 유사성을 비교할 것이다.

제2부는 2017년부터 2021년까지 집권한 트럼프 행정부의 다사다난했던 행적을 민족주의, 주권, 동맹시스템 등을 중심으로 살펴봄으로써 제45대 미국 대통령의 대내외 정책이 자유국제질서 전반의 위기와 어떻게 결부되었는지 묘사할 것이다. 제4장에서는 미국의 전통적인 예외주의 정체성과 대외전략에서 이탈함으로써 트럼프 정부가 야기한 국내외 혼란과 갈등을 다룬다. 이는 포퓰리즘의 자장 속에 미국이 자기 역할 개념, 전략적 내러

티브 등을 현실주의 방향으로 변환시키고, 자유국제주의를 포기함으로써 전 지구적 공공재 제공 역할을 방기했을 때, 과연 어떤 세계가 도래할 것인가라는 화두를 제기했다. 다음으로 제5장과 제6장에서는 본래 탈근대적 네트워크 주권을 추구하며 근대 베스트팔렌 질서의 극복을 지향해온 미국의 대전략 노선이 일국 중심의 주권 관념과 동맹 개념으로 '퇴행'했을 때, 어떤 파급 효과들이 초래되었는지를 트럼프 시기 주요 국내외 정책별로 탐색해보았다.

제3부는 트럼프 정권에서 바이든 정부로의 이행기 과정을 추적하여, 탈단극 시대의 비전을 둘러싼 미국 내 사회 세력 간 노선투쟁이 미래 미국 정치와 국제질서 변동에 갖는 의미를 설명한다. 제7장은 비자유주의적 특수 서사에 기반한 트럼프주의자들과 전통적인 자유주의적 보편 서사를 복원하려는 바이든주의자들 간의 대결이 2020년 대선 국면부터 현재까지 국내정치적 차원에서 어떠한 전선을 형성해왔는지를 살펴보았다. 이어서 제8장에서는 2010년대 이후 국제정치의 메가 트렌드—탈자유질서화와 현실주의적 세계로의 진입—가 '가속화'되는 국면으로 팬데믹 시기를 조망하면서, 바이든 행정부가 빨라진 역사의 흐름을 재감속하는 제어장치의 역할을 어떻게 수행하고자 했는지를 검증했다.

본서의 내용을 종합하는 결장에서는 탈냉전 시기 단극체제가 다극적 전략 경쟁체제로 서서히 대체됨에 따라 팍스아메리카나의 거대한 요동이 나타나고 있으며, 우크라이나전쟁은 이러한 전 지구적 권력균형의 변동 과정을 표현하는 하나의 징후라고 규정한다. 이어서 향후 출현할 세계질서의 모습을 예측해보고자 하는데, 통상적인 국가 간 관계의 재정렬이라는 측면에서는 '불명확한 분기'가 현 세계의 주된 경향성으로 부각되는 반면, 보다 근원적인 조직 원리의 시각에서는 비자유주의적, 특수주의적 '문명국가들'이 지역별로 구축하는 위계적 국제질서들이 상호 경쟁하는 '다질서 세계'의 등장 가능성을 설명할 것이다. 마지막으로 에필로그에서는 이와 같은 탈단극적 '시대 전환'이 대한민국의 대외전략에 시사하는 바를 간략히 논할 것이다.

3.

본서는 필자가 이미 학술지에 발표한 여러 논문에 기반하고 있음을 밝혀둔다. 서장은 "탈냉전 '30년의 위기'"(2020), 제1장은 "The Return of Jacksonianism"(2016)과 "트럼프 행정부와 미국 외교의 잭슨주의 전환"(2017), 제2장은 "Republic or Empire"(2019), 제3장은 "Trump by Nixon"(2018), 제4장은 "예외주의의 종언?"(2019), 제5장은 "아메리카합중국과 주권의 문제 설정"(2019), 제6장은 "아메리카합중국과 동아시아 지역 아키텍처의 변환"(2020), 제7장은 "분열된 영혼?"(2022), 제8장은 "탈자유주의적 역사로의 가속화?"(2021), 결장은 "탈단극적 계기로의 진입?"(2023) 등에 기초해 있다. 각 장의 내용은 2023년 하반기의 시점에서 모두 대폭 수정·보완되었으며, 공저의 경우 공저자가 집필한 부분은 제외했다.

4.

많은 밀레니얼세대 국제정치학자들이 그러하듯 필자의 지적 성장 과정의 원점에는 '테러와의 전쟁' 국면이 자리 잡고 있다. 특히 이라크전을 개전하며 건국의 아버지들의 혁명정신을 계승하는 것이라고 의미를 부여하던 네오콘들의 그 '똘끼'에 개인적으로 큰 '괴이함(puzzle)'을 느꼈기 때문에, 석박사 과정, 근 10년의 세월을 통해 미국의 예외주의와 외교전통을 공부하게 되었다.[1] 도대체 저 '근자감' 가득한 자아 서사의 정체는 무엇인가. 개인적으로 18세기 아메리카합중국의 형성 과정에 한동안 맴돌게 된 이유가 여기에 있었다.

이런 맥락에서 2016년 귀국 직후, 트럼프가 강력한 대선후보로 부상하는 모습은 필자에게 커다란 충격으로 다가왔다. 미국 국가 정체성의 예외주의적 합의나 자유국제주의 대전략 컨센서스를 정면으로 부정하는 거대한 변동은 지금껏 공부해온 내용과 배치되는 또 하나의 퍼즐을 제시했다. 결국 필자는 미국 정치와 외교, 나아가 세계질서 전반에 대한 근본적 전제들을 다시금 반추해보는 시간을 가질 수밖에 없었다. 특히 그간 주류 패러다임에서 배제되었던 비자유주의 정치사상의 계보와 현실주의 고전들을 새롭게 읽는 계기가 만들어졌다.

이와 같은 노력의 작은 성과로서 이 책이 탄생하기까지 당연히 많은 분들의 지도와 편달이 있었다. 서울대학교 외교학과의 은사들께는 국제정치를 역사와 이론의 틀로 읽는 기본 안목을 배울 수 있었다. 특히 하영선, 최정운, 신욱희, 전재성 선생님들께 많은 가르침을 얻어 연구자로서의 기초체력을 쌓을 수 있었다. 존스홉킨스대학 유학 시절, 다니엘 듀드니(Daniel Deudney), 시바 그로보기(Siba Grovogui), 아담 샤인게이트(Adam Sheingate) 선생님들을 통해 미국 정치외교사의 다채롭고도 모순적인 면모들을 탐구하는 시야를 확보할 수 있었다. 한국학계에 발을 디딘 후에는 중앙대학교의 손병권, 이혜정 교수님, 경희대학교의 서정건 교수님 등이 닦아놓으신 비주류적 미국 정치연구의 길에 많이 의지했다.

다음으로 성균관대학교 정치외교학과 교수님들이 동료로 환대하고 격려해주신 덕분에 지난 5년 여간 마음 편히 학문의 길에 매진할 수 있었음에 감사의 말씀을 전한다. 특히 본서의 산파 역할을 자처해주신 이희옥, 윤비 교수님들께 큰 은혜를 입었다. 그리고 성균관대학교출판부 현상철 기획팀장님 덕분에 거친 원고가 크게 개선되고 세상에 선보일 자리를 찾게 되었음에 감사드린다. 정치외교학과 이일완 석사의 도움으로 초고의 편집 작업에 가속도가 붙을 수 있었던 점도 기록해두어야 한다.

가족의 사랑과 위로가 저술 과정에 없어서는 안 될 자양분이었다는 점은 두말할 나위가 없다. 늘 곁에서 외아들의 건강과 안위를 걱정해주시는 부모님께 이 책이 조금이나마 자랑거리가 될 수 있길 바란다. 또한 이런 읽히지 않는 책만 쓰는 정치학자보다 백만 배쯤 더 인류에 공헌할 것이 분명한 바이러스 연구자이면서도, 자신의 시간과 에너지를 쪼개 모자란 남편을 뒷바라지해준 아내 박영란 박사에게는 늘 미안한 마음뿐이다. 걷는 법을 잊은 채, 해맑게 웃으며 온 사방을 항상 뛰어다니는 두 살배기 현우(晛宇)와 아비의 국제정치를 읽는 안목에 대해 함께 이야기할 수 있는 날이 오는 것을 상상해본다.

마지막으로 본서의 이론적 배경을 이루는 서장 초고의 공저자인 고(故) 류석진 교수님 영전에 이 책을 바친다. 류 선생님은 학계에서 그다지 환영받지 못하는 천덕꾸러기 같은 공부를 하는 후배 학자들을 모아 격려해주시고 보듬어주신 은인으로 기억될 것이다. 햇수로 치면 선생님과 함께한 국제정치이론 공부모임(SIT)도 6년 가까이 진행되었는데, 이토록 허망하게 보내드리게 될 줄은 전혀 알지 못했다. 삼가 고인의 명복을 빈다.

2024년 1월

명륜동 연구실에서

차태서

목차

서장

탈냉전 30년의 위기: 다시, E. H. 카를 읽는 시간

1. 전간기의 추억: 자유주의적 세계질서의 침식과 유토피아주의의 종언

반세기 가까이 이어진 자본주의와 공산주의 진영 간의 경쟁이 종식되어가던 격랑의 시절, 프랜시스 후쿠야마(Francis Fukuyama)는 "역사의 종언"을 선언함으로써 일약 세계적 스타 지식인의 반열에 올랐다. 냉전에서 미국 측의 승리는 세계사에 늘 존재해왔던 지정학적 경쟁의 결착만을 의미하는 것이 아니라, 자유주의를 정점으로 하여 앞으로는 인류사에 더 이상 이데올로기의 진화가 없을 것이라는 주장을 담은 역사철학적 선언이었다.[1] 이로써 역사의 종언이란 슬로건은 탈냉전 세계의 시대정신 혹은 지배담론을 상징했고, 보편주의와 계몽주의적 진보관에 기반한 자유주의적 세계질서는 영원히 지속될 인류의 꿈과 희망을 체현한 것처럼 간주되었다.

그러나 후쿠야마의 선언으로부터 30여 년이 흐른 오늘날, 우리는 뜻밖에도 자유주의적 지구 질서의 종말이 운위되는 대반전의 상황을 목도하고 있다. 이미 2003년 이라크전을 기점으로 신보수주의자들의 승리주의적 태도와 결별했던 후쿠야마는 포퓰리즘의 부상과 도널드 트럼프 대통령 당선이라는 시대적 국면을 경유하면서 본인 스스로 역사의 종언 테제에 일정 정도 유보적 태도를 견지해왔다. 특히 탈냉전기 미국의 대내외 정책들의 중대한 실책들—구공산주의 지역에 적용된 쇼크 독트린, 북대서양조약기구(NATO) 동진 등—을 언급하면서 그는 극우적 "정체성 정치"의 부상과 그로 인한 자유민주주의의 쇠퇴가 서구사회에 만연하고 있음에 주목했다.[2] 이에 일부 평자들은 "역사의 종언의 종언"을 선언하기도 했다.[3]

E. H. 카의 『20년의 위기』 표지

이러한 맥락에서 본서는 국제정치학의 고전인 에드워드 할렛 카(Edward Hallet Carr)의 『20년의 위기(The Twenty Years' Crisis, 1919-1939)』를 이론적 분석의 주축으로 삼고, 양차 대전 사이 20년과 구냉전과 신냉전 사이 30년의 유비를 통해 우리 시대 거시적 변동의 대강을 이해해보고자 한다. 이는 한편으로 현대 국제정치학계에서 고전적 현실주의(classical realism)에 대한 재독해가 유행하고 있는 조류에 조응하는 것으로, 특히 자유주의의 승리가 확정된 듯 보였던 탈냉전기에 반자유주의적 입장과 친소련적 태도 때문에 거의 죽은 사상가 취급을 받았던 카가 오늘날 체제 전반의 위기와 맞물려 화려하게 부활 중인 분위기에도 부합한다.[4]

에드워드 할렛 카(© National Portrait Gallery, London)

그리하여 책 전체의 이론적 틀을 소개하려는 본 서장에서는 『20년의 위기』의 문제의식을 구체적으로 살펴본 후, 이에 비추어 실제 오늘날 지정학 영역의 위기가 어떤 형태로 심화하고 있는지를 묘사해보고자 한다. 그럼으로써 이 시대에 우리가 직면한 근본적 질문, 즉 현재의 세계사적 국면이 과연 전간기(戰間期, interwar period)에 버금가는 체계적 혼돈 상태인지,[5] 아니면 일시적인 긴장일 뿐 자유주의 질서는 과거의 고난 속에서도 그랬듯 다시금 부활할 수 있을 것인지[6]에 대한 일정한 실마리를 탐색해볼 것이다.

2. 카의 계기

카는 1939년 쓰여진 『20년의 위기』 초판 서문에서 "양차에 걸친 세계대전 사이 '20년의 위기'보다 미래의 평화 수립자들에게 소중한 교훈을 주는 역사적 시기는 없다"라고 단언했다.[7] 본서 역시 기본적으로 역사의 거시적 평행구조가 1930년대와 현재 사이에 존재한다는 점에 착안하고, 카의 이 같은 주장—혹은 불길한 예언—에 귀 기울이고자 한다. 다시 말해 카가 제시한 전간기에 대한 구조적 분석과 오늘날의 상황을 비교하여 그 역사적 유사성을 특정함으로써 이 책의 전체적 내용을 이끄는 화두로 삼을 것이다.[8]

카는 다음과 같이 20년간 위기의 내용을 요약한 바 있다.

> 1919-39년간 위기의 특징은 첫 10년간에는 온갖 희망에 차 있다가 그다음 10년간에는 엄청난 절망으로 급전직하했다는 점이다. 바꿔 말하면 현실을 무시한 이상에서 이상을 잃은 현실로 급작스럽게 떨어졌다고도 할 수 있다. 1920년대의 신기루는 그 이전 한 세기의 뒤늦은 회고라고

할 수 있다. 영토와 시장의 끊임없는 확장, 확고한 자신감과 큰 부담이 없는 영국 패권에 의해 질서가 유지되는 세계, 상호 간의 갈등은 공동의 개발과 착취의 영토로 점진적 팽창을 통해 해소되는 '서방문명', 개인에게 좋은 것은 사회에도 좋고 경제적으로 옳은 것은 도덕적으로도 옳다는 손쉬운 가정 등의 시대가 바로 그때였다.[9]

카는 제1차 세계대전 이후 19세기 팍스브리태니커를 재건하려던 시도가 끝내 실패해버린 체계적 혼란기의 세상을 분석하면서, 크게 두 가지 요소를 강조한다. 하나는 물질적 영역에 관한 이야기로서 패권 이행과 '시장의 조화'에 기초한 자유방임경제의 몰락 그리고 뒤이은 파시즘의 부상이라는 구조적 변동에 대한 분석이며, 다른 하나는 이데올로기 차원에서 전간기를 지배했던 자유주의적 이상주의의 부침에 대한 서사다.

1) 자유주의적 세계질서의 구조적 위기: 패권 하강, 대공황 그리고 파시즘

『20년의 위기』는 현대 국제정치학의 용어를 빌리자면, 패권 안정론의 입장에서 국제질서의 흥망성쇠를 설명하고 있다. 이러한 이론적 입장에서는 "역사상 세계 사회를 건설하려는 모든 시도는 단 한 나라가 부상하면서 생긴 일"이며, 안정적인 국제질서는 유일의 패권국이 존재할 때만 건설될 수 있다고 본다.[10] 19세기 이래 팍스브리태니커 또한 하나의 우세한 권력으로서 영국이 안보, 금융, 무역에서 세계적 차원의 공공재를 제공함으로써 창출했던 안정적 국제질서다. "마치 세계 사회가 공통된 이익과 정서를 가진 것과 같은 환상"이 이 질서 내부로부터 형성되었다. 그러나 "그 질서는 바로 그 권력의 상대적·절대적 쇠퇴에 따라 붕괴"하고 만다.[11]

보다 구체적으로 카는 이른바 "이익의 조화에서 이익의 충돌로 넘어가는 전환기는 대체로 19세기에서 20세기로 넘어가는 전환기와 일치"했다고 평가하면서, 열강 간 식민지 쟁탈전의 가열, 반유태주의와 반이민 정서의 부상, 경제민족주의의 유행 등이 그 증상이었다고 말한다.[12] 그러므로 1930년대 "전체주의의 등장은 위기의 원인이 아니라 결과였다. 전체주의는 질병이 아니라 그 증상일 뿐이었다. 위기가 치닫는 곳 어디에나 이와 같은 증상을 남겼다"는 것이 그의 진단이다.[13] 그리고 결국 그렇게 증폭된 20년간의 위기는 제2차 세계대전이라는 거대한 파멸로 절정에 이르게 된다.

현재 자유주의적 세계질서가 겪고 있는 "쌍둥이 위기"[14]와 그 '증상'으로서 포퓰리즘의 부상은, 우리가 전간기와의 역사적 유추를 통해 탈냉전 30년의 위기에 대해 논할 수 있는 구조적 조건을 형성한다. 쌍둥이 위기란 대략 2008년 전후를 기점으로 표출된 팍스아메리카나의 지정학적 위기와 정치경제적 위기를 말한다. 즉, 9.11사건 이후 이어진 테러와의 전쟁이 실패하고 미국의 군사적 패권의 취약성이 노출된 상태에서 신자유주의적 지구화의 균열을 의미하는 금융위기와 대침체(Great Recession)까지 밀어닥쳤다. 그에 따라 세계적 차원에서 세력균형의 변동과 그 여파가 뚜렷해졌는데, 바로 중국이 급부상하면서 수정주의적 대전략을 추구하기 시작한 것이다. 이로써 현상을 유지하려는 워싱턴과 현상을 변경하려는 베이징 (그리고 모스크바, 테헤란 등) 사이에 거대한 지정학적·지경학적 경쟁이 목하 진행 중이다.

나아가 2015-16년부터 시작된 선진 서구 세계에서의 정치적 격변, 즉 브렉시트(Brexit), 트럼프 당선, 서유럽에서 우파 포퓰리즘의 득세 등은 이러한 위기의 징후이자, 그 위기가 얼마나 심도 있게 진행되고 있는지를 예증해주는 사건들이었다. 전후 자유주의적 세계질서를 구성하고 추동해온 세계체제의 핵심부에 더는 자유주의 시스템에 대한 사회적 합의가 존재하지 않음이 백일하에 드러난 셈이었다.[15] 이러한 사태의 전개는 과거 대공황과 파시즘의 부상 그리고 무엇보다 독일의 재부상 문제를 어떻게 평화적으로 해소할지 등을 핵심적 집필 동기로 삼았던 카의 시대사적 문제의식과 근원적 수준에서 공명하고 있다.

2) 자유주의적 이상주의에 대한 지식사회학적 비판

다른 한편, 카는 20년의 위기를 초래한 또 하나의 중대한 원인으로서 이상주의라는 이데올로기적 요소를 지목한다. 그가 보기에 동시대의 혼란은 영국 패권에 의존해 있던 정치경제 구조의 붕괴일 뿐만 아니라, 19세기적 자유방임주의에 착근해 있던 이념적 구조의 붕괴라는 특징을 지니고 있었다.

> 오늘날 국제정치에서 우리가 직면한 것은 한 세기 반 동안 정치적·경제적 생각을 지배해온 도덕률의 철저한 붕괴이다…… 각국이 전 세계적 이익을 추구함으로써 동시에 개별 국가의 이익을 얻을 수 있다는 것도 불가능했고, 개별 국가의 이득을 추구함으로써 세계 전체의 이익을 극대화하는 것도 불가능했다…… 오늘날 세계 위기의 내부적 의의는 이익의 조화에 기반한 이상주의의 전체 구조가 붕괴했다는 점이다.[16]

다시 말해, 카는 19세기 영국 주도 세계질서를 풍미한 자유(방임)주의적 사고방식—모든 것이 '저절로 잘 돌아갈 것'이라는 지배 이데올로기의 편향성—이 어떻게 국제정치와 경제 영역 모두에서 파멸을 야기하고 말았는지에 대한 비판의식을 지니고 있었다. 이상주의에 대한 현실주의의 비판이라는—국제정치학계에서 소위 '제1차 대논쟁(first great debate)'으로 불리는—거대 서사는 바로 카가 지녔던 이와 같은 문제의식(problématique)에서 비롯된 것이다.[17]

여기서 주목할 것은 바로 카의 현실주의가 보유한 비판이론으로서의 면모이다. '문제해결적(problem-solving)' 이론으로서의 색채를 강하게 띠는 신현실주의와 달리, 고전적 현실주의자들에게는 비판이론가로서의 특징들이 엿보인다. 카의 이상주의 비판의 핵심은 무엇보다 그것이 지배 세력의 현상 유지를 위한 이데올로기였다는 폭로와 결부된다.[18] 카는 칼 마르크스(Karl Marx)와 칼 만하임(Karl Mannheim)의 지식사회학적 문제의식을 수용하여 이론의 존재구속성과 상대성을 강조하고, 이에 대한 성찰과 반성의 필요성을 주창했다.[19] 이론이란 결국 현실의 반영이며 정치적 필요에 따른 원칙일 따름이다.[20] 이러한 사고방식에서 보면, 당대의 지배적 사조인 이상주의도 결국은 절대적 진리나 객관적 사실이 아닌 일정한 물질적 기반과 사회 세력 관계에 입지한 상대적 지식일 따름이었다.

> 이상주의에 대한 현실주의의 비판 중에서 가장 치명적이고 설득력 있는 부분은 바로 국제정치에서 흔히 주장되는 추상적 원칙들의 현실적 배경을 들춰내는 것이다…… 중요한 것은 이들 원칙이 추상적이고 보편적인 원칙인 것처럼 보이지만, 실제로는 특정 시점에 특정한 방식으로 이해한 국가 이익에 기반한 국가정책을 무의식적으로 반영한데 지나지 않는다는 사실이다.[21]

특히 "이익의 조화"라는 이상주의의 국제도덕 독트린은 당대 "지배국들의 산물"로서 "이들의 지배를 영속시키기 위해 고안된 것"에 불과했다.[22] 즉, 카는 비판이론적 접근을 통해, 결국 이상주의는 "자국의 이익에 보편적 이익이라는 이름을 붙여 전 세계에 팔아먹으려는" 강대국들의 이데올로기적 시도일 뿐임을 폭로했다.[23] "이익의 조화란 사상은 특권집단들이 그들의 지배적 지위를 정당화하고 유지하기 위해 주장하는 탁월한 도덕적 장치"에 불과한 것이었고,[24] 종국에는 1930년대 기성 국제/국내질서의 모순이 첨예화되자, 반(反)자유방임주의의 기치를 내건 국내외의 도전 세력들—파시즘과 공산주의 등—에 의해 "보이지 않는 손"이 모두의 이익을 보장한다는 관념 자체가 붕괴하고 말았다.

제2차 세계대전의 발발이 임박했던 1937년, 카는 빅토리아식 자유방임주의로 다시 복귀할 것을 주창한 월터 리프먼(Walter Lippmann)을 비판하며, "지난 과거에서 유토피아를 찾는 것은 도무지 이해가 안 되는 시대착오일 뿐이다. 역사는 진로를 거꾸로 되돌리는 법이 없다"라고 주장했다.[25] 그러나 실제 역사의 궤적은 그의 예언을 빗나가고 말았다. 제2차 세계대전 후 소위 "내장된 자유주의(embedded liberalism)"의 시기를 지나, 미국 주도의 세계질서는 1980년대에 이르러 신자유주의라는 이상주의의 재판(再版)을 다시금 지도원리로 삼게 되었던 것이다. 마치 전간기를 통해 학습했던 역사의 교훈은 완전히 망각된 듯이, 역사의 원점으로 되돌아가버렸다. 그리하여 지난 탈냉전 30년간 또다시 1920년대에 지배적 사조를 이루었던 이상주의가 자유주의적 국제주의, 글로벌 거버넌스(global governance), 신자유주의적 지구화 담론 등의 형태로 재번성하게 되었으며, 단극체제라는 보기 드문 환경 조건 아래 전 지구적 정치와 경제 구조가 19세기적 자

유주의의 틀에 맞추어 재변형되어갔다.

그러나 탈냉전 30년을 지배한 범세계주의(cosmopolitanism)와 단선적 진보론에 기반한 자유주의적 세계질서 건설 프로젝트는 또다시 비극적 결과를 맞이할 위험에 처해 있다. 실증주의적 사회'과학'이론으로서 민주평화론이나 신고전 경제학 자체는 일정한 객관성을 보유하고 있지만, 문제는 그들이 미국 외교정책상의 정권 교체론이라든지, 워싱턴컨센서스(Washington Consensus)와 같은 국제기구의 교조적 독트린으로 진화되었을 때 발생했다. 특히 자유주의가 마치 구소련 시절의 마르크스-레닌주의와 같은 강성 이데올로기(hard ideology)가 되어 역사철학적·목적론적 신념의 형태를 띠었을 때, 이라크전쟁 실패와 세계 금융위기와 같은 대규모의 재앙을 불러오고 말았다.[26] 역사의 종언이라는 단극 시대의 유토피아적 판타지에서 벗어나 자유주의적 세계질서 프로젝트의 한계를 비판하고, 역사의 주기성과 비극을 다루는 현실주의 전통의 고전들을 다시 펼쳐 들어야 하는 "카의 계기(Carr moment)"가 도래한 것이다.[27]

3. 투키디데스의 시간: 지정학적 위기의 도래

현실주의자로서 카에게 정치의 본질이란 언제나 "권력정치"[28]이며, 특히 국제정치의 영역은 현상 유지를 원하는 기성 패권국과 이에 대해 불만을 느끼는 신흥 도전국 사이의 갈등이 상존하는 영역으로 이해된다. 이런 맥락에서 패권국이 설파하는 평화론 또한 지식사회학적 분석에 의해 통렬히 비판된다. 비록 패권국들은 자신들의 세계질서가 인류 모두를 위해 이로운 보편적 진보의 최종 성과물이라고 주장하나,[29] 실상 국제질서나 국제단결 같은 이상은 '강자들의 슬로건'에 불과하기 때문이다.[30]

> 평화의 유지라는 공동의 이익은 결국 지배국가 혹은 지배국가 집단에 의해 창출된 것이다. 국내사회에서 지배집단이 자신의 안전과 번영을 보장해주고 자신의 지위를 위협할 계급투쟁을 막아줄 평화를 갈구하듯이 국제평화도 지배국가들의 기득권을 대변한다. 과거 로마와 영국의 제국주의는 '팍스로마나(pax Romana)'와 '팍스브리태니커(pax Britannica)'란 이름으로 정당화되었다.[31]

따라서 지배적 국가들이 자신에게 유리하도록 구성해놓은 기성 국제질서와 협력에 의한 평화에 대해 도전국들은 당연히 냉소적인 태도를 지니게 되며, 패권질서의 이데올로기인 국제주의에 맞서 "민족주의적" 대의를 내세우게 마련이다.[32] 이러한 국제정치사의 주기성, 즉 고대 그리스의 투키디데스(Thucydides) 이래 현실주의 사상가들이 늘 언급해온 역사의 비극적 반복성에 대한 일반적 평가는 특히 '20년의 위기' 기간 국제질서에도 비판적 시선을 보내게 되는 근거가 된다.

영국 패권질서가 굳건하여 비교적 평온했던 19세기의 산물인 자유주의적 정치 관념이 제1차 세계대전 후 국제정치에까지 전이되는 바람에, 이 시기 이상주의적 담론에서는 마치 현실정치(realpolitik)가 사악한 과거 시대의 유물인 것처럼 간주되었다. 그러나 실상 당대의 세계질서 또한 현상 유지를 원하는 강대국들이 권력을 독점했던 상황의 산물일 뿐이었다.[33] 가령 이상주의 프로젝트의 궁극의 피조물인 국제연맹(League of Nations)조차도 항상 영국, 프랑스 등 강대국들의 결정에 따라 좌지우지되었다는 점에서 '강대국들의 독재'란 국제정치에서 일종의 자연법과도 같은 사실이라는 것이 카의 주장이었다.

따라서 당대 이상주의자들이 세계정부를 설립하려 했던 모든 시도는 영토 민족국가에 기반을 둔 권력이 근대 국제정치의 핵심임을 이해하지 못했거나, 의도적으로 은폐시킨 것에 기인한 환상일 뿐이었으며,[34] 결국 1931년에 '권력정치의 복귀'가 일어났다고 인식된 것은 사실 현상 유지 국가들이 누렸던 그때까지의 권력 독점이 이 시점을 기준으로 끝났음을 의미했을 따름이다. 아울러 제1차 세계대전 승전국들의 현상 유지에 맞서 도전국들이 현상 변경을 추구한 것을 두고 "도덕 대 권력의 투쟁"이라고 정의 내리는 것도 오류이다. 왜냐하면 기성 강대국들이 자기 입맛에 맞는 국제질서를 강요하고 그것을 평화로 이름 붙이는 행위 자체가 권력정치적 현상이기에, 양측 모두 도덕의 문제와 상관없이 현실정치의 패러다임을 따르고 있었다고 보아야만 한다.[35]

이와 같은 카의 전간기 해설은 탈냉전기 미국이 주도한 자유주의적 세계질서의 지정학적 궤적을 이해하는 데도 중요한 시사점을 제공한다. 21세기 전환기를 풍미했던 지구화와 글로벌 거버넌스의 도래에 대한 담론들은 탈베스트팔렌, 초국적 공간의 탄생을 논의했으며, 강대국 간 전쟁이 더는 발발하지 않는 평화시대의 등장을 선언했다.[36] 특히 민주주의와 시장, 국제기구 그리고 그 모든 것을 떠받치고 있는 자유주의적 패권의 존재가 영구적인 세계평화를 실현해왔다는 임마누엘 칸트(Immanuel Kant)식의 역사비전이 사회과학이론의 형태로 유행했다.[37] 비록 자유주의적 국제정치이론의 구체적 내용은 다소 변경되고 더 세련되어졌으나, 20세기 초 노먼 엔젤(Norman Angell)이 국가 간 전쟁을 "거대한 환상(Great Illusion)"이라고 설파했던 것과 비슷한 양상이 반복된 셈이다.[38]

나아가 소련이 자체 모순에 의해 안으로부터 무너지고 20여 년간 단극 지배체제가 지속되자, 마치 지정학의 논리로부터 미국이 영원히 해방된 것처럼 사고하는 분위기마저 워싱턴 정책서클 내에서 나타나기 시작했다. 그러한 시대정신이 절정에 이른 네오콘(Neocon) 집권기를 상징한 장면이 바로 2004년 부시 행정부의 한 고위관료가 언론인 론 서스킨드(Ron Suskind)에게 했다는 다음과 같은 발언이다. "이제 우리는 제국이다. 우리가 행동함으로써 우리 자신의 현실을 스스로 창조해낸다."[39]

그러나 양차 대전 사이 "20년의 위기" 시기의 이상주의적 집단안보론과 민주주의 전파론이 "미국이라는 거울에 비친 19세기 자유주의 사상의 잔영"이었던 것처럼,[40] 21세기 '30년의 위기' 시기를 지배한 지구화와 민주평화에 대한 찬가 역시 예외주의와 승리주의적 진보론에 빠진 미국식 자유주의 프로젝트의 산물이었고, 이 또한 전간기와 마찬가지로 다시 한 번 차가운 현실의 벽에 부딪히고 만다. 2000년대 첫 10년간 수행한 대테러전의 실패로 제국적 과잉 팽창의 문제가 심화하면서 미국 권력이 상대적으로 쇠퇴하기 시작했다. 이에 더해 단극체제라고 하는 예외적 조건이 사라지고 탈냉전기의 장밋빛 꿈이 스러지면서, 금세 강대국 간 경쟁의 회귀라고 하는 현실주의적 진실의 순간이 도래했다.[41] 그리고 급기야 2022년에는 우크라이나전쟁까지 발발하고 말았으며, 중동, 대만해협, 한반도 등 지구 곳곳의 지정학적 단층선들에서 미국의 억지력이 약화됨과 동시에 군사적 긴장이 고조되고 있다.[42]

결국 카의 분석과 같이 자유주의적 세계질서란 패권국가 미국과 초국적·지구주의적 엘리트의 이익을 반영한 헤게모니 담론의 산물로서, 현상 유지를 원하는 기성 강대국의 하강과 현실 변경을 원하는 수정주의 대국들의 부상이라는 변화된 구조적 조건과 함께 쇠락했다. 제1차 세계대전 이후건, 제2차 세계대전 이후건 미국의 자유주의적 국제질서 구상은 나름의 진보성과 이상을 반영한 것으로, 과거 세계정치를 점철했던 대규모 전쟁의 참상을 벗어나 항구적인 평화를 수립하려는 진지한 시도였음은 틀림없다.

그러나 "어떠한 이상도 제도화되면 더 이상 이상이 아니라 이기적인 이해관계의 한 표현으로 전락하여 새로운 이상에 의해 타도의 대상"이 된다고 했던 카의 통찰처럼,[43] 팍스아메리카나도 일정 시기부터 위선과 강압의 형태로 비판받게 되었고, 종국에는 중국, 러시아, 이란 같은 수정주의 세력에 의해 도전받게 된 것이다.

이러한 맥락에서 2010년대 중반부터 현실주의 계열의 담론들이 여러 형태로 재부상하기 시작했다. 한때 주류 워싱턴 싱크탱크와 미국 외교정책 학계에서 완전히 주변화되었던 탈냉전기 현실주의자들의 운명[44]이 전변되어 공론장의 중심 위치로 화려하게 복귀해왔다. 특히 이들 현실주의자들은 승리주의와 낙관주의가 팽배했던 지난 세월 "누가 지배적 의견에 맞서 미국 외교정책의 오만과 자유주의적 세계질서의 지속불가능성에 대해 줄기차게 경고했는가"라는 식의 자긍심을 표출하기도 한다.[45]

보다 구체적으로 살펴보면, 첫째, 지정학의 귀환에 대한 논의가 등장했다. 러시아와 중국의 부상과 더불어, 이들이 세력권을 구축하는 과정에서 부각된 시리아, 우크라이나, 남중국해, 대만 등의 지정학적 발화점들에 관심이 집중되고 있다.[46] 이에 따라 기성 자유주의적 복합상호의존론(complex interdependence)에서 찬양한 지구화와 국가 간 연결성의 증대도 "무기화된 상호의존"이라는 표현이 지적하듯 이제는 지경학적(geoeconomic) 경쟁의 도구로 이용되는 상황이 두드러지게 나타났다.[47] 이는 결국 역사의 종언론이나 칸트적 영구평화론과 완전히 배치되는 역사의 귀환이자, 홉스적 세계의 재림을 지시한다. 우리는 "밀림이 다시 자라나는 세계"로 진입하기 시작한 것이다.[48]

둘째, 격화되는 미중 전략 경쟁의 맥락에서 패권 이행 혹은 세력 전이론에 대한 새로운 관심이 고조되고 있다.[49] 특히 세계적으로 크게 유행한 '투키디데스 함정' 논의는 역사의 반복과 비극이라는 고전적 현실주의의 세계관을 본격적으로 부활시켰다.[50] 이 개념은 간단히 말해 신흥강국이 급성장하여 기존 패권국가의 지위를 위협할 때 생기는 대결 국면의 위험성을 가리킨다.

고대 그리스 시절 도전국 아테네와 패권국 스파르타 사이의 전쟁을 기록한 『펠로폰네소스 전쟁사』에서 투키디데스가 정의한 전쟁의 근본적 원인—"아테네의 부상과 그에 따라 스파르타에 스며든 두려움"—은 이후 세계사에서 여러 패권전쟁의 발발 이유를 설명하는 데 유용한 프레임을 제공한다. 예컨대 20세기 전반 기성 패권국 영국과 제2차 산업혁명 및 통일의 성과를 등에 업은 독일 사이에 존재했던 긴장과 불안이 양차 대전으로 이어졌던 상황이 그 대표적 사례로 꼽힌다. 이런 이론적 맥락에서 과연 미중 관계가 투키디데스 함정에 빠져들 것인가라는 핵심 퍼즐과 함께,

중국의 지속적인 성장 가능 여부, 평화적 세력 전이의 조건, 패권 이행의 국면별 평가, 여타 중소국의 이행기 대응전략 등 여러 파생적인 질문들에 대한 국제정치학계의 논쟁이 활발히 진행 중이다.[51]

오스트리아 빈 의사당 앞의 투키디데스

셋째, 이상의 이론적·역사적 논의를 바탕으로 오늘날 현실주의 이론가들은 미국의 기존 대전략 합의 사항인 자유주의적 국제주의를 비판하고, 그에 대한 대안으로서 역외균형전략(offshore balancing) 등을 제시하고 있다. 탈냉전기 자유주의적 패권전략이 야기한 과잉 팽창은 결국 미국의 국력을 약화시키는 결과를 낳았기 때문에, 전체적으로 대외 개입을 축소하고 역외균형자로서 핵심적 이익에만 제한적인 관여를 추구하자고 하는 주장이다.[52] 특히 미국의 이미지—자유민주주의와 자본주의—에 따라 세계를 변환시키겠다는 혁명적 외교정책 노선을 폐기하고, 구체적인 안보 위협에만 대처하는 실천지(prudence)를 발휘하고자 한다. 지역적으로는 대개 유럽, 중동에 대한 관여를 대폭 감축하면서 중국에 대한 봉쇄에만 집중할

것을 조언하고 있다.[53]

이 지점에서 제45대 미국 행정부의 공식 외교 독트린이 상당 부분 현실주의적 전환에 부응하는 모습을 보였었다는 사실에 주목할 필요가 있다. 바로 이 점이 지난 트럼프 집권기 이단성의 핵심을 이루었으며, 그 시기부터 기성 자유주의적 세계질서의 파열이 가속화되었던 원인이기도 하다.

먼저 트럼프 시대에 들어 미국 외교정책 엘리트 그룹 내부에 일정한 세력 변동이 발생했었다는 점을 짚어봐야 한다. 본래 워싱턴의 주류를 형성하고 있던 초국주의적 엘리트 그룹과는 별개로 존재하는 포퓰리스트적 헤게모니 네트워크가 일정 부분 백악관을 장악했으며,[54] 이 새로운 지도부는 개입주의와 지구화론을 정면으로 부정하면서, 기성 자유주의적 국제주의 전략이 미국의 국력을 약화시켰음을 비판했다. 대신에 민족주의적 비전에 기반한 새로운 역할 정체성을 내세우고, 그간 지구 공공재를 제공해온 세계경찰과 세계금고로서의 역할은 폐기할 것을 강조했다.[55]

한편 트럼프 행정부는 같은 맥락에서 『국가안보전략서(National Security Strategy, NSS)』를 필두로 한 공식 문건들을 통해 자유주의적 세계질서가 쇠퇴하고 대신에 강대국 간 경쟁의 시대가 부상했음을 명확히 했고, 중국과 러시아 같은 수정주의 국가들의 도전이 국가 이익의 최대 위협이 되었음을 적시했다.

> 1990년대 이래 미국은 커다란 전략적 자만심을 보여왔다. 우리는 미국의 군사적 우위가 보장된 것이고 민주적 평화

> 가 필연적인 것처럼 가정했다. 우리는 자유민주주의의 확대가 국제관계의 성격을 근본적으로 변화시켜 경쟁이 평화적 협력에 자리를 내어줄 것으로 믿었다…… 과거 세기의 현상으로 치부되었던 강대국 간 경쟁이 귀환했다. 중국과 러시아는 지역적·세계적 차원에서 자신들의 영향력을 다시 발휘하기 시작했다. 오늘날 그들은 위기 때 미국의 접근을 거부하고, 평시에 주요 상업지대에서 자유롭게 작전을 펼 수 있는 우리의 능력을 약화하기 위한 군사 역량을 전개하고 있다. 간단히 말해 이들은 우리의 지정학적 이익을 침해하고 국제질서를 자신들에게 유리하게 변화시키고자 노력하고 있다.[56]

이러한 지정학적·구조적 조건 변화에 대응해 미국의 대전략 전반을 전환하고자 시도한 것이 '트럼프 독트린'의 요체였다. 이제 단극 시대에 만들어졌던 구패러다임을 폐기하고, 개별 지역 패권의 등장을 저지하는 데 주력하는 새로운 대전략을 구축할 시기가 당도했다고 본 것이다.[57]

그런 대안 전략 패러다임에서 가장 눈에 띄었던 것은 바로 중국에 대한 대책 부분이었다. 특히 마이크 펜스(Mike Pence) 당시 부통령은 반복적으로 대중 전략의 대전환을 선언했는데, "관여와 확장(engagement and enlargement)"을 통해 중국을 자유화하고 미국 주도 세계체제의 "책임 있는 이해 상관자(responsible stakeholder)"로 변화시킬 것을 추구했던 국제주의 전략의 최종적 실패를 적시하고, 이를 대체하여 전방위적인 현실주의적 봉쇄론으로 이행할 것을 선포했다.[58] 이와 같은 대중 전략의 변동은 "인도-태평양 전략"의 형태로 구체화되었으며,[59] 실제 정책에서는 치열한 대중 무역/기술전쟁의 전개로 이어져 소위 '신냉전'의 도래에 대한 논의들이 증가했다.[60] 그리고 이러한 사태의 전개는 2021년 민주당으로 정권이 교체된 후에도 큰 방향 수정 없이 현재 진행형이다.

4. 30년의 위기 이후: 다시 이상주의로?

대개 지나간 위기의 분석보다 앞으로의 예측이 더 어렵고, 문제의 해결책을 제시하는 것은 그보다 더 난이도가 높은 경지다. 제2차 세계대전 발발 직전 『20년의 위기』를 집필하면서 카는 '평화적 변경'의 문제, 즉 독일의 부상이라는 세력균형 변화에 대응한 국제체제의 조정을 가장 중차대한 문제로 인식했다. 그가 보기에 불만에 가득 찬 도전국에 맞서 현상 유지만을 고집하다가는 전쟁으로 치달을 수밖에 없었다. 따라서 국제사회에서 "평화적 변경의 방법을 수립하는 일은 국제도덕과 국제정치의 근본 문제"이자, 당대 국제정치의 사활이 걸린 문제였다.[61]

현실주의자로서 카는 국제연맹 같은 "세계입법기관이나 세계사법기관이 집행하는 평화적 변경 절차"는 "순수 이상론"이자 "멍청한 짓"으로 간주했다.[62] 그리하여 그는 당시 영국의 네빌 체임벌린(Neville Chamberlain) 수상, 프랑스의 에두아르 달라디에(Édouard Daladier) 총리 등이 추진하고 있던 유화정책을 지지했다. 지금은 전략적 오판의 대명사 같이 되어버린 1938년 뮌헨협정을 바람직한 평화적 변경의 모델로 언급했던 것이다. 사실 전쟁

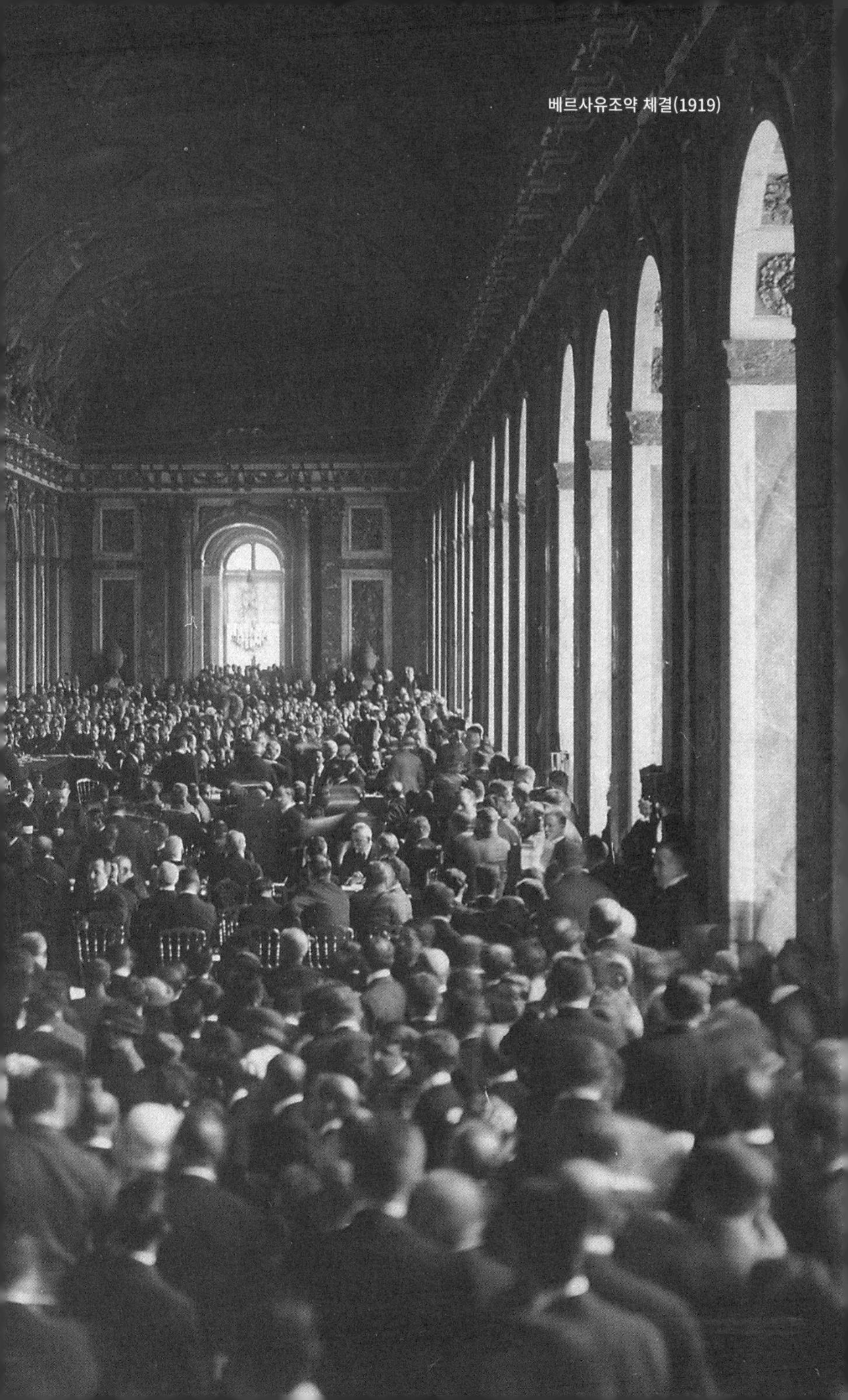

베르사유조약 체결(1919)

이전에 카는 체임벌린을 '현실주의자'로 평가하면서, 강압적이고 일방적이었던 베르사유체제에 불만을 지닌 독일에게 정당한 몫을 되돌려주는 온당한 방편으로서 유화정책을 이해했다.[63]

그리하여 그는 제2차 세계대전이 끝난 뒤 1946년 초 재출간한 『20년의 위기』 제2판에서는 해당 부분을 삭제하는 수모를 감내해야 했다.[64] 기성 패권국이 수정주의적 욕망을 지닌 상승 강대국(=독일)의 이슈를 해결하지 못할 때 전쟁으로 치닫게 된다는 그의 예측은 역사상 옳은 것으로 판명되었지만, 그에 대한 처방으로 유화정책을 제시한 것은 국제정치학자 카의 명성을 크게 손상시키는 결과를 초래했다.[65] 이처럼 '평화적 변경'이라는 난제는 중국의 부상과 수정주의적 현상 변경 시도가 최대의 국제정치 화두로 떠오른 현재에도 초미의 관심사일 수밖에 없다.[66]

다른 한편, 팍스브리태니커 혹은 '19세기 문명'을 복구하려던 전간기의 헛된 시도가 파탄에 이른 상황에서[67] 카에게 남은 희망으로 간주된 것은 동의와 도덕적 헤게모니에 기반한 신흥 강대국 미국 패권체제의 등장과 존 케인스(John Maynard Keynes)가 이론화한 "내장된 자유주의(embedded liberalism)"[68]의 미래 비전이었다. 실제로 전후 70여 년간의 여러 변곡점, 예컨대 신자유주의로의 전환, 냉전의 종식, 9.11 테러사태 등에도 불구하고 큰 틀에서 미국이 주도한 자유주의적 세계질서는—적어도 대서양 세계와 동북아시아를 아우르는 중심부 지역에서는—인류 역사상 유례없는 번영과 평화를 산출했다.[69]

그런데 바로 그 팍스아메리카나가 다시금 오만과 과도한 이상주의의 늪에 빠져 붕괴 조짐을 보이기 시작한 오늘날, 우리는 다시 미래를 어떻게 전망할 수 있을까? 현실주의자로 널리 알려진 카도 사실 순수한 현실주의는 논리적으로 불가능하다는 견해를 밝혔다. 어느 시대든 결국 새로운 유토피아를 건설하려는 목적론이 부상하게 마련이기 때문이다. 현실주의와 이상주의는 어느 일방의 승리로 종결되는 게 아니라 일종의 변증법적 관계로 파악되어야만 했다.

> 현실주의의 무기로 오늘날 유행하는 유토피아를 파괴하고 나면 우리는 새로운 우리의 유토피아를 건설하지 않을 수 없다. 물론 이 또한 언젠가는 현실주의라는 무기의 표적이 되겠지만. 인간의 의지는 끊임없이 현실주의의 논리적 결론에서 탈출하여 새로운 국제질서의 모습을 추구한다. 그리고 그것이 정치적 모습으로 구체화되면, 곧 자기 이익과 위선으로 오염되고 또다시 현실주의의 공격을 받게 되는 것이다.[70]

그렇다면 결국 문제는 다시 의식적 정치 행위의 필요성으로 수렴할 수밖에 없다. '현실주의의 무기'로 팍스아메리카나의 유토피아를 파괴한 후 우리는 또 다른 유토피아의 건설을 향해 나아갈 수밖에 없기 때문이다. '30년의 위기'라는 형태로 주기적인 역사의 비극이 반복되는 가운데, 어떻게 하면 전간기와 같은 체계적 카오스의 재현을 막고, 평화와 번영의 새로운 국제질서를 건설해갈 것인가. 이에 대한 집단지성을 재구축하고 정치적 동력을 형성해가는 것이 이 시대의 과제로 부상하고 있다. 언젠가 그 '이상주의적' 시도가 또다시 현실주의의 공격을 받게 될 운명이라 할지라도 말이다.

제1부
트럼프 현상 위치 지우기

역사·사상·구조

제1장

잭슨주의 포퓰리즘의 귀환

1. 대공허의 시대, 두 개의 미국의 출현

단극 시대 미국 외교정책 노선에 대해 신랄한 비판을 가했던 한 현실주의자의 표현을 빌리면, 도널드 트럼프의 2016년 대선 승리는 냉전 이후 지속된 "대망(Great Expectations)의 시대"가 종식되고 "대공허(Great Void)의 시대"가 도래했음을 의미했다.[1] 미국 패권의 지도 아래 자유세계 질서가 확립되어 "역사의 종언(end of history)"이 실현될 것이라는 탈냉전기의 거대한 꿈이 사라지고, 대신 정치경제적 양극화와 항구적 전쟁 상태라는 어두운 현실에 대한 좌절과 분노가 미국민들을 사로잡고 있었던 것이다. 애당초 다수의 예측과 달리, "대망의 시대"의 대표주자로서 신자유주의적 세계화와 적극적 대외개입주의를 상징했던 힐러리 클린턴(Hillary R. Clinton)이 선거에서 패배한 것은 미국 사회의 분위기 변화가 매우 심층적인 수준에서 진행되고 있음을 보여주었다.

특히 우리가 트럼프의 부상을 통해 새삼 깨닫게 된 것은 역사적으로 '두 개의 미국'이 존재해왔다는 사실이다. 기실 미국 정치사상사에는 대도시 지역의 고학력 엘리트들의 이념인 자유국제주의와 (흰 피부를 가진) 농촌지대 보통 사람들의 잭슨주의

(Jacksonianism) 전통 간의 오랜 갈등이 존재해왔다. 대개 미국은 로크적·세속적·코스모폴리탄적 나라로 묘사되곤 하지만, 그러한 이미지는 동서 해안지대 엘리트 집단의 문화적 헤게모니를 반영하고 있을 따름이다. 이와 대조적으로 내륙 지역의 '서민들(folks)'은 잭슨주의라는 또 다른 정치 이데올로기를 구성해왔다. 식민지기 '인디언 전쟁' 와중에 변경인들(frontiersmen)로부터 유래한 이토착주의적 담론은 미국을 백인 기독교 신자로 구성된 배타적 종족-종교 공동체로서 상상한다. 환언하면, 미국은 여명기부터 두 적대적 사회 세력이 경합관계에 있는 복수의 정치전통을 생산해온 셈이다.[2] 즉, 2016년 급부상한 트럼프 현상은 주로 남부와 서부 내륙 지역에 잠재해 있다가 미국 역사에 주기적으로 돌출되던 잭슨주의적 포퓰리즘 운동의 최신 판본으로 이해할 수 있다.

물론 미국 내의 이러한 역사적 동학은 금융위기와 이민자 증가 등 신자유주의적 지구화의 부정적 효과가 누적되면서 경제적·존재적 차원에서 근본적 불안을 느낀 대중들 속에 포퓰리즘과 민족주의가 확산되던 전 세계적 상황과 깊숙이 연결되어 있었다.[3] 그리하여 개별 사회현상들을 각각의 고립된 사태들로 인식해 분석한 여론조사들은 이러한 패러다임 변동을 예측하는 데 실패하고 말았다. 왜냐하면 2010년대 중반 이후 발생한 일련의 세계사적 사건들은 전 지구적인 차원의 구조적 조건 변화라는 맥락을 먼저 이해해야만 설명이 가능했기 때문이다. 다시 말해, 거시적 차원에서 당대의 구조 변동을 고찰할 때, 비로소 예상을 벗어난 놀라운 사건들—대서양 세계에서 극우/극좌 세력의 부

상, 브렉시트, 트럼프 당선 등—이 세계정치의 장에 지속적으로 등장하는 이유를 규명해볼 수 있었다.[4]

이러한 맥락에서 본 장은 우선 현대 미국 외교정책의 원칙이 장기적 차원에서 국제정치 구조에 대응하며 어떻게 변화해왔는지 들여다본다. 이는 곧 전후 미국 대전략의 진화 과정을 다층적 수준에서 살피는 일이다. 그다음 미국 사회에서 잊힌 전통(혹은 악몽)으로 취급되던 잭슨주의적 포퓰리즘이 오늘날 재부상한 이유와 함께 그 전통의 계승자를 자처한 트럼프가 어떤 성격의 대외정책 독트린을 공표하며 기존의 미국 대전략 컨센서스로부터 이탈을 약속했는지 분석한다. 결론에서는 트럼프 독트린의 부상과 그에 기반한 4년 임기 정권의 궤적이 미국 패권과 자유세계 질서에 끼친 영향을 시대사적 차원에서 논의할 것이다.

2. 현대 미국 대전략의 지속과 변화

제2차 세계대전이 끝난 뒤, 초당적 지지 아래서 추진된 미국 대전략은 "자유패권(liberal hegemony)" 전략으로 명명할 수 있다.[5] 이는 단극을 구성하는 물적 능력을 토대로 미국적 가치에 맞게 자유국제질서를 구축해가는 것을 목표로 하며, 안보 및 경제 분야의 다자주의적 국제기구 창설, 민주주의와 자본주의의 전 지구적 전파, 세계 최강의 군사력 건설 및 해외 전진 배치 등을 전략의 수단으로 삼았다.[6]

예기치 못한 소련의 몰락으로 시작된 탈냉전의 국제환경은 갑작스레 주적을 상실한 워싱턴의 대전략 재수립 과정에 혼란을 야기하기도 했지만, 다른 한편으로 커다란 역사적 기회를 선사한 것이기도 했다. 근대 국제체제 역사상 유례가 드문 "단극적 계기(unipolar moment)"의 도래는 미국의 바람이 외교정책을 통해, 상대적으로 자유롭게 실현되는 우호적인 대외환경의 조성을 의미했다.[7] 즉, 무정부적 국제체제의 구조적 제약이 상대적으로 약화된 상황에서, 미국은 자신의 외교적 이념을 전 세계에 투사하고 세계질서를 자기 입맛대로 변형시킬 수 있는 절호의 순간을 맞이한다. 대항 강대국이 사라진 덕분에 수정주의적인(혹은 더 나아가 혁명적인) 미국의 대전략을 견제할 수 있는 세력이 부재했던 것이다.[8] 실제로 미국식 자유민주주의와 자본주의체제가 "역사의 종언"[9]을 노정한다는 승리주의적 전망은 빌 클린턴(William J. Clinton) 정부의 "관여와 확장"[10] 대전략을 통해 전 지구적으로 관철되어가는 듯했다.

2001년의 9.11테러는 일견 이러한 미국 주도의 자유국제질서에 대한 '역풍(blowback)'으로 해석될 수 있었다. 또한 미국의 개입주의적 국가전략 전반에 대한 반성을 촉구하는 계기로 인식되기도 했다.[11] 하지만 외교정책의 주도권을 장악한 신보수주의자들은 전 지구적 테러리즘과 그 후원자로 지목된 '악의 축'을 안보화 대상으로 삼으면서 이 역사적 국면을 세계정치질서 변혁의 재가속화 기회로 삼았다.[12]

조지 W. 부시 행정부는 영구평화로 세계사적 진보를 이끄는 '혁명' 주체이자, '야만적' 이슬람 근본주의자들에 맞서는 '문명' 세력으로서 미국의 정체성과 역할을 정의했다. 이런 측면에서 이라크에 대한 선제공격으로 실행에 옮겨진 이른바 "부시 독트린"[13]은 세계질서의 민주적 변혁을 추구한다는 점에서 기존의 자유국제주의 전통을 따르면서도, 다자주의 외교나 전쟁법 등의 자유주의 규범을 경시하고 강한 군사주의적·일방주의적 면모를 띤다는 점에서 윌슨주의의 불완전한 계승을 의미하기도 했다.[14]

그러나 근대 국제체제를 초월하려 했던 네오콘 주도의 "부시 혁명"[15]은 오래 지속되지 못했다. 민주평화론과 자유방임 자본

9.11테러

주의체제에 대한 확신은 아프간-이라크전쟁의 실패와 2008년 세계 금융위기로 타격을 입고 말았다. 이상주의적인 세계 변혁 목표와 가용 자원에 대한 비현실적 계산에 기반한 일방주의 전략이 위험스러운 비율로 혼합된 "외발이 윌슨주의(one-legged Wilsonianism)"[16]는 패권국가로서 미국의 연성/경성권력 기반을 크게 침식시켰다. 전 지구적으로 장기적인 경제침체(great recession)가 진행되는 가운데 무슬림 세계는 지속적인 폭력의 악순환으로 빠져들어갔으며, 다수의 세계인들은 미국의 지도력에 의문을 제기하기 시작했다.

이렇듯 "제국적 과잉 팽창(imperial overstretch)"[17]이 초래한 위기 국면에서 출범한 버락 오바마(Barack H. Obama) 행정부의 8년 집권기는 미국 대전략에 있어 일종의 조정기를 의미했다. 미국 패권의 상대적 하락이라는 구조적 조건에 직면하여, 오바마 대통령은 신보수주의적 외교정책의 후과에 대해 반성하면서, 군사주의적 정권 교체 독트린의 폐기를 선언했다. 2010년 발표된 『국가안보전략보고서(NSS)』의 첫 페이지[18]에서 오바마는 미국이 단독으로 세계의 문제들을 해결해나갈 수 없다는 점을 강조하고, 해외 국가들과의 협력, 즉 다자주의적 외교를 미국대외정책의 주된 접근법으로 추구할 것을 다짐했다. 또한 2009년 이른바 '카이로선언'을 발표하여, "어떤 정부체제도 다른 국가에 의해 강요받을 수 없으며, 그래서도 안 된다"는 점을 분명히 했다.[19]

오바마 독트린을 설명하고자 한 여러 논의는 '혼합', '절충', '실용' 등의 표현을 많이 동원했다.[20] 왜냐하면 전후 미국 외교의 컨센서스인 자유국제주의의 큰 틀은 유지하되, 이라크전의 실패와 대침체라는 거대한 도전에 대처하려는 오바마 행정부의 전반적 기조가 안보정책에서 현실주의의 색채를 가미했기 때문이다. 가령 존 아이켄베리(John G. Ikenberry)[21]는 이 점을 부각해 "실용적 국제주의(pragmatic internationalism)"라는 명칭을 부여하기도 했다. 즉, 국제주의를 추구하되 열의에 차 있기보다는 지쳐 있는 기색이 짙고, 변혁적이기보다는 실무적인 색채가 강했기 때문에, 오바마 정권의 대전략은 자유국제주의적인 것만큼 현실주의적이라고 진단한 것이다.

실제로 오바마는 아버지 부시(George H. W. Bush) 대통령 시절의 현실주의적 국가전략을 높이 평가했고, 특히 당시 국가안보보좌관을 지낸 현실주의자 브렌트 스코크로프트(Brent Scowcroft)에게 존경심을 표했다고 알려져 있다. 특히 전임 행정부 같은 과대 팽창주의의 실패를 반복하지 않으려 노력했으며, 1기 국무장관 힐러리 클린턴과 2기 유엔대사 사만다 파워(Samantha Power) 등이 대표한 민주당의 주류 개입주의 노선과도 일정한 거리를 유지했다.

예를 들어, 2014년 시리아 내전에 대한 '제한적' 개입 결정은 이러한 오바마의 현실주의적 혹은 실용주의적 입장이 관철된 중요 사례다. 화학무기 사용을 통한 민간인 학살 등 아사드 정권의 국제법 위반이 밝혀졌음에도 불구하고, 시리아가 그만큼 중요한 핵심적 이익 사안이거나 사활적 위협이라고 판단하지 않았기 때문이다. 결국 오바마는 직접적인 군사력 투입을 선택하지 않았다.[22]

그 연장선상에서 미국의 약화된 국력과 대규모 예산 적자 상황을 반영해 동맹국들에게 책임 분담(burden-sharing)을 강조하는 흐름도 오바마 정부 시기부터 이미 표명되었다. 사헬과 중동지역에서 점증하던 분쟁들에 적용된 "뒤에서 주도하기(leading from behind)"라는 캐리커처가 바로 이러한 오바마 정부의 개입 축소적 경향을 집약했다.[23] 물론 그럼에도 불구하고 오바마 독트린의 근저에 민주주의나 인권 같은 가치의 확산이라는 자유국제주의의 기본 원칙이 자리 잡고 있었음은 새삼 강조할 필요가 없다. 다만 그 대원칙의 구현에서 오바마 행정부는 전임 정부들에 비해 훨씬 더 큰 자기 억제와 신중함을 보여주었을 따름이다.

한편, 오바마 독트린에 대한 당대의 평가는 비판가들 사이에도 매우 상이한 스펙트럼을 보였다. 이는 오바마 행정부의 외교정책 자체에 모순적 요소들이 뒤섞여 있는 현실을 반영한 것이었다. 가령 콜린 듀익(Colin Dueck)은 오바마의 전략이 기본적으로 국내 문제에만 집중하는 축소(retrenchment) 전략이었기에 실패했다고 주장한 반면,[24] 스티븐 월트(Stephen Wal)는 정반대로 기성 민주당 내 자유패권파의 개입주의 논리에 오바마가 포획되어 부시 정부 시기와 유사하게 예외주의에 기반한 무리한 해외 팽창정책을 계속했으며, 이로 인해 결국 실패했다고 평가한다.[25] 오바마 정부의 대외정책을 부정적으로 평가한다는 점에서는 동일하지만, 그 실패 원인에 대해서는 정반대의 분석이 제시되고 있는 셈이다. 이는 결국 패권 하강기에 진입한 미국의 대전략 수립에 근본적인 딜레마를 함축적으로 예시해주었다고 볼 수 있다. 즉, 2010년대 이후 미국은 과잉 개입(over-reach)과 과소 개입(under-reach)이라는 양극단의 선택지 사이를 진동하며 새로운 지구적 세력 배분에 대처해야 하는 딜레마적 상황에 직면한 것이다.[26]

유사한 맥락에서 동시기 미국의 정치학계에서는 대외전략의 진로를 둘러싼 대논쟁이 발발했다.[27] 한편에서는 현실주의적 입장에서 억제(restraint), 축소(retrenchment), 역외균형(offshore balancing) 등을 새로운 전략적 대안으로 주장하는 목소리들이 표출되었던 반면,[28] 다른 한편에서는 지금까지 현대 미국 외교에서 초당적 합의의 위치를 점해왔던 자유패권 전략의 지속을 요구하는 입장들 또한 제출되었다.[29] 미국 권력의 상대적 약화와 지구 세력균형의 변동이라는 탈단극적 계기의 도래가 학계에서도 대전략의 향방에 대한 기존의 컨센서스를 약화시키고 매우 상반된 대응을 낳았던 것이다.

3. 트럼프 시대 미국 정치와 대외정책의 패러다임 변동

1) 미국 포퓰리즘 전통과 트럼프 현상의 부상

비합리적이고 즉흥적인 주장의 나열에 불과하다는 일각의 비판과 달리, 상당히 일관된 '트럼프 독트린'이란 것의 핵심을 규정할 수 있을 정도로, 트럼프는 2000년 개혁당 대선경선에 출마했던 시절부터 2016년 대선에 이르기까지 일련의 대외정책의 틀을 체계적으로 제시해왔다.[30] 몇몇 학자들은 그러한 트럼프 안보전략의 대강을 이해할 수 있는 사상적 자원으로서 미국 외교의 오랜 전통 중 하나인 '잭슨주의'[31]를 제시했다.[32] 미국의 제7대 대통령 앤드루 잭슨(Andrew Jackson)의 이름을 딴 이 이단적 흐름은 건국기 프론티어의 개척민들에게서 유래했으며, 반계몽주의적·종교근본주의적·쇼비니즘적 색채를 강하게 나타낸다. 즉, 자유주의적·세속적·세계주의적 특성을 지녔던 동부의 지배계층과 달리, 서부의 '민중들'은 미국을 기독교를 믿는 백인들로 이루어진 배타적 인종-종교 공동체(ethnoreligious community)로 상상해왔다. 이러한 포퓰리즘 전통은 이후 미국 정치사의 한축을 구성하면서 자유주의

앤드루 잭슨 대통령(1860)

적인 '미국적 신조(American Creed)'에 대항하는 대안적 정치비전을 대표하게 된다.[33]

주지하다시피 포퓰리즘은 덕성 있고 동질적인 인민 집단이 엘리트와 위험한 '타자들(Others)'에 대항하고 있다고 상상하는 이데올로기의 형식을 띤다.[34] 미국의 고유한 포퓰리즘 전통으로서 잭슨주의도 이와 동일한 내용을 중핵으로 삼는다. 무엇보다 이 이념전통은 동부 해안의 세속적이며 국제주의적인 지배 엘리트에 맞서 형성되었다. 남부와 서부의 개척자들은 건국 시기부터 한편으로는 대도시 엘리트에 대한 지역주의적 반감 혹은 타락하고 착취적이며 상업적인 동부에 대한 계급적 증오를 표출해왔고,[35] 다른 한편으로는 동시대의 다양한 사회경제적 문제에 대한 해법으로서 '타자들'을 주변화하거나 심지어 절멸시키는 배타주의적 전략을 채택하곤 했다.

즉, 잭슨주의자들은 미국의 민중 공동체에 속하는 존재와 그렇지 못한 존재 사이에 엄격한 구분선을 그어서, "인디언, 멕시코인, 아시아인, 흑인, 성적 소수자, 비개신교 이민자" 등을 공적 정치 영역에서 배제시키고자 했다. 더구나 이들 '외부자'는 미국사 전반에 걸쳐 "경제적 억압, 사회적 차별, 대중폭력" 등에 노출되어왔다.[36] 특히 경제 위기가 고조되는 시기에 잭슨주의적 사회운동이 부상하는 패턴을 보이는데, 산업화 과정에서 배제된 농민들이 주축이 된 19세기 말의 인민당(People's Party)이 그 대표적 사례다. 자본주의 고도화가 가져오는 사회문제들에 맞서, 미국의 인민주의 운동은 종종 기독교 근본주의에 기반을 둔 반지성주의와 이민자들에 대한 인종주의적 공격을 해법으로 제시해왔다.

이러한 역사적 맥락에서 보면, 트럼프 현상은 기존의 비주류 지역(동서부 해안이 아닌 내륙이나 러스트 벨트)과 비자유주의적 사회 세력이 부상해 중앙의 정치무대를 장악해버린, 미국사에서는 그 유례를 찾기 함들 정도로 잭슨주의자들이 강성해진 상황의 산물이었다. 트럼프주의가 출현하는 데 결정적이었던 원인 가운데 하나는 이미 수십 년간 악화일로를 걷고 있던 내륙지역 백인 공동체의 사회경제적 상황이 2008년 전 지구적 금융위기를 계기로 더욱 깊은 수렁에 빠져버렸다는 점이다.[37] 신자유주의적 지구화의 부정적 효과—경제적 양극화, 중산/노동계층의 임금 정체, 시골 거주 백인의 기대수명 하락 등—가 누적되면서, 그간 자유방임주의를 옹호해온 '기득권층'에 대한 신뢰는 약화되었다.[38] 더구나 지구화의 또 다른 측면으로서 이민자의 급증은 백인 노동자들의 경제안보를 위협했을 뿐만 아니라 이들의 민족적(혹은 인종적) 존재안보까지지도 불안정하게 만들었다.

이 같은 배경에서 2009년 우익 포퓰리즘에 기반한 '티 파티(Tea Party)'의 부상은 거대한 정치적 파란을 예고했다. 회고하건대, 티 파티는 공화당내 기성 엘리트와 지식인들에 대한 민중적 반란의 기운이 고조되고 있음을 알린 하나의 전조현상 같은 것이었다. 대중의 불만과 반기득권 정서에 기대어 티 파티 운동은 공화당 내부의 포퓰리스트적 에토스를 강화하고 기존의 보수적 정책의제를 급진화시키는 역할을 수행했다. 그리고 트럼프의 2016 대선 승리는 기실 이러한 포퓰리즘적·반지성주의적 트렌

의사당으로 몰려든 티 파티 시위자들(2009)

드가 정점에 도달했음을 고지한 사건이었다.[39]

다시 말해, 티 파티와 트럼프의 부상은 전후 미국 사회의 전통적인 자유주의적 합의가 붕괴하고 "앤드루 잭슨의 정신이 정치 공론장에 귀환"했음을 나타내는 것이었다.[40] 이른바 서민들, 특히 그간 고삐 풀린 지구화와 탈산업화 과정에서 가장 큰 타격을 입었던 저학력 백인 노동자 계급은 트럼프에게 열광적 지지를 보냄으로써 기성 주류 세력의 '실패한' 국가 비전에 대한 자신들의 분노와 반대를 표현했다. 즉, 이 평범한 상처 받은 백인 유권자들은 2008년 금융위기나 이라크, 아프간에서의 끝없는 전쟁 사례들에서 보듯, 반복해서 실책을 저지르면서도 그 실수의 대가는 남들이 치르도록 내버려두는 '정치계급(political class)'의 행태에 질려버렸던 것이다.[41] 이런 점에서 트럼프 현상은 근본적으로 잭슨주의적 포퓰리즘 운동의 반기득권 정서에 토대를 둔 것이었다. 트럼프는 "잭슨주의자들이 자신의 희망을 투사하는 스크린" 같은 존재였던 셈이다.[42]

비록 그 자신은 상속받은 억만장자였음에도 불구하고, 트럼프는 대선 기간 내내 "대기업, 주류 미디어, 큰손 기부자" 또는 미국의 "가장 강력한 특별 이익들"에 맞서 싸우는 모습을 연출했다.[43] 힐러리 클린턴을 기득권층의 '꼭두각시'로 묘사한 반면, 그는—마치 두 세기 전 앤드루 잭슨이 그러했던 것처럼—스스로 '호민관(tribunus plebis)'을 자처했다.

> 매일 아침 저는 자리에서 일어나 제가 나라 방방곡곡에서 만났던 사람들, 그간 무시당하고 내버려졌던 사람들을 위해 일할 것을 다짐합니다. 저는 해고된 공장 노동자들과 만났고, 끔찍하고 불공정한 무역협상들에 의해 파괴된 마을들을 방문했습니다. 이들이 바로 우리나라에서 잊혀진 사람들입니다. 열심히 일했지만 더 이상 목소리를 가지지 못한 사람들입니다. 제가 여러분들의 목소리입니다.[44]

물론 트럼프 현상도—당시 정치 스펙트럼의 정반대 편에서 버니 샌더스(Bernie Sanders)가 깜짝 부상한 것과 마찬가지로—긍정적으로 해석될 여지가 존재했다. 즉, 지난 수십 년간 부패한 과두제 때문에 거의 마비 상태에 있던 미국의 정치체제가 마침내 불평등과 경제침체 문제에 반응하기 시작했다는 점을 뜻하기도 했기 때문이다.[45] 그러나 트럼프의 포퓰리즘적 정책 구상은 뒤이은 4년간의 집권기를 통해 증명되었듯 제대로 된 문제의 해법을 제시하지도 못했고, 자유민주주의에 부합하는 개혁 과정을 담보하지도 못했다.

여하튼 트럼프의 정책 프로그램은—전통적인 잭슨주의 접근법과 일치하게—미국의 파워 엘리트를 공격하고 다양한 '타자들'을 희생양으로 삼는 것을 국내외 난제에 대한 해법으로 제시했다. 이러한 포퓰리즘적 서사구조 속에서 클린턴(과 공화당내 기성 정치인들)은 "권력, 지성, 부, 능력의 거대한 집합체," 즉 현재의 모든 정치·경제·문화적 문제들을 야기한 미국의 주류 세력을 대표했다.[46] 그리고 이 국가적 문젯거리의 목록에는 중동의 혼란, 자유무역, 경제 양극화, 범죄율 증가, 오바마케어, 성중립 화장실 등이 망라되어 있었다.

다른 한편으로, 클린턴과 그의 'PC 군중'은 '순수한' 미국 정체성을 위협하는 여러 '불순한' 외부자들—무슬림, 히스패닉, 불법 이민자, 난민 등—과 공모하고 있다고도 주장되었다. 달리 말해, 트럼프의 핵심 지지층은 민주당이 주도하는 '정체성 정치'가 미국의 민중(folk) 공동체를 위험에 빠트리고 있다고 인식했다.[47] 따라서 "미국을 다시 위대하게 만들자(MAGA)"라는 기치 아래 부패한 리버럴들의 헤게모니는 격퇴되어야만 했다.[48] 동시에 비미국적인 외국인들(un-American aliens)은 국경 장벽, 체포와 추방 등의 수단을 통해 미국의 순수한 종족-종교 공동체로부터 봉쇄·배제되어야만 했다.

2) 트럼프 독트린의 이단성: 반자유패권 전략 선언

월터 러셀 미드[49]에 따르면, 잭슨주의 외교전통은 다음과 같은 특징을 가지고 있다. 우선 잭슨주의 독트린은 주류 미국 외교정책 전통을 대표하는 윌슨주의와 해밀턴주의에 반대하는 이단적 존재로서의 특성을 갖는다.

설명하자면, 첫째, 미국식 가치와 자유민주주의 정치모델을 전 세계에 전파한다든지, 자유자본주의를 전 지구적 경제질서로 기획한다든지 하는 지구주의적 개혁 과제에 관심을 두지 않는다. 오히려 그러한 세계시민주의적·자유국제주의적 프로젝트가 고유한 미국의 독립성과 특질을 위협하는 요소로 기능하지 않는지 의구심을 품고 있다.

둘째, 잭슨주의는 유럽대륙의 현실주의나 홉스적 국제정치이론과 유사한 세계관을 지니고 있다. 나라 '안과 밖'의 경계(미국민들의 인종·종교적 공동체로서의 평화로운 내부 대(對) 위험하고 어두운 세계인 외부)를 명확히 나누고, 국가 간의 끝없는 갈등과 국익 추구를 강조한다는 점에서 특히 그러하다.

셋째, 잭슨주의자들은 일정 정도 내부 지향적이어서 국내 문제를 우선시하는 태도를 지니는 동시에 미국인의 순수성을 오염시킬 수 있는 국내외의 이질적 존재들—이민자, 공산주의자, 무슬림, 성적 소수자 등—에 대해서는 편집증적(paranoiac)인 반응을 보이기도 한다.

넷째, 잭슨주의 이데올로기는 특히 이른바 '불명예스러운' 적들에 대해 매우 호전적인 태도를 유지한다. 미국 중심적인 관점에서 '명예롭지 못한' 특성을 지닌—대개는 유색피부를 지닌—타자들에 대해서는 자유주의적인 국제규범을 벗어나 철저한 응징과 무조건적인 승리를 추구한다. 역사적으로 19세기 아메리카 원주민들, 제2차 세계대전 시기 일본, 그리고 오늘날 무슬림 테러리스트들에 대해 잭슨주의자들이 보인 비타협적 태도는 이런 비자유주의적·군사주의적 특징을 잘 드러낸다.

마지막으로 대외경제정책에서 잭슨주의 지지자들은 개방경제가 아닌 경제적 민족주의를 고수하며, 토착주의(nativism)에 입각한 반이민정책을 옹호한다.

2016년 대선 기간에 그 모습을 드러낸 트럼프의 외교정책론은 바로 이러한 반주류적 잭슨주의 독트린에 착근해 있었다. 무엇보다 그는 길게는 제2차 세계대전 이후, 짧게는 탈냉전기를 주도해온 초당적 대외정책합의, 즉 자유국제주의적 정책이 만들어놓은 오늘날의 세계를 "끔찍한 실패(terrible mess)"라고 규정하면서, 이러한 혼란은 모두 기성의 "워싱턴 지배계급 내의 내부자들"이나 "소위 전문가들"이 만들어놓은 것이라고 주장했다.[50] 양당의 기득권 정치인들이 "지구주의라는 거짓 노래"[51]나 "자유패권" 전략의 길로 민중을 오도한 결과가 바로 오늘날 미국의 쇠락 이었다는 것이 트럼프의 진단이었다.

> 지난 수십 년 동안 우리는 미국 산업의 희생 속에 외국의 산업들을 부유하게 만들어왔습니다. 슬프게도 우리의 전력은 약화해가면서도 다른 나라들의 군대를 지원해왔습니다. 우리는 우리 자신의 국경은 방어하지 않으면서도 다른 나라의 국경은 방어해왔습니다. 그리고 미국의 인프라가 붕괴되어가는 와중에 수조 달러를 해외에 지출해왔습니다. 우리는 우리나라의 부, 권력, 자신감이 사라져가는 가운데에서도 다른 나라들을 부유하게 만들어왔습니다.[52]

이처럼 반엘리트적 포퓰리즘의 특성을 뚜렷이 표출한 트럼프 독트린 부상에 대해 수많은 외교정책 전문가들이 선거 캠페인 초기부터 전방위적으로 비판을 퍼부었다는 사실은 트럼프의 외교정책이 그만큼 이단적인 전통에 기반해 있었다는 점을 확증해 주었다. 가령 거의 반세기 동안 무당파적 중립을 표명해온 저널인 『포린폴리시(*Foreign Policy*)』가 공개적으로 클린턴 지지를 선언했다.[53] 또한 정적인 민주당 측 인사들은 말할 것도 없고, 자신이 속한 공화당 내에서도 내로라하는 외교 전문가들이 반트럼프 공개서한을 작성해 집단 서명했다.[54] 진실로 공화당 내부에서조차 트럼프주의 대전략은 매우 이례적인 것이었다. 특히 국제주의, 민주주의 전파, 자유무역, 이민 개방 등으로 구성된, 레이건 시대 이래 보수진영 외교정책의 컨센서스(post-Reaganite consensus)를 정면으로 비판했다는 점이 중요했다.[55] 잭슨주의자들의 전통적인 반기득권 정서에 기반하여 트럼프는 워싱턴 내 기성 외교정책 전문가들에 대해 강한 불신을 표현했는데, 그에 따르면, 주류 정책가들은 “실패한 정책의 오랜 역사와 전쟁에서의 계속되는 패배”에 책임을 져야 할 사람들이었다.[56]

앞서 살펴본 것처럼 오바마 행정부도 이미 ‘재균형(rebalancing)’ 전략을 통해 미국 패권의 쇠퇴에 대처하려는 모습을 보였지만, 당대의 지구적 세력균형에 대한 트럼프의 진단과 처방은 훨씬 더 급진적이었다. 구체적으로 그는 해외에 전진 배치된 미군을 철수시키는 포괄적 ‘축소’ 전략을 대안으로 제시했다. 미국은 더 이상 세계의 경찰이 될 수 없으며,[57] 따라서 미국의 동맹국들은 자신의 방위비를 분담하던지, 아니면 홀로 자신을 방어해야만 할 것이었다.[58]

동일한 맥락에서 트럼프는 세계평화를 위한 민주주의 증진이라는 지배적인 자유국제주의 노선 일반, 그리고 그것의 군사주의적 버전인 네오콘의 정권 교체 독트린을 “어리석음과 오만”의 산물이라고 비판하면서, 미국은 국가 건설업무(nation-building business)에서 벗어나는 대신, 세계의 안정 창조에 복무할 것이란 점을 강조했다.[59] 사실 부시 행정부 시기까지만 해도 대외 개입 철수론(retrenchment) 혹은 자제론(restraint)은 일부 현실주의자들이나 자유지상주의자들이 주장하는 소수담론에 불과했다. 9.11테러 이후 공화당의 일방주의자들과 민주당의 다자주의자들 사이에 치열한 다툼이 존재하기도 했지만, 회고하건대 그러한 논쟁은 사실 초당적인 국제주의라는 대원칙상의 합의 하에 정책 실행 방법에 대한 소소한 의견 차이에 불과했던 것으로 보인다. 가령 신보수주의의 대표적 지성인 로버트 케이건(Robert Kagan)이 2016년 대선에서 클린턴을 지지했던 사실은 그런 저류의 컨센서스를 방증한다.[60]

한편, 트럼프는 팍스아메리카나(Pax Americana)의 중심 토대로서 미국이 스스로 건설했던 전후의 주요 다자주의 제도들을 비판하면서 이에 대한 재협상을 추진할 것을 공약했다. 우선 안보 차원에서 트럼프는 북대서양조약기구(NATO)를 수십 년 전의 필요에 의해 만들어진 "낡은 것(obsolete)"으로 치부했다.[61] 코소보전쟁 직후인 2000년부터 이미 트럼프는 "유럽에서의 분쟁은 미국인의 인명을 희생할 가치"가 없는 것이라고 말하면서, "유럽으로부터 철수함으로써 매년 수백만 달러의 비용을 아낄 수 있을 것"이란 점을 강조했다.[62]

또한 트럼프는 동맹국에 대해 엄격한 상호성과 비용 분담 원칙을 적용함으로써 기존 동맹조약의 법적 의무를 위반하는 듯한 태도를 보이기도 했다. 가령 발트해 연안의 북대서양조약기구 회원국들이 러시아의 침공을 받을 경우 그들을 지원할 것이냐는 질문에 대해, 트럼프는 "그들이 우리에 대한 의무를 충실히 이행했나요? 그들이 자신의 의무를 다할 때에만, 나의 대답은 예스입니다"라고 응수했다.[63] 또한 국제연합(UN)에 대해서도 트럼프는 UN이 민주주의와 자유의 친구가 아니며, 미국에게도 친구가 아

니라는 식의 파격적 주장을 전개했다.[64]

아울러 경제적 차원에서도 트럼프는 다자주의와 개방시장경제의 정신에 반해 미국의 '경제독립선언'을 주창했다. 기성 정치인들이 추구해온 지구화는 미국의 일자리를 해외로 이전시키고, 노동자들을 가난에 빠트렸을 뿐이며, 오로지 정치인들에게 기부하는 금융 엘리트들을 부자로 만들어주었을 따름이라는 것이 트럼프의 진단이었다.[65] 따라서 이제부터 경제정책의 대안적인 원칙은 "미국 제품을 사고 미국민을 고용하는 것(Buy American and Hire American)"이라는 것이 그의 핵심적 선거 슬로건이었다.[66] 국익을 해치는 조항들로 미국 경제의 주권과 자율성을 속박하는 세계무역기구(WTO)와 북미자유무역협정(NAFTA) 등은 모두 기존 내부자들이 만들어놓은 최악의 협상물로서 재협상 혹은 해체가 요구되었다.[67] 특히 선거 기간 트럼프는 환태평양경제동반자협정(TPP)은 미국 경제에 대한 지속적인 "강간"을 의미한다는 극언까지 서슴지 않았다.[68]

다른 한편, '불명예스러운' 적에 대한 잭슨주의의 호전적 태도는 이슬람 테러 세력에 대한 트럼프의 거친 수사들로 표현되는 군사주의적 해법으로 전수되었다. 선거 기간 트럼프는 근본주의 테러리스트에 대해서는 고문을 사용할 수 있으며, 필요하다면 그들의 가족을 감금할 수 있다고 하는 등 전쟁과 관련한 기존의 자유주의적 규범을 무시하는 듯한 태도를 견지했다. 또한 이슬람국가(IS)에 대항한 전술로서 대량 폭격을 통해 적들을 모조리 "날려버리겠다"는 해법을 제시하기도 했다.[69] 아울러 트럼프 행정부는 취임 초부터 자신들의 외교정책의 핵심을 "힘을 통한 평화"라고 소개하면서, "공격적인 합동, 연합 군사작전"을 통해 이슬람 테러조직들을 패배시킬 것이며, 이론의 여지없는 세계 군사패권을 유지할 것이란 점을 반복해 강조했다.[70]

4. 잭슨주의 전통의 재부상과 미국 외교의 미래

이른바 '중도의 몰락(dead center)' 논쟁은 자유국제주의라는 전후 중도적 합의의 대중적 기반이 약화되고 있다는 점을 노출함으로써, 미국 외교정책과 대전략 수립의 사회적 토대가 근본적으로 양극화되고 있다는 사실을 지시했다.[71] 이러한 여건에서 2016년 미국 대선은 포스트-컨센서스의 시대에 어떠한 국가 대전략이 새롭게 미국의 외교안보정책의 앞날을 이끌어갈지를 가늠해보는 중대한 의미를 지닌 선거였다. 클린턴이 기존의 가치, 즉 자유국제주의적 합의의 지속을 대표했다면, 트럼프는 그로부터의 이탈, 그리고 비자유주의적 포퓰리즘과 민족주의의 길을 제시했다.

이런 맥락에서 한 저명한 정치경제학자는 2016 대선의 결과를 놓고 우리가 "초불확실성의 시대(The Age of Hyper-Uncertainty)"에 진입했다고 선언했었다.[72] 이미 존 케네스 갤브레이스가 "불확실성의 시대"라는 표현으로 오일쇼크와 스태그플레이션의 먹구름이 드리운 1970년대 말의 상황을 묘사했었지만,[73] 오늘날의 세계는 그보다 훨씬 더 심하게 예측 불가능성으로 가득 찬 시대라는 것이 아이켄그린(Barry Eichengreen)의 진단이었다. 그리고 그 중심에 트럼프 현상과 잭슨주의의 귀환이 놓여 있다. 미국 내로 한정하자면, 국제주의로의 거대한 전환을 이끌었던 프랭클린 루스벨트(Franklin D. Roosevelt) 이후 70여 년 만에 기존의 대외정책 노선을 다시 한 번 근본적으로 변화시키려는 대통령이 탄생했다는 사실을 주목하게 되었으며,[74] 국제정치적 차원에서는 미국이 제2차 세계대전 이후 건설해온 자유세계질서 전체가 하나의 커다란 변곡점에 도달했다는 점이 강조되었다.

물론 그로부터 4년 후 "미국이 다시 돌아왔다(America is Back)"라는 구호로 집약된 미국판 '비정상의 정상화'를 대선 공약으로 내건 조 바이든(Joseph R. Biden Jr.)의 민주당이 집권함으로써 미국 외교 노선의 급변침은 일단 저지되었다. 그러나 트럼프 개인의 불확실한 정치적 운명과는 별개로 미국 내 우파 진영에서 트럼프주의에 대한 지지는 여전히 강고하며, 특히 미국 양당정치의 한 축을 담당하고 있는 공화당의 백인민족주의 정당화—즉, 자유주의적 합의로부터의 이탈—는 돌이킬 수 없는 시대적 경향으로 고착화된 모양새다.[75]

따라서 잭슨주의 독트린의 영향력이 미국 국내정치와 주요 강대국 정치 등의 변수와 상호작용 속에서 어떻게 결정되느냐에 따라 미래의 세계정치는 커다란 변환기를 맞이할 가능성이 여전히 존재한다. 가뜩이나 중국의 부상으로 강대국 간 전략 경쟁이 치열해지는 중장기적 조건에서, 미국의 일국주의적 행태의 강화 및 전 지구적 개입 의지의 약화는 서장에서 살펴보았듯 전간기와 같은 체계적 카오스와 불확실성의 시대로의 진입을 야기할 수 있기 때문이다. 따라서 잭슨주의 전통의 재부상과 미래 진화 과정은 미국 국내 정치연구의 관심사를 넘어 세계질서 차원의 문제로 계속해서 탐구될 필요가 있다.

제2장

미국 정치에서 반제국 전통의 계보와 트럼프 독트린

1. 공화국 대 제국: 미국 정치사상사의 맥락에서 트럼프 읽기

21세기에 들어 미국 정치사에서 제국 개념의 중심성에 대한 논의가 공론장과 학계에서 갑자기 물밀듯이 증가하기 시작했다. 이는 제국주의라는 용어가 미국 사회에서 오랫동안 주변화되어 왔었다는 사실을 고려할 때, 매우 흥미로운 현상이었다. 일부 좌파그룹들이 팽창주의적 미국 외교정책을 비판하기 위해 제국주의 개념을 전통적으로 사용한 적은 있지만, 미국은 대개 첫 신생국(the first new nation)[1]으로서 근대 세계사에서 반식민주의 운동을 선도해온 국가로 자신을 상상해왔다. 반면, 최근 제국과 제국주의 개념들에 대한 관심이 증가해온 것은 무엇보다 소련의 해체라는 20세기 말 국제구조의 극적 변동과 관계되어 있다. 이른바 단극적 계기[2]의 부상과 신자유주의적 지구화의 가속화는 많은 연구자들에게 탈근대 세계질서의 가능성을 사유하고, 미국 주도의 전 지구적 위계정치질서의 부상에 대해 탐구하는 계기를 마련했다.[3]

그러나 본격적으로 제국의 문제에 관심이 집중된 이유는 9.11테러 이후 부시 독트린의 등장과 그것이 지닌 제국주의적 성격에 대한 논쟁이 촉발되면서부터였다. 비록 부시 행정부의 주요 인사들은 제국주의의 옹호자가 되기를 거부했지만, 전 지구적 테러와의 전쟁 국면을 경유하면서 제국 개념과 함께 미국의 제국적 성격에 대한 분석들이 쏟아져 나오기 시작했다.[4] 이 새로운 수정주의적 설명에 따르면, 미국은 초기부터 백인들의 정착제국(settler empire)으로서 아메리카 원주민 부족들을 식민화했고, 지속적인 팽창과 착취를 추구했다. 이는 과거 미국 사학계에서 해외 제국주의의 시작점으로 대개 상정되었던 1898년 미서전쟁(Spanish-American War)보다 훨씬 이전부터 북미대륙에 제국이 존재했음을 의미한다. 따라서 첫 신생국은 사실 속설과 다르게 애초부터 근대 유럽제국들과 크게 다르지 않은 제국정체를 구축해온 셈이다.[5]

하지만 이번 장은 이상의 수정주의적 해석과는 또 다른, 미국과 제국 개념 사이의 관계에 대한 제3의 대안적 시각에 초점을 맞춰보고자 한다. 특히 탈냉전 30년간 지속된 자유패권 전략이 의문에 부쳐지고 트럼프 정권기에 이단적인 반개입주의 노선이 부상하는 과정을 목도했던 상황에서, 우리는 오랫동안 정치적 반대자의 역할을 수행해온 반제국(反帝國) 전통이 미국 정치사의 계보에 존재해왔다는 사실에 새삼 주목할 필요가 있다.

반제국주의는 미국 정체성 혹은 미국 예외주의의 토대를 구성하는 일부분으로서 존재해왔다. 아래에서 자세히 살펴보겠지만, 제국과 공화국 사이의 공화주의적 긴장은 건국 초부터 미국 정치사상의 핵심 문제틀(problematique)을 형성해왔다. 더구나 이 문

제임스 매디슨 대통령(1809~1817)

제는 제임스 매디슨(James Madison)이 연방주의적 해법을 발명하여, 자유와 권력 사이에 존재하는 고대로부터의 오랜 딜레마를 해결할 것으로 제창되었음에도 불구하고, 이후에도 늘 미국 정치사에 핵심적인 난제로서 기능해왔다.[6] 이러한 맥락에서, 본 장은 공화주의 안보이론의 틀[7]로 미국사를 재독해함으로써, 건국기 이래 미국의 반제국주의 전통의 계보 속에서 트럼프 독트린의 의미가 어떻게 포착될 수 있는지를 탐구해보고자 한다.

2. 미국 정치사에서 공화주의라는 수수께끼

고든 우드(Gordon Wood), 존 포콕(J.G.A. Pocock), 버나드 베일린(Bernard Bailyn)과 같은 역사학자들이 발굴한 바에 따르면, 근대 초기 새롭게 재해석된 공화주의 사상이 18세기 대서양 세계의 정치담론을 지배하고 있었다. 특히 미국 혁명의 여명기에 고대 로마의 정전(canon)들에 기록되어 있던 고전적 공화주의의 이상은 식민지 아메리카인들의 세계관을 규정했다.

여기서 중요한 것은 이 공화주의 전통의 핵심에 자유와 권력[8] 혹은 공화국과 제국[9] 사이에 해소 불가능한 딜레마가 자리 잡고 있었다는 점이다. 공화주의 사상가들은 원칙적으로 정치적 인간(homo politicus)의 자유를 수호해줄 수 있는 공화국의 창건과 유지를 정치사상의 가장 본질적인 문제로 간주했다. 이 지점에서 발생하는 한 가지 근본적 문제는, 세계의 역사가 공화국의 자유와 덕성이 권력과 사치에 의해 필연적으로 타락하게 되는 주기적 과정으로 상상되었다는 점이다. 즉, 끊임없이 음모를 꾸며 인민의 자유를 위협하는 권력과 이에 저항하는 시민들의 투쟁 사이에 존재하는 불안정한 균형이 비극적인 인간사의 반복되는 주제로서 묘사되었다.

이러한 맥락에서 로마 공화국의 부상과 몰락은 공화주의자들에게 항상 되새김질하며 반성해야 하는 역사적 교훈으로 상정되었다.[10] 처음에는 대략 기원전 1세기 중반부터 기원후 2세기 중반까지 공화국 붕괴 이후의 여러 지식인(키케로, 살루스티우스, 리비우스, 베르길리우스, 타키투스 등)에 의해 분석되었고, 근대 초기에는 니콜로 마키아벨리(Niccol Machiavelli)에 의해 새롭게 재공식화된 공화주의적 시각에 따르면, 아이러니하게도 로마 공화국의 몰락은 공화국의 영광스러운 성공 때문에 야기되었다. 즉, 강력한 군대를 통한 대규모 영토 확장이 공화국을 쇠퇴시켰다는 해석이다. 실제로 로마의 제국적 과잉 팽창(imperial overstretch)은 내부 정체의 세력균형이 소수에 유리한 방향으로 기우는 결과를 낳았다. 그리고 이러한 헌정의 부패 과정이 상호 결부된 사회경제적 변동과 정치군사적 변화를 수반했다.[11]

좀 더 구체적으로 살펴보면, 계속되는 전쟁에서 승리를 통한 로마의 팽창은 부를 귀족계급에 집중시키고 자유농민계층을 몰락시킴으로써 사회 내 양극화가 극심해지는 결과를 낳았다. 또한 전쟁 수행 과정에서 대규모의 상비군이 탄생함으로써, 시민-군체제의 몰락과 독자적 군사계층의 부상을 초래하고 말았다. 결과적으로 상대적 사회평등과 강력한 민병대 전통에 기초해 있던 모범적인 혼합정체로서 로마 공화국이 원로원에 의해 통제되지 않은 장군들(가령 카이사르, 안토니우스, 폼페이우스, 그리고 마침내 옥타비아누스)에 의해 종언을 고하게 되었다.[12] 세계사에서 가장 위

니콜로 마키아벨리

대했던 시민들의 '공화국'이 아이러니하게도 지속되는 전쟁 승리의 영광 속에 폭군이 지배하는 '제국'으로 타락해버린 것이다.

로마사의 이러한 비극적 서사에 깊이 영향을 받은 근대 초기 대서양 세계의 공화주의자들은 공화국의 몰락을 야기하는 권력과 타락의 표식들(signs)의 등장을 찾아내는 것에 극도의 주의를 기울였다. 이러한 경향은 제국의 도래에 대한 공포가 극대화되어 거의 음모이론과 피해망상증(paranoid)으로 연결되기까지 했다.[13] 그리고 이러한 담론적 맥락에서 우리는 미국의 혁명가들이 왜 영국의 근대화 과정이나 재정-군사국가[14]의 부상을 무분별한 팽창과 헌정 타락을 통한 로마 공화국의 몰락이라는 매우 비관적인 역사적 유추를 통해 해석했는지 이해할 수 있게 된다.

7년 전쟁(1756-1763) 이후 프랑스와의 패권전쟁에서 승리한 영국은 전 세계적으로 영향력을 확장해나갔지만, 대전쟁 이후 발생한 일련의 필연적 과정들(가령 사회경제적 양극화의 심화와 대규모 상비군체제 확립 등)을 통해 영국의 자유와 혼합정체가 침식당하는 결과를 낳고 말았다. 고대 로마의 비극적 운명이라는 렌즈를 통해 본다면, 대영제국의 현재와 미래의 궤적은 우울하게 해석될 수밖에 없었다. 1688년 명예혁명을 통해 세워진 위대한 공화국이 영구전쟁을 수행하는 와중에 또다시 로마처럼 전제군주의 제국으로 타락해가고 있었던 것이다.

따라서 후일 건국의 아버지들(founding fathers)로 불리는 아메리카 식민지의 공화주의적 지식인들의 내면에서는 로마의 역사적 실패를 반복하고 있는 것으로 여겨졌던 타락한 대영제국으로부터 하루빨리 탈출해야만 한다는 절박감이 싹트게 되었다. 결국 점점 사라져가는 이상으로서 로마 공화국을 회복하기 위해서는 '독립혁명'을 개시하는 것 외에 또 다른 선택지는 남아 있지 않았다.[15] 이러한 점에서 공화주의 이데올로기에 기반한 미국 혁명은 고전 시대로부터 유래된 권력과 자유의 변증법이라는 상상 속에 내장된 반제국 전통이 창조적으로 발현된 역사적 계기였다고 이해될 수 있다. 북아메리카 식민지의 엘리트들은 로마제국의 동시대적 아바타로서 대영제국을 자신들의 공화주의적 정체성에 대한 존재적 위협으로 간주해 격렬히 반대했으며, 대신에 독립전쟁을 통해 자신들의 새로운 공화국, 즉 '언덕 위의 도시'를 건설하려는 목표를 설정했다.

건국 초기 연합헌장(Articles of Confederation) 시절 연방파(Federalists)와 반연방파(Anti-federalists) 사이의 치열했던 제헌논쟁 역시 동일한 반제국적 공화주의의 프리즘을 통해 재해석 가능하다. 연방헌법의 제정에 반대했던 사람들에게 로마제국이라는 역사적 악몽의 기억은 혁명전쟁 승리로 아메리카 공화국이 수립된 이후에도 여전한 현재적 두려움이었다.[16] 당시 널리 읽혔던 반연방파 저자의 필명이 브루투스(Brutus)였다는 점은 매우 시사적이다. 잘 알려진 것처럼 브루투스는 로마 공화국을 종신 독재정으로부터 구출하기 위해 율리우스 카이사르를 살해한 인물이다.[17] 이를 통해 우리는 반연방파의 세계관이 본질적으로 제국에 대한 공포에 의해 규정되었음을 알 수 있다.

전국적 단위의 통합된 중앙정부 건설이라는 연방파의 꿈을 거

트럼블(John Trumbull), 「1776년 독립 선언(Declaration of Independence)」(1819)

부한 반연방파는 미국이 자기 주권과 독립을 수호하기 위해서는 당대 유럽의 제국모델을 추종하는 수밖에 없다는 당대의 지배적 관념에 의문을 제기했다.[18] 반연방주의자들은 이전에 미국 혁명을 옹호했던 논리의 연장선상에서 강력한 광역 연방정부와 상비군[19]을 수립하려는 연방파의 기도는 과거 대영제국이 북아메리카 식민지에 가했던 것과 똑같은 성격의 위협을 공화주의적 혼합정체에 부과하게 될 것이라고 주장했다. 왜냐하면 그러한 제국적 정체는 평민의 자유를 축소시키는 귀족정과 군주정의 기초를 형성할 것이기 때문이었다.[20]

반연방주의자들은 새롭게 제안된 헌법을 신뢰하지 않았기 때문에 당대에는 "믿음이 부족한 사람들(men of little faith)"이라고 불리곤 했다. 그러나 이들은 오히려 믿음이 강한 사람들이라고 불리는 편이 더 정확하다. 왜냐하면 이들은 혁명의 이데올로기적 기원의 일부를 이루는 고대적 정신에 매우 충실했고, 오히려 연방헌법안이 그 정신에서 이탈했다고 주장했기 때문이다.[21] 반연방주의자들의 시선에서 볼 때, 연방파는 대영제국을 아메리카에 복사[22]하는 것을 시도함으로써, 미국 혁명의 핵심을 완전히 방기하고 있었다. 이러한 점에서 반연방주의자들은 근본주의적인 반제국적 정체성을 보유한 채, 구세계 유럽의 제국주의 풍조에 물들어버린 연방파가 국가의 영광을 위해 자유를 희생시키려 한다고 믿었다.[23]

버지니아 비준회의에서 행한 패트릭 헨리(Patrick Henry)의 반연방주의 논조의 연설은 중앙정부를 공고화하려는 연방헌법 안의 위험성을 경고하면서, 구세계의 역사적 제국들과 신세계의 공화국 사이에 존재하는 대립을 간명하게 지적했다.

> 우리가 왜 소박한 정부에서 호화로운 정부로 이행한 국가들의 예를 따라가야만 합니까? 그런 국가들이 과연 우리가 본받을 만한 나라들인가요? 그러한 정부를 만들기 위해 자유를 상실해버리고만 사람들을 만족시킬 수 있는 보상이란 무엇입니까? 우리가 만일 이 공고화된 형태의 정부 구성안을 받아들이게 된다면, 그것은 우리가 거대하고 호화로운 정부를 원하기 때문일 것입니다. 이런저런 경로를 거

> 쳐 우리는 위대하고 강력한 제국이 될 것입니다. 우리는 육군과 해군 등을 지니게 되고 말 것입니다. 미국의 정신이 보다 젊었을 때, 미국의 언어는 달랐습니다. 여러분, 그 시절의 최고 목표는 바로 자유였습니다. 바로 그 자유정신 덕분에 우리는 모든 어려움을 이겨낼 수 있었습니다. 하지만 여러분, 오늘날 미국의 정신은 정부 공고화라는 쇠사슬의 도움을 받아 이 나라를 강성한 제국으로 변화시키려 하고 있습니다. [그러나] 그러한 정부는 공화주의의 기풍과 부합하지 않습니다.[24]

결국 연방파가 승리하여 연방헌법이 비준되고 수십 년이 흐른 뒤에도, 공화국 관념과 제국 관념 사이의 변증법은 여전히 남북전쟁 발발 이전(antebellum) 미국의 정치논쟁 구도를 조형했다. 무엇보다도 토머스 제퍼슨(Thomas Jefferson)과 반연방파들의 언어를 계승하며 남부 주들에서 유행한 자유지상주의적 공화주의(libertarian republicanism)와 주(州)주권주의 전통(state sovereigntist tradition)은 남북전쟁으로 치닫는 위기의 기간 동안 북부의 노예제 폐지 주장에 맞서는 노예주들의 주된 저항 이데올로기로서 기능했다. 예를 들어, 실제 유혈 전쟁이 발발하기 전까지 북부에 대한 이데올로기 투쟁을 주도했던 존 캘훈(John Calhoun)은 연방헌법이 본질적으로 부정의 헌법(Constitution of the negative)임을 강조했다.

> 사실 헌법을 구성하는 것은 바로 이 부정의 힘—정부의 행위를 중지시키거나 저지하는 힘—, 가령 거부권, 주권 우위론(interposition), 무효화(nullification), 견제 혹은 권력의 균형 같은 용어로 불리는 것들입니다.[25]

그는 또한 단순히 숫자상 다수에 기반한 정부는 유럽의 군주정 같은 절대주의적 폭정에 불과하다고 주장했다. 따라서 부정권력론에 기초한 합의적 다수결 제도(concurrent majority)만이 진정한 공화정체를 형성하며, 모든 주들은 연방정부의 전제에 반대하는 최후의 수단으로서 연방 탈퇴나 무효화 독트린을 주장할 수 있어야 한다는 입장을 강조했다.[26]

같은 맥락에서, 남부연합(the Confederate States of America)은 공화주의의 유산을 원용해 자신들만의 독특한 반제국주의론을 개발했다. 해당 이론에 따르면, 남북전쟁은 미국 혁명의 재판(再版)이었다. 가령 1861년 연방상원 고별 연설에서, 차후 남부연합의 대통령이 되는 제퍼슨 데이비스(Jefferson Davis)는 다음과 같이 주장했다.

> 우리는 우리 정부가 기초하고 있는 원칙들로 되돌아가고자 합니다. 그리고 당신들이 그 원칙들을 부인할 때, 연방으로부터 탈퇴할 권리를 부인함으로써 우리의 권리를 파괴하고자 할 때, 우리는 단지 독립을 선언하고 위험을 감수함으로써 (건국의) 아버지들이 걸었던 길을 추종할 수밖에 없습니다.[27]

당시에 남부에서 유행한 음모이론은 영국군과 동맹을 맺은 북부인들이 딕시(Dixie)인들의 자유에 반하는 전제적 연방통치를 강제함으로써 신세계에 영국식의 폭정을 이식하려 한다고 주장했다. 따라서 남북전쟁은 혁명기의 반제국 전통과 결을 같이하는, 고귀한 공화주의적 대의에 기초한 반폭정 투쟁으로 간주되었다.[28] 또한 소위 헌법의 계약이론(compact theory of the Constitution)에 기반한 남부의 연방 탈퇴는 반제국주의의 기치에 따른 영웅적 정치 행위로서 상상되었다. 가령 사우스캐롤라이나의 연방탈퇴 회의는 "남부주들은 과거 식민지기 우리의 선조들이 영국에 대항했던 것과 정확히 같은 입장에서 북부주들에 대해 맞서고 있다"[29]고 주장했다.

이러한 반제국 전통은 또한 미국 국가기구의 진화 과정이 근대 유럽의 경험과 비교해 지니는 독특성에 대해서도 시사하는 바가 크다. 즉, 대서양 건너편에서 일반적인 경향이었던 강력한 중앙집권국가의 건설이 왜 미국에서는 지연되었는가라는 수수께끼에 일정한 해답을 제공해준다. 찰스 틸리(Charles Tilly)의 유명한 경구인 "전쟁이 국가를 만들었고, 국가가 전쟁을 만들었다(war made the state, and the state made war)"[30]라는 테제는 어떻게 해서 중세 말기 이후 정치체 간의 치열한 군사경쟁이—효과적 조세 및 징집 시스템, 중앙집권화된 관료제와 경찰력, 그리고 무엇보다 강대한 상비군 등을 특징으로 하는—근대국가(체제)의 발전을 자극했는지를 잘 설명해준다.

그런데 미국의 국가 건설 과정은 이 같은 신베버주의적 역사

사회학에서 묘사된 유럽적 노선과는 아예 상이한 궤적을 보였다. 즉, 19세기 미국의 국가기구는 중앙정부의 권력이 극도로 제약되고 시간의 흐름 속에 팽창되기 어려운 체제를 계속해서 유지했다.[31] 이는 미국 정치담론에 깊이 자리 잡은 반제국주의 전통 혹은 반국가주의가 어렵게 쟁취한 자유의 공화국을 파괴할 수 있는 전제적 전쟁기계의 부상 가능성에 극단적인 공포를 갖도록 조장했기 때문이다.

단적으로 미국의 국가 건설 패턴에서 특징적인 것은 유럽의 국가 건설 과정에서 자주 목격되는 전쟁과 관련된 '톱니 효과(ratchet effect)'가 19세기 미국에서는 '되말기 효과(rollback effect)'에 의해 상쇄되어버렸다는 점이다. 유럽에서는 전시의 긴박한 조건 속에서 초래되는 중앙정부 관료조직의 비대화, 정부의 예산 추출량 증대, 정부가 통제하려는 행위의 범위 확대 등이 전쟁이 끝난 후인 평시에도 거의 되돌려지지 않았다.[32] 따라서 유럽의 근대 국가기구는 14세기 이래 거의 불가역적으로 성장해왔다고 말할 수 있다. 그러나 이와 대조적으로 미국에서는 남북전쟁과 제1차 세계대전 같은 대전역들이 중앙정부의 권력 생산 행위를 일시적으로 증가시키기는 했지만, 전쟁 직후 곧바로 되돌림 혹은 축소의 계기가 뒤를 잇곤 했다. 오래된 공화주의 전통에 내재한 반제국주의의 영향으로 인해, 대규모로 동원된 군대는 빠르게 해체되었으며, 군비 지출은 극적으로 감소되었고, 정부의 군비 수요에 종속된 전쟁 관련 산업들은 방치되었다.[33]

3. 미국 외교사에서 제퍼슨주의 전통의 흐름

이상에서 본 것과 같이 공화국 대 제국이라는 공화주의 사상체계 내의 대쌍 개념이 19세기 미국의 대내정치를 규정지은 것과 마찬가지로, 동일한 원칙이 미국의 대외정책 또한 역사적으로 조형했다. 가령 애당초 건국의 아버지들 대부분은 미국의 정치적·사회경제적 모델을 해외에 수출하고자 욕망하는, 미국 예외주의의 팽창주의적 조류에 대해 경계의 시선을 가지고 있었다. 왜냐하면 그러한 시도가 갓 태어난 공화국을 제국주의라는 타락의 길로 이끌 것이라고 여겼기 때문이다.

'영구적 동맹(permanent alliances)'의 위험성에 대한 워싱턴의 고별 연설이나 "어느 국가와도 구속적 동맹을 맺지 말 것(entangling alliances with none)"을 조언한 제퍼슨의 1차 대통령직 취임 연설과 같은 기념비적 문서들은 모두 미국 초기 대전략의 구성 과정에 고전적인 자유와 권력 사이의 딜레마가 깔려 있음을 지시한다. 환언하면, 미국을 당대 유럽국가들, 즉 구세계의 제국주의 나라들에 동화시켜버릴 수 있는 개입주의의 유혹을 억누르는 것이 신생 공화국의 이상을 보존할 수 있는 최상의 방법이라고 가정되었다.[34]

무엇보다 존 퀸시 애덤스(John Quincy Adams)의 1821년 독립기념일 연설은 고립주의의 원칙과 그것의 공화주의적 기반을 간명하고 축약적으로 표현하고 있다.

> 미국은 괴물들을 찾아 파괴하기 위해 해외로 나가서는 안 됩니다. 미국은 모든 이들의 자유와 독립을 염원합니다. [그러나] 미국은 자기 자신만을 위해 싸우고 옹호하여야 합니다. 비록 타국의 독립을 위한 기치 때문이라도 일단 다른 나라의 일에 개입하기 시작하면, 미국은 헤어날 수 없는 일에 휘말려 온갖 음모와 탐욕, 야망이 가득한 전쟁들에 참전하게 될 것이고, 결국 상비군이 강화되고 자유의 기준이 파괴될 것입니다. 미국 정책의 근본 원칙은 부지불식간에 자유에서 강압으로 변화해버릴 것입니다. 그리하여 미국은 세계의 독재자가 될지도 모릅니다. 미국은 더 이상 자신의 정신을 유지할 수 없게 될 것입니다.[35]

월터 러셀 미드(Walter Russell Mead)의 구분법에 따르면, 미국 외교에서 이러한 예외주의의 모범주의적(exemplarist) 버전은 제퍼슨주의 전통(Jeffersonian tradition)이라고 일컬어진다.[36] 제퍼슨주의자들 역시 미국적 신조의 열렬한 신봉자이긴 하지만, 그들은 미국 혁명에 대해 보편주의적 이해와는 다른 고유한 견해를 가지고 있다. 즉, 제퍼슨주의의 시각에서 볼 때, 미 공화국은 다양한 위협에 극히 취약한, 붕괴되기 쉬운 정치체이다. 특히 공화국의 안보에

존 퀸시 애덤스 대통령(1843)

더욱 위협적인 것은 해외열강의 침입보다도 오히려 혁명국가로서 미국 자신의 선교사적 열망과 행동이라고 가정된다. 다시 말해, 미국은 십자군 국가(crusader state)가 아닌 약속의 땅(a promised land), 또는 세계의 위대한 모범(example)이 되는 국가로 남아야만 한다.[37] 고대 공화주의의 불길한 예측과 마찬가지로, 미국의 가치를 전 세계에 전파하려는 영구적 혁명전쟁은 군-산-금융 복합체의 성장[38]과 함께 공화국의 불운한 죽음을 야기하고 말 것이다.

매디슨의 다음과 같은 진술은 미국 혁명가들이 공화주의 전통의 상징세계 속에서 어떻게 그러한 위험을 인식했는지를 잘 나타내준다.

> 공공의 자유에 대한 모든 적들 가운데 전쟁이야말로 가장 두려워해야 할 존재다. 왜냐하면 전쟁은 다른 모든 적을 만들어내고 발전시키기 때문이다. 전쟁은 군대의 부모이며, 이로부터 부채와 조세가 뒤따른다. 그리고 군대, 부채, 조세는 다수가 소수의 지배를 받게 만드는 수단들로 잘 알려져 있다. 전쟁을 통해 또한 행정부의 자의적 권력이 확장되며, 관직·상훈·급여 문제에 행사되는 영향력도 증가한다.[39]

로마의 역사적 교훈은 진실로 제퍼슨주의자들의 마음속 깊은 곳에 자리 잡고 있다. 원칙적으로 제퍼슨주의자들은 전쟁을 외교정책의 바람직하지 못한 도구로 간주해왔으며, 따라서 국제분쟁을 해결하기 위한 수단으로 경제 제재를 선호한다. 또한 이들은 일반적으로 미국이 세계 패권의 지위를 획득하려는 시도에 반대한다. 아울러 헌정 원칙에 있어 공화파는 행정부의 전쟁 권한을 제한하려 시도하며, 미국의 국제분쟁 개입을 의회가 통제하는 것이 제왕적 대통령제(imperial presidency)의 잠재적 위험으로부터 공화국을 수호하는 데 핵심적이라고 주장한다. 이런 맥락에서 제퍼슨파는 가능한 한 방위와 치안 비용을 최소화하려 하는데, 왜냐하면 거대 상비군과 첩보조직은 시민의 자유에 대한 직접적 위협이기 때문이다.[40]

서부 팽창 시기에도 공화주의 전통은 미-멕시코 전쟁(1846-1848)과 같은 미국의 대외 모험주의적 행동에 대한 반대 논거로서 동원되었다. 1848년 멕시코시티 점령에 항의하며 행해진 캘훈의 반제국주의 연설은 이러한 비판자적 입장을 잘 요약하고 있다.

> 역사상 자신의 영토와 인구만큼 큰 식민지를 보유했던 자유국가 중에 재앙적인 결과를 낳지 않았던 예는 없습니다. 식민화된 민족들은 시간이 흐르면 확대된 임명권과 무책임한 권력이 가져오는 부패 효과를 통해 자기 정복자들의 자유를 파괴함으로써 복수를 하게 마련입니다. 멕시코를 점령한다면, 연방정부의 권력이 방대하게 증가되어 각 주들의 전체 권력을 흡수해버리고 말 것입니다. [그리하여] 연방은 제국권력이 될 것이고, 각 주들은 단순한 종속 단위로 전락하고 말 것입니다.[41]

나아가 20세기 전환기의 중대한 시점에도 제퍼슨주의적 접근은 미국의 대전략을 형성해가는 데 핵심적인 반대자 역할을 수행했다. 당시 윌리엄 매킨리(William McKinley, Jr.) 대통령이 1898년 미서전쟁의 전리품으로 필리핀을 식민화하려 하자, 제국주의자들과 반제국주의자들 사이에 커다란 논쟁이 벌어졌다. 그중 반제국주의파의 핵심 주장은 상당 부분 전통적인 제퍼슨주의 논리에 기초해 있었다. 즉, 제국적 과잉 팽창과 해외 이민족들의 식민화가 미국 공화주의 제도와 가치에 심각한 위해를 끼칠 것이라는 주장이었다. 예를 들어, 당대 반제국주의연맹(the Anti-Imperialist League)의 지도자 가운데 한 명인 보스턴의 변호사 모어필드 스토리(Moorfield Storey)는 미국의 새로운 해외 제국 건설 사업이 비극적 결과를 낳을 것이란 점을 경고하기 위해 로마사의 고전적 비유를 동원했다.

> 로마가 정복을 시작하자, 로마의 공화국은 부패하기 시작했습니다. 만일 우리가 상대방 동의 없이 상당수의 사람을 지배하게 된다면, 이 공화국이 로마의 운명을 따르게 되고 말 것이라는 점은 시간 문제에 지나지 않을 것입니다.[42]

그리고 1899년 초, 스페인과의 평화조약 비준을 둘러싼 정치 논쟁은 갈수록 가열되고 있었다. 동 조약은 이전 스페인의 식민지들을 미국의 통제권 아래 두기 위해 맺어진 것으로, 필리핀, 푸에르토리코, 괌, 쿠바, 서인도제도 일부 등을 포괄했다. 이때 민주당의 직전 대통령 후보였던 윌리엄 제닝스 브라이언(William Jennings Bryan), 윌리엄 빈센트 알렌(William Vincent Allen) 상원의원(I-NE), 조지 그래이엄 베스트(George Graham Vest) 상원의원(D-MO) 등을 포함한 정계의 여러 거물들이 제국주의와 공화주의 간의 양립 불가능성에 대해 강조하고 나섰다. 예외 상태(the state of exception)의 일반적 법칙에 따라, 식민화의 폭력적 과정 속에 총사령관으로서 대통령이 의회보다 위험스러울 정도로 과도한 권력을 보유하게 될 것이란 우려가 제기되었다. 동일한 맥락에서 존 맥로린(John McLaurin) 상원의원(D-SC)은 다음과 같은 주장을 제기했다.

> 만일 우리가 식민체제를 운영하기 시작한다면, 이는 워싱턴에 폭압권력이 등장함을 의미한다. 그것은 철권으로 해외 영토를 지배하는 데 사용될 뿐 아니라, 후에는 본국에서 인민의 의지를 위압하고 무력화시키는 일에 이용될 거대 상비군의 등장을 의미한다.[43]

한편, 잠시 윌슨의 개입주의가 상승했던 기간을 뒤로한 채, 베르사유체제의 붕괴 후 고립주의의 시대가 귀환했다. 제1차 세계대전 참전기에 널리 사용된 "민주주의에 안전한 세계를 만들기(make the world safe for democracy)"라는 슬로건의 보편주의적 호소에 환멸을 갖게 된 미국인들은 자신들이 해외 열강과 국내 "죽음의 상인들(merchants of death)"에 의해 이용당하고 말았다고 느끼고 있었다. 회고하건대, 유럽인들은 단지 각자의 국익을 위해 싸웠을 뿐이며, 민주주의적 동맹국과 압제적 적국 사이의 선을 가른다던 도덕적 확실성과 관련한 주장은 매우 불명확한 것으로 재해석되었다.

제1차 세계대전에 대한 이러한 수정주의적 이해는 1935년 나이위원회(the Nye Committee)의 보고서에서 절정에 달한다. 동 위원회는 미국이 탐욕스러운 월스트리트 은행가들과 전쟁 산업가들의 특별 이익을 위해 1917년 전쟁으로 끌려 들어가게 되었다고 결론지었다. 이렇듯 전간기에 새롭게 재강화된 제퍼슨주의적 합의는 1930년대 일련의 중립 법안으로 절정에 달하게 된다.[44]

그러나 냉전 기간 공화주의적 반제국주의자들은 미국의 대전략 논쟁에서 부차적 지위로 밀려나게 된다. 그들은 전간기의 고립주의 노선 때문에 미국이 나치의 부상에 제대로 대응하지 못했으며, 그로 인해 결과적으로 제2차 세계대전의 발발을 막지 못했다는 이유로 가혹한 비판에 직면했다. 제퍼슨주의자들이 유럽대륙에서의 세력균형을 올바로 측정하는 데 실패했으며, 비합리적으로 반개입주의 원칙에 집착하는 바람에 히틀러가 손쉽게 채워버렸던 힘의 진공 상태를 방치했다는 식의 주장이 널리 받아들여졌다. 즉, 그들은 다시 한 번 자신들이 역사의 잘못된 편에 서있다는 사실을 발견했다.[45]

이와 반대로 전후시대 미국은 "자유주의적 리바이어던(Liberal Leviathan)"[46]의 역할을 수행함으로써 "20년의 위기(Twenty Years' Crisis)"[47]의 재발을 막는 동시에 소련의 위협에 적극적으로 대처했다. 자유국제주의는 전후 패권국으로서 미국의 새로운 합의사항이었으며, 워싱턴의 엘리트들은 능동적 개입주의에 기초하여 새로운 자유세계질서를 건설·공고화하기 위해 진력했다.

하지만 여전히 냉전 시기에도 제국과 공화국 사이의 오래된 변증법은 공론의 장에 종종 소환되었다. 물론 제퍼슨주의의 목소리는 과거에 비해 훨씬 약해졌지만, 그들은 계속해서 영구적 전쟁 상태의 와중에 '안보국가(national security state)'의 부상 가능성에 대해 경고했다. 공산주의 진영과의 갈등이 고조되는 가운데 발생하는 긴박함은 인정되지만, 정해진 시간의 한계 없이 대규모 군사 동원이 지속되는 상황 때문에 해롤드 라스웰(Harrold Lasswell)이 경고했던 "요새국가(garrison state)" 형태로 미 공화국이 전락할지 모른다는 공포가 존재했다.[48]

이런 맥락에서 대선 캠페인 동안 장기화된 한국전쟁을 빠르게 종결지을 것을 약속했던 드와이트 아이젠하워(Dwight Eisenhower) 대통령은 십자군적인 제국적 경찰 행위가 극도로 위험하다는 사실을 분명히 이해하고 있었다.[49] 아이젠하워는 자신의 첫 취임 연설에서 "우리 자신의 소중한 정치·경제적 제도들을 다른 민족들에게 부과하기 위해 우리의 힘을 사용하는 일은 절대로 없을 것"이라고 선언했다.[50] 공화제도를 부패시키는 소위 '군산복합체(military industrial complex)'의 위험성을 경고한 그의 대통령직 고별 연설은 냉전기 제퍼슨주의 전통을 대표하는 기념비적 텍스트로 남아 있다.

드와이트 아이젠하워 대통령(1957)

> 방대한 군사기구와 거대한 무기산업 간의 결합은 미국인들에게 새로운 경험입니다. 정부의 심의 과정들에서 우리는 군산복합체들의 부당한 영향력을 방어해야 합니다. 잘못된 권력이 재앙처럼 부상할 가능성은 현재에도 있고 앞으로도 계속 있을 것입니다. 우리는 군산복합체의 압박이 우리의 자유 혹은 민주주의 과정을 위험에 빠뜨리게 놔둬서는 안 됩니다. 우리는 어떤 것도 당연한 것으로 여겨서는 안 됩니다. 오직 깨어 있고 박식한 시민들만이 거대 방위산업-군사조직과 우리의 평화적 방법과 목표 사이의 적절한 조합을 강제할 수 있을 것이며, 그로서 안보와 자유가 함께 번영하도록 만들 수 있을 것입니다.[51]

이후 베트남전쟁을 기화로 제퍼슨주의 전통은 재부상했으며, 당대 미국 사회를 뒤흔든 반전평화운동에 사상적 기반을 일부 제공했다. 그런데 이 시기 미국의 이른바 '신좌파(new left)'도 자신의 이론적 근거를 반제국적인 공화주의 신조에서 찾고 있었다는 점은 특기할 만하다. 표면적으로 그들의 언어는 유럽의 급진사상인 (포스트) 마르크스주의에 물들어 있었다. 그러나 사무엘 헌팅턴(Samuel Huntington)이 지적한 바와 같이, 이 시대의 많은 활동가들은 공세적인 제3세계 개입정책을 비판하기 위해 평등, 자유, 민주주의 같은 전통적인 미국의 가치들에 호소하는 모습을 보였다.[52] 특히 제국과 공화국(혹은 공동체)이라는 오랜 이분법이 이들의 비판적 사고에도 핵심적인 위치를 차지했다는 점이 주목된다.

예를 들어, 신좌파적 수정주의 역사가들의 대부라고 할 수 있는 윌리엄 애플만 윌리엄스(William Appleman Williams)는 미국의 정치경제와 국가기구가 극소수 거대 기업의 이해를 옹호하는 '기득권층(Establishment)'에 의해 지배되어왔다고 주장했다. 따라서 시민들은 갈수록 대재벌과 정부에 의해 수립된 제한적 범위의 정책옵션 중에 선택을 할 수밖에 없게 되었고, 결국 '공동체적' 삶의 방식이 아닌 '제국적' 삶의 방식을 받아들이게 되었다. 특히 미국인들은 제국주의에 심각하게 중독되어왔는데, 왜냐하면 그것이 정서적 충족과 권력 그리고 물질적 부를 가져다주었기 때문이다. 그러나 윌리엄스는 삶의 방식으로서 제국은 핵 멸망으로 이어질 것이기에 미국인들은 제국을 거부하는 용기를 가져야만 하며, 대신에 대안적 삶의 방식으로서 공동체를 추구해야 한다고 주창했다.[53]

4. 포스트 트럼프 시대, 공화주의적 딜레마의 지속

냉전 종식에 뒤이어 승리주의적 시대정신에 기초한 개입주의 혹은 자유패권(liberal hegemony) 전략[54]이 미국의 국가적 컨센서스로 공고화되었다. 이와 동시에 과거 부정적 의미로 사용되던 '제국' 같은 용어가 놀랍게도 자기준거적 개념(self-referent concept)으로 세계담론정치 무대에 복귀했다. 즉, 고대 로마에서 대영제국을 거쳐 마침내 오늘날 아메리카합중국에 이르는 또 하나의 '제국의 이전(translatio imperii)'이 발생했다는 식의 이야기가 널리 받아들여지면서, 제국 개념의 정상화[55]가 일어났다. 따라서 '자유제국'으로서 미국은 전 지구에 팍스아메리카나(Pax Americana)를 건설하고, 세계 안보와 번영을 수호할 책임을 지닌 특별한 존재로 간주되었다.[56]

이런 점에서 과거 로마사에 대한 공화주의적 해석은 완전히 전도되었다. 이제 모든 영광은 로마 '공화국'이 아닌 수백 년간 패권의 지위를 보존했던 로마 '제국'에게 부여되었다.[57] 심지어 미국 혁명가들에게 탈출해야 할 공포의 대상이었던 19세기 대영제국의 역사조차도 상품, 자본, 노동, 공동의 법치와 거버넌스 등을 포함한 근대 초기의 지구화를 선도했다는 점에서 상찬되었다.[58] 의미론 차원에서 진실로 큰 단절이 단극적 계기와 전 지구적 테러와의 전쟁이라는 특수한 역사적 맥락 속에 발생했던 셈이다.

환언하면, 신보수주의자들은 제국의 의미를 부정적인 "대항-개념"에서 긍정적인 "자기-묘사"로 급격히 변화시켰다.[59] 전통적으로 제국 개념은 공세적인 미국의 외교정책을 비판하기 위해 사용되어왔지만, 네오콘 진영의 사상가들은 제국이라는 용어를 아무런 거리낌 없이 긍정적으로 사용하며, 시민들에게 미국의 제국주의적 행위가 지닌 자비로운 효과를 인정하고 수용할 것을 촉구했다. 가령 하버드대학의 스타 역사가인 니얼 퍼거슨(Niall Ferguson)은 현 세계를 안정화하기 위해 필요한 것은 "자유제국"이며 세계의 많은 지역들이 미국의 통치로부터 혜택을 얻을 것이라고 주장했다.[60] 같은 맥락에서 베스트셀러 작가인 로버트 카플란(Robert Kaplan)은 어떤 강대국이나 강대국 연합도 미국이 제공하는 지구 질서의 극히 일부분조차 제공할 수 없으므로, 미국의 지도자들은 중장기 국가 대전략의 핵심 목표로서 "완화된 제국주의(tempered imperialism)"를 추구해야 한다고 조언했다.[61]

하지만 세월이 흘러 부시 행정부 말기에 이라크전쟁의 난항, 감시국가기구의 빠른 성장세, 전 세계 금융위기 발발 등의 부정적 상황이 전개되자, '공화국 대 제국'이라는 공화주의적 문제들이 다시 한 번 공론장의 중심 주제로 부상했다. 정치적·이론적 스펙트럼의 차이를 떠나 많은 오피니언 리더들이 제국적 과잉 팽창 주기의 압력 때문에 공화정이 위기에 처했다는 우려를 표명하기 시작하면서, 또 한 번의 '제퍼슨적 계기(Jeffersonian moment)'가 도래했다.[62] 이런 점에서 2009년 무렵 티 파티 집단이 미국 사회에 등장한 것은 중요한 전조였다고 볼 수 있다. 그 운동의 대표 슬로건인 국가 부채 및 연방재정 적자 축소와 세금 감면 등은 국내적 이슈로서 '작은 정부' 만들기에 초점이 맞춰져 있었다고 볼 수 있지만, 기실 티 파티는 근본적으로 공화주의적인 반제국 전통과도 연계되어 있었다. 왜냐하면 국가기구의 재정 지출 증가와 해외 파병 등을 통한 미국의 대외 팽창 경향 사이에는 긴밀한 상관관계가 존재하기 때문이다.[63]

역사적으로 제퍼슨주의 전통은 미국 외교정책에서 일종의 후진기어 역할을 수행해왔다. 미국의 예외주의 정체성에 내재한 과도한 선교사적 열정(missionary zeal)이 제국적 과잉 팽창의 시기를 야기했을 때,[64] 제퍼슨주의자들은 권력의 오만함을 비판하고, 보다 헌법에 충실한 외교정책으로 회귀할 것을 주창하며, 제왕적 대통령제의 축소를 획책함으로써 미국의 공화주의적 가치와 제도를 회복시키는 운동을 선도했다.[65] 이런 맥락에서 기존의 자유패권 전략 혹은 팽창주의적 제국 프로젝트에 갈수록 염증을 느낀 미국 유권자들의 불만이 2016년 대선의 향방을 결정지었다는 점에 주목할 필요가 있다. 즉, 미국 대전략 기조의 문제에서 양대 주요 정당의 엘리트 정책집단과 일반 국민들 사이에 거대한 격차가 벌어져 있다는 사실이 45대 대선에서 증명되었다.

기성 자유국제주의적 합의로부터 급격한 이탈을 약속한 아웃

사이더 트럼프의 깜짝 승리는 앞선 장에서 살펴본 것처럼 반엘리트적 잭슨주의 포퓰리즘의 목소리를 대변했을 뿐만 아니라, 그 핵심에는 반군사주의, 반개입주의 기조가 자리 잡고 있었다. 가령 대통령 취임 연설에서 트럼프는 권력의 내부자들이 평범한 유권자들을 오도해왔으며, 낭비적인 국제주의 구상을 추구함으로써 미국 패권의 토대를 파괴해버렸다고 주장했다.[66] 같은 맥락에서 트럼프는 세계평화를 위해 민주주의를 전파한다는 정통 예외주의 사고와는 정반대로, 오랫동안 유지되어온 대외개입주의 정책이 합리성이 아닌 '어리석음과 오만'에 토대해 있다고 선거 캠페인 기간부터 줄곧 주장했다. 그리고 미국은 무의미한 국가 건설(nation-building) 사업에서 빠져나와 그 대신 세계의 안정을 창출하는 데 초점을 맞춰야 한다고 호소했다. 이에 트럼프는 제6대 대통령 존 퀸시 애덤스의 오랜 공화주의적 격언을 원용해 "세계는 우리가 적들을 찾아 해외로 나가지 않을 것"이란 점을 알아야만 한다고 선언하기도 했다.[67]

결과적으로 테러와의 전쟁 국면부터 지속된 전쟁 상태에 지쳐 있던 미국민들은 이러한 반제국적 언명에 열렬히 반응했고, 트럼프에게 표를 던졌다. 가령 이라크와 아프가니스탄전쟁에서 높은 사상자 비율을 기록한 마을들은 또한 미국 내의 농촌, 빈곤, 저학력 지역에 위치해 있기도 했는데, 이곳의 유권자들은 자신들의 친구와 이웃을 죽음에 이르게 만든 개입주의적 정치 세력에 반대하는 표를 던질 동기가 충만했다. 그리고 실제로 2016년 선거에서 트럼프는 바로 이러한 지역들에서 큰 호응을 얻었다.[68] 다시 말해, 놀랍게도 트럼프를 45대 미국 대통령으로 선출한 사회적 힘의 상당 부분은 반제국주의적 유권자들에게서 나온 셈이다.

비록 트럼프 행정부는 통치의 무능함을 노출하며 정권 재창출에 실패하고 말았지만, 이와 별개로 탈단극 시대의 곤궁을 탈출하기 위해 공화주의의 고전적 원칙으로 되돌아가는 것은 자유패권 전략을 오래 추구해온 현대 미국 정치사의 맥락에서 하나의 중장기적 대안으로 고려될 수 있다. 탈냉전기 소위 '필수불가결한 나라(indispensable state)'로서 미국은 지속적으로 국제체제를 자신의 이미지처럼 바꾸려 시도했지만, 반제국적 공화주의 전통이 경고했듯, 그러한 팽창주의 국가전략은 미국 자신의 성격을 비자유주의적인 안보국가로 변질시켜버렸고, 패권의 권력 기반도 크게 침식시켰다. 자유와 권력 사이의 점증하는 긴장관계를 적절히 조절하지 않는다면, 제국적 과잉 팽창으로 인한 문제점들이 축적되어 로마의 전철을 따라 미 공화정체의 심각한 훼손과 세계 리더십의 상실로 연결될 수 있다.

따라서 오늘날 탈단극적 순간(post-unipolar moment)에 놓인 중대한 시대사적 질문은 바로 이것이다. 과연 미국 우선론(American Firsters)과 현실주의 그리고 자유지상주의 등의 집합으로 구성된 절제론자들(restrainers)의 연합[69]은 트럼프 행정부의 실패에도 불구하고 향후 미국 외교 노선에서 반제국적 전환을 달성할 수 있을 것인가. 물론 이 질문에 대한 답은 궁극적으로 미국 내 기성 '친제국' 세력과 '반제국' 세력 간 사회적 투쟁의 결과에 달린 불확실성의 영역에 놓여 있다. 그러나 한 가지만큼은 확실한 점이 있다. 미국 패권과 개입주의가 존재하는 한 반제국 전통과 공화주의의 딜레마 역시 계속 함께할 것이란 사실이다.

제3장

닉슨과 트럼프: 패권 하강기의 이단적 대통령들

1. 서론: 닉슨의 렌즈를 통해 트럼프 독트린 읽기

도널드 트럼프 전 미국 대통령은 일관된 국가전략을 가지고 있었는가. 과연 우리는 미국사에서 전례를 찾기 힘든 독특한 국면에서 '트럼프 독트린'이라고 부를 수 있는 대전략을 발견할 수 있을까. 많은 논평가들이 이 유별난 지도자를 이해하기 위해 쟁론했지만, 역사상 미국의 대외정치를 조형해온 국가전통의 핵심으로서 예외주의 개념에 대해 제45대 대통령이 기본적으로 냉담했다는 사실만큼은 논쟁의 여지가 없어 보였다.[1] 실제로 트럼프는 대부분의 미국 지도자들이 꾸준히 언급해왔던 '신세계' 정치가치들의 우월성, 건국부조들의 위업, 그리고 미국 민주주의의 빛나는 성취 같은 것들에 대해 거의 언급하지 않았다.[2] 심지어 잔혹한 독재자로 알려진 블라디미르 푸틴(Vladimir Putin) 러시아 대통령을 왜 존경하는가라는 기자의 질문에 대해 트럼프는 "뭐 그럼 우리나라는 완전무결(innocent)하다고 생각하는가?"라고 퉁명스럽게 응수하기까지 했다.[3]

이런 맥락에서 볼 때, 트럼프가 '구세계'에서 유래한 강력정치적(machtpolitik) 국제정치론을 옹호했던 것은 매우 흥미로운 일이다. 경제 양극화와 인종적 위기의식에 불만을 느껴온 저학력 백인 노동계급의 분노에 주로 기대었던 트럼프의 '잭슨주의적' 외교정책 노선은 앞서 제1장에서 살펴본 것처럼 유럽의 현실주의 전통과 공명하는 지점이 있다.[4] 가령 2016년 대선 캠페인 기간 중 트럼프는 현대 미국사에서 지배적이었던 자유국제주의 노선과 배치되는 홉스적 국제관계관을 명시적으로 밝힌 바 있다.

> 어떤 경우에도 자신의 이익을 첫째로 앞세우지 않고 번영한 나라는 없습니다. 우리의 우방과 적국 모두 우리의 이익보다 자신들의 이익을 우위에 놓고 있기에, 우리도 마찬가지로 그들에게 공평무사하되 우리의 이익을 우선시해야만 합니다. 우리는 더 이상 지구주의라는 거짓된 노래에 이 나라와 국민들을 굴복시키지 않을 것입니다. 민족국가는 여전히 행복과 조화의 진정한 토대로 남아 있습니다.…… 내 임기 중에 우리의 자율권을 축소시키는 어떠한 협약도 체결하지 않을 것입니다.[5]

탈냉전기 미국에서 현실주의 이론이 "공공담론의 주변지대로 밀려나게"[6] 되었던 사실을 고려한다면, 오늘날 미국 정치 공간에서 이러한 현실주의 독트린의 예기치 않은 귀환은 학술적으로 설명될 필요가 있다. 우리는 왜 갑자기 "외교정책에서 현실주의적 계기"[7]에 도달하게 되었던 것인가. 왜 2016년 대선과 임기 초 국면에서 저명한 현실주의 이론가들[8]이 트럼프 대통령에 대한

기대를 표명하게 되었던 것일까.[9]

이번 장에서는 이러한 질문들에 대한 답변을 얻기 위해 미국 현대사의 두 이단적 대통령인 리처드 닉슨과 도널드 트럼프의 역사적 평행성에 주목한다. 특히 미국의 상대적 하락이라는 동일한 국제구조적 현실이 닉슨과 트럼프 행정부가 공히 '현실정치(realpolitik)'라는 비주류적 노선을 채택하게 만들었음을 주장하고자 한다. 1970년대 초반 미국의 지도부는 비정통적인 국가전략을 추구함으로써 전후 초기와 달리 미국의 세계지배력이 더 이상 확고하지 않던 당대 현실에 적응하고자 노력했다. 그리고 유사해 보이는 상황이 트럼프 정권기에도 진행되었다. 기성 '권력집단(Blob)'의 국내외 자유주의적 컨센서스를 공격함으로써, 트럼프 정부는 또다시 패권질서가 난국에 처한 시대에 "미국을 위대하게 만들기" 위한 시도에 나섰다. 탈단극적 국제체제가 부상하고 기존의 국가적 합의가 붕괴되고 있는 상황에 직면하여, 세계무대에서 패권적 지위를 유지하기 위해 극적인 정책상의 변동이 시도되었던 셈이다.

2. 구조적 맥락: 전 지구적 세력균형 변동과 미국 패권의 하강

트럼프의 대외정책 구상은 닉슨의 국가전략과 놀라울 정도로 닮은 측면이 있었다. 두 행정부는 모두 미국 권력의 상대적 쇠퇴와 국내정치적 갈등 심화라는 격변기에 정권을 인수했다. 전후 국제질서가 붕괴되는 가운데 닉슨-키신저가 통치를 시작한 것처럼, 트럼프도 유사하게 탈냉전 질서가 해체되기 시작한 시기에 미국의 행정수반으로 당선되었다.

이런 맥락에서 사실 '단극적 계기'의 첫 붕괴는 현 시대가 아닌 20세기 중반에 이미 일어났었다는 점을 인식할 필요가 있다. 비록 우리는 종종 냉전시대 전체를 쉽게 양극질서로 분류하곤 하지만, 주류 신현실주의적 기준으로도 "1940년대 말의 국제체제는 단극으로 간주 되어야만" 한다.[10] 서구 내에서의 자유세계질서 건설이 거의 달성된 1950년대 중반까지도 미국은 핵 독점 상태를 유지하고, 세계의 철강·에너지 생산량의 거의 절반을 독차지하는 등 명실상부 "자유주의적 리바이어던"[11]의 위상을 유지했다. 제2차 세계대전 후 한참 동안 소련은 미국에 필적하는 초강대국의 지위를 주장할 수 없는 처지였다.[12]

워터게이트 사건으로 사임 발표 전 백악관을 떠나는 리처드 닉슨 대통령(1974)

그러나 그러한 절대적 우위는 점차 사라져갔고, 1970년대 초반에 이르면 미국 패권이 전방위적으로 도전 받고 있다는 사실이 명백해졌다.[13] 전형적인 제국적 과잉 팽창의 사례로서 베트남전의 수렁에 빠진 미국은 국내외적으로 연성·경성권력 모두의 토대가 의문시되기 시작했다. 특히 미소 간의 핵 평형(nuclear parity) 달성과 서독, 일본 산업경제의 성장은 '다극체제'의 도래를 알리고 있었다. 결국 군사·경제 영역에서 절대적인 미국 우위의 시대는 종언을 맞이한 것이다. 더구나 세계적인 경기침체로 미국 주도의 전후 경제질서는 그 기초가 심각하게 훼손되었다. 1971년 달러-금 태환의 중지가 일방적으로 선언됨으로써 본래적 의미의 브레턴우즈체제(The Bretton Woods system)는 붕괴되었다. 이상의 시대적 상황 속에 정권을 잡은 닉슨은 1969년 취임 연설에서 당시 미국 사회가 처한 난국을 솔직히 인정했다.

> 우리는 전쟁에 휘말려 평화를 갈구하고 있습니다. 우리는 분열에 처해 통합을 희구합니다. 우리 주변의 삶은 공허해져 충족을 원하고 있습니다. 해결해야만 하는 일들이 산적해 있고 그 대책을 요구하고 있습니다.[14]

키신저 역시 다음과 같이 당대의 지정학적 곤경을 분석했다.

> 우리의 전략적 우위는 사라지고 핵 균형 상태가 도래했습니다. 다른 나라들의 힘이 성장하고 세계경제에 대한 미국

> 의 의존이 증가함에 따라, 우리의 정치경제적 우월성이 축소되었습니다. 우리의 안전 또한 위협을 받고 있습니다.[15]

후일 회고된 것처럼, "미국이 세계무대를 거의 완전히 지배하던 시대가 종료되어감에 따라, 미국 외교정책의 전반적 재평가가 요구되고 있었다."[16]

이윽고 세월이 흘러 공산주의 진영이 몰락한 이후 두 번째 '단극체제'[17]가 도래했다. 탈냉전기 전 세계 군비의 거의 절반을 지출하던 미국에 필적할 군사적 라이벌은 더 이상 존재하지 않았으며, 지구경제에서 일본의 부상이 야기했던 공포도 이른바 '잃어버린 10년'을 경유하며 눈 녹듯 사라져버렸다. 자유주의가 전일적으로 지배하게 된 새 시대에 우리는 마침내 세계가 미국의 이미지에 따라 변환되어가는 '역사의 종언'[18]이 도래했음을 고지받게 되었다. 실제로 견제할 세력의 부재 덕분에 체제적 요소로서 단극 상황은 미국의 혁명적 대전략의 범위를 유의미하게 확장시켰다.[19]

하지만 9.11테러 이후 미국 우위 질서의 정점으로 등장했던 '신보수주의적 국면'은 빠르게 소멸되었다. 네오콘의 '세계혁명' 프로젝트 실패는 미국 지도력에 있어 또 한 번의 쇠퇴를 가져왔다. 물론 2010년대 이후의 시기가 회의론자들이 예측하는 것처럼, 미국 패권의 '최종적 위기(terminal crisis)'로 귀결될지는 두고 보아야 할 일이다.[20] 그럼에도 이라크전쟁과 아프가니스탄전쟁의 실패라는 또 한 번의 제국적 과잉 팽창 주기가 지나간 이후,[21]

미국의 영향력이 심각하게 하락한 것은 자명해 보인다. 게다가 마치 1970년대의 스태그플레이션이 미국 주도의 내장 자유주의(embedded liberalism) 시대를 종료시킨 것처럼,[22] 2008년 금융위기 이후 지금까지 지속되고 있는 전 지구적 경기침체는 기존의 신자유주의적 합의에 근본적 의문을 불러일으켰다. 무엇보다 소위 브릭스(BRICS)—특히 중국—의 부상은 세계 정치경제 무대에서 다극적 세력균형체제가 부활했음을 알리는 신호탄이라고 볼 수 있다. 미국 중심의 자유세계질서나 탈베스트팔렌적 지구 거버넌스 시대의 전망은 사라져가는 듯하고, 대신에 "지정학의 귀환"[23]과 같은 현실주의적 색채의 개념들이 국제 문제 전문가들 사이의 새로운 유행어가 되었다.

패권 상실의 위기 상황에 직면하여, 트럼프는 2016년 대통령 선거 기간 미국 권력의 한계가 부각되고 있다는 점을 강조하며 자신의 지지 동력을 모아나갔다.

> 현재 우리나라 안에는 너무나 많은 문제가 산적해 있습니다.…… 우리는 더 공세적일 수 없는 상황에 부닥쳐 있습니다. 우리는 우리 자신의 문제점들부터 해결해야만 합니다.[24]

3. 자유국제주의적 합의 대 비정통적 대전략

미국 국력의 상대적 하락은 필연적으로 미국민들에게 중대한 정치적 질문을 제기한다. 과연 미국은 자신의 예외주의적 정체성과 잘 맞아떨어지지만 비용 부담이 큰 자유국제주의 전략을 고수할 것인가, 아니면 크게 바뀐 구조적 현실에 적응하기 위해 대안적인 새로운 노선을 개척할 것인가. 이런 맥락에서 볼 때, 닉슨과 트럼프 행정부는 미국 외교정책의 향방에서 동일한 시대적 문제에 직면했으며, 양자는 모두 근대 유럽대륙의 역사적 경험에서 유래한 비정통적 국가전략을 택하기로 결정했다.

다시 말해, 패권의 위기에 대응하기 위해 닉슨과 트럼프는 현실주의 원칙을 기치로 삼아 미국의 대전략을 근본적으로 변화시키기로 결심한 것이다. 단극 우위의 시기 동안 자유주의적 개입 전략은 미국의 국익과 어느 정도 부합하는 측면이 있었다. 하지만 미국 권력의 토대가 약화된 상황에서 국력 소모가 심한 개입주의 전략은 더 이상 지속 불가능한 선택지였다.

1969년 북대서양조약기구(NATO) 정상회의에서 닉슨은 국제정치에 대한 선악 이분법적 이해에 기초한 미국의 전통적인 세계관을 강하게 비판했다. 그리고 대신에 미국인들에게 세계를 "있는 그대로" 이해할 것을 촉구했다.

> 우리는 있는 그대로의 세계에 사는 방법을 찾아야 합니다…… '좋은' 나라와 '나쁜' 나라라는 관점, 즉 확고한 동맹국과 절대적인 적성국으로 이루어진 세상이라는 관점을 가지고 있는 사람들은 그들이 상상 속에 만들어낸 세계에 살고 있는 셈입니다.…… 그들은 있는 그대로의 세상에 살고 있지 않습니다.[25]

키신저 또한 미국민들에게 예외주의라는 단순한 이데올로기를 버리고 엄밀하게 정의된 국익 개념에 기반한 현실주의적 외교정책을 추구할 것을 촉구했다.

> 오늘날 우리는 국익을 추구하는 데 세심하고 유연하며 세련되고 상상력이 풍부한 외교를 수행해야만 합니다. 우리는 매우 사려 깊이 국익을 정의 내려야 합니다. 우리는 최상의 상황에 대해서만 계획을 세울 것이 아니라 최악의 사태에도 대비해야만 합니다. 우리는 제한된 목표들을 추구해야만 하며 동시에 여러 개의 목표들을 추구할 수 있어야 합니다.[26]

유사한 맥락에서 트럼프의 포퓰리즘적 레토릭 역시 전후 자유

닉슨 대통령과 베트남전쟁에 대해 토론하는 헨리 키신저(1972)

주의 컨센서스를 강하게 비판했다. 즉, '내부자들'과 '기득권층'이 헛된 국제주의 어젠다를 추구함으로써 미국민을 오도하고 단극 체제의 기초를 파괴했다고 주장한다.

> 지난 수십 년 동안 우리는 미국의 산업을 희생시켜 외국의 산업을 살찌워왔으며, 다른 나라들의 군대를 후원하면서 애석하게도 우리의 군대는 소모시켜왔습니다. 우리는 다른 국가들의 국경을 지켜주면서 우리 자신의 국경은 방어하길 거부했고, 수조 달러를 해외에 쏟아 부으면서도 미국

의 인프라는 방치 상태로 놔두었습니다. 우리는 다른 나라들이 부유해지도록 만들어주었지만, 우리나라의 부와 힘 그리고 자신감은 저 너머로 사라져버렸습니다.[27]

이런 맥락에서 트럼프는 세계평화를 위한 해외 민주주의 증진이라는 주류 예외주의의 독트린을 맹비난하고, 기존의 대외개입주의 전략이 이성적 논리가 아닌 "어리석음과 오만"에 기초해 있다고 주장했다. 그에 따르면, 미국은 "(해외)국가 건설 사업에서 벗어나 대신 세계의 안정을 창조하는 데 집중"[28]해야만 했다. 보다 구체적으로 강대국 간 관계, 동맹정치, 경제민족주의 등 세 가지 주요 영역에서 우리는 닉슨의 대전략과 트럼프 독트린을 평행하게 병치시켜 볼 수 있다.

1] 강대국 간의 현실주의적 세력균형

키신저의 첫 저서 『회복된 세계(A World Restored)』[29]가 호의적인 시선으로 분석한 19세기 "유럽협조체제(Concert of Europe)"의 비전을 통해 닉슨 대통령이 국제관계를 해석했다는 것은 잘 알려진 사실이다. 이는 분별력 있는 정치가들에 의해 조심스럽게 운영되는 국가책략(statecraft)의 세계이자, 열강 간의 "정치적 평형"[30]이 달성된 세계이다. 1971년 『타임』지와의 인터뷰에서 닉슨은 자신의 현실주의적 세계평화 비전을 상세히 설명했다.

> 우리는 세계사에서 상당 기간 평화가 유지되었던 시기는 오직 세력균형이 존재했던 때뿐이라는 사실을 반드시 기억할 필요가 있습니다.…… 저는 만일 미국, 유럽, 소련, 중국, 일본이 서로 간의 평등한 균형을 유지하게 되면 훨씬 안전하고 나은 세계를 갖게 될 것이라고 생각합니다.[31]

이러한 점에서 볼 때, '데탕트(Détente)'는 세력균형, 국익 같은 현실주의적 원리들이 핵심이 되는 "미국 외교정책의 의도된 신개념"[32]으로서 등장한 것이었다. 닉슨의 롤모델은 다름 아닌 19세기 유럽협조체제 탄생의 산파 역할을 한 캐슬레이 자작(Viscount Castlereagh)이었다. 백악관에서 이뤄진 한 사적 대화에서 밝힌 것처럼, 그는 "유럽의 열강들 사이에서 약자들의 편을 들어 강자에 대항하던 19세기 영국"의 국제적 역할을 수행할 수 있기를 희망했다.[33] 1969년 3월 우수리강(乌苏里江)에서의 무력 충돌로 절정에 달한 중소 분열은 마침 미국이 자신의 상대적 쇠퇴에 대응해야 했던 시기에 전 지구적 세력균형을 유리하게 변경할 수 있는 천재일우의 기회를 닉슨 행정부에 제공했다.

물론 '중국 개방'과 소련과의 여러 군비 통제 협상들(전략무기제한협정, 반탄도미사일조약 등)을 거쳐 창출된 소위 '삼각체제'는 세 열강들 사이의 조정을 통해 안정된 국제질서를 만들어내려는 목적을 지니고 있었다.[34] 그럼에도 1972년 미중 간 상해 코뮈니케의 문구—"누구도 아태 지역에서 패권을 추구하지 말아야 하며, 양국은 제3의 국가 혹은 국가군이 그러한 패권을 수립하려는 시도에 반대한다"—에 명백히 밝혀져 있듯이, 닉슨 행정부의 궁극적 목표는 "적은 비용으로 소련 권력을 견제"[35]하는 것이었다. 이는 경제적 압박이 갈수록 증가하는 구조적 조건에 기성 봉쇄전략을 적응시킨 현실주의적 접근법인 셈이었다. 더욱이 삼각외교는 미국이 "베트남 문제에 있어 외교적 해결의 가능성을 높이는"[36] 효과도 지녔다. 파리평화조약과 관련하여 하노이에 압력을 가할 것을 베이징과 모스크바에게 요청함으로써, 워싱턴은 강대국 정치를 통해 자신의 제국적 과잉 팽창 문제를 해결해보고자 했던 것이다.

한편, 한 국제 문제 전문가는 미국의 45대 대통령이 "닉슨 이래 처음으로 국가이성론을 외교정책 결정 과정의 지도 원리로 삼는 대통령"이 될 것이라고 임기 초에 예측한 바 있다.[37] 온갖 분란을 일으켜온 거친 수사들과 말실수들, 그리고 실제 정책 집행 과정의 혼란을 논외로 한다면,[38] 트럼프는 상당히 "일관성 있는 현실주의 외교정책"[39]을 가졌던 것처럼 보인다. 가령 트럼프 행정부의 『국가안보전략보고서(NSS)』도 정권의 미국 우선 대전략을 "원칙에 입각한 현실주의(principled realism)"로 정의했다.[40] 특히 강대국 간의 관계에서 트럼프 정부는 "새로운 미–중–러 삼각체제"의 형성을 추동했다. "윌슨주의적 집단안보 개념"에 대항해 트럼프 대통령은 "강력한 지도자가 통치하는 지역 열강들에 의해 운영되는 세계, 모두가 지속적인 국제질서는 반드시 세력균형에 기초해 있어야 함을 이해하는 세계"를 구상했던 것이다.[41]

실제로 트럼프 행정부는 한편으로 중국과 러시아에 대한 견실한 세력균형 정책[42]을 수행함과 동시에 "강력한 지도자들이 통치하는 지역 열강들과 타협"도 일정 부분 추구했다.[43] 비록 전통적인 미국 예외주의자들은 이러한 냉혹한 경쟁과 흥정의 세계관에 동의하지 않았지만, 현실주의적 국가전략으로의 회귀는 포스트-단극시대의 국제관계에 일정한 질서와 안정을 유지할 수 있게 해주며, 장기적으로 미국의 전 지구적 패권의 기반을 쇄신하는 데 도움을 줄 수도 있는 방책이었다.

이런 맥락에서 특히 재평가할 수 있는 점이 바로 트럼프 행정부 시기 두드러졌던 현상으로서 러시아와의 관계 개선 분야다. 이에 대해 수많은 비평가는 트럼프 개인이 푸틴에게 약점을 잡혔기 때문이라는 등, 같은 독재자 사이의 친밀감 때문이라는 등의 혹평을 가했다. 그러나 2010년대 이후 다극체제의 부상 과정, 특히 미-중-러 삼각체제가 탈단극 시대 지구 지정학의 핵심 축으로 부상하는 과정에서 미국의 사활적 국익이 무엇인가를 생각한다면, 트럼프의 '친러' 정책은 다르게 해석될 여지가 있다. 환언하면, 일종의 "역(逆)키신저 전략"이 적용된 결과라고도 볼 수 있는데,[44] 냉전기의 닉슨 행정부가 주적인 소련 견제라는 핵심 국익을 위해 문화혁명 와중의 중국에 접근하는 과감한 데탕트를 추구했듯이, 비록 이데올로기와 레짐의 차이는 현격하지만, 러시아와 손잡고 패권 도전국 중국에 맞서는 전략은 현실주의적 세력균형의 원칙에 입각해볼 때 합리적인 선택일 수 있다.

특히 오늘날 바이든 행정부가 '민주주의 대 권위주의' 같은 도덕주의적 선언에 기반해 세계를 선악 이분법 구도로 이해함으로

데탕트의 두 주역, 닉슨과 마오쩌둥(1972)

써 외교정책의 유연성을 상실하고,[45] 중러 밀착과 자유패권 전략의 부활과 같은 역효과를 가져오는 상황을 고려해보았을 때,[46] 강대국 간 삼각관계에 주목하는 닉슨-트럼프식의 현실주의적 접근에 대한 재평가가 요구된다. 비록 푸틴의 우크라이나 침공으로 당분간 러시아와의 관계 개선은 요원해졌지만, 중장기적으로는 냉전기와 유사하게 중러 분열을 꾀하는 전략도 고려 가능하다.

2) 미국 우선주의: 비용 분담과 경제민족주의

기존의 패권적 지위가 위태로워진 상황에 대응해 그나마 남은 권력 자원을 보존하고 부활의 발판을 마련하기 위해서는 단극 시대와는 구분되는 대안적인 동맹정책과 국제경제 정책이 요구된다. 가령 닉슨 독트린은 '베트남전의 베트남화'라는 신정책을 일반화하여 동맹 방위의 주된 책임을 미국으로부터 동맹국에게 이전하는 것을 목표로 삼았다.[47] 닉슨은 의회보고서를 통해 미국 군사력의 한계를 다음과 같이 시인했다. "미국이 모든 계획을 수립하고, 모든 프로그램을 고안하며, 모든 결정들을 집행하고, 세계자유진영의 방어를 모두 짊어지는 식의 상황은 가능하지도 않고, 그렇게 하지도 않을 것입니다."[48] 따라서 국제안보에 대한 미국의 신외교정책은 "위협 받은 당사국이 방위를 위한 인력 제공의 책임을 우선적으로 부담하는"[49] 것을 목표로 했다. 실례로 남베트남에서 미 지상군이 서서히 철수하는 가운데, 1971년까지 총 61,000명의 주한미군 병력 중 20,000명이 본국으로 돌아갔다.[50]

이에 더해 미국의 갈수록 약화되는 금융 입지로 인해 국제경제 분야에서도 일련의 현실주의적이고 제로섬적인[51] 정책들이 구상되었다.[52] 닉슨과 그의 주요 보좌진은 전후 미국이 주도하는 자유세계질서의 한 축인 브레턴우즈체제의 유지보다 미국의 경제적 이익과 정책 자율성을 우선시했다. 그렇기에 동맹국들과 아무런 협의도 없이 갑작스럽게 달러의 금 태환을 중지시키는 결정을 내릴 수 있었다. 비록 자유경제질서 그 자체는 붕괴되지 않았지만, 결과적으로 본래의 국제통화체제는 미국의 일방적 행동에 의해 근본적으로 변경되었다. 이러한 민족주의적 정책은 비록 국제경제 환경을 크게 교란시키기는 했으나, 달러 가치를 낮추고 대외무역관계를 미국에 이득이 되는 형태로 재조형하는 효과를 가져왔다.[53]

이와 유사하게 트럼프의 비즈니스적·거래적(transactional) 외교 접근법 역시 동맹 간의 더 공평한 책임 분담과 일방주의 원칙을 추구함으로써 미국의 대전략을 경제화하려 시도했다. 현실주의 국제정치학자 슈웰러에 따르면, 트럼프의 새로운 대전략은 미국이 전 세계의 "주요 지역 세 곳에서 세력 분배에 따라 군사 태세를 조정하며 지역 세력들이 우선적으로 방어를 담당하도록" 해야 한다고 주장하는 "역외균형(offshore balancing)" 논의와 일맥상통했다.[54]

코소보전쟁 직후인 2000년에 트럼프는 이미 대선용 팸플릿 「우리에게 걸맞은 미국(The America We Deserve)」에서 유럽에서의 "분쟁들에 미국민의 생명을 희생할 가치가 없다. 유럽으로부터 철수하면 매년 수백만 달러의 돈을 절약할 수 있을 것"이라고 주장했다.[55] 그는 또한 상대적 하락의 시대에 더 이상 미국은 "세계의 경찰이 될 수 없다"[56]고도 주장했다. 따라서 트럼프는 동맹국들에 엄격한 상호성과 책임 분담의 원칙을 적용했고, 이는 종종 기존의 동맹조약들—대표적으로 북대서양조약기구 헌장 5조의 집단방위 조항—에 약속되어 있는 법적 의무들과 충돌했다. 그럼에도 동맹국들은 "방위비용을 치러야만 하며, 그러지 않을 경우 미국은 그 나라들이 스스로 방어하도록 준비시켜야만 한다"는 것이 트럼프의 일관된 입장이었다.[57]

트럼프는 대통령 재임 기간 동안 동맹관계에서 이렇게 새로운 기준들을 여러 차례에 걸쳐 강조했다. 예를 들어, 그는 주한미군이 배치한 미사일 방어체제의 비용을 한국이 지불할 것을 요구함으로써 한국민들과 남한 정부를 크게 당황시켰다. 또한 지속적으로 유럽 동맹국들에게 방위비 분담과 군비 증강을 요구하면서, 부자 나라들이 미국을 "벗겨 먹고" 있다는 식의 발언을 함으로써 전통적인 대서양 관계 역시 크게 긴장되었음은 주지의 사실이다. 유사한 맥락에서 트럼프의 '미국 우선(America First)' 독트린은 "미국 물건을 사고, 미국인을 고용하자"[58]라는 경제민족주의적 원칙[59]에 토대를 두었다. 이에 따라 기존의 자유주의적 지구화는 백인 노동자 계급을 희생시켜 '기득권층'의 배만 불린 전략으로 지탄받았다.

가령 트럼프 행정부 시기 무역대표부에서 발간된 공식 보고서들을 보면, 2016년 대선의 의미를 "두 주요 정당의 지지자들이 공히 미국 무역정책의 근본적 변화를 요구"한 것으로 해석하면서 국제경제 정책의 "중차대한 목표"는 "모든 미국민들에게 보다 자유롭고 공정한 방식으로 무역을 확대"하는 것이 되어야만 한다고 주장했다.[60] 이는 곧 "미국은 소위 지정학적 이득을 위해 지구 시장에서 미국의 노동자들, 농부들, 목장주들, 기업가들에게 손해를 끼치는 불공정 무역관행들을 묵인해야 한다"는 전통적인 관념을 거부함을 의미했다.[61] 이러한 정신에서 트럼프는 집권 기간 행정명령들을 통해 미국이 그간 맺은 모든 국제무역협정의 실적을 총체적으로 재검토할 것을 명령하고, "무역협정 위반과 악용" 사례들을 시정하도록 했을 뿐만 아니라, "궁극적으로 미국 경제에 해를 끼치는 무역협정, 투자협정, 무역관계는 모두 재협상 혹은 종료" 대상으로 삼았다.[62]

4. 탈자유주의적 대전략의 모색?

닉슨-키신저의 냉혹한 현실정치적 외교정책 방식이 갖는 비도덕성에 대해서는 그간 많은 비판이 쏟아졌다.[63] 그럼에도 불구하고 닉슨의 대통령직 수행이 어려운 조건 속에서도 미국의 국제주의를 포기하지 않고 지속하면서 여러 대외관계에서 '미국 우선'[64]의 원칙을 견지하는 데 상당한 성공을 거두었으며, 이것이 1980년대를 거쳐 미국 패권이 다시 한 번 부활하는 토대가 된 것도 사실이다. 이에 대해 키신저는 그것은 마치 "오래된 대들보들을 치우면서도 구조 자체는 붕괴시키지 않고 새로운 건물"[65]을 건축하는 것과 유사한 일이었다고 회고했다.

그렇다면 과연 또 다른 패권 하강기의 이단적 대통령이었던 트럼프의 대전략 패러다임 전환 시도에 대해서는 어떻게 평가할 수 있을까. 지난 행정부 시기 미국의 대혼란을 이미 경험한 현재적 시점에서 트럼프 독트린의 외교적 유산에 후한 점수를 주는 것은 사실 어려운 일이다.[66] 그의 임기 초기부터 이미 좌우 스펙트럼을 넘어 수많은 비판자들이 경고했듯,[67] 트럼프 행정부 시기는 회고해보건대 전후 자유세계질서의 침식을 가속화하고, 미국의 패권적 지위를 더욱 위태롭게 하는 후과를 낳고 말았다.

그럼에도 불구하고 닉슨 시대가 그러했던 것처럼, 2016년 대선과 뒤이은 트럼프의 대통령 재임기가 탈단극이라는 변화된 구조적 조건 속에서 기존의 자유주의적·예외주의적 컨센서스에서 이탈해 현실주의적 대전략을 실험할 수밖에 없는 상황이었다는 사실에는 변함이 없다. 그런 점에서 비록 트럼프 행정부는 그 자신의 무능과 포퓰리즘적 행태로 인해 자멸하고 말았지만, 그것이 곧바로 기존의 자유패권 전략이 옳았음을 증명해주는 것은 아니라고 말할 수 있다. 애당초 단극체제가 단명한 이유가 기존 외교정책 기득권(establishment)이 추구한 '제국적 과잉 팽창' 때문이라는 점을 생각하면 더더욱 그러하다. 따라서 다가오는 다극화 시대에 대응한 미국의 탈자유주의적 대전략 모색은 여전히 현재 진행 중이며, 닉슨-키신저 시대의 이단적 현실주의 전략에서 현재적 교훈을 찾으려는 시도는 미국 외교의 공론장에서도 당분간 지속될 것이다.

제2부
트럼프 시대

대공위기의 개시

제4장

예외주의의 위기: 트럼프 시대 미국 패권의 영혼 타락

1. 서론

2015년 4월, 텍사스주 휴스턴. 공화당 대선 경선 참여를 아직 공식적으로 발표하기도 전인 시점에 도널드 트럼프가 티 파티(Tea Party)의 지역 지부가 주최한 '미국몽의 찬양(Celebrating the American Dream)' 이벤트에 참석했다. 여기서 행사 사회자는 트럼프에게 미국 예외주의의 정의는 무엇이며, 그것을 더욱 신장하기 위해서는 무엇을 해야 하느냐는 보수 정치권에서는 상식적인 수준의 질문을 던졌다. 그러나 이에 대한 트럼프의 해답은 매우 '비상식적'이었고, 이런 그의 답변 덕분에 행사장 분위기는 급격히 냉각되었다.

> 저는 그 용어를 좋아하지 않습니다. 솔직하게 얘기 드리는 겁니다. 사람들은 "와, 저 인간 애국적이지 않구먼"이라고 하겠죠. 그런데 말입니다, 만약 제가 러시아인이거나 독일인이라면 어떨까요. 저는 비즈니스를 하는 사람이기 때문에 그것이 좋은 용어라고 생각지 않습니다. 우리는 예외적이지만 너희는 그렇지 않다고 얘기하는 꼴입니다.…… 우

리는 죽어가고 있습니다. 부채가 18조 달러나 됩니다. 저도 우리를 예외적으로 만들고 싶습니다. 그러나 저는 지금이 아니라 나중에 그렇게 말하고 싶습니다. 제 말이 이해가 되시나요?[1]

사실 이러한 트럼프의 반예외주의적 발언은 저마다 자신의 애국심을 증명하기에 바쁜 미국의 정치권에서는 상당히 이례적이었다. 특히 공화당이 로널드 레이건(Ronald W. Reagan) 대통령의 "빛나는 언덕 위의 도시(shining city upon a hill)" 구호 이래로 늘 미국 예외주의의 수호자를 자처해왔고, 2012년 대선 당시에는 총 6장으로 구성된 당 강령 중 한 장을 통째로 예외주의에 대한 찬양 내용으로 채워 넣었다는 것을 고려하면, 공화당 대선후보로 출마를 계획 중이던 트럼프의 이러한 답변은 정치적 자살 행위라고 볼 수도 있었다. 사실 2015년 당시만 해도 워낙 다양한 기행과 막말을 일삼는 아웃사이더 후보라 크게 문제되지는 않았지만, 결국 그런 트럼프가 2017년 백악관에 입성하게 되었고, 이후 다양한 공식 연설과 정책들을 통해 반예외주의적 색채를 가감 없이 드러내고야 만다. 워싱턴 정가의 심장부에서 미국의 역사적 정체성과 역할 인식이 근본적으로 부정당하는 초유의 상황이 연출되었던 것이다.

미국 대전략의 역사적 전개 과정을 설명하는 다양한 이론 중에서 일국의 정체성과 역할 관념, 전략 문화 등을 강조하는 단위 수준 구성주의,[2] 역할이론,[3] 전략적 서사론[4] 등은 일관되게 미국

취임 선서하는 도널트 트럼프 대통령(2017)

예외주의를 중요한 변수로 설정해왔다. 즉, 미국이 역사적으로 어떻게 자기 정체성을 정의해왔고, 세계사의 전개 과정에서 자신의 역할을 어떤 이미지로 규정하며, 어떠한 지구 질서를 구성하려 하는지 담론적 차원에서 분석하는 것이 미국의 대외적 행태를 설명하는 데 핵심적이며, 특히 예외성에 대한 역사적 내러티브가 미국의 상징세계에 중핵을 이룬다는 주장이다.

여기서 예외주의란 미국이 인류사에서 특별한 역할을 가진 비범한 국가로서 단순히 타국들과 다를 뿐만 아니라 더 우월하다는 믿음을 뜻하며, 미국의 국가 정체성과 민족주의의 핵심 요소로서 역사적으로 미국의 외교정책을 구성하고 조형하는 지배적인 문화적-지적 프레임을 제공해왔다.[5] 특히 국제정치의 관점에서 강조되어야 할 것은 미국 예외주의에 내재된 강력한 보편주의와 혁명국가성이다. 자신의 국내 체제 전반을 인류 전체가 따라야 할 범세계적 표준으로 인식하고, 이를 미래 지구 질서의 건설에 반영하려는 예외주의의 욕망이 20세기 이후 자유세계체제를 만들어온 패권국 미국의 이념적 동력이자 청사진이었기 때문이다.

이러한 역사적·이론적 맥락에서 볼 때, 지난 트럼프 행정부가 보여준 예외주의로부터의 이탈은 미국 외교사뿐만 아니라 세계질서의 역사 전체에 중요한 단절로 기록될 만한 사건이었다. 왜냐하면 트럼프 현상의 등장이 탈냉전기 "자유패권"[6]이라는 예외주의적 대전략에 대한 국가적 합의가 무너지고, 미국의 자기 정체성에 대한 근본적 의문이 본격화된 상황을 지시했기 때문이다. 환언하면, 미국이 미국이 아니게 되었을 때의 상황에서 미국의 대전략은 어떻게 변화하게 될 것인가, 패권 하강이라는 구조적 조건에서 미국 국내담론의 지형이 급격히 탈예외주의적 방향으로 전환한다면, 향후 미국 주도의 자유세계질서의 궤적에 어떤 흔적을 남기게 될 것인가[7]와 같은 질문들이 트럼프 시대를 경유하며 제기되었다.

이에 본 장에서는 우선 미국 예외주의가 무엇인지 보다 자세하게 살펴보고, 그것이 미국의 대외정책사를 조형해온 궤적을 추적해본다. 다음으로 탈냉전기 단극적 순간의 절정에 달했던 예외주의가 오바마 시대에 들어 혼란에 빠지는 과정을 분석한 후, 트럼프 행정부에 와서 본격적으로 미국의 예외적 정체성과 자유주의적 국제전략이 부정되었던 과정을 탐구해볼 것이다. 마지막으로 결론에서는 포스트-트럼프 시대 미국 예외주의와 이에 기반한 자유세계질서의 향방에 대해 질문해보고자 한다.

2. 위험한 국가의 대서사시: 예외주의와 미국의 대전략사

1) 왜 예외주의인가

예외주의라는 현상 자체는 미국만의 특징은 아니며, 다양한 사례별 비교 연구가 가능한 주제이다. 예를 들어, 시민혁명 직후의 프랑스와 볼셰비키혁명 후의 소련도 자신의 보편성과 역사적 사명 인식에 기반한 세계혁명의 비전을 지녔으며,[8] 현대에도 중국, 인도, 터키 등에 다양한 형태의 예외주의 담론들이 존재한다.[9]

그런데도 우리가 예외주의 연구에서 특히 미국의 사례에 주목하는 것은 미국이 20세기 중반 이후에 패권국가로서 단극체제를 구축해왔기 때문이다. 즉, 상대적으로 구조적 압력에서 자유롭게 자신이 원하는 이미지를 세계에 투사할 수 있는 자율성을 가진 최강의 국가로서, 국내에서 형성된 관념과 청사진을 세계에 전파하기에 용이한 국제정치적 조건을 누려왔다는 점이 중요하다.[10] 이는 미국만큼이나 큰 이데올로기적 자부심과 체제 수출의 열망을 지녔지만 유럽 내 세력균형에 의해 결박되어 “사회화” 되어버린, 나폴레옹전쟁 이후 프랑스와의 비교 속에 잘 드러나

는 미국만의 예외적 조건이라 할 수 있다.[11]

그렇다면 미국 예외주의란 무엇인가. 구체적으로 미국의 예외주의적 정체성을 구성하는 요소들은 무엇인가. 외부 타자(Other)와의 차이를 강조하며 그와 대조적인 자아(Self)를 구성하는 것이 정체성 형성의 정치에서 핵심적 원리[12]라는 것은 미국의 국가 정체성 구성 과정에도 동일하게 적용된다.[13] 특히 미국의 건국 과정에서부터 줄곧 강조된 것은 바로 구세계(유럽)에 대비되는 신세계(아메리카)로서의 자아 정체성이었으며, 이것이 미국 예외주의의 역사적 기초를 이룬다.[14]

구체적으로 어떤 이념적 원천이 신세계와 구세계를 가르는 기준이 되어왔는지는 자유주의·공화주의·청교도주의 등 여러 이론(異論)이 존재하나, 이들이 공통적으로 강조하는 것은 식민지 시대부터 북아메리카에 정주한 유럽계 이민자들이 도덕적으로 타락하고 영구적인 전쟁과 압제에 시달리는 구세계에 대항해 새로운 자유와 번영의 공간을 신대륙에 건설하고자 했다는 점이다. 그리고 바로 이러한 국가적 자아 형성이 외부 세계와 비교해 강력한 우월의식과 선민의식, 나아가 일종의 구원자 국가(redeemer nation)로서 보편주의적 열망을 갖게 되는 원인이 된다.[15]

여기서 한 가지 주목할 점은 미국의 예외주의도 국가의 정체성을 규정하고 사회적 자원을 동원하는 이데올로기라는 차원에서 보면 민족주의의 한 종류이지만, 혈통·인종·언어 등 대개 '특수주의적' 자원을 기반으로 민족의 경계선을 구축해가는 일반적 종족민족주의(ethnic nationalism)과 달리, 미국의 민족주의는 독

모란(Edward Moran),
「자유의 여신상 제막식(Unveiling of the Statue of Liberty Enlightening the World)」(1886)

립선언문과 연방헌법 등에 명기된 소위 미국적 신조에 기초한 시민민족주의(civic nationalism)로서 전 인류에 적용 가능한 '보편성'을 강조한다는 점이다.[16] 미국 땅에서 태어난 모든 사람은 미국인이 될 수 있다는 수정헌법 제14조의 '출생 시민권(birthright citizenship)' 원칙은 이런 미국 민족주의 특유의 코스모폴리탄 성향을 상징적으로 표현한다.

한편, 정통적 역사 서술에 따르면, 미국의 예외주의는 1630년 존 윈스롭(John Winthrop)이 성서의 산상수훈(마 5:14)에 나오는 표현을 빌려 아메리카가 전 세계인들이 주목하는 "언덕 위의 도시(city upon a hill)"가 될 것이라고 선언한 이래로, 한결같이 미국인들의 정체성과 근본적 세계관을 구성했다. 그리고 뒤를 이어 19세기 먼로 독트린 및 "명백한 운명론(manifest destiny)", 20세기 우드로 윌슨(Woodrow Wilson)의 "민주주의에 안전한 세계를 만들기" 위한 제1차 세계대전 참전론, 냉전시대 "자유세계 리더론", 그리고 탈냉전기 "필수불가결한 국가(indispensable nation)론" 등, 미국사—그리고 세계사—의 주요 국면마다 예외주의는 엘리트들의 주요 대전략 담론의 핵심 원칙을 구축함으로써, 미국 대외정책의 향방을 결정지어왔다.[17]

물론 이러한 거대 서사에는 당연히 이데올로기적·신화적 요소가 깊게 스며들어 있다는 점을 따로 지적해둘 필요가 있다.[18] 데이비드 휴즈(David Hughes),[19] 월터 맥두걸(Walter A. McDougall)[20] 등에 따르면, 예외주의는 지속적으로 재생산/발명되어야 하는 미국 내 백인 남성 엘리트들의 헤게모니 담론으로서, 기본적으로

20세기를 통해 우파 이데올로그들—특히 레이건 시대 이후 네오콘들—이 재발명해낸 전쟁국가의 도구적 산물이다. 즉, 예외주의란 양차 세계대전과 냉전 등 주요 전쟁 시기에 대중을 동원하기 위해 만들어낸 가공의 민족주의 전통이라는 것이 비판이론가들의 입장이다.

이들은 보다 구체적으로 정통적-본질주의적 해석이 예외주의 계보의 연속성을 주장하며 강조하는 주요 기점과 사건들도 실제 역사의 맥락에서는 사실과 맞지 않는다는 주장을 펼치고 있다. 가령 윈스롭의 "언덕 위의 도시론"은 19세기 중반까지도 출판되지 않아 대중에게 알려지지 않았으며, 출간된 후에도 별다른 반향이 없었던 논의를 1930년대 페리 밀러(Perry Miller)라는 학자가 중요한 정전(canon)으로 재포장했다든지, 알렉시 드 토크빌(Alexis de Tocqueville)[21]이 미국의 예외성을 찬양했다고 대개 알려졌지만, 실제로 그는 미국의 문화가 유럽에 비해 훨씬 물질주의적이라고 언급했을 뿐이라는 사실 등을 지적한다.

또한 흥미로운 논의로서 미국 예외주의라는 개념 자체를 처음 사용한 사람이 소련의 지도자, 이오시프 스탈린(Iosif Stalin)이었다는 점도 특기해둘 만하다. 1920년대 미국 공산당 지도부가 미국 사회의 특수성을 근거로 북미 지역에서는 사회주의 혁명의 전망이 어둡다고 주장하자 이를 비판하기 위해 예외주의라는 용어를 스탈린이 만들어냈다는 것이다.[22]

그러나 이러한 수정주의적·계보학적 비판은 예외주의가 미국의 정체성과 자기 역할 인식에 중요한 구성요소라는 사실까지 부정하지는 못한다. 비록 상당 부분 역사적 단순화와 본질화에 기반하고 있고, 정치적 목적을 위해 지속해서 재생산되는 일종의 판타지이지만, 정체성이란 것이 원래 대개의 경우 그러한 담론적 구성물이라는 사실을 염두에 둔다면, 그 정체성의 '진실성' 혹은 '객관성'은 오히려 부차적인 문제일 수 있다. 더 중요한 문제는 바로 그렇게 만들어진 정체성이 해당 사회의 목적의식을 구성하고 실제로 정책 형성 과정에 영향을 미치는가의 여부이며, 이와 같은 점에서 예외주의는 미국이라는 국가와 그 대전략의 이해에서 필수적 변수다.

2) 미국 외교정책의 궤적과 예외주의

이상의 내용을 바탕으로 미국의 예외주의적 자기 정체성과 대전략 사이의 넥서스(nexus)[23]를 분석해보자면, 무엇보다 미국의 대외정책사는 곧 근대 국제정치의 기본 제도와 규범들을 부정하고 궁극적으로 그것들의 변혁을 추구하는 "위험한 국가"[24] 혹은 "혁명국가"[25]로의 성장사로 해석 가능하다. 미국의 예외주의와 외교전략의 상관관계에 대한 통상적인 역사적 개관[26]에 따르면, 미국은 대략 19세기 말의 미서전쟁과 20세기 초 제1차 세계대전을 기점으로 외교정책의 패턴에 커다란 변화를 보인다. 그러나 이러한 표면적 변동에도 불구하고 200여 년간 미국 외교의 핵심적 추동 변인은 늘 예외주의적 정체성과 역할 인식에 기반했으며, 다만 국제체제적 조건—미국의 상대적 권력, 경제와 폭력의 상호의존 정도 등—에 따라 동일한 예외주의가 수세적 형태의 외교전략으로 발현될지, 아니면 공세적 형태의 외교전략으로 발현될지 결정되었다고 설명한다.[27]

구체적으로 살펴보면, 19세기까지 미국 외교정책은 조지 워싱턴[28]의 고별 연설("세계 어디와도 영구적인 동맹을 맺지 않는 것이 우리의 정책 핵심이다")과 존 퀸시 애덤스[29]의 1821년 독립기념일 연설("미국은 괴물들을 죽이기 위해 해외로 나가지 않는다") 등이 상징하듯 모범주의(exemplarism)와 고립주의 노선을 취했다. 즉, 초창기의 미국은 "언덕 위의 도시" 같은 세계의 모범이자 모델과 같은 존재로서 전 인류에게 미국적 신조가 전파되기를 희구했지만, 상대적으로 해외 열강에 비해 힘이 약한 상황에서 외부 세계(특히 악의 소굴인 유럽)의 분란에 휘말려 미국의 실험이 구세계에 의해 오염되는 상황을 더욱 우려했기에 대외적으로 고립 노선을 추구했다는 설명이다. 물론 이러한 고립이 가능할 수 있었던 데는 대서양이라는 천혜의 자연 장벽과 미발전된 기술로 인한 낮은 수준의 국가 간 상호의존성이 한몫했다.[30]

반면, 20세기 이후 초강대국으로 변모한 미국의 대전략은 대개 우드로 윌슨(Woodrow Wilson) 행정부를 기점으로 전변하여 주로 입증론(vindicationism)과 국제주의의 노선을 취한 것으로 묘사된다. 다시 말해, 이 시기의 미국은 선교사적 열정을 가지고 세계질서를 자신의 이미지에 기초해 변환시키려는 전략을 추구했으며, 때로 일방주의적 군사 개입을 동원하면서까지 미국식의 자

우드로 윌슨 대통령(1913)

유민주주의와 자본주의 그리고 연방체제를 해외에 이식하려 노력했다. 나아가 미국의 이러한 '성전(聖戰)'이 세계에 영구적 평화를 가져올 것이라는 천년 왕국적 신념도 강조되었다.

이러한 대전환의 밑바탕에는 양차 세계대전으로 증명된 것과 같이 더 이상 지리적인 고립이 불가능해진 전 지구적 상호의존성의 증대라는 물적 조건이 깔려 있다고 볼 수 있다. 부패한 외부 세계의 영향으로부터 자신을 격리할 수 없게 된 상황에서 미국은 이제 세계 자체를 변환해 자신의 순수성을 보존하는 윌슨주의적 목표("민주주의에 안전한 세계 만들기")에 몰두하게 된 것이다.

특히 미국은 전간기의 전 세계적 혼란과 국내의 일시적인 고립주의로의 반동을 돌파한 후, 이른바 "자유주의적 리바이어던"[31]으로서 미국적 신조에 따라 전후 자유세계질서를 구성하는 데 성공했다. 건국기로부터 유래한 미국의 자기 이미지가 전 세계를 실제적으로 재구축해가는 혁명적 순간이 도래한 것이다.[32] 물론 예외주의적 신념은 1960-70년대 베트남전의 상흔과 패권의 상대적 하락으로 인해 커다란 퇴조기를 겪게 되지만,[33] 1980년대 레이건의 "빛나는 언덕 위의 도시" 슬로건과 함께 화려하게 부활하게 된다.[34] 더욱이 1990년대 냉전의 승리는 미국의 예외성을 말 그대로 '입증(vindication)'한 것으로 간주되었으며, 1998년 당시 국무장관이던 매들린 올브라이트(Madeleine Albright)의 '필수국가론(indispensable state)'과 뒤를 이어 부시 대통령 시기의 선제공격과 정권 교체 독트린은 단극적 순간과 함께 절정에 다다른 예외주의적 대전략을 상징했다.[35]

그러나 주지하다시피 미국의 승리주의가 최고조에 이른 국면에서 예외주의가 갖는 일종의 병리적 현상—독단성과 제국주의적 행태—도 함께 부상했으며,[36] 이라크와 아프가니스탄을 주전장으로 한 대테러 전쟁과 국가 건설 프로젝트의 실패는 결국 미국의 자기 정체성 위기로 이어진다. 즉, 탈냉전기 예외주의에 기반한 자유패권 전략의 "거대한 망상"[37] 혹은 미국 외교정책 엘리트들의 "선한 의도"[38]가 가져온 논리적 귀결로서 제국적 과잉 팽창과 그에 따른 미국 패권의 쇠퇴에 대한 현실주의적 비판과 국내외적 혼란이 비등하는 새로운 역사적 국면이 도래하게 된 것이다.

3. '언덕 위의 도시'의 붕괴 위기

1) 단극체제 해체와 자기 정체성의 혼돈

회고해보건대, 예외주의 위기의 징후는 이미 버락 오바마 행정부가 들어서면서 모습을 드러냈다. 단극체제에 결정적 침식을 가져온 "쌍둥이 위기"[39]—대테러 전쟁의 실패 이후 강대국 간 지정학의 귀환 및 대침체 시대의 시작—가 발생하면서 미국 내에서는 예외주의적 정체성에 대한 회의감과 함께 자아 재탐구의 시기가 당도했다. 특히 예외주의 신념을 둘러싼 정파적 논쟁이 가열되기 시작한 것이 오바마 시대의 큰 특징이다. 그 시작은 2009년 G20 정상회담 후 기자회견에서 오바마 대통령[40]이 예외주의에 대해 상대주의적 입장—"나는 미국 예외주의를 믿습니다. 하지만 영국인들은 영국 예외주의를 믿고, 그리스인들은 그리스 예외주의를 믿고 있지 않을까 생각합니다"—을 밝히면서 촉발되었다.

이러한 오바마의 태도는 보수적인 공화당원들의 커다란 분노를 사게 되었고, 2012년 대선은 말 그대로 예외주의의 의미를

버락 오바마 대통령(2010)

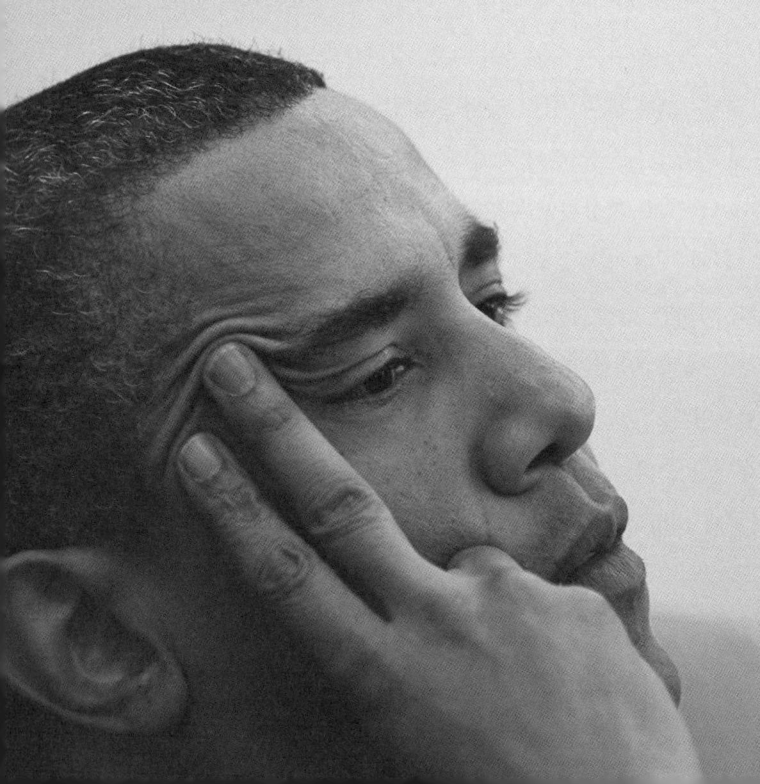

둘러싼 담론투쟁의 전장이 되어버렸다. 가령 뉴트 깅그리치(Newt Gingrich), 사라 페일린(Sarah Palin), 미트 롬니(Mitt Romney) 등 공화당 유력 경선 주자들이 모두 미국의 위대성을 강조하며 오바마의 '불충'과 '비애국적 태도'를 비난하는 선거 책자들을 간행했고, 오바마는 오바마대로 대통령직을 지키기 위해 미국은 "필수불가결 국가"라는 클린턴 시대의 구호를 반복적으로 선거연설에 동원해야만 했다.[41]

돌이켜보면, 이러한 2012년의 이례적 상황은 미국의 패권 그리고 예외성이 사라질지도 모른다는 국가적 불안이 표출된 것이라 할 수 있다. 모든 주요 대선후보들이 강박적으로 누가 더 예외주의를 신봉하는지를 놓고 경쟁했으며, 자신이야말로 더 독실한 미국 예외주의의 사도(使徒)라는 점을 유권자들을 대상으로 증명하기 위해 노력했다.[42] 재선에 성공한 이후에도 보수파의 계속되는 공격으로 인해 오바마는 임기 후반에 걸쳐 예외주의를 반복해서 언급하면서 자신의 신실함을 지속적으로 입증해야만 했다.[43]

그런데 사실 오바마 행정부 8년이 시도한 것은 미국의 탈냉전기 대전략에서 상당히 제한적인 수준의 변화에 불과했다. 오바마는 제국주의적 형태로 흐른 부시 행정부 시대의 예외주의를 지구화 시대에 맞게 보다 다자주의적·포용적 형태로 개혁하려 노력했을 따름이다. 즉, 예외주의라는 근본 정체성과 미국 패권의 유지 및 세계의 미국화라는 기본 대전략의 원칙들은 그대로 놔둔 채, 군사력 사용이나 해외 개입 방식 등의 측면에서 약간의 방법론적 수정—일방주의와 과잉 팽창에서 다자주의와 자기 억제로의 이행—만을 기도한 것이다.[44] 그러나 그러한 정도의 제한적 변화도 기성 외교안보 기득권층에게는 쉽게 수용되지 못했고, 미국적 정신에 대한 배신 혹은 (전간기의 '교훈'에 근거해) '고립주의'라는 저주 섞인 딱지가 오바마 행정부에게 부착되곤 했다. 결과적으로 오바마 대통령의 미국 대전략 개혁 시도는 시리아 내전 개입 여부를 둘러싼 '레드 라인' 논쟁에서 보였듯, 제한적 성과만을 남긴 채 실패한 것으로 평가된다.[45]

하지만 아이러니하게도 오바마를 좌절시키는 데 성공한 미국의 외교 엘리트들은 곧 그보다 더 큰 급진적 변화를 획책하는 이단적 대통령을 맞이하게 되고, 자신들의 정치적 입지와 대전략 비전의 영향력이 근본적으로 도전받게 되는 상황에 부닥치게 된다.

2) 트럼프 시대, 예외주의의 종언?

트럼프 시대는 그 성패에 대한 평가와는 별개로 미국 국내사와 대외정책사 모두에서 두드러진 전환점이었다. 방금 살펴보았듯 2012년 대선에서만 해도 양당의 대선후보들 모두가 서로 자신이 예외주의자의 신봉자임을 증명하기 위해 다투었던 반면, 2016년 대통령 선거에서 아웃사이더 후보였던 트럼프는 지속적으로 예외주의를 부정했음에도 불구하고—아니 오히려 그 때문에—백악관 입성에 성공했다. 소위 미국 정치사의 '가장자리

(fringe)'에 존재하던 극우 포퓰리즘의 소수적 전통이 미국 정치무대의 중심에 부상하여,[46] 기존에 합의된 정체성, 국가의 역할에 대한 정의, 전략적 거대 서사 등을 모두 부정하고 대신에 반미국적 신조(anti-American creed)가 전면화되는 희귀한 역사적 국면이 도래했던 것이다. 그렇다면 과연 오바마 시절에 나타난 예외주의 내부의 담론 간 경합 국면은 혼돈의 시작점에 불과했고, 이제 예외주의의 포기가 공식화된 세상이 당도한 것이었을까.

이는 앞서 1970년대 베트남전 패배 후에 나타났던 사회적 혼란과 유사한 양상으로 볼 수도 있다. 설명하자면, 제국적 과잉 팽창 후 미국민들의 자기 신념과 이데올로기에 위기가 발생하고, 나아가 미국이 자신의 세계 역할을 이해하는 기성 방식에 본질적인 문제가 제기된 것으로 이해할 수 있다. 즉, 트럼프 시대는 패권 하강이 가져온 내부적 불안이 절정에 달했던 시기이며, 이에 따라 정치적 양극화의 심화와 함께 기존의 자유주의적 국가 컨센서스가 붕괴 조짐을 보였다.[47] 실제로 2016년 대선에서 트럼프를 당선시킨 유권자들은 일종의 정체성 혼란을 경험하고 있던 사람들로서, 당시 여론조사 결과 트럼프 지지자의 85%가 "미국이 자기 정체성을 상실했다"는 명제에 찬성했으며, 또한 다수가 정부가 지나치게 소수자 집단을 지원하고 있다고 생각했다.[48]

물론 선거 캠페인 기간부터 줄곧 트럼프의 탈예외주의적 세계관과 언사에 대한 맹렬한 비판이 기존의 좌우 양 진영 모두—골수 민주당원에서 네오콘까지—에서 주류 저널리즘 매체들을 확성기 삼아 쏟아져 나왔다. 미국의 예외적 정체성을 포기하고 특수주의적·현실주의적 노선을 채택한 트럼프 행정부가 결국 미국의 지구 리더십 상실과 더불어 자유세계질서 자체의 붕괴를 가져올 것이라는 분노 혹은 우울감이 그의 임기 초기부터 정파를 가리지 않고 워싱턴의 주류 공론장을 뒤덮었다.[49] 그렇다면 과연 트럼프 행정부는 어떤 방식으로 미국 정체성의 탈예외주의화와 자유패권 전략의 폐기를 기도했던 것일까.

고립주의적 예외주의의 부활?

일부 연구자들은 트럼프의 연설문과 행정부의 공식 문서들에 나타나는 표현들에 근거해 그의 세계관을 19세기 식 고립주의의 귀환으로 설명했다.[50] 예를 들어 대선 경선 중이던 2016년 4월, 처음으로 외교정책과 관련해 종합적인 비전을 제시한 대중연설에서 트럼프는 고립주의적 예외주의의 대표 인물 중 하나인 존 퀸시 애덤스(John Quincy Adams)의 1821년 독립선언 기념 연설문의 표현에 기초하여, 미국이 더 이상 적을 찾아 해외로 나가지 않을 것이란 점을 천명했다. 또한 지난 행정부들의 오만과 어리석음의 산물인 해외 국가 건설 사업(nation-building business)에서 빠져나올 것이며, 모두가 공유하거나 욕망하는 것이 아닌 보편적 가치들의 확산을 위해 헛되이 노력하기보다는 서구적 가치와 제도를 내부적으로 재강화하는 데 역점을 둘 것이라고 말했다.[51]

같은 맥락에서 백악관에 입성한 후에도 트럼프는 취임사[52]나 연두교서[53] 등의 주요 연설에서 “우리는 모두가 따르는 모범이 될 것”이라든지, “세계의 모든 국가 중에서 희망과 약속, 빛과 영광이 될 것"이라는 등의 모범주의적 예외주의의 수사를 사용했던 것도 사실이다. 또한 국가안보전략서(NSS) 같은 공식 문건에서도 건국부조 중 한 명인 알렉산더 해밀턴(Alexander Hamilton)의 말을 빌려 미국이 모범적 예시를 통해 세계를 이끌어왔음을 강조했다.[54]

그러나 이와 같은 공식적 언술체계에 근거해 트럼프의 외교정책을 고립주의적 예외주의의 차원에서 해석하는 것은 재고되어야 한다. 우선 트럼프의 대전략은 고립주의가 아닌 군사력 강화와 중상주의에 기반한 현실주의적 외교에 더 가까웠다.[55] 그리고 더욱 근본적인 철학적 차원에서 보면, 19세기와 전간기의 전통적인 고립주의가 어디까지나 미국 예외성의 믿음에 기초해 부패하고 전쟁에 찌든 구세계 유럽으로부터 신의 축복을 받은 신세계를 보호하기 위한 시도였다는 점을 염두에 두어야만 한다. 이와 반대로 트럼프 독트린은 이하에서 상술되듯 예외주의의 토대를 이루는 보편적·전향적 정체성 자체를 포기하고, 대신에 분노에 가득 찬 특수적·반동적 민족주의에 기반했다는 점에서 그 특이점을 찾을 수 있었다.[56]

퇴행적/특수주의적 자기 정의와 진보적 보편성의 포기

당선 전 선거 기간부터 트럼프는 각종 인터뷰에서 자유나 평등 같은 연방헌법과 독립선언서에 명기된 건국 원칙들에 대해 거의 언급하지 않았고,[57] 대신에 아무런 주저 없이 고문 행위, 이민자의 대규모 추방, 관타나모 등지에서의 재판 없는 구금, (테러 행위와 관련된) 민간인에 대한 무차별 폭격 등 비자유주의적 정책을 공개적으로 옹호했다는 점 때문에 거센 비판의 대상이 되었다. 자유주의 국가로서 미국의 보편적 정체성을 부정한다는 혐의를 받았기 때문이다.[58]

반면 예외주의적 자기 정의와 역할 인식을 대신해, 우파 포퓰리스트들이 제시한 미국의 대안적 정체성은 트럼프의 선거책자 제목인 "불구가 된 미국(Crippled America)"[59]이 상징하듯 반동적이고 묵시론적인 희생자 민족주의(victimhood nationalism)에 기반하고 있었다.[60] 여기서 미국은 더 이상 자랑스럽고 세계에 보편성을 주장하는 혁명적 존재가 아니라 외국의 경제적 약탈과 불법 이민의 문화적 위협으로 위기에 몰려 있는 분노에 찬 국가로 묘사된다.

따라서 트럼프주의자들이 상상하는 미국의 이미지는 보편적 사명을 열린 세계에 실현하는 공세적 국가가 아니라, 어떻게든 존재적 안보(ontological security), 특히 백인 기독교 국가의 특수주의적 정체성을 닫힌 국경 내에서 방어하는 것이 최우선의 과제인 수세적 국가였다. 앞서 살펴보았듯이 미국 민족주의의 가장 큰 특이성이 혈통이나 종족에 기반하지 않은 시민민족주의였다는 점에서 트럼프의 백인민족주의적 입장은 분명 미국 예외주의 그 자체로부터의 이탈을 함의했다.[61] 결국 트럼프의 극우 포퓰리즘적 민족주의는 기존의 미국적 민족주의(=예외주의)와는 매우 거리가 먼, 역사적으로 미국적 신조가 늘 백안시해온 혈통-언어-영토에 기반한 구세계 민족주의로의 회귀를 의미했다.[62]

애당초 인종주의적 색채가 강한 버서(birther) 운동으로 오바마의 태생과 국적을 문제 삼으며 전국적 정치무대에 나섰던 트럼프는 선거 캠페인 시절부터 무슬림 입국 금지, 중남미 불법 이민자 추방, 남부 국경 장벽 건설 등의 공약에서 드러나듯 극우파의 백인민족주의와 깊게 공명하는 정치적 수사와 행태를 보였다.

대통령직 취임 후에도 그러한 국수주의적 입장은 완화되기는커녕 더욱 강화되었다. 가령 2018년에는 미국적 보편 시민권 개념의 제도적 핵심을 이루고 있으며, 수정헌법 제14조에 명시된 출생 시민권을 제한하는 행정명령을 검토하기도 했다.[63] 또한 2019년, 민주당 소속이며 유색인종인 초선 여성 하원의원 '4인방(squad)'[64]에 대해 "너희 나라로 돌아가라"라는 골자의 트위터 비난을 퍼부은 것은 미국 정치문화의 금도에 해당하는 노골적인 인종주의의 표현이자, 미국의 보편주의적/다문화주의적 정체성과 자유주의적 신조가 트럼프에 의해 얼마나 하강할 수 있는지를 보여준 극적인 사례였다. 낸시 펠로시(Nancy Pelosi) 당시 하원의장이 비판했듯 트럼프의 대표 슬로건이라 할 수 있는 "Make America *Great* Again(MAGA)"이 사실은 "Make America *White* Again"의 코드 언어였음을 재확인해준 것이었다.[65]

그러나 더 큰 문제는 상당수 미국민이 유색인종의 시민권에 대해 트럼프와 유사한 생각—"백인만이 진짜 미국인이다"—을 보유하고 있다는 점이며, 이에 힘을 얻어 트럼프의 2020년 재선 캠페인도 인종주의적 분열전략에 기반을 두었다. 이는 애초에 저학력 백인 노동계급이 주류를 구성하는 트럼프 지지그룹의 가장 뚜

도널드 트럼프 대통령(2018)

렷한 표식이 인종적 분노였다는 2016년 대선투표에 대한 통계적 분석[66]과도 부합하는 '합리적' 선거전략이었다. 미국 시민권, 나아가 미국의 정체성 자체를 놓고 완전히 상이한 두 비전—미국은 백인 기독교 국가인가, 아니면 보편적 가치 기반의 국가인가—이 정면으로 충돌하는 대선이 다시 한 번 반복된 셈이다.[67]

같은 맥락에서 트럼프 행정부 아래 문명담론의 부상도 인종과 종교를 기반으로 미국의 정체성을 재규정하려는 시도로 읽혀졌다.[68] 예를 들어, 2017년 7월 폴란드 바르샤바에서 행한 연설[69]에서 트럼프는 서구 문명의 수호라는 주제에 대해서 논했는데, 얼핏 듣기에 이는 보편주의를 재천명하는 것으로 해석될 수 있으나, 구체적으로 들여다보면 트럼프가 호명하는 "우리의 문명론"은 자유주의 같은 보편 가치에 기반한 개방적 코스모폴리탄 공동체를 의미하는 것이 아니라 백인 기독교도들만의 유산을 수호하는 역사적 공동체로서 폐쇄적인 서구 문명 옹호론이었음을 알 수 있다.

사실 '문명 대 야만'이라는 구도 자체는 미국 외교의 예외주의적 담론에서 오랫동안 사용된 전통적 수사다.[70] 특히 '문명'은 2000년대 초 대테러 전쟁기에 부시 행정부도 즐겨 사용하던 개념으로, 이는 (물론 내재적으로 기독교적 함의가 숨어 있다고 볼 수도 있으나) 공식적으로 '야만'으로 규정된 테러리즘에 맞서 자유와 번영을 수호하는 보편 가치로서의 문명을 의미했다. 다시 말해, "문명표준(standard of civilization)"과 같은 용법에서 잘 나타나는 단수(單數)적 의미에서의 문명론(singular understanding of civilization)이 본래 예외주의 담론에서 통용되는 문명의 의미였다.[71] 이런 맥락에서 부시 행정부는 이라크·아프가니스탄전쟁 등을 수행하면서 기독교 문명 대 이슬람 문명이라는 구도가 수립되는 것을 어떻게든 막으려 노력했다.

그런데 트럼프 행정부 시기에 들어와 나타난 문명담론은 이러한 단수적-보편주의적 용법이 아니라, 새뮤얼 헌팅턴 식의 복수(複數)적 문명론 혹은 서구 특수주의 맥락 하의 문명론과 상통했다. 일찍이 헌팅턴이 『문명충돌론』과 『우리는 누구인가?』[72] 등의 저술에서 천명했던, 그러나 단극체제 시대 동안 보편주의적/승리주의적 거대 서사인 '역사 종언론'[73]에 눌려서 주변화되었던 특수주의적이고 비관주의적인 문명담론이 반예외주의의 시대에 화려하게 재부상했던 셈이다.[74] 더 이상 미국적 신조는 보편 가치로서 전 세계에 전파될 수 있는 잠재력을 인정받지 못하게 되고, 대신 특수주의적인 서구 문명의 결속을 통해 비서구 문명과의 대결을 준비하는 것이 변화한 정체성과 대전략의 화두가 되었다.

이런 점에서 중국과의 문명충돌론이 트럼프 행정부 내에서 점증적으로 언급되었던 점도 기억해둘 필요가 있다. 본래 탈냉전 시대 미국의 대중 전략은 클린턴 행정부의 '관여와 확장' 정책이 상징하듯 예외주의론에 기반하여 중국을 미국 중심의 자유세계 질서에 동화시키는 보편주의 접근법이었다. 그러나 트럼프 행정부는 이러한 개입의 실험이 실패로 돌아가버렸다고 단언했다. 2001년 중국을 세계무역기구(WTO)에 가입시키는 등, 미국은 중국의 경제발전을 후원하며 공산정권의 개혁과 자유화를 기도

했지만, 중국은 그와 정반대로 개방무역질서의 허점만을 파고들며 미국의 국력을 약화하는 수정주의 대국으로 성장해버렸다는 것이 지난 정부의 상황 진단이었다.[75]

따라서 예외주의적 자유패권 전략 대신에 일종의 대안 담론으로 트럼프 정부 시기부터 부상한 것이 바로 미중 간의 문명충돌 담론이다. "소련과의 전쟁이 서구 문명권 내부에서의 싸움이었다면, 중국과의 전쟁은 우리가 경험해보지 못한 전혀 차원이 다른 문명권과의 싸움이 될 것"이라고 규정한 카이론 스키너(Kiron Skinner) 당시 국무부 정책기획국장의 발언과, "지금의 미중 갈등은 새뮤얼 헌팅턴이 말한 문명의 충돌적인 요소가 있다"고 한 존 볼턴(John Bolton) 당시 국가안보보좌관의 연설이 대표적인 예들이다.[76] 보편성에 기반을 두고 상대방과의 동질화를 추구하는 예외주의 담론과 달리, 상대에 대한 배타적 정체성을 강조하는 헌팅턴류의 세계관이 향후 워싱턴의 사고를 지배하고, 베이징 또한 '중화민족의 부흥'과 같은 특수주의적 서사로 대응할 경우, 헌팅턴이 말한 문명충돌의 예언이 자기 실현적으로 전개될 가능성이 커질 것이다.

홉스적 현실주의의 부상

이상에서 살핀 자기 정체성 재조정의 결과, 외교 대전략에 있어서도 미국 특색적 보편성과 혁명국가로서의 세계사적 역할들은 트럼프 행정부의 시야에서 사라져버렸다. 그리고 그 빈자리를 채우며 나타났던 것이 유럽식 현실주의이자 반자유/반지구주의적 구상이다. 이런 점에서 트럼프의 대외정책은 현실주의에 가까운 것으로 미국적 전통으로부터의 이탈과 근대 유럽적 전통으로의 변환을 지시했다.

우선 트럼프의 "위대한 미국 만들기(MAGA)" 구호는 예외성에 기반한 자유주의 미국, 세계에 귀감이 되는 보편적 가치의 담지자로서의 미국이 아니라, 현실주의적 강대국으로서 19세기 유럽적인 부국강병책을 통해 '강성대국' 미국을 건설하려는 비전을 집약했다. 전후 '자유주의적 리바이어던'[77]의 광범위한 패권국으로서의 역할 대신 자유주의적 부담(=지구 공공재 제공)은 제외한 리바이어던의 역할만을 수행하고 싶은 것이 트럼프 독트린에 내재한 욕망이었다.[78]

애초에 트럼프가 반복적으로 지시하는 (과거에 존재했다고 가정되는) 미국의 '위대성'이란 물질적 우위(세계 제1의 부와 강력한 군사력)에 그 범위가 한정된 것이었다. 그리고 그의 외교정책적 비판과 대안은 그런 좁은 의미에서 강성했던 미국이 어떻게 잘못된 자유패권 전략에 의해 몰락했고, 어떻게 자신에 의해 부활할 수 있는지에 집중되어 있었다. 그리하여 위대한 미국은 타국에 대한 양자적(bilateral) 압박정책을 통해 물질적 이득을 취하는 방식으로 재구축될 것이었다.[79] 또한 미국이 세상을 이끄는 이유도 그것이 좋은 것이라 믿어지기 때문이 아니라, 그것이 이득이 되고 대가를 받기 때문이라는 식으로 미국 리더십의 동기가 새롭게 정의되었다.[80]

결과적으로 비자유주의적-비예외주의적 패권의 등장[81] 가능성이 트럼프 집권기가 던진 세계사적 화두였다. 예외주의적·역사철학적 목표를 방기한 채 부강한 수위국가(primacy)만을 추구한 것이 트럼프 독트린의 본질이었기 때문이다. 그동안 자유국제주의 전략을 당연히 주어진 국가적 합의로 여겨온 외교 내부자들의 입장에서 본다면, 미국정신의 '타락(lost soul)'이 발생했던 셈이다.[82] 가장 강경한 예외주의의 신봉자인 네오콘 세력의 한탄을 빌려 표현하자면, 아이러니하게도 예외주의의 수호 정당을 자처해온 공화당의 대통령인 트럼프가 미국이 무엇을 의미하는지, 미국이 무엇을 해야 하는지를 '잘못된' 방향으로 재정의하려 노력했던 국면이었다. 역사적으로 미국이 자유와 번영의 확장이라는 휘그주의적 역사관에 기반한 혁명국가였다면, 트럼프주의자들은 홉스적인 시각을 가지고 늘 투쟁과 갈등이 만연한 자연상태와 같은 국제정치의 장에서 생존과 강함만을 위해 살아가는 '목적 없는' 강대국을 건설하려고 시도했다.[83]

4. 갈림길에 선 예외주의와 자유세계질서

2016년 대선 과정에서 불거진 미국 예외주의에 대한 회의감의 표출은 일회적 사건이 아니다. 미국 사회 차원에서 탈냉전 패러다임과 주류 자유주의 컨센서스 자체의 붕괴가 발생했으며, 2020년 재선 실패 후 불확실성으로 가득한 트럼프의 정치적 운명과 별개로 미국의 국가적 궤적에 큰 변화가 고지된 상황이다. 그리고 현재의 추세로 볼 때, 다가오는 2024년 대선에서도 문제적 상황은 계속될 가능성이 크다. 특히 이념적으로 우익 포퓰리즘의 정반대 쪽에 있는 민주당의 버니 샌더스(Bernie Sanders) 같은 좌파 정치인들도 기성 기득권의 자유패권 전략에 대한 반대를 명확히 해왔다. 과거 주류의 국가 정체성과 역할 인식에 부정적인 포퓰리즘 세력이 미국 정치의 좌우 양 진영에서 모두 큰 힘을 발휘하면서 중도 세력의 입지를 축소시키는 국면이 지속되고 있는 셈이다. 아울러 일반 미국 대중 사이에서 반자유국제주의/반개입주의 주장이 여전히 유의미한 힘을 발휘하고 있다. 그리고 이런 민심의 성격에 대해 네오콘을 비롯한 소위 "기득권층(Blob)"의 비판과 현실주의자들의 "절제론(restraint)" 옹호가 격렬

최저임금 인상 집회에서 버니 샌더스(2017)

히 충돌하고 있는 것이 현재의 논쟁 지형이다.[84]

그렇다면 과연 미국의 자기 서사와 세계사적 역할 정의가 유례없이 경합하는 시공간에서는 어떤 대안이 등장할 것인가. 무엇보다 이른바 '자유세계질서'의 향방은 어찌 될 것인가.

기실 다수 주류 전문가들의 비난과 달리 트럼프 정부 시기 실험되었던 반예외주의 독트린이 세계체제의 궤적에 필연적으로 나쁜 결과만 가져오는 것은 아니다. 트럼프의 대전략이 그간 독선적 예외주의의 오만함이 추동한 미국의 과잉 팽창에 대해 일종의 브레이크 역할을 수행했다는 주장[85]도 일말의 진실을 담고 있다. 탈냉전기 단극체제라는 행운적 조건에 도취하여 자유패권 전략을 급진적으로 추구해온 워싱턴의 엘리트 집단이 이제는 선교사적 열망과 세계를 변혁시키는 능력 사이에 존재하는 커다란 격차를 인정해야만 한다고 말한 것이 트럼프 지지자들의 목소리였다. 바꿔 말하면, 트럼프 시대야말로 미국 예외주의 대전략의 동력이 상실되었다는 잔혹한 현실을 부각시키고, 미국인들이 패권의 한계와 점진적 하강을 받아들이는 첫 출발점이 될 수도 있었다.[86]

그러나 다른 한편으로 미국의 탈예외주의화가 세계질서 전반에 걸쳐 대규모의 교란을 발생시킨 것도 사실이다. 패권국의 공공재 제공이 부재한 상황에서 미중 간 경쟁이 고조되고, 비자유주의적 권위주의 정권들이 여러 핵심 지대에서 계속 부상할 경우, 전간기와 유사한 비극적 사태가 전개되지 않으리란 보장이 없다.[87] 한 가지 유념할 것은 현 자유세계질서의 최대 위협은 중국의 패권 도전과 같은 외부가 아니라 바로 미국 내부에서 성장할 가능성이 크다는 지적이다. 돌이켜보면, 전간기의 혼란도 미국이 내부 정치의 동학에 따라 '스스로' 고립주의를 택했기 때문에 가중된 측면이 크다. 따라서 우리 시대의 핵심적인 질문은 여전히 권력 차원에서 수위에 있음에도 불구하고,[88] 계속되는 포퓰리즘의 영향력에 따라 미국이 자기 정체성, 자기 역할 정의, 전략적 내러티브를 수세적·현실주의적 방향으로 변환시키고 자유국제주의를 포기함으로써 전 지구적 공공재의 제공 역할을 방기했을 때, 과연 어떤 세계가 도래할 것인가 하는 문제다.[89]

바로 이것이 왜 지금 우리가 미국 예외주의의 궤적에 집중해야 하는가에 대한 답변이 된다. 과연 미국은 결국 예외주의를 폐기할 것인가, 아니면 미국의 기성 엘리트 세력들이 희구하는 대로 트럼프 재임기는 일시적인 역사의 에피소드일 뿐이고, 다시 더욱 업데이트된—즉, 보다 다자주의적이고 연성권력에 기반한—예외주의가 성공적으로 재부상하여 미국이 '정상적인' 자유국제주의의 노선으로 복귀할 것인가. 물론 이는 다양한 국내외적 맥락을 배경으로 한 미국 내 사회 세력들의 정치적 경합 결과에 따라 결정될 것이며, 그런 의미에서 '미국의 귀환'을 정권 차원의 슬로건으로 내건 바이든 행정부의 최종적 성패와 2024년 대통령 선거의 향배에 이목이 집중될 수밖에 없다.

제5장

탈근대 네트워크 주권에서 근대 완전 주권으로의 퇴보

1. 반동적 국제정치론의 출현과 주권의 문제 설정

"전 지구 방방곡곡 상호 교류의 가속화가 가능해져서
세계평의회 감독의 권위 아래로 모든 사람이 통일될 수 있다면,
얼마나 많은 인간의 사악함이 회피될 수 있을 것인가."
—제임스 매디슨(1817)[1]

"지구 국가, 지구 화폐, 지구 국기 같은 것들은 존재하지 않습니다.
제가 대표하는 것은 아메리카합중국입니다.
저는 지구를 대표하지 않습니다.
저는 여러분의 나라를 대표합니다."
—도널드 트럼프(2017)[2]

미국의 소위 '건국부조들' 가운데 한 명인 제임스 매디슨은 합중국 제4대 대통령직(1809-1817)을 마치고 현실정치 영역에서 은퇴했음에도 불구하고, 남아메리카의 독립혁명 문제 등 여러 현안에 관한 생각들을 주로 서한문의 형식으로 왕성하게 피력하곤 했다. 그중에서 특히 한 가지 흥미를 끄는 것은 미래 세계질서의 향방에 대한 그의 코멘트이다. 위의 제사(題詞)에 옮겨놓았

듯이 매디슨은 자신이 열정적으로 방어하고 나섰던 아메리카 연방헌법의 세계사적 의미를 고찰하면서, 그러한 북미대륙의 연방질서를 원형으로 한 전 지구적 단위의 초국적 권위체가 후세에 건설될 수 있다면, 인간사의 수많은 악들이 소멸될 것이라는 보편주의적 열망을 드러냈다.[3]

실제로 18세기 말, 대영제국에서 막 독립한 13개의 방가들(邦家, state) 사이에 주권을 공유하는 연방체제를 건설함으로써 무정부 상태에 놓인 정치체들 간의 안보적 갈등을 해소하려 했던 아메리카합중국(Philadelphian system)의 창설 경험[4]은, 이후 국제질서에 유럽의 베스트팔렌체제(Westphalian system)를 넘어 초국적인 네트워크 주권체제를 구성하려는 자유국제주의 실험의 역사적 뿌리를 형성했다.[5] 즉, 건국에서부터 미국은 근대 유럽의 주권체제와는 차별되는 탈근대적 주권질서의 아키텍트(architect) 혹은 기성 국제사회의 근본을 이루는 제도와 규칙의 변혁을 추구하는 '혁명국가'로 탄생했다.[6]

그러나 '연방헌법의 아버지' 매디슨이 보편주의에 토대한 탈근대 주권적 '미국몽(American dream)'을 밝힌 지 꼭 200년이 지난 후인 2017년 취임한 제45대 대통령 도널드 트럼프가 보수주의 정치행동 컨퍼런스(Conservative Political Action Conference, CPAC)에서 행한 연설의 내용을 보면, 포퓰리즘 시대 미국의 혁명국가적 정체성이 얼마나 극적으로 변화했는지를 알 수 있다.[7]

본래 (안전한 문명의 공간인) 안과 (폭력적인 야만의 영역인) 밖의 구분선을 명확히 나누고 영토국가의 영역을 물샐틈없이 구획하는 주권의 정치는 서유럽 기원의 근현대 국제정치사상의 기본 공리에 해당한다.[8] 그러나 미국은 이러한 근대 주권의 정치학을 넘어서는 탈근대적 주권정치의 기획자이자 코스모폴리탄 보편성의 실현자로서 오랜 기간 자임해왔기에, 몇몇 이론가들은 21세기 네트워크 지구제국의 원형으로서 미국헌정을 연구하고, 그것이 전 세계적으로 확산되는 과정을 집중적으로 추적하기도 했었다.[9] 그런데 바로 그 탈근대 정치질서 기획의 핵심부에서 이를 정면으로 부정하는 아웃사이더 정치인이 백악관의 주인이 되었다는 점은 현대 주권사와 향후 세계질서의 궤적에 커다란 파문을 생성하는 사건이었다.

이런 맥락에서 본 장에서는 탈근대적 네트워크 주권을 추구하며 자유세계질서를 구축해온 미국 외교의 보편주의 전통과 이에 반대되는 근대 주권의 (재)완성을 열망하는 패권 하강기 포퓰리스트 대전략의 대조를 통해 국제정치적 관점에서 트럼프 시대 구조 변동의 세계사적[10] 의미를 탐구하고자 한다. 다시 말해, 자유국제주의에 기반을 둔 미국의 초국적-탈베스트팔렌적 기획이 비자유주의적-대륙적 근대 주권국가 기획에 의해 잠식되는 역사적 국면에 대해 주권 개념을 중심으로 분석함으로써, 미래 세계질서의 향방을 예측해보는 것이다.

이러한 주제는 2010년대 중반부터 정치학계에서 새롭게 제기된 포퓰리즘/민족주의의 귀환[11]과 반동의 국제정치 부상[12]과 같은 문제들과 결부된다. 즉, 트럼프 현상을 단순히 미국만의 국지적·우연적 사건으로 이해하는 것이 아니라, 신자유주의적 지구화 시대의 조건이 가져온 경제·문화적 탈구(dislocation)에 대한 반발이 "레트로토피아"[13]에 대한 희구와 토포스(topos)에 대한 노스탤지어[14]로 이어지는 현대 선진 산업세계 일반의 맥락에서 파악하고자 한다. 환언하면, 오늘날 민족국가의 완전한 국경선에 대한 퇴행적 욕망이 부상하고, 근대 영토주권론이 새로운 (그리고 낡은) 이상으로서 귀환하는 과정을 탐구함으로써, 트럼프와 같은 포퓰리스트들이 어떻게 온전한 국가주권과 민족 공동체의 재구성이라는 실현 불가능한 약속을 통해 대중을 동원했으며, 2020년대 현재까지도 지속되고 있는 탈지구화 과정을 선도했는지를 살펴보고자 한다.

2. 연방체제 건설과 탈근대적 주권 지향

1) 아메리카합중국의 건국과 탈근대 주권체의 실험

역사적으로 1789년 아메리카합중국의 수립 경험은 자유국제주의의 역사적·사상적 토대로서 기능함으로써 탈베스트팔렌 국제체제를 구상해온 미국의 탈근대적 주권 문제 설정(problématique)의 기원을 형성한다. 이 점을 이해하기 위해서는 1789년 연방(Federal Union)의 건설과 이를 이론적으로 뒷받침한 『연방주의자 논고』에 대한 최근의 국제정치학적 재해석[15]을 살펴볼 필요가 있다. 연방 건설사에 대한 수정주의적 분석에서 핵심적으로 제기되는 주장은 아메리카합중국의 형성이 국가 간의 '안보 이슈'와 '협력 이슈'를 해결하기 위한 국제정치적 문제의식에서 출발했다는 지적이다.[16]

다시 말해, 아메리카 연방은 일종의 국가 간 평화조약으로서 정치질서의 역사에서 보편적으로 발견되는 두 가지의 주된 안보 위협인 제국(hierarchy)과 무질서(anarchy)를 모두 극복한 새로운 국가 간 조직 원리를 고안하려는 푸블리우스(Publius)의 지적 발명품으로서 이해된다.[17] 대영제국의 식민주의로부터 독립한 13개 나라들(states)의 대표가 일종의 국제회의를 개최한 결과, 기존의 연합헌장이라는 느슨한 동맹체를 넘어 상호 주권을 분할·공유하는 평화협정 질서인 '필라델피아체제(Philadelphian system)'가 수립되었으며, 이는 근대 유럽의 세력균형체제를 넘어서는 새로운 국가 간 질서의 창조를 의미한다는 해석이다.[18] 유럽의 근대 주권질서가 영구적인 국가 간 전쟁을 양산함으로써, 개별 국가들을 전쟁기계화하고, 결국에는 인민의 자유를 억압하는 전제정(tyranny)을 양산해왔다는 공화주의적 문제의식 아래, 무정부질서의 안보 딜레마 효과를 완화할 새로운 국가 간 조직 원리로서 연방을 창조해낸 것이다. 따라서 아메리카합중국은 그 자체로 "국가(the national)이자 국제(the international)인 복합 네트워크 체제"[19]로서의 성격을 지닌다.

특히 여기에서 주목해야 할 점은 '네가키(negarchy)'[20] 정치질서로서 필라델피아체제의 건설이 "유럽의 베스트팔렌체제에 대한 대안"[21]을 의미했다는 사실이다. 진실로 연방헌법은 근대 국제체제 대 단일 세계제국이라는 유럽적 개념쌍(dyad)을 넘어 상호간 주권을 공유하고 제약하는 제3의 길, 즉 새로운 국가 간 평화 프로젝트를 구현했다는 점에서 미국적 예외주의의 탄생을 의미했다.[22] 네가키 체제의 수립 이후 미국 혁명가들은 자신들의 정치적 피조물이 "보편적으로 매력적인 모델이자 전위이며, 보편적으로 실현 가능한 삶의 방식"이라고 확신했으며, 아메리카합중국은 "자유공화주의적 역사 종언의 비전"을 체현한 것으로 간주되었다.[23]

크리스티(H. C. Christy),
「미합중국 연방헌법 서명(Scene at the Signing of the Constitution of the United States)」(1940)

가령 존 위더스푼(John Witherspoon)과 벤자민 프랭클린(Benjamin Franklin) 등은 국제정치적 실험으로서 자신들의 연방체제가 세계 질서의 궤적에서 인류 진보의 최종 단계 모델이 될 것이라고 주장했다. 그들은 인류 정치체제의 역사가 "왕조와 국가들의 분열되고 적대적인 상황"(과거 유럽의 첫 단계)에서 "세력균형이라고 불리는 확대된 상태"(둘째 단계로서 당대 유럽)로 진화해왔으며, 마침내 (셋째 단계이자 최종 단계인) "아메리카 연방의 수립"으로 영구평화를 가져올 인류의 미래상이 밝혀졌다고 주장했다.[24] 이는 특히 오늘날 탈근대 주권 구상 혹은 공화-연방 기획의 대명사로 알려진 임마누엘 칸트(Immanuel Kant)의 '영구평화론'이 여전히 근대 주권국가체제를 주어진 가정으로 전제한 이념적 고안물에 그쳤던 반면, 미국의 필라델피아체제는 주권국가의 성격 자체를 변형시키고, 실제 북미대륙 상에 새로운 국가 간 평화체제를 실현했다는 점에서 건국부조들의 자부심은 그 역사적 근거를 확보했다고 평가할 수 있다.[25]

2) 혁명국가로서 미국: 탈근대 네트워크 주권의 지구적 팽창

정리하자면, 건국 초기부터 미국의 혁명가들은 먼 훗날 자신들의 신국제체제 실험이 전 세계로 확장 적용된다면, 구세계의 세력균형체제에 내재적인 전쟁 상태를 탈피하고 세계연맹(World

Union)에 의한 보편적 평화가 도래할 수 있을 것이라는 희망을 품고 있었다.[26] 그리고 이러한 탈근대적 세계질서에의 열망이 대외정책에서 자유국제주의의 중핵을 형성한다.[27] 실제로 20세기에 접어들면서 세계적 강대국으로 부상한 미국은 지구질서의 건설자(global architect)로서 주요 대전쟁의 "승리 이후(After Victory)"[28]의 역사적 국면들을 총체적인 국가 간 질서 변환의 기회로 삼았다.

구체적으로 현대 미국의 지도자들은 대부분 보편주의적 신념 아래에서 베스트팔렌체제를 필라델피아체제의 원칙과 조응하는 형태로 변화시키는 것을 미국의 궁극적인 국가 목표로 정의해왔다.[29] 미국의 대외적 정체성은 연방헌법의 형태로 체현되었고, 이러한 이상화된 역사의 기억이 담론적으로 유럽의 현실정치(realpolitik)와 제국주의에 대항하는 '미국 특색적 자유국제주의'를 생산해왔다고 볼 수 있다. 진실로 미국은 근대 국제사회의 핵심 기반을 대체하는 자신만의 세계 비전을 추구하는 일종의 '혁명국가'[30]로서 행동해왔다. 특히 20세기 미국의 자유국제주의자들은 두 차례의 세계대전 이후 유럽의 세력균형체제가 파국적으로 붕괴함에 따라 전 지구적 단위에서 '매디슨적 계기(Madisonian Moment)'가 재림했다고 상상했다.[31] 은퇴한 매디슨이 한낱 백일몽처럼 꿈꾸던 초국적 주권체 건설에의 막연한 희망을 실제 세계에 구현할 수 있는 기회가 도래했다고 생각한 것이다.

그리하여 이러한 역사적 '기시감(Déjà vu)'은 미국의 국제주의자들로 하여금 "국제 무정부 상태와 제국주의적 폭압의 사악한 힘을 약화시킬 수 있는 일종의 연방"[32]을 전 세계적 단위에서 창안하도록 독려했다. 제1차 세계대전 이후 연방헌법과 그것의 네가키 모델은 우드로 윌슨(Woodrow Wilson)과 그의 국제주의 지지 세력에게 "세계질서 문제 해결의 본보기를 구성"했다.[33] 가령 베르사유조약 비준을 촉구하는 1919년 7월 10일 상원연설에서 윌슨은 파리평화회의에서 제시한 자신의 국제평화 구상이 미국 건국에 대한 이상화된 상상에 기반하고 있다는 점을 여실히 보여주었다.[34] 국제연맹(League of Nations)은 "세계가 민주주의에 안전하도록 만들기" 위해 유럽 문명표준에 대항해 국제질서 변화를 추구하는 미국 문명의 해법을 의미했다. 이러한 맥락에서 허버트 후버(Herbert Hoover)는 베르사유평화회의를 둘러싼 논란은 "300년간 자라온 문명들 간의 충돌", 즉 유럽적 근대 주권질서와 미국적 탈근대 주권질서의 격돌을 의미한다고 발언했다.[35]

물론 미국은 제2차 세계대전 이후에나 "자유주의적 리바이어던"[36]으로서 실질적으로 국제체제를 자신의 이미지에 따라 변환시킬 수 있는 힘을 보유하게 된다. 그런데 전후 벌어진 소위 현실주의-이상주의 논쟁에서 이상주의자들의 담론을 살펴보면, 윌슨주의의 첫 세계질서 개혁 시도가 전간기에 참담한 실패로 돌아간 이후에도 미국의 연방체제 실험을 전 세계에 투사하려는 욕망이 지속적으로 존재했음을 읽을 수 있다.

예를 들어, 퓰리처상을 수상한 전기 작가인 칼 밴 도랜(Carl Van Doren)의 경우 미국 헌법 제정사를 서술하면서 이것이 지구적 연방 구성에 앞선 역사적인 "거대한 리허설(Great Rehearsal)"이라고 표현했다.[37] 또한 한스 모겐소(Hans Morgenthau)의 격렬한 비판 대상이 되었으며, 전후 이상주의자들의 대표주자였던 프랭크 타넨바움(Frank Tannenbaum)은 유럽의 일원적 근대국가와 구분되는 미국의 고유한 정치체를 "조정 국가(coordinate state)"라고 칭하면서, 이 모델이 세계의 국가 간 질서 개혁에도 유용한 경험이 될 것이며, 이를 전 지구적 차원에서 전파해나가는 것이 미국 외교정책의 목표가 되어야 한다고 주장했다.[38]

같은 맥락에서 냉전 종식 이후 자유국제주의자들이 추진해온 다자주의적 국제레짐의 구축 및 민주주의와 자유시장의 확대 전략도 구공산권 진영을 미국 주도의 자유세계질서에 편입하여 무정부 질서를 극복하고 국제평화를 구축하려는 매디슨주의적 탈근대 네트워크 주권론의 전통을 따른 것으로 해석 가능하다. 특히 일극체제의 구조적 맥락에서 클린턴 행정부는 "미국 국내법의 국제적 적용 의지로 인해 주권국가체제의 근간"[39]의 변경을 시도했으며, 전 지구적 경찰 행위[40]와 신자유주의 체제의 전파를 통한 전 지구적 환경 조성 전략을 추구했다.[41]

2001년 9.11테러 이후, 부시 행정부 시절의 예방 전쟁론/정권 교체론 및 변환 외교론은 미국 대전략의 골간인 포스트-베스트팔렌 네트워크 주권 추구사에서 하나의 절정기로 기록될 것이다. 주류 자유국제주의의 어젠다를 훨씬 더 공격적이고 일방적인 방식으로 추진하며, 종종 군사적 수단의 동원까지 불사하는 신보수주의 집단이 메가테러의 발생이라는 '예외 상태'를 기화로 백악관의 핵심부를 장악하면서, 미국의 탈베스트팔렌 기획에 더

9.11테러 후 그라운드 제로에서 연설하는 조지 W. 부시 대통령

욱 가속도가 붙었던 셈이다. 타국의 주권을 제약하고 자신의 의지를 부과해온 보편적 주권의 논리는 늘상 미국 외교에 존재했지만, 그것이 공식화되고 탈근대의 논리로 천명된 것은 이때가 본격적이라 할 수 있다. 특히 전 지구적 테러 전쟁의 와중에 등장한 콘돌리자 라이스(Condoleezza Rice)–스티븐 크래스너(Stephen Krasner) 국무부 팀의 제한/조건부 주권론과 변환 외교론의 원칙은 기존 베스트팔렌체제에서 확립된 민족국가 주권 원칙을 정면으로 부정하고 행성적 차원의 사법체계를 구성해나가는 탈근대 지구 질서 구축의 야심을 표현한 것으로 볼 수 있다.[42]

그러나 네오콘 주도의 탈근대 변환 전략은 애초의 필라델피아

시스템이 구상했던 복합 네트워크 주권질서에 비해 훨씬 더 위계적인 제국체제에 가까운 모습으로 세계에 비쳤고, 결국 테러와의 전쟁의 주전장인 중동 지역에서 커다란 실패를 맛보게 된다.[43] 나아가 2008년 발생한 전 지구적 금융위기는 팍스아메리카나 프로젝트의 물질적 토대를 결정적으로 약화시키는 계기가 되었다. 따라서 신보수주의자들의 군사 중심적 접근을 폐기하고, 다시금 다자주의적 자유국제노선과 스마트 파워(smart power)를 강조한 오바마 행정부는 대침체(Great Recession)와 대테러 전쟁의 뒤처리에 힘썼다. 그리고 소위 재균형(rebalancing) 전략을 추구하고 오바마케어 등의 사회경제적 정책 변화를 통해 국내 양극화 문제의 해결에도 나섰지만, 미국의 "자본주의·민주주의·패권의 삼중 위기"를 해소하기에는 역부족이었다.[44]

결국 이러한 총체적 위기 속에서 미국 민중의 불만과 불안은 고조되었고, 기성 지배계층의 컨센서스는 불신의 대상이 되었다. 그리고 바로 이와 같은 시대적 상황을 배경으로 해서 트럼프 현상의 부상과 함께 미국 대전략에서 주권의 문제 설정이 크게 전환(혹은 퇴행)되는 과정이 나타나게 된다.

3. 트럼프 시대의 반동: 근대 주권전통으로의 복귀

1) 신자유주의적 지구화의 실패와 근대 민족국가적 문제 설정의 재부상

2010년대 중반 이후 반지구주의적 포퓰리즘의 부상과 반동적 어젠다의 출현을 이해하기 위해서는 20세기 말부터 진행된 신자유주의적 지구화의 부작용, 그중에서도 경제적 영역과 문화적 영역의 두 전선에서 진행된 거대한 사회적 탈구(dislocation)가 어떻게 서구 인민들의 불안과 분노를 축적해왔는지를 분석해야만 한다.

첫째, 경제적 차원에서는 일찍이 칼 폴라니(Karl Polanyi)[45]가 전간기의 위기를 탐구할 때 사용했던 이중운동(double movement)과 탈내장화(disembeddedness) 개념이 유용한 분석틀을 제공해준다. 지난 30여 년간 신자유주의의 구호 아래 금융 엘리트들의 주도로 탈내장화가 진행되면서, 전후의 "내장된 자유주의(embedded liberalism)"[46]라는 사회적 타협방식이 가져온 서구 백인 노동계급의 물질적 안정과 번영의 기반이 그 근저에서부터 해체되어버렸다. 그리고 마치 대공황이 1930년대 파시즘의 부상으로 연결된 사태와 유사한 경로로, 2008년 전 지구적 금융위기 이후 민중의 고조된 사회경제적 불만이 포퓰리즘 운동의 형태로 분출되었다.[47] 과거 19세기 자유방임 문명이 풀어놓은 '악마의 맷돌'의 파괴적 효과가 결국 대공황과 제2차 세계대전으로 이어졌다는 폴라니(와 케인즈)의 역사적 가르침이 방기된 결과, 이중운동의 추가 다시금 권위주의적 민족주의의 부상이라는 파국의 방향으로 기울고 있다는 진단이다.[48]

둘째, 이와 평행하게 진행되어온 현상으로서 20세기 후반 이래 세대 간 가치의 급변과 이민자의 증가로 선진 산업세계의 가부장적인 백인 남성들의 문화적 헤게모니와 지위가 위협당하면서 발생한 이데올로기적 긴장 상태를 지적할 수 있다. 이는 갑작스럽게 사회문화적 탈구를 경험한 과거의 주류 문화 세력들이 백인민족주의의 형태로 배타적·폭력적 정체성 정치를 가동하는 현실이 포퓰리즘을 고조시키는 한 속성이라는 해석이다.[49]

물론 이상의 두 차원으로부터 비롯되어 증대되는 불안과 분노는 신자유주의적 지구화라는 거시적 맥락 속에서 동전의 양면과 같은 것으로, 분리된 변수가 아니라 서로 상승 작용을 일으키는 요소들이다. 물질적 빈곤과 문화적 정체성의 긴장이 상호간에 시너지를 일으키며 백인 노동계급의 상실감과 분노를 키워냈던 것이다. 또한 좌우를 막론하고 기존의 주류 정당과 기득권층(establishment)이 자유방임 자본주의 컨센서스를 수호하기만 할 뿐, 점점 주변화되고 막다른 골목으로 치닫고 있던 "새로운 소수자들"[50]이나 "자기 땅의 이방인들"[51]의 구체적 고통을 무시해온 정치적 마비 상태가 결정적으로 기성 정치권 외부에 존재하던 포퓰리스트들이 정치의 핵심부로 진입할 수 있는 길을 열어놓았다.

본 장의 주제와 관련해서 현대 포퓰리스트들의 대중 동원 전략이 흥미로운 것은 이들이 지구화로 인해 발생한 탈구와 결여를 주체의 (가상적) 완전성을 보장해주는 민족 공동체의 건설을 통해 충족시켜주겠다고 공약했기 때문이다. 정신분석학적 이데올로기 분석틀[52]을 따라 포퓰리스트들의 레토릭을 분석해볼 때 주목되는 점은 무엇보다 위협 인식과 존재적 불안(ontological insecurity)에 떨고 있는 민중들에게 완전하고 순수했던 '과거' 민족국가 공동체에 대한 향수를 불러일으키고, 이러한 판타지의 실현을 가로막고 있는 두 종류의 적들—타락한 엘리트와 인종/종교적 타자—에 대한 분노와 공격을 선동한다는 사실이다.[53] 과거 언젠가 존재했다고 (부당) 전제되는 동질적·가부장적 민족 공동체를 회복하는 것이 현재 위기에 처한 존재적 안보(ontological security)를 보장할 수 있는 유일한 길이라고 선전하며, 이를 위해 카리스마적 지도자를 중심으로 단결한 다수 '인민'이 소수의 기득권 세력과 불순한 외부자들을 척결하는 배제의 메커니즘을 가동시키고자 노력하는 것이 포퓰리즘 정치의 핵심이다.[54]

포퓰리즘이 대서양 세계를 중심으로 커다란 힘을 얻음으로써 오늘날 세계질서에 던지는 효과는 바로 거대한 '반동'의 시대가 도래했다는 점이다.[55] 냉전 종식 이후 "역사의 종언"[56]이나 "평평한 세계"[57]같은 자유승리주의 찬가가 울려 퍼지고, 코스모폴리탄

정치체제와 탈근대로 나아가는 듯했던 21세기 전환기의 장밋빛 분위기와는 정반대로, 현재에는 세계사가 다시 민족주의와 국가 간의 강력정치(machtpolitik)의 시대로 후퇴하고 있다.

오늘날 포퓰리즘이 소환하는 노스탤지어 독트린은 특히 신주권론 혹은 민족국가의 귀환이라는 형태로 등장하고 있는데, 이는 기존에 미국이 선도하여 추진해온 지구화·자유세계질서·글로벌 거버넌스 등이 만들어온 탈근대적 네트워크 주권체제를 반대하고 민족국가를 중심으로 다시금 인민이 자기 통제권을 회수하는 것을 목표로 한다. 포퓰리스트들에 의하면, 작금의 지구화된 세계는 인민의 자기 결정권, 곧 주권을 선출되지도 않았을 뿐 아니라 자신의 정치적 결정에 아무런 책임도 지지 않는 초국적 엘리트들과 국제기구 관료들에게 양도해온 비민주적 공간이기 때문에, 다시 민주주의를 회복하기 위해서는 권력을 재영토화하는 것이 요구된다.[58]

또한 민족 공동체의 동질적 정체성과 복지를 위협하는 외부로부터의 침입을 방지하기 위해 근대적인 국경선을 복원하여 이민자와 난민들의 흐름을 막아내는 것도 중요한 목표로 제시된다. 그리하여 시간이 지날수록 국경지대의 군사화, 장벽과 철조망의 증가 등, 새로운 국가주의적 스펙터클이 증가하고 있다.[59] 정리하자면, 과거 근대 서구에 존재했다고 가정되는 완전주권의 판타지[60]가 브렉시트(Brexit)와 트럼프 당선이라는 세계사적 사건들을 경유한 대서양 세계에 유령처럼 배회하고 있는 것이 2010년대 중반 이후 정치 지형의 주된 양상이다.

2) 근대 주권 회복하기: 트럼프의 위대한 미국 재건 운동

이 장의 주요 관심사와 연관 지어볼 때, 2016년 대선 이후 역사적 국면이 가져왔던 가장 큰 변화 가운데 하나는 건국 이래 오랫동안 합중국 자신이 주도해온 보편적 자유세계질서의 확산이 트럼프와 그의 지지자들에 의해서는 도리어 미국의 주권을 침해해온 악영향으로 서사되었다는 점이다. 다시 말해, '위대했던' 미국이 지구화로 인해 불완전한 주권을 소유한 "불구가 된 미국"[61]으로 전락했다는 것이다.

크래스너[62]의 분류를 따르자면, 여러 주권의 속성 중 특히 "상호의존주권"이 침식되었다는 것이 트럼프주의자들의 문제의식이었다. 국가들 간의 승인 문제와 결부된 국제법적 주권, 내정 불간섭을 의미하는 베스트팔렌 주권, 국내적 최고성을 일컫는 대내적 주권 등에는 큰 문제가 없지만, 자국 국경을 넘나드는 인적·물적 흐름을 통제할 수 있는 능력과 관계된 상호의존 주권의 영역이 20세기 후반부터 가속화된 초국경화로 인해 크게 손상되었다는 주장이었다.[63]

여기서 한 가지 주목되는 점은 현대 미국의 포퓰리스트들이 이른바 '희생자 민족주의(victimhood nationalism)'의 내러티브를 동원한다는 점이다. 본래 피해의식 민족주의론은 이스라엘과 같이 전통적으로 거대한 폭력의 피해를 입은 상대적 약소국이나 피포위국에게 적용되는 이론이었다. 그런데 오늘날 포퓰리즘 시대가 경이로운 것은 영국이나 미국과 같은 초강대국들, 특히 지금까지 신자유주의적 지구화를 주도했으며, 그에 의해 가장 큰 수혜를 입은 중심부 국가들이 피해자 의식을 강조하는 반동적 민족주의의 진원지가 되었다는 사실이다.[64]

예를 들어, 트럼프의 경우 미국이 과거 무분별한 자유주의 개방정책의 오류로 인해 중국이나 멕시코 같은 개발도상국들로부터 무역 적자와 불법 이민 유입의 형태로 막대한 피해를 입었기 때문에, 이에 대한 보상이 필요하다는 입장을 대선 캠페인 시절부터 견지했었다. 이러한 견해는 대통령이 된 이후에도 마찬가지였다. 가령 2018년 G7 정상회담 중 가진 기자회견에서 트럼

프는 기자들에게 미국은 "모두가 도둑질해가는 저금통 신세"라고 언급하기도 했다.[65]

트럼프의 이러한 제스처는 매우 역설적이다. 미국이 신자유주의적 지구화와 자유세계질서의 건설자에서 그 파괴자로 이행하고 있을 뿐만 아니라, 더 심원하게는 독립혁명 이래 미국 고유의 보편주의와 그 핵심으로서 탈베스트팔렌 주권론마저 폐기되고, 혁명국가 미국이 역사적으로 거부해왔던 근대 유럽의 주권론과 현실주의적 국제정치론으로 워싱턴 핵심부의 세계관이 퇴행했음을 의미했기 때문이다.

결국 트럼프주의자들의 핵심적 슬로건인 "미국을 다시 위대하게(Make America Great Again, MAGA)"라는 말은 단순한 선거구호의 의미를 넘어 현재 미국 주권의 불완전성을 주장하며, 미국 주권의 (반동적) 완성을 '다시' 추구함을 드러낸다. 따라서 트럼프는 자신들의 특수 이익을 위해 지구주의(globalism)를 추구함으로써 미국의 주권을 훼손시켜왔다고 여겨지는 기성 엘리트를 인민의 적으로 규정하고, 그들이 추진해온 자유국제주의적·보편적 주권론을 폐기해버렸다.

대신 그는 반지구주의 혹은 민족주의라는 근대 유럽의 비전[66]을 대안으로 제시하고, 모든 외교정책의 가치를 "미국 우선(America First)"이라는 현실주의적 국익의 관점에서 평가했다.

> 어떤 경우에도 자기 이익을 첫째로 앞세우지 않고 번영한 나라는 없습니다. 우리의 우방과 적국 모두 우리의 이익보

> 다 자신들의 이익을 우위에 놓고 있기에, 우리도 마찬가지로 그들에게 공평무사하되 우리의 이익을 우선시해야만 합니다. 우리는 더 이상 지구주의라는 거짓된 노래에 이 나라와 국민들을 굴복시키지 않을 것입니다. 민족국가는 여전히 행복과 조화의 진정한 토대로 남아 있습니다…… 제 임기 중에 우리의 자율권을 축소시키는 어떠한 협약도 체결하지 않을 것입니다.[67]

또한 2018년 트럼프가 유엔총회에서 행한 연설[68]은 그의 현실주의적 국제정치관이 공식적 언술로 표출된 대표적 예로서, 세계사에는 강대국 간 강력정치가 영원히 회귀할 뿐, 지구적 규모의 보편 권위체는 먼 미래에도 탄생하지 않을 것이라는 반자유주의적·보수적 역사관과 근대국가주권론에 대한 옹호가 표명되었다. 아울러 19세기 미국이 상대적으로 약소국이던 시절 선포된 먼로 독트린을 다시 언급하며 베스트팔렌적 주권 수립(=외부의 개입 방지)을 미국의 제1목표로 선언하는 등 노골적인 과거 회귀적 입장을 강조했다. 나아가 그는 다음과 같이 명시적으로 반지구화와 반자유세계질서의 입장을 선언했다.

> 누구에 의해서도 선출되지 않았으며, 누구에게도 책임을 지지 않는 지구 관료조직에 우리는 절대로 미국의 주권을 양도하지 않을 것입니다. 우리는 지구주의라는 이데올로기를 거부하며, 대신 애국주의 독트린을 수용합니다. 세계

의 책임 있는 국가들은 글로벌 거버넌스로부터만 아니라 다른 새로운 형태의 강압과 지배로부터 오는 주권에 대한 위협으로부터도 자신을 보호해야만 할 것입니다.[69]

3) 안과 밖의 경계 짓기: 주권자의 결단과 비상사태 선언

이하에서는 앞서 설명한 트럼프의 근대 회귀적 세계관과 대외정책 독트린이 실제 정책에서는 어떤 방식으로 구현되었었는지 주요 영역별로 나누어 살펴본다. 홉스적 현실주의와 유사한 정치관을 지닌 트럼프주의는 외부 위협의 '안보화(securitization)' 프로세스를 가동시켜 정책의 방향을 설정하고 집행하는 양상을 보였다.[70]

즉, 집권기 트럼프는 안보화 행위자(securitizer)로서 미국에 근본적 위기를 가져오는 존재적 위협들—자유무역협정, 불법 이민자, 중국 등—을 호명하고 이에 대한 투쟁을 수행하며, 그 과정에서 여러 가지 예외적인 정책 조치들을 정당화했다. 다시 말해, 트럼프의 포퓰리스트적 안보화 행위는 미국 패권의 하강과 자유방임적 지구화의 폐해 등을 통해 존재적 불안을 느끼고 있던 유권자들의 무의식에 크게 반향을 일으켜 권위주의적인 지도자의 초헌법적 행위에 지지를 표명하게 만드는 반자유주의적 정치 과정을 작동시킨 셈이다.[71]

보다 구체적으로 트럼프 행정부 시절의 정책 결정과 집행 과정을 보면 칼 슈미트(Carl Schmitt)적 정치관과 부합하는 모습들을 여러 측면에서 관찰할 수 있었다. 트럼프의 정책 내러티브는 우선 당대의 미국이 커다란 위기에 빠져 있다는 현실 묘사에서 출발하는데, 내외부의 적으로서 무슬림, 라티노 이민자, 중국인, 타락한 자유주의 엘리트 등에 의해 위협받는 순수하고 동질적인 인민(Volk)을 호명(interpellation)하는 이데올로기적 작업이 병행되었다. 그리고 이러한 '진짜 인민(true people)'의 목소리를 대변하는 호민관으로서 트럼프는 침식된 민족주권을 복원하여 초국적 흐름을 통제해 미국을 다시 위대하게 만들겠다는 전략을 추구했다. 여기서 중요한 것은 내부의 공동체를 보호하고자 하는 행위가 필연적으로 안과 밖의 경계 짓기 작업을 수반할 수밖에 없으며, 이는 자유주의적 보편주의와 대조되는 비자유주의적 초법조치, 즉 카리스마적 지도자의 결단에 의한 예외 상태 선언의 반복으로 이어지게 되었다는 점이다.[72]

4년간의 집권 시기 트럼프 대통령의 포퓰리스트적 정책 역량이 집중된, 그래서 국가비상사태(national emergency) 선포가 반복되어온 두 가지 핵심 전선이 존재했다. 이는 애당초 2016년 트럼프 현상을 불러일으킨 저학력 백인 남성 노동계급의 분노를 자아낸 양대 요소와 직결된 것이었다. 하나는 이민 문제로 트럼프 지지자들의 정체성 불안과 관련되었으며, 다른 하나는 무역 문제로 경제적 불안과 결부되었다. 트럼프는 바로 이 두 분야를 '안보' 문제로 프레이밍(framing)하여 자신의 정책적 에너지를 집중적으로 투여했다. 이를 통해 가상의 미국 민중 공동체의 복원을

강력한 입국자 제한조치였던 행정명령 제13769호에 서명하는 트럼프 대통령(2017)

시도함으로써, 존재적 불안에 떨고 있는 자신의 지지층들에게 충족감과 안정감이라는 판타지를 선사하기 위해 노력했다.

정체성 안보: 반이민 정책과 장벽 건설

2016년 대통령 선거 유세 기간부터 트럼프는 반복적으로 인종주의적 색채가 강하게 투영된 반이민 발언을 일삼음으로써, 정치적 논란을 일으키는 동시에 공고한 지지층을 형성했다. 특히 백악관 입성 이후 중남미에서 넘어오는 라티노 이주민에 대한 국경 통제력 회복을 통해 앵글로-색슨 국가로서 미국의 정체성 지키기[73]에 집중했다. 이런 차원에서 보면 애초에 'MAGA'라는 트럼프의 핵심적 정치 표어는 일종의 코드 언어로서 "Make America 'White/Christian' Again"으로 해독 가능했다. 따라서 본래의 자유주의적·보편주의적 미국 신조를 포기하고 일종의 부족주의[74]로서 배타적 인종-종교 공동체의 건설을 꿈꾸는 잭슨주의 독트린[75]이 트럼프 정치 기획의 중심에 존재했다.

좀 더 구체적으로 살펴보면, 우선 전반적인 이민정책에서 트럼프는 불법 월경자 문제의 안보화 및 포퓰리스트적 프레임 구성에 주력했고, 특히 이민의 문제를 서민 대 특권층의 투쟁 문제로 전치시키는 모습을 보였다. 가령 2019년 의회 연두교서에서 그는 다음과 같이 불법 이민 문제를 프레이밍했다.

> 불법 이민 문제보다 더 미국의 노동계급과 정치계급 사이의 분할선을 잘 보여주는 이슈는 없습니다. 부유한 정치인들과 기부자들은 정작 자신들은 장벽, 차단기, 경비원들의 뒤에 살면서도 국경의 개방을 주창합니다. 반면에 노동계급에 속하는 미국인들은 대량의 불법 이민으로 인한 대가를 치르도록 남겨져 있습니다. 일자리의 감소, 낮아진 임금, 과밀화된 학교, 너무나 붐벼서 들어갈 수 없는 병원, 범죄의 증가 그리고 사회 안전망의 고갈과 같은 대가들 말입니다.[76]

그리고 트럼프는 2019년 2월, 남부 국경에 대한 국가비상사태를 선언하고 해당 지역의 인도주의적 위기 상황이 핵심적 국가안보 이익을 위협하고 있다고 정의 내렸다. 그리고 국방부 장관과 국토안보부 장관에게 군사력 발동을 포함한 특별 조치를 강구할 것을 명령했다.[77] 이러한 움직임은 트럼프의 대표 공약 중 하나였던 '장벽' 건설 예산 이슈를 두고 야당인 민주당과 의회에서 극한 대립을 벌이던 중에 나온 조치였다.[78]

사실 장벽 건설과 국경의 요새화라는 문제는 포퓰리즘의 부상이 본격화되기 전인 2000년대 초부터 이미 부각된 사안이었다. 새로 광범위하게 유행처럼 건설되기 시작한 장벽은 지구화 시대 국가권력이 처한 난국을 표현한 것이자 가장 상징적인, 스펙터클한 형태의 근대국가 주권 재건 노력을 보여주는 것으로, 일종의 스크린이자 극장 권력의 한 형태로 볼 수 있다. 토머스 프리드먼 같은 지구화 찬양론자들이 설파했던 "평평한 세계"[79]의 이미지와는 정반대로 장벽 건설이 탈냉전 이후 급증했던 사실은 국민국가 주권이 약속한 안정성이 지구화로 인해 침식된 것에 대한 인민의 불만을 반영한 것이었다.

또한 장벽은 인종주의적이고 반동적인 시민 주체를 구성하는 생명정치(biopolitics)의 기제로 작동하기도 했다. 즉, 장벽은 안과 밖, 우리와 그들 사이의 안정적인 경계를 설정해주는 듯한 환상을 제공해주며, 백인 노동계급이 처한 문제들을 악마화된 타자들에게 전가하는 기회도 만들어낸다. 국경/주권의 재건과 동질적 민족 공동체의 복원을 통해 모든 고난이 해결될 수 있다는 희망이 장벽 건설을 통해 가상적으로 실현되는 것이다.[80]

다른 한편, 트럼프는 2019년 5월 이민 개혁안을 발표했는데,

기존의 가족 중심 이민제도를 능력 중심(merit-based) 이민정책으로 "현대화"한다고 주장했다. 특히 완전한 국경 안보가 이민체제의 기초이며 가장 우선되어야 할 목표라는 점을 강조하면서, 자신의 새로운 개혁안은 "일자리와 임금, 미국 근로자의 안전을 최우선적으로 삼는 이민 계획"으로 "친 미국, 친 이민, 친 노동자" 라는 '상식'에 기초한 것이라고 주창했다.[81]

뒤이어 트럼프는 백악관 성명과 트위터를 통해 멕시코에 관세부과 정책을 전격 발표했다. 이는 경제 수단을 이용해 이민 대책을 마련하라고 멕시코 정부를 강압하는 유례없는 조치였다. 물론 이러한 제스처는 WTO, NAFTA 등의 자유무역협정 규칙에는 정면 배치되는 관세의 무기화였지만, 트럼프는 관세 부과를 위해 국가비상사태 선포까지 고려했다.

이후 민주당 그리고 무엇보다 법원의 저지로 트럼프 정권의 반이민 국경 봉쇄 정책은 난항에 부딪혔는데, 역설적이게도 임기 말 코로나19 팬데믹 상황의 도래는 합법적으로 국경 통제를 유례없이 강화할 수 있는 명분을 제공했다. 즉, 2020년 트럼프 정부는 20세기 초 제정된 이래 거의 사문화되었던 보건법 42호 정책—속칭 '타이틀 42'로 국제적 전염병이 창궐했을 때 무조건적으로 국경을 폐쇄할 수 있도록 규정—을 발동하여 국경수비대가 불법 월경자들을 별다른 법적 절차 없이 곧바로 추방할 수 있는 권한을 부여했다.[82]

경제안보: 보호무역주의와 관세전쟁의 수행

대외경제정책에서 포퓰리즘은 기존의 자유무역체제에서 심각한 손해를 입고 실업과 지위의 하락 우려를 갖게 된 백인 노동자 계급에게 반자유무역의 대항 서사를 제공해주었다. 트럼프의 무역 관련 내러티브 역시 포퓰리즘에서 흔히 나타나는 '타락한 엘리트 대(對) 일반적 인민'이라는 수탈적 관계를 상정하는 것에서 출발했다.

반자유무역 서사에서 포퓰리즘의 힘은 부분적으로 그것이 지닌 정서적 언어의 호소력에서 유래한다. 특히 세계화에 의해 버림받고 중국과 같은 타자들에 의해 착취당하는 것으로 규정되는 노동자들의 '결여'를 강조한다. 그리고 이어서 포퓰리즘 서사는 일종의 환상적 미래도 약속한다. 자유무역체제에서 탈퇴하는 것과 같은 특정한 급진적 해법을 취하면 밝은 미래가 찾아오고, 반대로 현재-과거의 상태를 유지하면 어두운 현실이 지속될 것이라는 이분법적 선택지를 제시하는 식이다.[83]

가령 트럼프는 2016년 대선 경선 기간 『USA Today』에 기고한 칼럼에서 환태평양경제동반자협정(TPP)에 반대 입장을 밝히면서 다음과 같이 서술했다.

> 위대한 미국의 중산계층이 사라지고 있다. 이러한 경제적 재앙을 불러온 요소 중의 하나는 미국의 재앙적인 무역정책이다…… 미국의 정치인들은 오프쇼어링으로 이득을 얻고 있는 지구 기업 집단에 신세를 지고 있으면서 상상할 수 있

는 모든 방식으로 일자리들이 도둑질당하도록 만들었다. 그들은 대외무역 상의 사기를 용인하면서 기업들이 생산을 해외로 이전하도록 장려하는 무역협정들을 체결해왔다.[84]

트럼프주의자들의 중상주의적 경제관에 따르면, 세계는 무정부적 구조 하에 국가 간의 치열한 권력과 부(富)에 대한 경쟁으로 규정되며, 이 무한경쟁에서 우위를 누려 생존하고 번영하는 것이 국가 경제정책의 궁극적 목표로 정의된다. 약육강식의 세계나 정글에 비유되는 이러한 현실정치적 상상계에서는 자유주의적 국제주의가 꿈꾸던 새로운 세계질서의 구성이라든지, 보편적 가치의 실현 같은 진보주의적 비전은 완전히 폐기된다. 대신 어떻게 하면 '산업' 성장을 통해 부국강병을 실현할 것인가라는 보수적-근대적 문제 설정이 지배적인 경제담론을 구성한다. 즉, 초국적 자본의 수호자로서 미국식 자본주의의 전파를 통해 전 지구적 평화와 번영을 성취하려는 "단극시대의 논리"[85]는 완전히 포기되며, 일국적 국익 정의가 대외경제정책을 규정한다.

구체적으로 트럼프 행정부의 국가안보전략서(National Security Strategy, NSS)는 "경제안보가 곧 국가안보"라고 정의하면서 "미국 번영의 증진"을 국가안보의 네 가지 기둥 가운데 하나로 지목했다.[86] 동 전략서는 전후 미국 주도의 자유경제질서가 "국제경제를 안정화하고 양차 세계대전 발발에 기여한 마찰 지점들을 제거"하는 데 도움을 준 사실은 인정했지만, 보다 큰 전략적 맥락에서 경제적 경쟁이 심화하는 현시대 국면에서는 무역에서의

"공정하고 상호적인" 관계가 추구되어야 함을 역설했다. 특히 권위주의 열강들이 미국의 개방된 시장과 주요 경제기구들을 단순히 이용하기만 하고 중요한 정치경제적 개혁을 수행하지 않았다는 점을 고려할 때, 자유무역의 자유화 효과에 대한 자유국제주의의 기본 가정들은 오류로 판명되었다는 점이 강조되었다.[87]

같은 배경에서 당시 무역대표부의 한 무역정책 어젠다 보고서는 기성 무역협정과 다자 레짐들의 국제 관료들이 미국의 국익과 자율성을 침해했다고 주장했다. 따라서 새로운 무역정책은 국가안보정책을 지원하고 "미국의 국가주권을 공세적으로 보호하는" 형태로 재조정되어야 했다.[88] 이런 맥락에서 트럼프는 2018년부터 중국을 위시한 미국의 전략적 경쟁자들뿐만 아니라 오랜 동맹국들과도 전면적인 무역전쟁을 벌이기 시작했다. 특히 냉전기의 낡은 유물로 치부되던 무역확장법 232조를 활용, '국가안보'를 근거로 철강과 알루미늄과 같은 전략 상품들에 고관세를 부과함으로써, 지구정치경제에 대한 중상주의적·제로섬적 시각에서의 무역 안보화라는 미국의 신경향이 뚜렷해졌으며, 초국적 자유경제질서로부터 이탈하려는 욕망 또한 명확해졌다.[89]

4. 근대 주권 판타지와 파르마콘

이상에서 본 장은 미국 주도의 초국적-탈 베스트팔렌체제의 기획이 비자유주의적-대륙적 근대 주권 국가 기획으로 회귀했던 트럼프 시대의 경향성을 포퓰리스트적 반동국제정치의 부상이라는 문제인식 속에서 분석하고, 이것이 주권과 세계질서의 구조적 변동의 궤적에 미쳤던 영향을 평가하고자 시도했다. 우선 아메리카합중국의 필라델피아체제가 유럽의 베스트팔렌체제에 대한 대안적인 국가 간 질서로 탄생했으며, 이것이 200여 년 동안 미국의 소위 '세계혁명' 프로젝트나 초국적 네트워크 주권 건설 시도의 이념적·제도적 토대를 이루어왔음을 설명했다. 다음으로 반지구화적 포퓰리즘에 근거해 등장한 트럼프 독트린을 비자유주의적·완전주권적 근대국가로의 회귀를 꿈꾸는 노스텔지어 프로젝트로 분석하고, 이러한 트럼프의 반동적 이니셔티브("MAGA")를 비상사태 선언을 통한 경제와 정체성의 안보화라는 관점에서 탐구했다.

그렇다면 과연 탈냉전 이후 지구화 시대 혹은 후기 근대에 들어 정합성을 상실한 것으로 여겨졌던 근대 주권 원칙과 지정학적 경쟁이 과연 현시대에 복귀하고 있는 것일까. 마치 팍스브리태니커의 붕괴 이후 등장한 전간기의 대혼란이 오늘날 재림한 것과 같이, 우리가 아는 보편성과 초국적 주권의 시대가 미국 우위의 단극체제의 쇠락과 함께 종식되고 마는 것인지 질문할 수밖에 없는 상황이다.

나아가 한동안 탈근대 비판이론들은 물론 주류 자유주의 이론들에 의해서도 '낡은' 것으로 치부되던, 안팎의 철저한 구분에 기반한 근대적 이항대립을 복구하고, 배제에 기초한 동일성의 정치(identity politics)를 현재 자유세계질서 위기의 국면에 재가동시키려는 포퓰리스트들의 반동적 시도가 마치 새로운 시대정신인 양 전 세계를 휩쓸고 있는 형국이다. 트럼프의 당선, 나아가 '트럼프 현상'은 단순히 독특한 개인의 돌출적 등장이 아니라, 미국 패권의 하락과 신자유주의 세계화가 낳은 구조적 병폐의 징후로서 파악되어야 한다.[90] 따라서 지난 트럼프 행정부의 퇴행적 외교정책 또한 이런 구조적 맥락 변동에 대한 포퓰리스트적 사회세력의 대응을 체현했던 것으로 이해해야 하며, 비록 트럼프의 재선 실패에도 불구하고 앞으로 미국 정치에서 장기적으로 나타날 경향성으로서 간주할 필요가 있다.

여기서 앞으로 우리가 계속 지켜봐야 할 연구 과제는 트럼프와 그 지지자들이 대안적인 세계 비전으로 추구하는 근대 주권 판타지가 존재안보와 경제안보 양쪽 측면 모두에서 과연 그들이 약속한 '레트로피아'의 안정과 위안을 제공할 수 있는지의 여부이다. 실제 정책의 결과를 놓고 볼 때, 지난 행정부에서 발생

사막지대를 가로지르는 미국-멕시코 국경장벽(2019)

한 탈근대 네트워크 주권에서 근대 완전 주권으로의 퇴행은 미국 패권의 하강을 더욱 가속화하고, 국내외적으로 더 큰 혼란을 가져왔을 뿐이다. 가령 민족국가 공동체와 정체성 안보를 강화하기 위한 장벽 건설 사업은 일종의 '파르마콘(pharmakon)'으로서, 백인 민중이 처한 고난의 진짜 원인인 신자유주의의 문제를 은폐시킴으로써 도리어 상황을 악화시키고, 트럼프 같은 데마고그에게 권력을 집중시켜주는 결과만을 낳았다. 결국 장벽 건설은 백인 노동계급의 고통을 덜어주는 대신, 난민들과 민주주의를 부수적 피해자(collateral damage)로 양산할 뿐이었다.[91]

아울러 매우 복잡한 세계경제 문제를 인민들의 '상식적' 해법으로 해결하려는 무역의 안보화 행위는 기성 자유세계 경제질서를 크게 교란하고 다자주의 규범체계를 해체한다는 점에서 지구경제에도 중대한 후유증을 남겼다. 특히 무역전쟁으로 촉발된 양 강대국 간 관계 악화가 팬데믹 국면에까지 지속된바, 지정학적 갈등으로 확전될 가능성마저 제기되었다. 안 그래도 중국의 부상이라는 구조적 조건의 변동으로 미중 간 패권 경쟁이 치열해지는 상황에서, 미국의 근대 주권적 문제 설정으로의 이행은 1930년대와 같은 세계적 혼돈과 불확실성 시대로의 진입을 야기할 개연성이 존재한다. 결론적으로 오늘날 자유세계질서와 초국가 주권적 세계 공동체 건설이라는 아메리칸 드림[92]을 스스로 파괴하는 미국의 선택이 낳을 후과가 그만큼 거대할 수 있다는 점에서, 우리는 어떤 의미에서건 세계사적 국면을 경유하고 있는 셈이다.

제6장

탈단극 시대 동아시아 지역 아키텍처의 퇴행

1. 아메리카합중국의 조직 원리 변환 프로젝트

제1차 세계대전을 전후해 주로 서반구 내에서만 대외활동을 추구하던 아메리카합중국[1]이 본격적으로 세계정치무대에 등장하면서, 미국 엘리트들이 자신의 역사적 경험에 기반해 미래 세계질서의 청사진을 제시하는 일이 빈번해졌다. 가령 1910년 노벨평화상 시상식 연설에서 시어도어 루스벨트(Theodore Roosevelt) 대통령은 합중국의 연방체제가 세계적 규모로 건설될 평화연방의 선구자라는 주장을 펼쳤다.

> 연방대법원의 창설과 상이한 나라들(states) 간의 평화와 우호를 보장하기 위해 채택된 방법들을 통해 합중국의 헌법은 국제평화와 정의를 위한 세계연방의 모델을 제공해 줍니다…… 나라 간의 적개심을 방지하기 위해 미국 헌법에서 도입된 방법들은 세계적 범위에서 같은 결과를 얻고자 하는 사람들이 연구해볼 만한 가치가 있습니다.[2]

『인디펜던트(Independent)』 지의 편집자였던 해밀턴 홀트

시어도어 루스벨트 대통령(1914)

(Hamilton Holt)는 당대에 이러한 국제주의적 사고의 가장 열렬한 지지자로 이름을 떨쳤는데, 1914년 제1차 세계대전이 발발하자 즉각적으로 평화연합의 구성이 필요하다는 견해와 함께 미국의 주도적 역할의 필요성을 역설했다.

> 연맹(League)의 수립에 앞장서는 것은 합중국의 명백한 운명입니다…… 합중국은 세계의 축소판과 같습니다. 합중국은 역사상 알려진 가장 커다란 평화연맹입니다. 합중국은 지구상의 모든 인종과 민족이 하나의 정부 형태 아래 평화롭게 살 수 있음을 세계에 증명해보였습니다……'보다 완전한 연합(union)'을 형성하기 이전에 우리의 초기 13개의 나라들(states)은 지금 국제적 범위에서 제안되고 있는 것과 놀라울 정도로 유사한 연합(confederacy) 속에 통합되어 있었습니다.[3]

그리고 세계대전이 끝난 후 프런티어 이론(frontier theory)으로 유명한 역사가 프레드릭 잭슨 터너(Frederick Jackson Turner)는 1918년 베르사유 강화회의에 참석하기 위해 길을 떠나던 우드로 윌슨(Woodrow Wilson) 대통령에게 메모를 전달하여, 북아메리카 대륙 내에서 19세기 동안 벌어진 지역(section) 간의 갈등과 전쟁 그리고 통합의 역사가 전후 유럽세계 평화 건설의 청사진을 제공할 것이라고 조언했다.[4]

이번 장에서는 20세기 이후 패권국으로서 세계질서를 조형해 온 아메리카합중국이라는 나라가 지녀온 독특한 네트워킹의 정치 실험 혹은 조직 원리(organizing principle) 변환 프로젝트의 진화 과정과 그 퇴행에 대해 주목하고자 한다. 원래 네트워크 국가, 네트워크 파워 등의 용어는 21세기 지구화의 시공간적 맥락에서 근대국가와 근대 국제질서의 탈근대적 변환을 설명하기 위해 고안된 개념들이다.[5] 반면 본 장에서는 국가 행위자의 구성, 대전략의 중심 논리, 지향하는 국가 간 조직 원리 등의 세 가지 차원에서 네트워크 개념이 이미 미국의 이백여 년 역사의 중핵에 자리 잡고 있음을 강조하려고 한다. 즉, 미국이라는 나라가 시초부터 네트워크 국가 형태의 건설과 네트워크적 국제질서를 구축하려는 시도에 기반하고 있다는 사실에 초점을 둔다.

보다 구체적으로 본문에서는 ① 위계적 근대국가 모델의 대안으로서 아메리카합중국의 복합 공화국 모델을 설명하고, ② 미국의 주류 외교전통인 자유국제주의와 그것의 구현태인 전 지구적 동맹체제를 네트워크의 관점에서 재해석하며, ③ 조직 원리 권력[6] 또는 설계 권력[7]을 발휘해온 패권국가 미국이 어떻게 주류 국제정치학이 무반성적으로 전제해온 '무정부 상태 속의 국가들(states-under-anarchy)'이라는 베스트팔렌 문제틀(Westphalian problématique) 자체[8]에 변환을 획책해왔는지 등을 분석할 것이다. 또한 이러한 논의 구도 아래 미국의 네트워킹 전략의 구체적 사례로서 동아시아 동맹 시스템의 역사적 변환 과정을 양극 시대, 단극 시대, 탈단극 시대 등으로 시기 구분하여 탐구함으로써, 트럼프 시대에 발생한 지역 아키텍처의 퇴보가 지니는 의미를 우리 시각에서 살펴볼 것이다.

2. 미국 특색적 네트워크 국가체제와 국제질서 건설

1) 필라델피아체제: 탈베스트팔렌 세계질서의 원형으로서 아메리카합중국

미국이라는 정체(政體)의 특이성을 이해하기 위해서는 먼저 미국의 공식 국가명에 등장하는 합중국(合衆國, United States)이란 무엇인지에 대해서부터 이야기를 풀어갈 필요가 있다.[9] 특히 합중국의 건국이 정치체 간의 안보와 협력 문제를 해결하기 위한 국제정치적 문제의식에서 출발했다는 점을 이해해야만 한다. 다시 말해, 합중국은 일종의 국가 간 평화조약으로서 정치질서의 역사에서 보편적으로 발견되는 제국적 위계질서와 아나키의 안보 위협을 극복하는 새로운 국가 간 조직 원리를 고안하려던 건국의 아버지들(Founding Fathers)의 지적 발명품으로서 해석될 필요가 있다. 유혈 전쟁을 거쳐 영국으로부터 분리 독립한 13개 나라의 대표단이 필라델피아에 모여 일종의 국제평화회의를 개최한 결과, 서로 간에 주권을 분할·공유하는 새로운 국가 간 질서인 "필라델피아체제(Philadelphian system)"가 형성되었으며, 이는

유럽대륙의 베스트팔렌 질서와는 상이한 새로운 국가체제이자 국가 간 시스템이 탄생했음을 뜻했다.[10]

네트워크 이론의 틀을 빌리자면, 흔히 복합 공화국(compound republic)이라 불리는 연방 형식 자체가 일괴암적(monolithic) 근대 국가와는 구분되는 네트워크형 국가의 모습으로서 개별 정치체(state) 노드 간의 관계를 고민한 결과라고 할 수 있다. 미국의 국제정치학자 다니엘 듀드니(Daniel Deudney)가 공화주의 사상사의 맥락에서 고안한 용어인 '네가키(negarchy)'는 바로 이러한 미국 건국자들의 조직 원리와 네트워크 국가에 대한 성찰을 적시한 개념이라 할 수 있다. 이는 기존의 주류 국제정치학 이론들이 규정한 아나키(anarchy) 대 하이라키(hierarchy)라는 이분법적 틀을 넘어서는 대안적 조직 원리의 탄생을 나타낸 용어로, 네가키로 조직된 정치체에서 단위들 사이의 관계는 권력의 분할과 공유, 균형을 통해 상호 제약적인 형태로 구성된다는 점이 두드러진다. 따라서 공화주의적 정치체는 무정부 상태의 혼란과 제국 상태의 억압 모두를 회피하는 안정적이고 자유로운 질서를 유지할 수 있게 된다.[11]

그 결과 미국은 국가(the national)이자 국제(interstate)로서 존재하는 독특한 네트워크로 세상에 등장했다고 볼 수 있으며, 건국기에서부터 탈베스트팔렌적 국가모델과 국제체제를 지향했다고 말할 수 있다. 따라서 남북전쟁 이전 아메리카합중국의 역사는 국가 건설 프로젝트이자 신국제 아키텍처를 건설해가는 이중적 과정이었다.[12] 이상의 초기 미국사의 국제정치적 이해는 20세기 이후 합중국의 대외정책, 특히 팍스아메리카나 구성 과정을 설명하는 데 필수적이다. 패권국가 미국의 주류 대전략인 자유국제주의의 역사적·이념적 원천이 북아메리카 대륙 내의 네트워킹 정치체 실험에 근거하기 때문이다.

2) 네트워킹 헤게모니: 자유주의적 리바이어던의 조직 원리 재구성 프로젝트

제국 혹은 패권국의 헌정적 국제질서 구성의 힘으로서 '조직 원리 권력'은 전후 미국의 자유국제주의 대전략의 핵심에 위치한다. 앞서 언급한 것처럼 국내적으로 독특한 네트워크 국가인 복합 공화국을 구축하고, 전 세계적으로 그 템플릿(template)을 확산시키려는 노력을 기울임으로써, 미국의 엘리트들은 네가키(negarchy) 또는 '네트워크아키(networkarchy)'[13]라는 제3의 조직 원리를 초국적 범위에서 설계하고자 노력했다.

특히 제1차 세계대전 직후나 제2차 세계대전 직후와 같은 "승리 이후"[14]의 예외적 시기에 미국은 "자유주의적 리바이어던"[15]으로서 아나키의 영향력이 지배적인 국제질서 전체를 헌정질서(constitutional order)의 형태로 재구성하려는 프로젝트를 가동해왔다. 하나의 대표적 사례가 바로 전후 서유럽에서 미국이 주도해 만든 북대서양조약기구(NATO)의 창설이다. 이는 일견 대소련 세력균형 동맹이라는 현실주의적 제도처럼 보이지만, 실제 내용

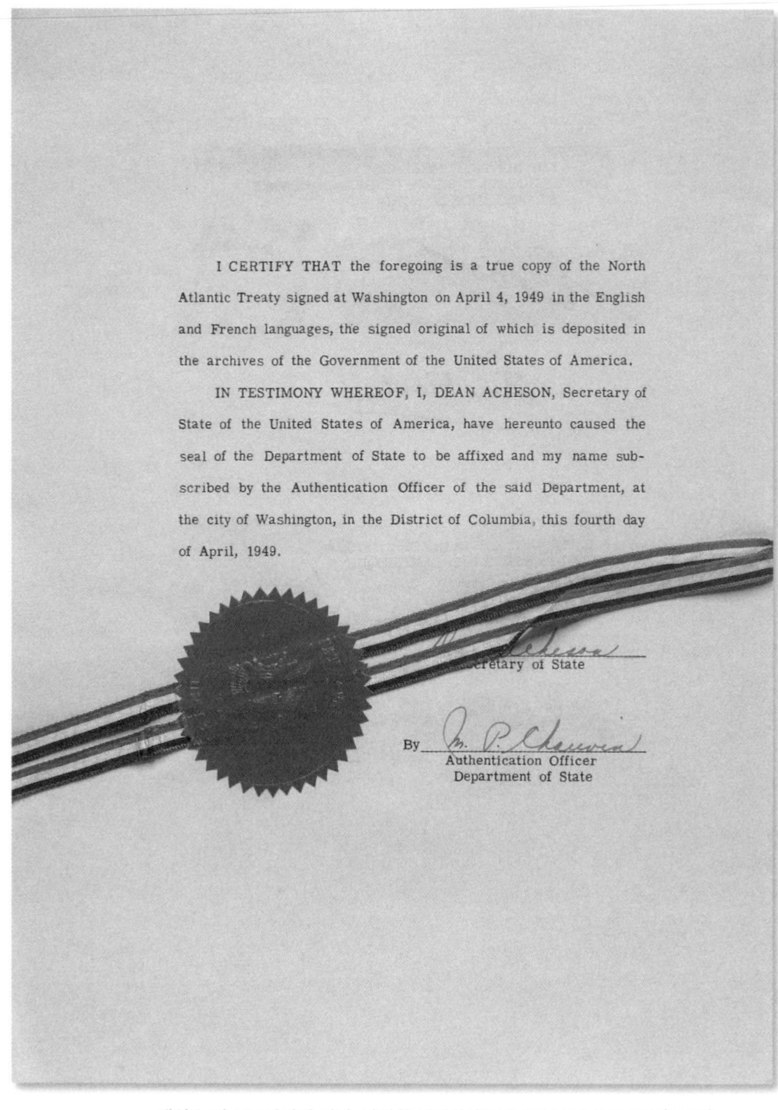

I CERTIFY THAT the foregoing is a true copy of the North Atlantic Treaty signed at Washington on April 4, 1949 in the English and French languages, the signed original of which is deposited in the archives of the Government of the United States of America.

IN TESTIMONY WHEREOF, I, DEAN ACHESON, Secretary of State of the United States of America, have hereunto caused the seal of the Department of State to be affixed and my name subscribed by the Authentication Officer of the said Department, at the city of Washington, in the District of Columbia, this fourth day of April, 1949.

Secretary of State

By
Authentication Officer
Department of State

애치슨 미 국무장관이 서명·날인한 북대서양조약기구 조약 공식 사본(1949)

을 들여다보면, 미국을 포함한 서유럽 국가들의 주권을 서로 결박하고 뒤섞음(binding & pooling sovereignty)으로써 반영구적으로 서구 국가 간 무정부질서를 네트워크아키 형식으로 대체하고자 한 시도이다.[16]

이와 관련해 더욱 흥미로운 상황이 약 반세기가 지나 공산 진영이 몰락한 후에 전개된다. 주지하다시피 대다수의 현실주의자는 냉전 종식 후 소련이라는 주적이 사라진 상태에서 서유럽의 다자 동맹체인 북대서양조약기구가 소멸할 것이라고 예상했다.[17] 하지만 예측과 달리 도리어 북대서양조약기구는 구공산권 영역인 유럽 동부로까지 지리적으로 확장되면서 자유국제주의 질서 확산의 주된 기제로 계속 활용되었다. 실질적으로도 협력 안보를 넘어 집단 안보까지 추구하는 다자 안보 협력체로 진화해갔다.[18]

이러한 사실은 북미대륙에서의 역사적 실험에 근거한 미국 특색적 국제주의와 네트워킹 전략에 대한 국가적 선호가 현실주의가 핵심 변수로 간주하는 주적의 존재 여부와 상관없이 탈냉전 시대에도 계속해서 작동한 결과라고 볼 수 있다. 그렇지 않았다면, 유럽에서 전략적 목표를 상실한 미국은 후퇴해 신대륙으로 돌아가버렸을 것이고, 결국 냉전시대 이전과 같은 다극체제와 안보 딜레마의 시대가 구대륙에 도래했을 것이다. 그러나 네트워크 국가이자 국가 간 조직 원리의 재구성을 추구하는 행위자로서 미국은 그런 현실주의적 길을 선택하지 않았다.

한편 훨씬 홉스적 경쟁구조의 지배가 당연시되어왔던 아시아 지역에서도 완전히 유립적이지는 않지만, 그럼에도 복합 네트워크적인 색채를 띠는 새로운 국가 간 질서가 탈냉전기에 서서히 등장하기 시작했다. 그리고 이러한 변화의 근저에는 미국의 대아시아 전략이 역사의 원동력으로서 작동했다. 이하에서는 특히 이 부분에 집중하여, 어떻게 동아시아에서 미국의 "네트워킹 헤게모니" 전략[19]이 관철되었고, 이것이 지역 아키텍처의 진화를 추동했는지 살펴보도록 하겠다.

3. 동아시아 지역 아키텍처의 진화: 차륜구조에서 복합 패치워크로

1) 탈냉전기 샌프란시스코체제의 변환

전후 아시아 지역 아키텍처[20]로서 샌프란시스코체제의 핵심 구성요소는 양자 동맹체제[21]에 기반한 미국 주도의 안보질서였다. 따라서 네트워크의 관점에서 보면, 동시대 서유럽과 달리 동아시아에는 제국적 색채가 강한 모노-허브(mono-hub) 형태의 차륜구조(hub-and-spokes system)가 정착된 셈이다.[22] 제도화가 고도로 진행된 서유럽의 다자주의적-헌정주의적 구조와는 상이한 단(單)허브 네트워크를 이 지역이 갖게 된 원인으로는 대개 다음과 같은 요소들이 논의되어왔다.[23]

우선, 당대 물리적 초기 조건으로 거론되는 건 두 가지다. 서유럽과 달리 역내 국가들이 서로 멀리 떨어져 흩어져 있다는 지리적 요소와 함께 미국과 대등한 위치에서 다자체를 구성할 만한 국력 보유국이 부재했다는 점이 지적된다. 또한 현실주의자들은 냉전 초기, 이승만의 남한, 장개석의 대만 등과 같은 소위 '깡패 동맹국들(rogue allies)'이 민족주의적 동기를 내세워 수정주

샌프란시스코 강화조약 조인(1952)

의 정책을 추구함으로써 미국을 곤란하게 만들었다는 사실에 주목한다. 즉, 한국전쟁처럼 원치 않는 전쟁에 미국이 또다시 연루(entrapment)되는 것을 방지하기 위한 대비책으로서, 하위 동맹국을 손쉽게 통제할 수 있도록 전략적으로 비대칭적 양자동맹의 수립을 선택했다는 설명이다.[24] 또 다른 한편으로, 구성주의자들은 북대서양조약기구 동맹국들에 비해 아시아 지역 동맹국들 간에는 과거 식민 지배로 인해 일본에 대한 적대감이 만연하고 지역 공동체 의식이 미진했다는 점과 아울러, 아시아인들을 열등한 존재로 인식해 평등한 위치에서 다자적·헌정적 국제제도를 건설하는 것을 꺼린 미국의 인종주의적 문명관을 중요한 관념 변수로 삼아 차륜 시스템의 부상을 분석한다.[25]

그러나 탈냉전기에 와서 아시아 지역 안보 아키텍처에도 점진적인 변환이 발생하기 시작한다. 유럽과 같은 다자주의로의 전면적 이행이 일어나진 않았지만, 대신 "복합 패치워크(complex patchwork)",[26] "노드 방위체제(nodal defense arrangement)",[27] "제휴 협력(alignment cooperation)"[28] 등의 유사 개념들로 불리는 동아시아만의 고유한 복잡 네트워크 구조가 등장한 것이다. 특히 21세기 초반에는 9.11테러의 맥락 속에, 대테러 전쟁, 비전통 안보 등의 새로운 방위 이슈 부상이 역내 아키텍처 변환의 추동력을 제공했다.[29] 이른바 "소다자주의(minilateralism)"가 전통적 양자 동맹체제를 보완하며 지역에 새로운 국가 간 협력의 기제로 부상한 것이다.[30]

그럼에도 동아시아 지역에서 전통적 차륜구조의 변환을 본격적으로 추동한 것은 버락 오바마 대통령 시대의 아태전략프로젝트라고 보아야 할 것이다.[31] 전임 부시 행정부의 일방주의적 선제 공격 독트린은 제국적 과잉 팽창으로 귀결되었기에, 단극체제의 균열 후 탄생한 오바마 시대 대전략의 요체는 자유국제주의로의 회귀 시도였다. 그리고 무엇보다 위기에 빠진 미국 패권의 대응 전략으로서 다자주의적 네트워킹을 강조했다. 일방적·강압적 패권 행사와 자유주의 세계혁명을 추구하다 감당하기 어려운 비용—대테러 전쟁의 실패와 2008년 세계 금융위기—을 떠안게 된 미국의 입장에서 협력적 글로벌 거버넌스를 강조하고, 국가 간 네트워크 레짐을 통한 비용 분담을 선택한 것은 필연적이었다.[32] 특히 부시 행정부 시절을 경유하며 크게 침식된 하드 파워와 소프트 파워를 벌충할 대안적 권력 자원으로서 소위 디지털 시대의 '네트워크 파워'가 부각된 것도 오바마 대통령의 재임 기간이었다.[33]

이렇게 패권 조정이라는 대전략상의 변화 맥락 아래서 2010년대에 신미국안보센터(CNAS), 전략국제문제연구소(CSIS) 같은 주요 싱크탱크들이 아시아-태평양 지역 아키텍처 변환에 대한 보고서들을 차례로 제출했다. 이들은 미국의 대아시아 전략의 다음 단계로서 기성 차륜구조체제를 새롭게 부상하고 있던 광범위한 안보 네트워크들에 내장시키는 방법을 선택해 오래된 동맹 시스템을 보완하자고 주장했다.[34]

그러한 민간 담론이 행정부의 공식 전략으로 수용된 결정판이 애쉬 카터(Ash Carter) 당시 국방부 장관의 "원칙적 안보 네트워크(Principled Security Network)" 건설에 대한 선언이었다.[35] 비록 아태 지역에 북대서양조약기구처럼 지역 범위 전체를 아우르는 공식적 안보 레짐이 존재하지는 않지만, 역내 상호 연결성과 공동 위협의 증대에 대응하고, 해로(sea lane) 등 공동 자원에 대한 접근을 보장하는 안보 네트워크의 발전 경향에 주목하며, 앞으로 이를 더욱 증진시키려 한다는 미군 수뇌부의 입장을 밝힌 것이다. 특히 기존의 양자에 국한된 협력의 틀을 넘어[36] 한-미-일 등 3자 메커니즘이 발전하고 있고, 냉전기에는 서로 직접 연계되어 있지 않던 바큇살 국가(spokes) 간의 협력이 두드러지고 있으며, 나아가 아세안확대국방장관회의(ADMM-Plus) 같은 다자 안보 아키텍처가 부상하고 있음을 긍정적으로 평가했다.[37]

한편 역사적 유산과 정치체제의 다양성, 미중 간 세력균형 변동 등으로 북대서양조약기구와 같은 단일의 다자 안보기구가 수립되기 어려운 조건에서—유럽식 지역 통합을 우월한 국제 네트워크 체제로 선호하는 일반적 인식과 달리—복합 패치워크의 복잡성과 유연성은 단점이 아닌 장점이 될 수 있다. 우선 멤버십이 서로 겹치고 제도 내 위계가 부재하기 때문에, 미국과 중국 간의 제로섬적 제도 균형 경쟁이나 안보 딜레마 상황을 완화시킬 수 있다. 패치워크의 복합성이 다양한 형태의 제도들이 공존하는 것을 가능하게 함으로써 지역 아키텍처에서 어느 한쪽이 배제될 수 있다는 두려움을 줄여주기 때문이다. 아울러 '자기 구속적 지역 엔지니어링(self-binding regional engineering)' 프로세스가 진행되면서 여러 제도에 멤버십을 갖게 된 강대국들이 점차 국제 규범과 법규들에 구속당하는 효과도 생겨난다. 셋째로 패치워크는 집단행동 문제(collective action problem)를 해결하는 것에도 도움을 준다. 애초에 직접적 이익이 결부된 제도들에 국가들이 참여하게 되면서 무임승차 문제가 자연히 약화되고 비용과 위험의 공평한 배분도 가능해지기 때문이다. 마지막으로, 복합 패치워크의 복잡성은 중소국의 입장에서도 상당히 유용한 측면이 있다. 무엇보다 패치워크의 발전으로 지역 네트워크의 복잡성이 증가하면 증가할수록 미국이나 중국이 단독으로 주도하는 국제제도를 선택해야 할 필요성이 줄어들며, 두 강대국을 제도 패치워크의 규칙들에 "얽어 놓는(enmeshed)" 적극적 결박 전략을 펼칠 기회도 늘어날 수 있다.[38]

이처럼 오바마 시대에 큰 조명을 받은 역내 복잡 네트워크 질서의 등장은 기존 샌프란시스코체제의 경직성과 위계성을 벗어나는 동시에 미중 패권 경쟁의 긴장도를 떨어뜨려 주는 유용한 탈근대적·탈세력균형적 아시아 지역 아키텍처로 평가받았다.

2) 인도-태평양 전략: 복합 패치워크에서 세력균형 동맹체제로의 퇴행

전략 개념으로서 '인도-태평양'의 기원은 본래 21세기 초 일본(과 호주)의 이니셔티브에서 유래한다.[39] 그리고 도널드 트럼프 미국 대통령이 2017년 아시아 순방 중 "자유롭고 번영하는 인도-태평양(FOIP)"이란 개념을 사용하면서 본격적인 국제정치의 언어로 부상했다. 이어서 미군의 태평양 사령부(USPACOM)가 인도태평양 사령부(USINDOPACOM)로 확대 개칭되는 등 인도-태평양은 새로운 전략 공간 개념으로서 자리를 잡아가게 된다. 트럼프 집권기 아시아 전략의 전환을 상징하는 언어로서 '인태'가 집중 조명을 받게 된 것이다.

그런데 흥미롭게도 트럼프 시대에 동아시아 전략을 두고 미국 정부 내의 긴장과 경합이 관찰되었다. 사실 이러한 내부 담론 투쟁에는 미국의 대전략을 둘러싼 자유국제주의 노선을 따르는 기득권 주류 세력(establishment)과 민족주의적 색채가 강한 트럼프주의자들 간의 갈등이 그대로 투영되어 있었다.[40] 우선 길게는 탈냉전기부터, 짧게는 오바마 시절부터 시작된 복합 네트워크 구성 강화론이 2017년 아웃사이더에 의한 정권 교체에도 불구하고, 행정부 내 고위 관료 집단에 의해 계속 추진되었다. 잭슨주의적·현실주의적 색채가 강한 백악관의 『국가안보전략서(NSS)』[41]와 비교할 때, 국방부와 국무부의 인도-태평양 보고서[42] 등 기성 관료들의 입김이 강한 하위 문서로 갈수록 국제주의적 네트워크론의 영향력이 두드러졌다.

반면 트럼프주의를 신봉하는 신엘리트 집단은 반다자주의와 거래주의적 입장에서 패권 유지비용 회수를 우선시함으로써 결과적으로 기존의 복합 패치워크를 교란하는 결과를 가져왔다. 또한 이들은 반중국 봉쇄정책을 위해 지역의 네트워크에 세력균형동맹(counterbalancing coalition)적 색채를 강하게 가미했다. 이는 본래의 탈근대적 네트워킹 헤게모니 전략의 측면에서 보면 근대 국제정치 원칙으로의 '퇴행'으로 평가될 수 있다. 보다 근본적인 문제는 이러한 논쟁이 단순히 신구 엘리트 집단 간 의견 갈등 차원의 이슈가 아니라 하락기에 접어든 패권국의 구조적 딜레마를 반영했다는 점에 있다. 헤게모니 쇠퇴라는 조건을 맞이한 미국이 어떻게 전략적으로 대응할 것인지를 놓고 국내 사회 세력 간의 충돌이 격화되는 풍경의 일단이었던 셈이다.

복합 패치워크 구성의 지속

2019년 6월 1일 발표된 미 국방부 『인도-태평양 전략보고서』의 부제에는 "지역의 네트워크화를 촉진하기(promoting a networked region)"라는 구절이 담겨 있었다.[43] 즉, 지역 안정과 번영이라는 궁극의 목표를 달성하기 위한 수단 중 하나로 규칙 기반 질서(rules-based order)의 수호를 위해 역내 동맹과 파트너십을 "네트워크화된 안보 아키텍처(networked security architecture)"로 강화 발전시킬 것을 다짐했다.

보다 구체적으로, 동 보고서는 인태 지역 안보의 기초가 미군의 전진 배치에 더해 동맹과 파트너로 구성된 네트워크의 증대에 달려 있다고 주장하면서, 양자·(소)다자 관계의 강화뿐만 아니라 아시아 내부의 안보 관계망을 확대 증진시킬 것을 강조했다. 그러면서 실제적인 예로서 한-미-일, 미-일-호, 미-인-일 등 3자 파트너십, 아세안(ASEAN)과 쿼드(Quad) 등을 중심으로 한 지역 (소)다자체 그리고 인도-태평양 해양안보구상(MSI), 지구평화작전구상(GPOI) 등의 연합군사작전 등을 열거했다.[44]

사실 이러한 내용은 앞서 오바마 행정부 시절 슬로터 국무부 정책기획국장이 구상한 네트워크 파워나 카터 국방부 장관이 추구한 원칙적 안보 네트워크 등과 내용상으로 거의 아무런 차이가 존재하지 않았다. 이는 흔히 음모론적 시각에서 행정부 내에 존재한다고 일컬어지는 "딥 스테이트(deep state)" 혹은 "블로브(blob)"의 존재를 반영하는 것이자, 역사적 제도주의에서 주목하는 경로 의존성(path dependence)의 실례라고 볼 수 있다.[45]

아무리 정권 교체 같은 외부 충격이 발생한다고 하더라도, 역사적으로 구성되어온 제도와 관념, 인력의 관성이 일거에 대체되는 일은 좀처럼 발생하기 힘들다. 따라서 최상층부에 등장한 새로운 전략 구상이 실제 실행 부처에서 작동하는 단계에 이르면, 과거의 내용에 약간의 변화나 첨가를 가하는 수준에 그치고 말곤 한다. 위의 인태 보고서의 경우에도 물론 중국과 러시아를 수정주의 국가로 규정한다든지, 동맹국의 책임 분담을 강조한다든지 하는 부분이 트럼프 정권 수뇌부의 선호를 반영해 담겨 있었지만, 아시아 전략의 실행 영역에서는 여전히 다자 협력과 네트워킹을 강조하는 주류 자유국제주의자들의 관행이 주되게 관철되어 있었던 셈이다.

미국 우선주의에 의한 교란

반면 트럼프와 그 핵심 서클의 목소리가 날 것으로 반영된 텍스트들, 가령 해마다 발표하는 트럼프의 유엔총회 연설문들에는 앞서 네트워크화된 세계를 추구하는 비전과는 전혀 다른 민족주의와 신주권론적 세계관이 짙게 표현되었다. 가령 2018년 총회에 참석한 트럼프는 노골적으로 반다자주의와 반자유세계질서의 입장을 선언했다.

> 누구에 의해서도 선출되지 않았으며, 누구에게도 책임을 지지 않는 지구 관료 조직에 우리는 절대로 미국의 주권을 양도하지 않을 것입니다. 우리는 지구주의라는 이데올로

기를 거부하며, 대신 애국주의 독트린을 수용합니다. 세계의 책임 있는 국가들은 글로벌 거버넌스로부터만 아니라 다른 새로운 형태의 강압과 지배로부터 오는 주권에 대한 위협으로부터도 자신을 보호해야만 할 것입니다.[46]

이런 맥락에서 실제로 트럼프 행정부의 거래주의적[47] 아시아 정책은 오바마 행정부 시기까지 이어져온 역내 네트워킹 헤게모니 전략과 충돌하며 심각한 파열음을 만들어냈었다.[48] 한편에서는 앞서 본 것처럼 기존 동맹 강화와 (소)다자기구의 수립, 나아가 네트워크화된 지역을 추구할 것을 공약하면서도, 다른 한편에서는 정권이 출범하자마자 환태평양 경제동반자협정(TPP)을 폐기하는가 하면, 동맹국들까지 대상으로 한 무차별적 무역전쟁에 열중하는 모습을 보였다. 즉, 지역 정치경제의 디커플링(decoupling)을 선도하는 듯한 양태를 보였던 것이다. 같은 맥락에서 동맹국들을 무임 승차자로 비난하며, 더 많은 책임 분담을 하지 않을 경우 기존의 안보 공약을 철회할 수 있다는 식의 일방주의적 태도를 지속적으로 노출해온 것도 미국의 신뢰도를 저하시켰다.[49] 그리고 이러한 미국 우선주의적 입장은 21세기 들어 미국이 아시아 지역에서 일관되게 추구해온 네트워크 아키텍처 추구에 부정적인 효과를 가져왔다.

그런데 트럼프 행정부가 인태지역 안보체제에 가져온 변화는 이보다 더 근본적인 측면이 존재했다. 이는 사실 '인태'라는 새로운 지역 개념화 자체에 이미 함축된 전환으로서, 무엇보다 '중국

문제'라는 국제정치체제의 구조적 변환과 연관되어 있었다.

동아시아 아키텍처에서 중국이라는 수수께끼: 대중 봉쇄체제의 출현

냉전기 샌프란시스코체제에서 중화인민공화국의 지위는 한 차례 큰 변화를 경험했다. 본래 1949년 대륙의 공산화, 1950년 한국전쟁 참전 등을 경유하면서, 중국은 상당 기간에 걸쳐 샌프란시스코체제 외부의 적대적 타자로서 위치해왔다. 그러나 1972년 극적으로 이루어진 미중 데탕트 이래 중국은 사실상 미국의 패권체제 아래 포섭되었다. 동아시아에서 소련에 맞서는 미중 간(비대칭적) 협조체제가 등장한 것이다.[50] 그 후 중국은 탈냉전기에도 2001년 세계무역기구(WTO) 가입에서 상징적으로 표현되듯 미국 중심의 자유세계질서 네트워크에 적극적으로 편입하면서 개혁개방을 추구하는 '도광양회(韜光養晦)'의 시기를 보냈다.

하지만 대략 2008년을 기점으로 이런 장기적 추세에 반하는 패러다임의 변화가 발생하게 된다. 회고해보건대, 이 시기를 전후해 지정학적 차원(대테러 전쟁의 실패)과 정치경제적 차원(전 세계 금융위기 발발) 모두에서 자유세계질서는 쌍둥이 위기의 시대로 진입하게 된다.[51] 이런 맥락에서 미국 패권의 상대적 쇠퇴와 미중 경쟁이라는 시대적 과제가 오바마 행정부 시기부터 본격적으로 제기되어 대전략에 반영되었고, 2011년 이래 천명된 '아시아로의 회귀(pivot)' 혹은 '재균형(rebalancing)'이라는 전략적 신개념은 여기서 유래했다.[52]

중앙인민정부위원에서 연설하는 마오쩌둥(1953)

아울러 앞서 살펴본 오바마 시대의 적극적 네트워킹 전략도 이러한 구조적 변동의 맥락에서 파악 가능하다. 미국은 패권의 쇠퇴를 다자간 협의체 구성 같은 네트워크 패권 구축을 통해 돌파하려 한 것이다.[53] 그런데 한 가지 유의해야 할 점은 중국 문제에서 오바마 행정부는 대중 견제의 메시지 못지않게 "책임 있는 이해 상관자(responsible stakeholder)"로서 중국이 규칙 기반 국제질서의 중요 노드나 허브를 담당해야 한다는 전통적인 '관여와 확장'의 자유국제주의적 패러다임을 유지한 측면도 존재한다는 사실이다. 특히 아태 지경학에서 환태평양 경제동반자협정(TPP) 구상이 상징하듯 경제적 상호 의존성을 높여 통합과 협력의 국제관계를 구축하겠다는 주류적 접근법이 그대로 존재했다.[54]

반면 트럼프 행정부의 '공간적 재척도화(rescaling)'로서 인도-태평양이란 지역 개념화에는 그 근본에서부터 역내의 군사화, 봉쇄의 전면화라는 전략적 패러다임 전환이 내재되어 있었다. 지난 30여 년간 사용된 아시아-태평양 개념이 주로 경제적 교류 증진을 위해 무역과 투자 관련 정부 간 레짐 구축을 염두에 둔 지역주의 관념에 기반했던 것에 반해, 인태 개념에는 인도까지도 반중 세력균형 동맹에 끌어들여 중국의 해양 군사력 증대와 A2/AD 전략에 맞서자는 안보 중심적 프로젝트가 근저에 깔려 있다.[55]

앞서 살펴본 것처럼, 공식 문서에 적시되어 있는 인태 전략 자체에는 대중국 균형이라는 현실주의적 요소와 네트워크 아키텍처를 통한 규칙 기반 질서의 수호라는 자유국제주의적 요소가 모두 함께 존재한다. 하지만 마이크 펜스 부통령, 피터 나바로(Peter Navarro) 백악관 무역제조업 정책국장 등이 앞장서 주도한 트럼프 정권의 대중 정책에서는 전자의 요소가 훨씬 두드러졌다. 중국이 미국의 호의를 무시한 채 자유세계질서의 이득만 수취하고, 정치경제적 자유화는 무시했을 뿐만 아니라, 이제는 미국 패권 자체에 도전하는 수정주의 대국으로 성장했다고 진단하면서, 강경한 대중 압박정책으로의 근본적 대중 전략 전환을 선포했다.[56]

실제 관세 전쟁과 기술패권 경쟁의 형태로 모습을 드러낸 미중 간의 격화된 갈등은 모두 트럼프 정부의 근본적 대중 적대의식에서 출발했다. 또한 대중 전략의 강경화가 오늘날 정치 양극화의 시대에는 좀처럼 찾아보기 힘든 민주·공화 양당의 합의 아래 형성되었다는 점을 고려할 때, 이는 미국 대전략에서 장기적 신경향이라고 볼 수 있으며, 실제 정권 교체 후 바이든 행정부에서도 큰 경향성은 그대로 계승되었다.

이로써 중국까지 포함해 지역적 협력과 통합을 구축해가려던 복합 패치워크 자체가 전통적인 지정학에 기반한 반중국 균세연합으로 수정되었다. 1970년대 이래 조성된 미중 협조체제가 붕괴되어가고 있는 셈이다.[57] 특히 두 초강대국이 서로 자신들이 주도하는 배타적 지역 네트워크 전략을 추구하면서, 제도적 균형(institutional balancing) 현상[58]이 심화되었다. 대개 복합 패치워크, 다자주의2.0 등 동아시아 지역 아키텍처의 변환을 지적해온 학자들은 주로 그것이 유럽의 북대서양조약기구와 같은 고수준의 다자주의로 나아가진 못하더라도, 기성의 양자 동맹구조에 더해 동아시아의 전략적 안정을 달성해주는 보완적 기제가 될 것으로 예측했었다.[59]

그러나 트럼프 집권기부터 미중의 전략적 관계가 경성균형(hard balancing)으로 이행할 가능성까지 점쳐지면서 전략적 불확실성이 빠르게 증폭되었다. 결과적으로 동아시아 지역이 미국과 중국의 두 세력권으로 쪼개진 양(兩)허브형 네트워크로 진화[60]하는 시나리오마저 부각되기 시작했다.[61] 오늘날 바이든 정권기에도 한미일 협력 강화와 북중러 밀착이 더욱 병행 심화되면서 이러한 우려는 가라앉지 않고 있다.

4. 한국에의 함의

냉전 시기 대한민국은 아시아의 미국 주도 양자 네트워크 체제에서 전형적으로 나타나는 비대칭 동맹 정치—'후견-피후견', '안보-자율성 교환' 관계 등—속에서 발전했다. 연루와 방기의 동맹 딜레마와 반공 권위주의 정권과 민주화 운동의 충돌 속에 한미관계도 시기에 따라 여러 부침을 겪었지만, 냉전기 패권국 미국의 공공재 제공의 가장 큰 혜택을 본 국가 가운데 하나로서, 전체적으로 안정적인 국가 방위와 경제 번영의 환경을 혜택받은 것이 사실이다.[62]

탈냉전기 한미동맹의 질은 더욱 격상되었고, 21세기 초 지역 아키텍처의 변환 과정에서 단순한 대북한 안보동맹을 넘어 자유민주주의적 가치에 기반한 전 지구적 규모의 '전략동맹'으로 진화했다. 즉, 냉전형의 비대칭 동맹의 틀을 탈각하고, 대테러 전쟁에서부터 기후변화 문제에 이르기까지 포괄적 분야를 아우르며 자유세계질서 수호의 일익을 담당하는 소위 '글로벌 파트너십'을 구축해왔다는 것이 2010년대 중반 한미동맹의 거대 서사였다.[63] 그러한 전략 환경 속에서 한국은 자유세계질서 내의 중견국으로

종말단계고고도지역방어, 이른바 사드의 발사 순간

서의 위치 권력을 획득해나갔으며, 소위 서방 진영의 모범생이 자 성공 사례로서 네트워크 파워를 증대해나갔다. 그리고 "매력 국가론", "서울 컨센서스", "제3세대 중견국" 등의 슬로건이 이런 맥락 하에 등장하기도 했다.[64]

그러나 트럼프-바이든 행정부를 거치며 한미동맹은 탈단극 시대 동아시아 지역 아키텍처의 균열 심화와 함께 또 다른 성격으로 변화하고 있다. 특히 격화되어 가고 있는 미중 패권 경쟁 속에 우리의 입지가 갈수록 좁아지고 있다는 냉혹한 현실이 존재한다. 한국이 지금 추세대로 미중 양쪽 주도의 지역 네트워크 분리나 제도균형 경쟁에 그대로 말려들어갈 경우, 두 강대국 사이에서 우리의 전략적 딜레마는 나날이 가중될 것이다.

대표적으로 미중 사이의 헤징전략 추구 속에 발생한 사드(THAAD) 배치 사례만 해도, 중국의 부상과 미국의 아태 재균형 전략 대응 사이에 끼인 한국이 커다란 경제적 손실을 감수해야만 했던 사안이었다.[65] 넓게는 자유세계질서, 좁게는 동아시아 복합 패치워크의 구성 국면에서 크게 개방되었던 중견국의 틈새 외교 또는 네크워킹 주체성(networking agency)의 공간이 미국 패권의 상대적 하락과 지역 아키텍처의 반중 [66]세력균형 동맹화의 과정에서 갈수록 폐쇄되어가고 있는 셈이다.[67]

결국 우리 관점에서 네트워크 국가로서 미국의 성격과 그 발현체로서 네트워크적 지역질서 구성 전략의 궤적을 연구하는 것은 단순한 학술적 연구의 관심 범위를 넘어, 미래 한국의 지정학적 생사의 기로를 비추는 중대한 실천적 작업에 속한다고 할 것이다.

제3부
바이든 시대

역사의 변곡점?

제7장

현대 미국의 정체성 서사 경쟁

1. 내러티브로서의 네이션과 2020년 미국 대선의 의미

2019년 4월, 조 바이든은 대선 출마를 선언했다. 2년 전 버지니아주 샬러츠빌(Charlottesville, VA)에서 발생한 백인우월주의자들의 충격적인 폭력 시위 사태가 고령임에도 자신이 출마를 결심하게 된 계기였다고 설명했다. 그는 1년 후로 다가온 미 대선이 갖는 의미를 다음과 같이 정의했다.

> 만일 도널드 트럼프가 백악관에서 8년을 지낼 수 있게 한다면, 그는 이 나라의 성격—우리가 누구인지—을 영원히, 근본적으로 변화시켜버릴 것입니다. 나는 그런 일이 일어나는 것을 가만히 두고 볼 수 없습니다. 이 나라의 핵심 가치, 세계에서 우리의 지위, 우리의 민주주의 그 자체, 미국을 만들어온 모든 것들이 경각에 달해 있습니다. 그렇기 때문에 오늘 저는 대선 출마를 선언하는 것입니다.[1]

이후에도 바이든은 캠페인 기간 내내, 이 대선이 미국의 국가 정체성 문제가 걸린 중차대한 역사적 분수령이라는 점을 강조했다. 특히 2020년 10월 6일 펜실베이니아주 게티즈버그(Gettysburg, PA)에서 행한 연설이 이 주제를 정면으로 다루었다.[2] 일부러 연설 장소를 게티즈버그로 선정해 남북전쟁기와 현재의 유사성을 상기시킨 그는 에이브러햄 링컨이 상징하는 자유주의적 미국의 신조와 통합의 메시지를 부각하고자 했다. 달리 말하면 선거운동의 중심 테마가 트럼프식의 반자유주의적 국가 정체성 내러티브에 맞서 시민민족주의(civic nationalism) 서사를 복원시키는 데 집중되어 있음을 강조한 것이다.

바이든은 구체적으로 2017년의 샬러츠빌 사태와 당시 전국적으로 확산하던 "흑인의 삶도 소중하다(Black Lives Matter, BLM)" 항의 시위를 대비시켰다. 전자가 파시즘의 1930년대를 연상시키는 증오의 행진이자 위험하고 어두운 경향성을 표출한다면, 후자는 흑인 노예가 아메리카에 당도한 이래 400여 년 된 역사의 산물이라고 정의하면서 인종 부정의(racial injustice)가 미국 사회에 실재하는 현실이라고 주장했다. 또한 그는 현재의 역사적 국면은 남북전쟁기와 유사하게 "국가의 영혼을 둘러싼 전투(battle for the soul of the nation)"가 발생한 시기로서, 백인우월주의자들이 링컨, 해리엇 터브먼(Harriet Tubman), 프레드릭 더글러스(Frederick Douglass)의 미국을 전복하게 놔둘 수는 없기 때문에 "우리의 더 나은 천사(our better angels)"가 "최악의 욕망(our worst impulses)"에 맞서 승리하도록, 그래서 더 나은 나라를 만들 수 있도록 최선을 다해야 한다고 강조했다.[3]

본 장은 이와 같은 바이든의 진단을 바탕으로 오늘날 미국의

샬러츠빌 사태 당시 극우 시위대(2017)

정치사적 국면을 국가 정체성을 둘러싼 상이한 내러티브들 간의 투쟁이 본격화된 시기로 규정하고, 이러한 서사 경쟁의 내용을 보다 긴 미국 정치사상사의 맥락에서 파악해본다. 특히 미국 현대정치의 주된 분석틀로서 '서사 분석(narrative analysis)'에 의지한다. 이는 인문·사회과학 영역에서 소위 '서사적 전환(narrative turn)'이 발생한 이후 사회적 현상을 이해하는 방법론적 양식으로서 내러티브 탐구의 필요성을 강조하는 입장을 따른다.

이러한 서사주의적 입장에 따르면, 인간 세계의 존재론은 다양한 사적·공적 서사들의 편재로 특징지어진다. 여기서 내러티브란 그저 단순한 이야기의 수준을 넘어 행위자들의 정체성을 구성하고, 그들이 살면서 경험하는 것들에 질서를 부여하며 나아가 행위 자체를 구조화하는 효과를 지닌다.[4] 보다 구체적으로, 서사란 시간적 순서로 나열된 사건들에 질서와 통일성을 부여해 하나의 완결된 이야기를 만들어줌으로써 일정한 의미를 구성하는 작업을 뜻한다. 이 내러티브를 통해 인간은 자신이 사는 세계를 이해하는 방식을 습득하고 자신이 경험하는 개별적 사건들에 체계적인 의미를 부여할 수 있게 된다.[5]

특히 내러티브는 대규모의 인간 집단을 형성하고 오랫동안 지속하는 협력을 끌어내는 데 핵심적인 구성요소다. 왜냐하면 어떤 인간 공동체도 단순한 정치적·경제적 보상만으로는 장기 지속이 불가능하며, 집단이 공유하는 정체성과 목표에 대한 전설이나 신화를 만들어냄으로써만 소속원들의 지속적인 충성과 복무를 이끌어낼 수 있기 때문이다. 따라서 인간의 성공적인 정치활동과 공동체 구성 작업은 언제나 물리적 강압이나 물질적 보상을 넘어 설득력 있는 스토리—규범적으로 좋은 것으로 여겨지는 특성들(인종, 종교, 문화, 언어 등)을 가진 공동체로 내집단을 규정하고, 그 구성원의 공유된 정체성과 삶의 의미/목적을 부여할 수 있는 이야기—를 창안하고 재생산하는 능력에 달려 있다.[6]

바로 이러한 서사의 생산물이자 "상상된 공동체"로서 인간 집단 중 가장 큰 단위 중 하나인 "민족/국가(nation)"가 존재한다는 것은 이미 민족주의 연구의 구성주의적 입장을 통해 잘 알려진 바 있다.[7] 네이션은 일종의 "자전적 서사(national biographic narrative)"를 통해 과거의 경험된 공간과 미래의 상상된 공간에 의미를 부여함으로써 자신의 존재를 구성하는 경향을 보인다. 자전적 서사는 자아를 거대하고 영속적인 시공간 구조에 각인함으로써 세계에서 자신이 어디에 위치하고 있는지를 알려주는 것을 목표로 한다. 이를 통해 자전적 서사는 에고(ego)에 근본적인 존재 의미를 부여해줌과 동시에 자신이 어디에서 와서 어디로 갈 수 있는지에 대한 역사적 감각을 제공해준다.

보다 구체적으로 네이션의 자전적 서사는 한편으로 건국신화와 같은 공유된 기억, 선별된 역사 이야기를 통해 과거의 "경험 지평"을 만들어내고, 다른 한편으로는 민족 구성원 전체의 희망과 기대를 자극하는 유토피아적 "미래 지평"을 상상해냄으로써 기나긴 시간 속에 민족 공동체를 위치 지운다. 그리고 이렇게 형성된 자전적 서사는 네이션에 존재론적 안보(ontological security)를 제공함과 동시에 특정한 방향으로 공동체의 성격과 행위를 유도하고 그것을 정당화하게 된다. 물론 이러한 전기적 서사의 구성과 유지는 매우 정치적인 과정으로, 네이션에 어떠한 헤게모니적 주인 서사(hegemonic master narrative)를 주입할 것인가의 문제는 여러 경합하는 서사들 간의 치열한 갈등과 협상 과정을 통해서만 결정될 수 있다. 즉, 한 민족/국가의 지배적 세력이 되려는 집단은 설득력 있는 네이션 전기 서사를 제공해야만 그 정당성을 유지할 수 있다. 반대로 이에 도전하는 세력은 기존 서사보다 더 나은 대안적 내러티브를 창출·유포할 수 있어야만 한다.[8]

이상의 이론적 시각에서 볼 때, 미국은 내러티브의 구성물로서의 네이션, 복수의 민족 전기 서사 간의 경쟁과 협상의 장소로서 네이션이라는 개념적 정의가 세계 어느 나라보다도 더 잘 들어맞는, 특출하게 전형적인(quintessential) 사례라고 할 수 있다. 네이션에 대한 원초주의적 입장(primordialism)이 주목하는 혈연이나 지연 등에 기반한 민족의 물질적 질료가 거의 완벽히 부재한 이민자의 나라로서, 미국은 '원칙상' 독립선언서와 연방헌법에 표현된 보편주의적 교리에 동의하는 사람은 누구나 그 구성원이 될 수 있는 정치체이기에, '우리 인민(We the People)은 누구인가'라는 질문은 때로 매우 불온하고 정치적인 함의를 띨 수 있다. 어떤 전기적 서사에 의해 국가의 경계를 구축하고 그 민족의 정체성을 규정할 것인지가 치열한 정쟁의 대상이 될 수 있으며, 실제로 200여 년 넘게 이어진 미국사의 파노라마에서 국가의 자아상을 둘러싼 담론 투쟁은 미국 정치의 핵심적 주제를 이루었다. 이런 맥락에서 네이션 내러티브 경쟁 혹은 민족 정체성의 정치란 틀로 미국의 정치를 분석하는 것은 앞서 바이든의 설명처럼 현재 미국 내부 갈등의 본질을 파악하려는 노력이자, 미국 민주주의 위기의 근본적 원인을 설명하려는 시도이다.[9]

이에 본 장에서는 먼저 미국의 자아 정체성을 놓고 경쟁해온 두 개의 주요 서사에 대한 내용을 살펴봄으로써 트럼프 시대를 미국 정치사상사의 긴 맥락에 위치지울 것이다(2절). 다음으로 3절은 코로나 팬데믹이 야기한 사회적 혼란 속에서 본격적으로 미국의 영혼을 둘러싼 전투가 벌어진 2019-21년의 기간의 몇몇 전장들을 분석한다. 그리고 4절에서는 바이든 당선 이후에도 지속되고 있는 민주주의의 위기상을 탐구한 후, 어떻게 새로운 공동의 네이션 서사를 개발하고 정치 혁신을 달성함으로써 향후 미국이 국가 정체성의 혼란을 극복할 수 있을지 모색해볼 것이다.

2. 미국의 정체성 내러티브 경쟁사

1) 두 개의 미국, 두 개의 신조

일찍이 알렉시 드 토크빌(Alexis de Tocqueville)이 관찰한 바에 따르면, 극심한 부의 양극화와 신분제 사회의 불의로 점철된 '구세계'와 달리 북아메리카에 건설된 '신세계'는 모두가 일정한 재산을 소유하는 사회경제적 평등성이 초기 조건으로 주어진 행운의 대륙이었다. 이로써 봉건적 폐습으로부터 자유로운 개인들의 연합체로서 출발하여, 존 로크(John Locke) 식의 고전적 자유주의가 거의 절대적으로 관철될 수 있었던 나라가 바로 미국이라고 알려져 왔다.[10] 그리고 독립선언문과 연방헌법은 이러한 자유주의적인 미국 신조를 신생 국가의 본질적 정체성으로 고정시킨 확고부동한 경전의 지위를 차지해왔다.

이상의 자유주의 합의사학(合意史學, Consensus Historiography)—미국의 계급적·경제적 갈등관계를 강조하던 20세기 초 혁신주의 사학 흐름과 대비되어 미국 사회 내에 이념적 컨센서스가 공고히 자리잡고 있음을 강조한 20세기 중반의 사학 경향—에

알렉시 드 토크빌(1848)

서 주창하는 헤게모니적 민족 서사—이른바 "토크빌-하츠 테제(Tocqueville-Hartz Thesis)"[11]—도 미국사에 내재한 노예제나 남북전쟁 같은 비자유주의적인 변칙적 현상들의 존재는 인정하지만, 그것들은 단지 우스꽝스러운 반동적 에피소드로 취급되거나 역사의 부단한 진보라는 거대 서사 속에 사멸되어버린 과거의 흔적 정도로만 간주된다.[12]

그러나 탈냉전기에 접어들어 미국 정치 발전(American Political Development, APD) 분과에서는 이러한 지배적인 국가의 자전적 내러티브에 반기를 들면서 미국의 정치사상과 민족 정체성에 내재한 반평등적·반자유주의적 이단의 존재에 대해 탐구하는 일군의 연구자들이 등장했다. 이들의 수정주의적 접근법을 통칭해 '복수(複數) 전통론(multiple traditions approach)'이라고 부른다. 이들은 인종, 종족, 젠더와 같은 귀속적 특질에 기반해 위계적인 사회를 구성하려는 반동적 흐름이 미국사에 면면히 존재해왔으며, 이것이 주류의 승리주의적 스토리와는 다르게 국가의 자아를 구성하는 데 결정적인 분열과 갈등을 일으켜왔음에 주목한다.[13] 다시 말해, 복수 전통론의 시각에서 미국의 정치사상사를 다시 읽을 경우 미국 민족주의의 이중성이 두드러지게 부각되는데, 자유주의에 토대를 둔 미국적 신조의 '테제(=보편주의적 시민민족주의)'와 반자유주의에 기반한 미국적 신조의 '안티테제(=특수주의적 종족민족주의)' 간의 경합이 그 양가성의 중핵을 이룬다.[14]

반자유주의적 안티테제의 내용을 좀 더 구체적으로 살펴보면, 이 반주류 서사의 핵심은 미국을 종족-종교 정체성(ethnoreligious identity) 차원에서 정의함으로써 세속화와 세계화의 흐름에 맞서 네이션의 본질주의적 경계를 수호하려는 노력이라고 할 수 있다. 즉, 백인의 국가, 기독교 국가로서의 상상된 '원형'을 보존하거나 회복하려는 반근대주의적 경향이 주 내용이다.[15] 이러한 백인 기독교 민족주의 세력은 주로 남부 지역에 기반을 둔 포퓰리즘(=잭슨주의) 운동의 형태로 미국사에 주기적으로 출현하면서 국가의 '영혼'을 둘러싼 근본적인 갈등들을 야기했다.[16]

지금까지의 주요한 전장들을 나열하자면, 건국 초기부터 지속된 귀화와 이민자 시민권의 조건을 둘러싼 논쟁,[17] 미국의 '원죄'인 노예제의 유산과 관련된 것으로 남북전쟁 후 재건기 실패가 낳은 미완의 과제로 인한 민권운동 이슈,[18] 그리고 보다 최근에는 다문화주의와 문화 전쟁에 대한 좌우 대결 등을 대표적인 사례로 들 수 있다. 이 사안들은 결국 미국(인)이란 무엇인가에 대한 경계 획정(policing boundaries) 작업을 둘러싼 지속되는 경합과 협상, 갈등들—앞서 바이든이 언급한 "우리의 더 나은 천사"와 "최악의 욕망" 사이의 다툼—을 의미했다. 이러한 역사적 사정을 고려할 경우, 미국의 정치사는 지배적 합의사학에서 묘사하는 단선적 진보가 아닌 "구불구불한(serpentine)" 사상사, 심지어는 자유의 후퇴기도 종종 발견되는 복잡한 궤적으로서 목적론적·승리주의적 서술과는 전혀 거리가 멀다.[19]

이와 같은 정체성 서사의 전투 과정에서 자유주의적 미국 신조의 내용 또한 점점 변화를 겪게 된다. 즉, 독립선언서가 공표한 "모든 인간은 평등하게 창조"되었고 "불가양의 권리를 지닌다"

는 '자명한 진리'를 정언 명령으로 삼아 현실 사회에서 이 이상적 원칙이 실현되도록 끊임없이 노력하는 것이 자유주의자들의 새로운 신조가 되어갔다. 이는 유산계급에 속한 백인 남성만을 기준으로 이미 "평등하게 태어난(born equal)" 사람들의 예외적 공동체가 미국이라는 식의 토크빌–하츠 테제에 도사린 인종적·계급적·성적 편향에서 벗어남을 의미했다.

이러한 변화의 선구적 사례가 바로 링컨이 독립선언서의 보편 원칙들을 소환하는 방식이었다. 그는 선언의 평등과 기본권에 대한 설명을 "미래의 사용을 위해 세워진 격언"으로 정의하고, 그 원칙이 완전히 획득되는 일은 불가능하더라도 끊임없이 노력하여 부단히 근접하도록 노력해야 한다고 주장했다.[20] 이러한 미국적 신조의 이해 방식은 합중국은 이미 특별한 나라로 예정되어 있다는 식의 자족적 예외주의 담론과 확실히 차별된다.[21]

지속적으로 접근해야 할 이상이란 메타포는 이후에도 진보적 미국 사회운동의 핵심적 문제틀을 구성해왔다. 가령 여전히 짐 크로(Jim Crow) 레짐이 건재하던 시대를 살았던 흑인 시인 랭스턴 휴즈(Langston Hughes)에게 조국은 이상적 신조에 부응하는 나라였던 적이 한 번도 없었지만, 앞으로 미국을 반드시 그렇게 만들 것—"미국이 다시 미국이 되게 하자(Let America be America again)"—을 노래했다.[22] 이는 아메리칸 드림은 늘 미달하고 계속해서 미끄러지는 이상으로만 존재하나, 그럼에도 지속적으로 추구해야 할 희망으로서의 미국, 언제나 무언가 더 성취할 일이 남아 있는 신화로서의 미국이라는 스토리 라인을 제시하는 수행적

마틴 루터 킹 목사의 연설, “나는 꿈이 있습니다”(1963)

발화였다.[23] 같은 맥락에서 킹 목사의 "나는 꿈이 있습니다(I have a dream)" 연설도 헌법과 독립선언서에 쓰인 숭고한 원칙을 "약속어음(promissory note)"에 비유하면서, 흑인들에게 주어진 부도 수표를 현금으로 바꾸기 위한 시도로 자신의 흑백통합운동을 정의했다.[24]

그리하여 1964년 민권법 제정 이후가 되면 인종적 평등성은 '원칙적 차원'에서만큼은 자유주의적 미국 정체성의 필수 구성요소로 편입되었다고 볼 수 있다. 사실 남북전쟁 후 1868년 비준된 수정헌법 14조를 통해 모든 인종에 대한 시민권과 법에 의한 평등한 보호가 이미 명문화되었지만, 재건기 이후 특히 남부를 중심으로 그 성취가 거의 무효화된 이래 민권법 통과는 거의 한 세기만의 재진전이었다. 그리고 이런 역사적 배경 아래에서 탈냉전기 주류 리버럴이 미국적 신조의 새로운 목표로 설정한 것은 다문화주의적 관점에서 "세계 최초의 진정한 다인종 민주주의"[25]를 건설하는 일이었다. 이는 점차 다수 인종이 사라져가는 세기말적 조건에서 미국의 스토리, 미국의 정체성을 새롭게 구성해가는 사명이었다고 볼 수 있다. 이는 진정한 의미에서 모든 인민을 나라의 전기적 서사에 포함시키는 목표를 추구했다는 점에서 다수 종족 이외의 '타자들'을 미국민의 경계에서 퇴출하려는 트럼프주의자들의 "미국 우선(America First)" 서사와 정면으로 배치되는 비전이었다.[26]

2) 트럼프 시대:
흑인 대통령 당선의 부메랑 효과와 백인민족주의의 반격

미국 정치사상사의 맥락에서 2010년대 이후 트렌드가 갖는 특이성은 미국 민족주의의 헤게모니적 서사에 대한 반자유주의적 소수 전통의 도전이 매우 노골적인 형태로 본격화되었다는 점이다. 앞서 설명했듯 미국의 정체성을 둘러싼 경쟁은 식민지 시기로부터 미국사 전체의 흐름과 함께해온 매우 오랜 토픽이긴 하다. 그러나 20세기 중반 이래, 특히 탈냉전기 이후에는 거의 완전히 지배 담론화되었다고 여겨졌던 시민민족주의적인 미국의 신조 자체가 다시금 이토록 근본적인 문제 제기의 대상이 될 수 있다는 것은 예상치 못했던 상황이다.

무엇보다 2016년 트럼프 대통령의 당선은 오늘날에도 비자유주의적 종족민족주의가 대안적 정체성의 서사 혹은 사상의 전통으로 미국 사회에 굳건히 존재하고 있음을 증명한 사건이었다.[27] 그리고 이후 트럼프 정권기에 백인민족주의에 기반한 우익 정체성 정치가 급속히 재활성화되면서 자유민주주의 같은 건국의 근본이념에 대한 도전이 증가했으며, 통치 세력에 의해 미국의 의미 자체가 급격히 재정의되는 모습까지 연출되었다.[28] 그리하여 미국 정치의 본질이 트럼프 시기를 경유하며 근본적으로 변동했다는 진단도 등장했다. 특히 국내 정치 갈등의 주제가 경제적 이익보다 가치를 둘러싼 것으로 확고히 이동했다는 점이 눈에 띈다. 정치가 미국의 영혼에 대한 해석 투쟁, 미국인이란 무엇을 의미하는지에 대한 상이한 시각 간의 경합으로 변모함으로써 본질적으로 해소 불가능한 종교적 갈등의 성격을 가지게 되었고, 이에 따라 미국이 만성적 통치 불능 상태로 빠져간다는 주장까지 제기되었다.[29]

이처럼 비자유주의적 민족 내러티브가 반격의 태세를 갖추는 조짐은 로널드 레이건 시대로까지 거슬러 올라가 발견할 수 있다.[30] 레이건의 집권을 계기로 1960년대 발흥한 대항문화(counter-culture) 운동에 대한 보수 세력의 반발이 구심점을 갖게 되었으며, 문화 전쟁 또는 다문화주의 논쟁이라는 형태로 미국 정체성의 정의를 둘러싼 진보와 보수의 대결이 20세기 말에 본격화했다.[31] 특히 1980년대 대학의 정전(canon) 개편 운동[32]과 1990년대 역사 표준서 논쟁[33] 등이 담론 투쟁의 차원에서 중요한 전선을 형성했다.

같은 맥락에서 21세기 초에 이르면 초국적 엘리트가 추동한 지구화와 대규모 이민의 물결 속에 미국의 '핵심 문화'가 형해화되고 있다는 비탄에 찬 주장이 보수적 지식인들에 의해 제기되었다. 대표적으로 새뮤얼 헌팅턴은 추상적인 자유주의 원칙들만으로 국가의 응집성을 유지하는 것이 불가능하다는 점을 강조하면서, '핵심 문화'—사실상 백인 앵글로색슨 개신교 문화(WASP)—가 곧 미국적 신조이며, '이질적'인 종교와 문화를 지닌 중남미계 이민자들이 미국의 정체성에 동화되는 것은 불가능하다는 주장을 내놓았다.[34] 현대화된 미국 보수파가 상당 기간 고수해온 피부색 불문(color-blind)이라는 고전적 자유주의의 레토릭을 걷어내고, 노골적으로 인종과 종교에 토대를 둔 특수주의적 정체성 서사를 대안으로 제시한 셈이다. 이런 점에서 트럼프의 백인–개신교 기반 민족주의 정책은 헌팅턴의 한탄과 예언이 현실정치의 슬로건으로 구현된 것이라 볼 수 있다.[35]

따라서 레이건의 신보수혁명 이래 백인 기독교 문명에 기반한 미국의 복원을 추구하는 문화적 차원의 보수파가 이미 부상한 것은 역사적 사실이다. 그러나 공식 정책상에서 트럼프 이전의 공화당 정권들은 '친기업적(business-friendly)' 입장에 따라 이민에 개방적 태도를 유지했을 뿐만 아니라 인종 문제에서도 피부색 불문의 입장을 지지했다. 또한 이념적 차원에서도 신자유주의적 형태로 경도되어 있기는 하나 어쨌든 자유주의를 중핵으로 하는 미국 신조에 충실한 포지션을 벗어나지 않았기에, 노골적인 반자유주의적 안티테제는 시민사회의 잠복된 저류(undercurrent)로만 존재했던 것이 탈냉전 시대 미국의 이데올로기 지형이었다.[36]

그렇다면 도대체 오늘날 미국에는 무슨 일이 발생한 것일까. 물론 거시적 차원에서 2010년대 이후 전 세계적 현상인 포퓰리스트 민족주의 부상의 일환으로도 트럼프 현상의 원인은 파악될 수 있다. 즉, 선진 산업국가 일반에서 신자유주의적 세계화로 인한 양극화 심화에 더해 이민 문제까지 겹치면서 물질적·문화적 차원 모두에서 존재적 불안을 느낀 과거 주류계층(주로 백인 노동자 계급)의 정치적 결집이 나타났다. 그리고 이들의 지지를 받은 우파 포퓰리스트 정당들이 '진정한' 인민의 존엄성이 훼손되는 굴욕이 발생했다고 주장하며 분노의 정치학을 가동하는 현상은 현재 서구 전반에 만연해 있다. 대개 이렇게 급진화된 백인 '소수자들'[37]은 현대의 세속주의적·다문화주의적 흐름에 반대하면서 인종이나 종교와 같은 전통적인 정체성 강화를 통해 자신들의 존재론적 안보를 추구한다. 때문에 20세기 정치가 경제 문제를 중심으로 좌우파 스펙트럼을 형성한 반면, 2010년대 이후에는 정치적 경계가 정체성 이슈를 중심으로 새롭게 재편되는 상황이 등장했다.[38]

그럼에도 트럼프 현상의 출현에는 미국만의 고유한 정치문화적 맥락이 존재한다. 바로 그 전임 대통령이 버락 오바마였다는 역사적 사건의 효과 때문이다. 즉, 미국 역사상 최초의 흑인 국가수반으로서 오바마의 당선이 백인들의 다수자적 지위에 대한 직접적 위협으로 간주되면서 그들의 집단 정체성이 강화된 것이 문제였다. 오랜 지배 집단인 까닭에 스스로의 집단 정체성을 굳이 강하게 발현할 필요가 없었음으로, 원래는 잠복되어 있던 백인 정체성이 흑인 대통령의 등장이라는 우발적 계기로 활성화되어 2016년 선거의 결과를 좌우한 것이다. 다시 말해 트럼프는 주류 집단의 지위 위협 인식으로 구성되기 시작한 백인 정체성을 성공적으로 동원해 정치적 지지를 조직해냈다.[39]

물론 비백인·비기독교인 이민자가 증가하면서 백인 기독교 신자가 소수자화되는 사회인구학적 대변동이 이 모든 사태의 거시구조적 배경으로 깔려 있기도 하다.[40] 미국이 이른바 "다수-소수 국가(majority-minority nation)"가 될 것이라는 공포가 미국의 주류임을 자부했던 백인들 심리의 저변에 깔리게 된 것이다.[41] 그럼에도

취임 선서 직전 거울에 비친 자신의 모습을 바라보고 있는 오바마(2009)

오바마는 일종의 촉매제로서 기능했는데, 그의 당선 자체는 시민 민족주의가 승리한 사건으로서 피부색에 상관없이 누구나 대통령이 될 수 있다는 미국적 이상의 증거로도 여겨졌지만, 반대로 백인들의 공포[42]를 자극해 비자유주의적 민족 정체성 서사가 폭발하는 계기로도 작동했다는 것이 사후의 역설적 평가이다.[43]

그리하여 오바마 정권기는 애초의 기대와 달리 "탈인종(post-racial)" 시대가 아닌 "가장 인종화된(most-racial)" 시기로서의 모습을 띠게 된다.[44] 이 과정을 보다 구체적으로 분석하기 위해서는 티 파티(Tea Party)로 대변되는 급진적 포퓰리스트 운동이 인종 의제를 중심에 두고 부상하면서 미국 정치의 양대 정당 중 하나인 공화당의 성격을 변모시킨 과정을 추적해볼 필요가 있다.

2008년 금융위기 당시 정부가 대규모 공적 자금을 투입한 것에 대한 반발로 출현한 티 파티 운동은 표면적으로는 고전적인 자유지상주의적(libertarian) 입장에서 경제—정부 예산 적자, 고세율—와 정치—연방정부의 과대 팽창—이슈를 핵심 어젠다로 삼았다. 또한 연방헌법에 대한 원전주의적 입장(originalist)을 고수하면서 얼핏 보기에 미국적 신조에 투철한 것같이 보였다. 하지만 그 운동의 저류에는 인종적·종교적 불만이 내재되어 있었다. 티 파티 지지자들은 "진짜" 미국이 "이성애자·기독교·중산층·(대체로) 남성·백인의 나라"라고 간주하면서 "자신들이 사랑했던 그 나라가 사라져가고 있다는 점"에 집중했다.[45] 비백인 대통령 오바마가 만드는 새로운 미국이 "진정한" (백인) 미국인들이 정당하게 누려온 자원과 특권을 빼앗을 것이란 우려가 근저에 깔려 있

었던 것이다.[46]

그리고 여기에 더해 극단적 불평등 시대를 배경으로 급진화되어 오던 공화당이 오바마 시기 티 파티 같은 우익 포퓰리즘 담론의 운반체 역할을 수행하기 시작하면서 인종주의, 보수적 종교 가치, 정체성 위협 인식 등에 기반해 백인 노동계급을 동원하는 역할을 충실히 수행하게 된다.[47] 닉슨, 레이건, 뉴트 깅그리치(Newt Gingrich) 등의 리더십을 거치며 서서히 그 모습을 드러낸 비자유주의적 민족주의 서사가 오바마 집권 후반기에 공화당 플랫폼을 장악하기 시작하면서 본격적으로 기성 미국 신조에 도전하기 시작했고, 백인 정체성과 문화 전쟁 이슈가 당파 정치의 중심 의제로 부각되었다. 그리하여 오늘날 공화당을 지지하는 주요인이 이민자 문제처럼 "백인의 반격(white backlash)"과 결부된 이슈로 전환되고, 인종 문제가 미국 정치의 핵심 분할선으로 강조되었다.[48]

결과적으로 오바마 시대를 경유하면서 기존의 포스트 인종주의, 인종 불문 이데올로기 등이 가리고 있던 적나라한 실체—여전히 인종이 미국 정치의 핵심축을 구성한다는 사실—가 폭로되었다.[49] 그리고 미국 역사상 처음으로 백인성을 지키거나 회복하는 것을 공약으로 내걸고 출마했다는 점에서 역설적이지만 "최초의 백인 대통령"[50]으로 정의될 수 있는 트럼프의 당선은 오바마로 대변되었던 탈인종주의 프로젝트가 최종적으로 파산했음을 선고했다.

진실로 트럼프와 그 지지자들의 비전은 일종의 "지배종족민족주의(Herrenvolk nationalism)"에 해당하는 것으로, 남부에 보존되어 있던 옛 유산의 귀환이라고 볼 수 있었다.[51] 특히 트럼프의 대표 캠페인 구호인 "미국을 다시 위대하게 만들자(Make America Great Again, MAGA)"는 1960년대 이래 미국 보수의 문화적 정향을 정의하는 "쇠퇴 서사(narrative of decline)"와 공명하는 것으로, 민권운동과 신사회운동이 발생하기 이전의 "질서 있는 미국"을 복원하려는 노스텔지어적 슬로건이었다. "혼란"스럽고 "쇠퇴"해버린 현재의 미국을 반전시켜 1950년대(혹은 더 심하게는 19세기)의 "낭만적"인 미국으로 되돌아갈 것을 주창했던 것이다. 따라서 트럼프 현상은 과거 수십 년간 미국을 서서히 양극화시킨 문화 전쟁의 최신판이자 정체성 기반의 반동적 봉기라고 해석할 수 있다.[52]

결국 트럼프 집권기를 경유하며 민권운동 시대 이후 덜 노골화된 형태로 전환되었던 인종 문제가 다시 미국 정치의 전면에 부각되었으며,[53] 국가의 신조를 둘러싼 문화 갈등도 고조되었다. 특히 트럼프 행정부 말기, 신형 코로나바이러스의 창궐로 사회가 혼란한 가운데 군사화되고 인종화된 경찰 폭력이 또다시 적나라하게 모습을 드러내면서 정체성 서사 전쟁의 도화선 역할을 하게 된다.

3. 펜데믹 시대, 미국 영혼 전쟁의 발발

1) 1619 vs. 1776

그리하여 2019-2020년 기간, 미국에서 인종 갈등과 역사 전쟁이 정치 공론장의 최대 이슈로 부각되기 시작했다. 초창기 문제 제기는 트럼프 집권기에 급격하게 비자유주의화된 담론 지형에 리버럴 진영이 여러 형태로 저항 운동을 개시하면서 등장했다. 특히 2019년 8월, 『뉴욕타임스 매거진(New York Times Magazine)』이 버지니아 제임스타운(Jamestown, VA)에 처음으로 흑인 노예 20여 명이 도착한 사건의 400주년을 기념해 '1619 프로젝트'를 시작하면서 본격적으로 국가의 기본 원칙과 기원, 정체성 등을 둘러싼 내러티브 경쟁이 발발하게 된다. 이후 코로나 사태와 인종 차별 반대 시위가 격렬해지던 시기적 특성과 맞물려 이 연재 기사 프로젝트는 한 잡지의 특집호 발간 수준을 넘어 미국 정치 전반에 커다란 반향을 일으키게 되었다.

『뉴욕타임스』의 탐사 기자이자 동 프로젝트의 제안자인 니콜 해나-존스(Nikole Hannah-Jones)의 서론 격 에세이가 전체 특집

1619년 아프리카인의 최초 상륙 일러스트(1910)

기사의 취지를 잘 요약하고 있다. 그에 따르면 미국 스토리에서 1619년은 1776년만큼이나 중요하며, 기실 진정한 미국의 역사는 오히려 1619년에 시작되었다고도 볼 수 있다. 왜냐하면 아메리카합중국의 기원과 그 초석이 되는 문서에 아로새겨진 위선을 폭로하는 해이기 때문이다. 가령 독립혁명 자체가 일정 부분 영국이 폐지하려 한 노예제를 북아메리카 지역에서 유지하기 위한 동기에서 시작되었으며, 독립선언서를 작성하던 토머스 제퍼슨 옆에 흑인 시종 로버트 헤밍스(Robert Hemings)가 존재했다는 점 등을 기억할 필요가 있다. 그런 면에서 해나-존스는 미국이 민주주의가 아닌 "노예주의(slavocracy)"의 나라로 건국되었음을 주장하는데, 그럼에도 독립선언서나 연방헌법에 노예제가 언급조차 되지 않았다는 점에 주목할 필요가 있다. 노예제의 존재가 미국 신조에 배치되는 거대한 위선임을 건국 세대가 스스로 자각했다는 사실을 잘 보여주기 때문이다.

이러한 위선을 뒷받침한 것은 바로 인종주의 이데올로기였다. 대표적으로 1857년 대법원의 악명 높은 드레드 스콧 판결(Dred Scott v. Sandford)은 흑인을 백인과 종적으로 구별되는 노예종으로 정의했다. 즉, 흑인은 선천적으로 백인에 비해 열등하기에 민주주의 주체로서 동등한 시민권을 인정받을 수 없음을 최고 법원이 확정했다. 연방헌법 전문에 나오는 "우리 인민(We the People)"에서 자연스럽게 흑인이 배제될 수 있는 이유를 설명한 셈이다. 따라서 자유와 평등 같은 건국의 이상은 거짓으로 쓰여진 것이라고 비판받아 마땅하다. 그러나 흑인들이 역사적 투쟁을 통해 그 위선의 말을 진실의 말로 전환시킨 주체라는 점을 고려할 때, 흑인들이야말로 미국적 이상을 신봉한 사람들이자 가장 미국적인 존재들이라는 것이 1619 프로젝트의 핵심적 메시지이다.[54] 이후 해나-존스는 2020년 퓰리처 상(Pulitzer Prize)을 수상했고, 1619 프로젝트의 내용은 퓰리처 위기보도센터(Pulitzer Center on Crisis Reporting)를 통해 학교 수업에 이용될 수 있는 교재로 개발되어 보급되는 동시에 단행본으로도 출판되었다.[55] 그리고 이러한 사건의 전개는 역사학계뿐만 아니라 정치권에서도 커다란 파장을 야기했다.[56]

한편 코로나 유행의 피해가 비대칭적으로 흑인들에게 집중되어 체계적 인종주의의 사회경제적 효과가 적나라하게 노출되던 와중인 2020년 5월, 미네소타주 미니애폴리스(Minneapolis, MN)에서 아프리카계 미국인 조지 플로이드(George Floyd)가 백인 경찰에 의한 체포 과정 중 질식사한 사건이 사회관계망(SNS)을 통해 생생히 중계된 이후, 2013년 처음 조직된 "흑인의 삶도 소중하다(BLM, Black Lives Matter)"가 다시 전국적으로 번져나갔다. 이 과정에서 특징적이었던 것은 노예제나 인종주의를 대변했던 상징적 인물이나 남부연합을 기리는 공공 기념물을 철거하려는 시위대의 시도가 나타났다는 점이다. 이는 2020년의 BLM 시위가 단순히 경찰 폭력에 대한 항의 수준을 넘어 "지배적 역사관이자 미국의 인종 차별적 정치질서를 구축해온 상상계—이른바 '잃어버린 대의'(Lost Cause)로 집약되는—의 중핵"[57]에 근본적인 문제를 제기했다는 점을 의미한다.

이러한 좌파 진영의 흐름에 맞서 트럼프 정부는 일종의 건국 정신 수호 전쟁으로 맞대응하기 시작했다. 이는 코앞으로 다가온 2020년 11월 대선 선거 전략의 일환이기도 했다. 국가 정체성의 내용을 둘러싼 문화 전쟁의 화두를 전면에 내세움으로써 자신의 지지층인 백인 유권자들의 존재론적 불안을 자극하려는 속셈이었다. 그리하여 임기 말 내내 트럼프는 여러 연설과 정책 제안 등을 통한 상징 정치 혹은 내러티브 전투를 수행했다.

우선 트럼프는 냉전기 매카시즘(McCarthyism)의 레토릭과 유사하게 정치적 경쟁 세력을 "신극좌 파시즘(new far-left fascism)" 집단 혹은 미국의 문화·가치·삶의 방식을 억압하는 "전체주의" 세력으로 묘사하면서, 그들이 "취소 문화(cancel culture)" 같은 폭력적 수단을 동원해 미국 혁명의 전복을 시도한다고 비판했다. 그리고 이들이 그런 불순한 목적 하에 "지구상에 존재했던 나라 중 가장 정의롭고 예외적인 나라"인 미국의 기념물·상징·기억 등을 공격하고 있다고 주장했다.[58] 특히 하워드 진(Howard Zinn) 같은 급진주의 역사가의 저술이나 1619 프로젝트의 사례에서 보듯 좌파 세력은 조국의 역사를 부끄럽게 여기게 만드는 자학적이고도 거짓으로 점철된 역사 내러티브를 유포해 미국의 이야기를 더럽히고 왜곡하고 있으며, 미국인들이 자기 정체성에 대한 자신감을 상실하도록 부추기고 있다고 규탄했다.[59]

이러한 우파적 민족 서사 투쟁의 대표적 사례이자 핵심적 정책 구상으로서 트럼프는 2020년 11월 대통령 자문기구인 '1776 위원회(President's Advisory 1776 Commission)' 창설을 지시했다. 이 위원회는 미래 세대가 건국의 역사와 원칙을 잘 이해하도록 도와 미국 사회의 완전한 통합을 이루기 위해 설립된 것으로, 미국의 역사를 "건국의 이상에 헌신해온 예외적 나라의 기록"이라고 정의했다. 문제는 이러한 정통적 역사 서술에 대항해 미국과 그 건국자를 악당화하는 오도된 교육이 학생들에게 유포되어 민족의 유대감을 약화시키고 있다는 점이었다. 특히 인종 요소를 과도하게 강조해 마치 미국이 구제 불능의 체계적 인종주의 국가인 것처럼 묘사함으로써 국가적 자신감과 공유된 정체성을 파괴하고 "공통의 스토리"에 대한 믿음을 포기하게 만드는 좌파적 경향이 득세하고 있었다. 이러한 상황에서 대통령 직속 위원회의 설치를 통해 올바른 역사 교육을 독려하는 일은 중차대한 의미를 지니는 것이었다.[60]

그리하여 트럼프 퇴임 이틀 전인 2021년 1월 18일, 1776 위원회의 보고서가 출간되었다. 위원회 소속 집필진은 서론에서 건국 원칙에 기반한 미국인들의 공유된 정체성을 재발견함으로써 나라의 교육을 재건하는 것이 1776 위원회의 설립 목표라고 소개한다. 보고서는 위원회의 첫째 임무[61]로 건국의 이념과 함께 미국을 "언덕 위의 도시", 즉 "모델 국가"로 만들어온 영광의 역사를 개관하고자 했다고 설명했다. 그리고 오늘날 미국이 나라의 의미·역사·정치에 관해 깊은 분열을 겪고 있으며, 이러한 갈등이 역사의 해석뿐 아니라 국가의 현재 목표와 미래 방향에 대해서도 큰 함의를 지니고 있기에 자신들의 작업에 큰 의미가 있는 것이라고 서술했다.[62]

그러나 여기서 유의해야 할 지점이 있다. 독립선언의 해와 건국부조라는 주제를 강조하는 것이 얼핏 보편주의적이고 자유주의적인 정통 내러티브와 동일한 것처럼 느껴지지만, 위원회의 활동은 본질적으로 1619 프로젝트와 BLM 등에 대항하는 특수주의적 담론 형성에 집중되었다. 즉, 표면적으로는 예의 예외주의를 강조하는 미국 신조에 충실한 듯 보이나, 앞서 헌팅턴의 "핵심 문화" 테제에서 보듯 백인 기독교 민족주의가 자유주의적 독트린을 잠식하는 현상이 트럼프 행정부에서 두드러지게 나타났다는 점을 상기해야만 한다.

이는 미국의 문화적 유산을 '서구'의 것으로 전유하는 방식으로써, 기존의 다문화주의적·반인종주의적 리버럴 민족 서사를 백인 기독교 국가로서 고유한 미국의 정체성을 위협하는 것으로 지목했다. 실제 트럼프가 구사한 언설의 내용을 들여다보면 헌팅턴주의적 입장에서 미국적 신조와 국가 정체성 서사를 재정의하려는 목표가 뚜렷이 나타난다. 가령 그는 미국 혁명을 "수천 년 서구 문명의 최정점(culmination of thousands of western civilization)"이라고 묘사하는가 하면,[63] 연방헌법을 "서구 문명 1천 년의 실현(fulfillment of a thousand years of Western civilization)"이라고 정의 내리기도 했다.[64] 나아가 "우리나라가 유대-기독교 원칙(Judeo-Christian principles)에 기반하고 있다는 사실을 자랑스러워한다"고 말함으로써 종교적 차원에서까지 미국의 정체성을 좁게 구획하려는 특수주의적 입장을 명백히 했다.[65]

2) 비판인종이론, 정체성 정치 그리고 1.6 의회 점거 사태

이러한 맥락에서 보면 왜 그토록 트럼프 행정부가 비판인종이론(critical race theory)과 정체성 정치(identity politics)에 대해 부정적이었는지 이해할 수 있다. 먼저 이전까지 평범한 미국인들에게는 지극히 생소한, 법학계 학자들 사이에서나 논의되는 학술 개념에 불과했던 비판인종이론[66]이 보수주의자들의 주된 타깃으로 부상한 과정을 살펴보면 다음과 같다. 2020년 보수파 활동가이자 다큐멘터리 감독인 크리스토퍼 루포(Christopher Rufo)가 '반미적인' BLM 운동의 배후에 비판인종이론이 있다는 주장을 설파하기 시작했는데, 이를 보수 매체인 폭스뉴스(Fox News)가 집중적으로 보도하면서 동 학술 담론이 당파 정치의 핵심 화두로 부상했다. 특히 지방 단위에서 비판인종이론에 근거한 교육—사실은 그저 일반적인 반인종차별 교육이었던 사례가 대부분이다—을 학교 현장에서 금지하는 것이 공화당 정치인들의 주요 당파적 의제로 설정되기 시작하면서 논란이 커져갔다.[67]

트럼프의 정치적 레토릭에 따르면, 비판인종이론은 미국이 생래적으로 인종차별주의·성차별주의 국가이며, 억압과 위계로 규정된다고 주장하고, 미국의 위대한 가치들이 실은 백인성(whiteness)의 산물이라고 교육함으로써, 사회에서 인종 분열과 차별을 조장하는 위험한 마르크스주의 이데올로기다. 이러한 주장은 모든 미국인에게서 개인적 행위성(individual agency)을 박탈하고, 그들을 인종적·성적 정체성에 기반해 이미 결정되어 있는 신념의 범주들로 몰아넣는다. 결과적으로 비판인종이론은 미국인의 공통적 유대감을 해체하고 국력을 약화하는 "사악한" 이념이라고 할 수 있다.[68]

동일선상에 있는 1776 위원회 보고서에 따르면, 본래 킹 목사 등이 이끌던 1960년대의 주류 민권운동은 독립선언의 원칙에 기반한 것이었으나, 현대의 정체성 정치는 미국의 신조와 배치되는 프로그램으로 변질되었다. 고전 자유주의적인 "개인" 기본권(차별 반대와 동등한 기회 제공)을 토대로 삼는 피부색 불문 담론이 적극적 차별 철폐 조치(affirmative action)와 특혜(preferential treatment) 같은 "집단" 권리의 담론으로 교체되어버렸기 때문이다.[69] 기실 보수파는 기본적으로 1960년대 민권운동의 승리 이래 미국이 피부색 불문 사회 혹은 탈인종 사회가 되었다고 주장한다. 즉, 이미 미국은 인종 문제에서 자기 교정을 완료했고, 능력주의적 법과 제도(meritocracy)가 완비되었기 때문에 누구나 열심히 노력하기만 하면 아메리칸 드림을 달성할 수 있는 사회가 되었다고 생각한다.[70]

그런데 문제는 이른바 정체성 정치를 추구하는 BLM 같은 급진 세력이 사회 정의라는 미명 아래 인종 구분에 기반해 특별한 보호를 받는 집단을 양산하는 공식화된 불평등 레짐을 탄생시킴으로써, 킹 목사가 꿈꿨던 것처럼 독립선언과 연방헌법의 이상에 따라 달성될 수 있는 인종 화해의 길을 방해할 뿐만 아니라 오히려 미국민 사이에 끊임없는 분열과 자학적 역사관을 증폭시킨다는 데 있다. 특히 수정헌법 13-15조와 1964년 민권법 등을 통해 법제적으로 인종간의 구조적·체계적 차별이 소멸했음에도 불구하고 억압자 대 피억압자라는 '상상적' 위계와 피해자성(victimhood)을 과장하면서, 백인들에게 자신이 저지르지도 않은 과거 조상의 죄악(노예제, 짐 크로 등)에 대해 책임을 지라며 죄의식을 부추기는 극좌 세력은 자랑스러운 국가의 역사를 왜곡하고, 사회의 연대를 무너뜨리는 반미국적 분파일 따름이다. 따라서 미국인을 희생자와 억압자로 양분시키고 미국의 역사 자체가 인종적·성적 억압의 체제라고 설파하는 정체성 정치의 해악은 본래적인 의미의 미국 신조에 기반한 건전한 시민 교육—"과거 위대한 미국인들의 스토리"를 전수하여 진정한 애국심을 고양하는—으로 반드시 타파해야만 한다는 것이 1776 위원회의 핵심 주장이었다.[71]

이외에도 트럼프 대통령은 2020년 11월을 "미국사와 건국자들의 달(National American History and Founders Month)"로 기념할 것을 선포했는데, 이는 비판인종이론과 같이 국가를 분열시키는 위험한 이데올로기에 맞서 건국의 원칙을 실현하고 방어하는 쉼없는 진보로써 미국의 스토리를 보존해갈 것을 다시 다짐하는 계기로 삼기 위함이었다.[72] 또한 BLM 시위대의 기념물 철거 운동에 대한 맞대응의 성격으로 행정명령 13934호를 통해 "미국 영웅들의 국립정원(National Garden of American Heroes)" 건설을 위한 전담반 설치가 명령되었다. 퇴임 이틀 전인 2021년 1월 18일 추가로 수정된 이 행정명령을 통해 트럼프는 "우리나라의 역사, 제도, 정체성 그 자체를 해체하고자 하는 위험한 반미 극단주의에 의해 미국의 위대함과 선함에 대한 믿음이 최근 공격을 당해왔다"고 진단하면서, 미국 예외주의의 영광을 반영해 건립될 국립정원이 이러한 잘못된 흐름에 대한 국가적 대응이 될 것이라고 주장했다.[73]

그러나 2020년 대선 패배 이후에도 선거 결과 승복을 거부[74]하며 미국 민주주의의 근본 원칙을 훼손하던 트럼프 정권은 결국 2021년 1월 6일, 비극적이고도 스펙터클한 종말을 맞이하고 만다. 트럼프의 선동 아래 극우 단체들에 의해 사전 기획된 의사당 점거 사태의 와중에 찍힌—남부의 대표 이데올로그였던 존 캘훈(John Calhoun)의 초상화와 남북전쟁 당시 노예제 폐지를 옹호했던 찰스 섬너(Charles Sumner) 상원의원 초상화 사이에서 아메리카 연합국(Confederate States of America)의 깃발을 들고 서성이는—백인 남성 사진의 충격적 비주얼은 트럼프 시대 미국 영혼을 둘러싼 투쟁이 얼마나 심각한 지점에 도달했는지를 잘 보여주었다.[75] 특히 이 사태가 미국 정치사의 괴상한 일탈이 아닌 전형적인 미국적 현상으로서, 트럼프 시대에 증폭된 백인민족주의의 논리적 귀결임을 지적하거나 남북전쟁 혹은 실패한 재건기와 현재를 비교하는 글들이 쏟아져 나왔다.[76] 즉, 1.6사태는 남북전쟁의 미완된 청산이 여전히 핵심적 난제로 미국의 정체성 문제에 남아 있음을 만천하에 전시한 역사적 이벤트로서, 미국사에 암흑의 핵심인 인종 문제가 엄존함을 보여주었다.

환언하면, 하츠식의 승리주의적 리버럴 서사가 하나의 사멸된 에피소드로 처리해버린 남부의 특수주의적 민족주의 전통이

1.6 의회 점거 사태(2021)

21세기에도 전혀 소멸된 것이 아님을, 미국 정치사상사의 복수 전통론적 해석이 탈근대 시대에도 여전히 적확한 것임을 재확인한 셈이었다.[77] 무엇보다 1.6사태의 참가자와 그 지지자들의 가장 큰 공통 표식이 "거대한 교체(great replacement)"라는 음모론을 신봉한 점이라는 것에 주목할 필요가 있다. 이는 미국의 주류인 백인 집단이 소수 인종에 의해 교체되는 중인데, 이러한 변화는 자연스러운 게 아니라 진보파가 이민정책 등을 통해 의도적으로 획책한 결과라는 이론이다. 결국 백인들의 인종주의적 공포가 우익 극단주의 폭력의 가장 큰 배경이었던 셈이다.[78]

이런 점에서 백인민족주의자들은 트럼프의 선거 패배를 또 하나의 "잃어버린 대의"로 간주했고, 이 실패한 이상을 다시 추구하려는 집단적 의지는 바이든 시대에도 트럼피즘의 지속을 가능케 하는 연료가 되었다.[79] 특히 현실정치상에서 큰 문제가 되는 것은 1.6사태 발생 과정의 핵심에 주류 양대 정당 중의 하나인 공화당이 존재한다는 점이다. 오늘날의 공화당은 거의 트럼프 개인에 대한 숭배 정당으로 변질했으며, '진짜' 미국인을 위한 문화 전쟁 수행을 중심 의제로 상정하여 백인과 기독교로 구성된 '심장부'를 방어하는 전투에 지지자들을 동원하는 형국이다. 미국 정치가 자신들만이 '진정한' 미국인이라 믿는 소수에 의한 전제정으로 타락할 위험마저 배제할 수 없는 상황에서 바이든 정부가 출범한 것이다.[80]

3) 바이든 시대: 리버럴 서사의 재우위 확보?

2020년 11월 대선 직후 당선자로서 행한 첫 연설에서 바이든은 "미국의 영혼을 둘러싼 전투"라는 캠페인의 핵심 화두를 다시 한 번 반복하며, 자신의 선거 승리가 미국 정치사의 맥락에서 지닌 의미를 다음과 같이 강조했다.

> 저는 오랫동안 미국의 영혼을 둘러싼 전투에 관해 얘기해 왔습니다. 우리는 미국의 영혼을 복원해야만 합니다. 우리나라는 우리의 더 나은 천사와 가장 어두운 욕망들 사이의

지속적인 전투에 의해 형성되었습니다. 이제 우리의 더 나은 천사가 승리해야 할 시간입니다.[81]

같은 맥락에서 2021년 1월 취임사에서 바이든은 오늘날 미국이 역사상 유례를 찾기 힘들만큼 어려운 도전에 직면했다고 진단하면서도, 당대 미국을 분열시키는 힘들은 오래전부터 존재해온 것들이라고 지적하고 아래와 같이 미국 정치의 궤적을 서사화했다.

> 우리의 역사는 우리 모두가 평등하게 창조되었다는 미국의 이상과 인종주의·토착주의·공포·악마화 등이 우리를 오랫동안 분열시켜 왔다는 가혹하고 추한 현실 사이의 지속적인 투쟁사였습니다. 그 전투는 계속 반복되었고 승리는 전혀 확실치 않았습니다. [하지만] 남북전쟁·대공황·세계대전·9.11 등을 거치며, 투쟁·희생·후퇴를 거쳐 가며 우리의 '더 나은 천사'는 언제나 승리해왔습니다.

그러면서 바이든은 지금의 미국도 그처럼 승리할 수 있다고 국민들을 독려하며, "공포가 아닌 희망의 미국 스토리"를 함께 써나갈 것을 다짐했다.[82] 그리고 취임 직후부터 여러 조치들을 통해 트럼프 시대에 드리워졌던 백인민족주의 색채를 지우는 작업에 돌입했다. 가령 업무 개시 첫날 행정명령으로 즉각 1776 위원회를 폐지하고 백악관 홈페이지에서 그 보고서를 삭제하는가하면, 구조적 인종 차별이 미국을 오랫동안 괴롭혀 왔다고 비판하면서 인종 평등에 관한 행정명령을 취임 1주차에 서명했다.[83]

이외에도 상징정치적 차원에서 트럼프의 유산을 제거하는 작업들이 단행되었다. 예를 들어, 대통령 집무실(Oval Office)을 새 단장하면서 앤드루 잭슨—노예 농장주이자 인디언 이주법을 강행함으로써 인종주의의 상징으로 비판받았을 뿐만 아니라 우익 포퓰리즘의 선조 격으로 지목되어 트럼프와 유사성이 늘 지적되었던 제7대 대통령—의 초상화가 바로 철거되었다.[84] 대신에 1960년대 민권운동과 관련된 위인들—킹 목사, 로버트 케네디(Robert F. Kennedy), 로자 파크스(Rosa Parks) 등—의 흉상이 새로 자리를 차지했다.[85] 20달러 지폐의 주인공을 잭슨 대통령에서 19세기 노예 탈출 비밀 조직인 "지하철도(Underground Railroad)"의 전설적 흑인 여성 인권 운동가 해리엇 터브먼으로 교체할 계획이 발표된 것도 같은 맥락이다.[86]

하지만 바이든 정권이 들어선 후에도 '미국이란 무엇인가'라는 네이션의 영혼을 둘러싼 전투는 현재 진행형이다. 트럼프주의자들이 점령해버린 공화당[87]은 2022년 중간 선거에 이어 2024년 대통령 선거의 핵심 화두로서 문화 전쟁 이슈를 더욱 세차게 제기해오고 있으며, 바이든의 민주당 역시 이에 맞서 다문화주의와 민주주의 수호를 정치 투쟁의 전면에 내세우고 있다. 우선 미국사의 기원에 대한 해석 전쟁이 계속 전개되었는데, 1619 프로젝트와 유사한 맥락에서 2021년 10월 8일, 바이든은 원주민의 날과 컬럼버스의 날을 동시에 선포했다.[88] 1992년 캘리포니아

버클리(Berkeley, CA)에서 컬럼버스의 날을 원주민의 날로 바꿔 선포한 바 있지만, 미국 대통령이 이를 공식화한 것은 처음으로, 연방 공휴일의 초점을 컬럼버스에서 아메리카 원주민으로 이동하려는 목적이 두드러졌다.

먼저 컬럼버스의 날 포고문[89]에서 바이든은 유럽의 탐험가들이 아메리카의 토착민들에게 가한 잔학의 역사, 부족민들이 겪은 가난과 강제 이주, 폭력과 질병을 엄연한 사실로서 수용할 것을 요구하면서 과거의 부끄러운 이야기들을 있는 그대로 인정하는 것이야말로 위대한 나라의 시금석이라고 주장했다. 다음으로 원주민의 날 포고령[90]에서 바이든은 미국이 비록 평등과 기회의 약속 위에 건국되었지만 그 약속에 완전히 부응한 적은 단 한 번도 없다는 사실을 지적하면서, 특히 연방정부가 수 세기에 걸쳐 토착 공동체와 부족민들에게 동화와 강제 이주, 테러 등을 자행한 사실을 잊어선 안 된다는 점을 지적했다. 나아가 이제 연방 인디언 정책의 최우선 목표는 부족 주권과 자치를 존중하는 것이라는 점을 강조했다.[91]

또한 바이든은 여러 역사적 기념 행위들을 통해 흑인 관련 인종 차별 문제에 대한 국가적 반성을 촉구했다.[92] 특히 '체계적 인종주의'가 지금도 건재함을 꾸준히 지적하는 모습이 인상적이었다. 첫째, 털사 인종 대학살(Tulsa Race Massacre) 100주기를 맞아 미국 대통령으로는 처음으로 현장을 방문하고 공식 추모 성명을 발표했다. 여기서 그는 미국에서 인종 테러의 깊은 뿌리에 대해 반성할 것과 함께 나라 전체에 걸쳐 있는 체계적 인종주의를 근

털사 인종 대학살 100주기 추모 성명을 발표하는 바이든 대통령

절하는 일에 다시 헌신할 것을 촉구했다.[93] 둘째, 바이든은 노예 해방 기념일(Juneteenth)을 새로이 연방 공휴일로 지정하는 법안에도 서명했다. 1865년 6월 19일 텍사스에서 마지막으로 노예가 해방된 날을 기념하는 준틴스는 흑인 민권 운동가들 사이에서는 또 하나의 독립 기념일로 이전부터 추모되어왔다. 이에 바이든은 포고문을 통해 노예제를 '미국의 원죄'로 지칭하면서 체계적 인종주의라는 오랜 유산을 지적하고, 위대한 나라들은 과거의 가장 고통스러운 순간들을 외면하지 않고 직시해야 한다고 강조했다. 그리고 노예 해방 기념일은 단순히 과거를 기념하는 일이 아니라, 오늘날 우리에게 몸소 행동할 것을 요구한다고 주장했다.[94] 셋째, 바이든은 샬러츠빌 폭동 4주년 성명서를 통해 그 사건은 미국의 영혼을 둘러싼 전투가 만천하에 드러난 일이라고 지적하면서 1.6사태와 함께 미국사의 부끄러운 국면들을 구성한다고 말했다. 그리고 오늘날 본토에서 발생하는 가장 치명적인 테러 위협은 백인우월주의에 기반한 국내 테러리즘이며, 증오 폭력의 확산에 정면 대응해야 한다고 촉구했다.[95]

보다 추상적인 교육 원칙의 차원에서도 바이든 정부는 비판인종이론에 대해 호의적 평가를 내리고, 체계적 인종주의가 지금도 만연해 있다는 점을 명확히 했다. 가령 2021년 7월 젠 사키(Jen Psaki) 당시 백악관 대변인은 비판인종이론과 반인종주의에 기초한 커리큘럼에 따른 학교 교육에 대한 대통령의 의견을 묻는 기자의 질문에 다음과 같이 답변했다.

> 대통령은 우리의 역사에 많은 어두운 순간들이 존재했다고 믿습니다. 우리 역사에는 단지 노예제뿐 아니라, 오늘날 사회에도 여전히 영향을 미치는 체계적 인종주의가 존재합니다. 그리고 그는…… 아이들이 우리 역사의 좋은 면뿐만 아니라 도전적인 부분들까지도 배워야만 한다고 믿고 있습니다.[96]

이러한 바이든 행정부의 행보에 맞서 트럼프는 한 언론 기고문을 통해 바이든 정권의 최우선 목표가 나라를 인종과 젠더에 따라 분열시키는 것이라고 주장하면서 좌파들이 국가의 기억과

정체성을 해체시켜 완전한 정치적 통제를 얻으려 한다고 주장했다. 특히 트럼프는 현 정부가 교육정책을 통해 미국의 학생들에게 좌파 세력의 반미적인 이론—아이들에게 그들의 역사가 사악하다고 말하고, 미국인들에게 그들이 사악하다고 말하는 것—을 주입하고 있다고 비판했는데, 여기서 지목된 '주적'이 또한 비판인종이론이었다.[97]

결과적으로 비판인종이론에 대한 공격은 바이든 시대에도 트럼프주의자들의 주요한 문화 전쟁 수단으로 사용되어왔다. 예를 들어, 2021년 11월 글렌 영킨(Glenn Youngkin) 공화당 후보의 버지니아 주지사 선거 역전 승리 과정이 주목되는데, 2000년대 말 이후 민주당이 늘 강세였고, 당해 선거에서도 민주당 테리 매콜리프(Terry McAuliffe) 후보에게 여론조사에서 줄곧 밀리던 영킨 후보가 최종 결과를 뒤집은 계기가 바로 비판인종이론과 관련된 교육 이슈였다. 이른바 '영킨 공식'으로 불리게 된 공화당의 선거 전술이 새롭게 탄생한 것이다. 즉, 각 주 지방 단위에서 비판인종이론에 기반해 있다고 가정되는 반인종차별 교육을 금지하거나, 소위 백인 학생들의 마음을 "불편하게 만드는" 혹은 나라의 "분열을 야기하는" 책들을 나열한 금서 목록을 정하는 입법 활동 등을 통해 2022년 중간 선거의 주 전선으로 비판인종이론을 부각시키며, 백인 부모들의 불안감을 자극하는 방식으로 보수적 지지층을 동원했다.[98]

이와 같은 미국 정치 갈등의 흐름은 2024년 대선에까지 지속될 것으로 보인다. 바이든의 경우, 미국의 영혼을 둘러싼 전투가 계속되고 있다는 레토릭을 반복해 사용하며 극단적 "MAGA" 세력에 맞서 미국의 자유주의적 정체성과 민주주의를 수호하겠다는 의지를 표명해왔는데, 재선 도전을 선언하는 트위터 영상에서도 동일한 메시지로 출마의 변을 대신했다. 또한 1.6사태 3주년에는 일부러 독립전쟁 당시 격전지였던 벨리포지(Valley Forge) 인근 대학을 연설장소로 삼아, 독립혁명이 쟁취하려한 민주주의라는 "성스러운 대의"의 운명이 2024년 대선에 달려 있다고 정의내렸다. 아울러 1.6 폭동이후 첫 대선인 24년 선거에서 미국민들에게 던져진 질문은 바로 "우리는 누구인가"에 대한 답변이라고 주장하였다.[99]

반면, 우파 진영에서도 트럼피즘의 위세는 여전하다. 연이은 검찰의 기소와 재판에 따른 위기의 지속에도 불구하고 공화당 대선후보로서 트럼프의 인기는 견고하며, 도리어 바이든 정권에 의한 정치적 보복 이미지 때문에 보수층 지지자들이 더욱 결집하는 현상까지 관찰되었다.[100] 설령 사법 리스크 때문에 트럼프의 미래가 불확실하다 하더라도, 대다수의 공화당 지지자들이 대통령직을 '깨어있는 좌파(woke left)' 세력에 맞서 미국의 가치와 삶의 방식을 수호하는 문화 전쟁의 총사령관으로 간주하고 있는 점을 고려할 때, 어떤 식으로든 공화당 역시 2024 대선의 화두로 문화 전쟁, 즉 미국의 정체성 서사에 대한 헤게모니 투쟁을 내세울 것이라는 점은 분명해 보인다.[101]

4. 미국 민주주의의 부활은 가능한가?

1) 민주주의의 지속되는 위기

1.6사태 1주년을 맞아 바이든과 트럼프는 서로 성명서를 발표하며 또다시 미국의 의미와 국가 정체성에 대한 설전을 벌였다. 먼저 바이든은 의회 점거 사태 당시 폭도들이 의사당 내부에서—국가적 신조를 파괴했던 '대의'를 상징하는—남부연합 깃발을 흔든 것은 정작 남북전쟁 당시에도 발생하지 않은 비극이라고 지적하면서, 건국부조 이래의 시민적 민족주의 정체성에 대한 거대 내러티브를 재삼 설명했다. 즉, 미국은 계속해서 관리가 필요한 하나의 관념 위에 건설된 나라이자 모든 인민은 평등하다는 신조 위에 건국된 공동체라는 점을 강조했다. 또한 그는 트럼프와 그 추종자들은 미국의 핵심 가치에서 가장 멀리 떨어진 자들—"미국의 민주주의에 단도를 들이댄 무장폭동 세력"—이며 미국이 옹호해온 유산을 파괴하고자 시도하고 있다고 맹렬히 규탄했다.[102]

반면 트럼프는 여전히 지난 대선이 조작되었다는 음모론을 제

Black Lives Matter

기하면서, 1.6사태를 바이든이 정치적으로 이용하고 있다고 비난했다.[103] 또한 전형적인 포퓰리즘의 레토릭을 동원해 수십 년간 "미국의 역사와 가치를 공격"하고 "미국을 우리 인민들이 거의 알아볼 수 없는 나라로 변형시키려 시도"해온 "좌익 정치-미디어 기득권층"에 맞서 인민의 상식과 힘을 바탕으로 나라를 되찾겠다고 주장했다.[104]

이런 맥락에서 지난 의회 점거 사태의 의미를 어떻게 정의할지에 대해 정치 지도자들뿐만 아니라 일반 미국인들 사이에 사회적 합의가 부재하다는 점은 특기할 만하다. 친공화당 유권자 중 트럼프 대통령의 책임론을 긍정하는 비율은 27%에 불과하며,[105] 지지자들의 절반은 1.6사태를 애국심과 자유 수호의 발로라고 응답하는 실정이다.[106] 그리고 미국인 3명 중 1명은 바이든 대통령이 합법적으로 당선되지 않았다고 생각하고, "시민들이 정부에 폭력으로 대항하는 것이 정당화될 수 있다"고 대답한 사람이 무려 34%에 달하는 상황이다. 미국의 민주주의가 후퇴하고 있다는 지표들도 계속 발표되고 있는데, 가령 민주주의와 선거 지원 국제기구(International Institute for Democracy and Electoral Assistance)는 미국을 "민주주의 후퇴국"으로 분류했으며,[107] 미국이 민주주의와 권위주의 사이에 존재하는 "부분적 민주주의 국가"로 퇴보했고 의사당 점거를 계기로 내전 발발 가능성이 증가하고 있다는 진단까지도 존재한다.[108]

정리하면, 바이든 행정부로 정권 교체가 일어났음에도, 여전히 미국 여론의 분열과 레짐의 일상적 불안정 상태(endemic regime instability)가 관찰되고 있다. 향후에도 얼마든지 헌정 위기가 반복되고 극단적 양극화와 정당 간 경쟁으로 정치 폭력이 증가할 위험성이 상존하고 있는 셈이다. 특히 공화당에 대해서는 트럼프 퇴임에도 불구하고 여전히 미국 헌정질서를 불안케 하는 반민주적 세력으로 급진화되어버렸다는 평가까지 나오고 있다. 당의 핵심 지지층으로서 상대적 지위 상실로 불안에 빠진 농촌 지역 백인 기독교도들이 공화당의 극단화를 아래로부터 추동하고 있을 뿐만 아니라,[109] 패배한 선거 결과를 수용하길 거부하고 가짜 뉴스를 유포함으로써 혹세무민하는 공화당 정치인들의 위로부터의 선동이 당내에 공고화되고 있기 때문이다.[110]

무엇보다 현재 미국 정치 갈등의 핵심에 네이션의 전기(national biography)에 대한 서사 경쟁이 놓여 있다는 점은 앞으로도 정치적 부족주의와 양극화가 강화될 수밖에 없다는 암울한 전망을 가능케 한다. 마이클 린치[111]에 따르면, 전통적인 정치 경쟁의 변수로서 물질적 이익이나 이념적 원칙이 아닌 문화적 거대 서사에 바탕을 둔 집단 정체성이 정치의 근본 토대로 작동할 때—특히 그러한 맹목적 확신이 디지털 플랫폼에 의해 더욱 증폭되는 인터넷 세상에서—, 이른바 진영 논리로 모든 것이 수렴하고 정치의 공간은 일종의 패싸움 혹은 종교적 선악 전쟁의 영역으로 퇴화해버린다.

이런 역사적 국면에는 고전적인 정치학 교과서에서 묘사하는 이익 배분과 타협 혹은 좌우 이념 갈등과 같은 정치의 '정상적' 작동은 멈춰버리게 된다. 정체성 혹은 서사 경쟁의 시대에는 정치라는 것 자체의 기본 전제가 변화하는 셈이다. 오늘날 정치적 양극화가 바로 경합하는 정체성들에 기반한 독단과 파벌적 오만함의 충돌 현상으로 특징지어지고 있기 때문에, 미국의 정치가 대화나 타협의 기예가 되기에는 지극히 어려워진 상황이다. 즉, 정당 정치가 물질적 이익이 아닌 존엄성 차원의 갈등 혹은 윤리의 문제로 비화했기에 협상과 조정은 거의 불가능하며, 전심전력을 다해 상대의 의제를 거부하여 정치적 교착 상태를 야기하는 것—후쿠야마[112]의 용어로 "비토크라시(vetocracy)"—이 두 거대 정당의 일상적 행태가 되어버렸다.

2) 미국 정치의 혁신과 네 번째 건국

그렇다면 과연 바이든 정부, 더 넓게는 현재 백인민족주의 흐름과 대치 중인 미국의 리버럴 세력에 의해 이러한 난국은 타개될 수 있을까. 문제 해결을 위해서는 먼저 기성 진보 그룹의 담론 정치가 가진 난점에 대한 성찰부터 시작할 필요가 있다. 첫째, 2010년대 이후 급부상한 우파의 비자유주의적 정체성 정치는 사실 그 이전부터 강성해졌던 좌파 정체성 정치에 대한 '백래시'의 성격을 띠고 있다는 점이 지적되어야 한다. 비록 앞서 살펴본 1776 위원회의 보고서가 비판인종이론과 정체성 정치를 비난하는 방식은 상당 부분 악의적이긴 하나, 일말의 진실을 담고 있는 것도 사실이다. 무엇보다 1980년대 이래 강화되어온 리버럴 진영의 정체성 정치는 점점 더 협소해지는 특수주의적 자기 정의와 급진적 개인주의, 즉 인종, 성적 지향 등에 기반을 둔 '차이'의 문제에 몰두하기 시작함으로써, 미국민들 전체가 공유하는 민족 정체성이나 시민으로서의 연대 감각의 문제를 경시했다는 비판을 받을 수 있다.[113]

특히 현대 미국 좌파가 '정치적 올바름(political correctness, PC)'과 '각성주의(wokism)' 등에 집중하면서 민주당의 전통적 지지층인 백인 노동계급의 정치경제적 의제가 점차 주변화되었고,[114] 이로 인해 이들이 배신감을 느끼게 되었다는 것, 그리하여 좌파적 정체성 정치학에 우파적 정체성 정치학으로 맞대응[115]하기 시작했다는 것 등은 엄연한 사실이다. 따라서 진보 진영의 특수주의적 서사를 넘어 "미국 시민 전체(we the people)"의 공통 미래 비전에 대한 스토리를 재발명할 필요가 있다.[116] 지금까지와 마찬가지로 리버럴들이 계속해서 민족에 대한 내러티브를 방기할 경우, 민족주의가 사라지는 것이 아니라 트럼프주의 같은 배타주의적 서사에 의해 미국의 의미가 포획되어 자유주의만 약화되는 결과를 초래할 것이기 때문이다.[117]

둘째로 트럼프식 우익 포퓰리즘에 맞서 바이든이 들고 나온 "영혼을 둘러싼 전투" 담론에 내재한 문제점들에 대해서도 들여다볼 필요가 있다. 우선 바이든의 서사를 이론적으로 뒷받침한 미첨의 작업이 사실은 로저스 스미스(Rogers Smith) 등이 주창해온 복수 전통론[118]의 질 낮은 속류화에 불과하다는 지적에 주목할 필요가 있다. 즉, 미첨의 스토리가 미국사 내에서 줄곧 충돌해왔던 두 세력의 존재—"어두운 욕망"과 "더 나은 천사"—는 잘 묘사했지만, 결국 선의의 편이 늘 승리해왔으며 최선의 전통이 곧 미국의 진정한 전통이라는 등식을 내세운 것에는 비판의 여지가 많다.

사실 이러한 휘그주의적 거대 서사는 복잡다단한 미국사를 납작하게 만드는 것으로, 어느 면에서는 과거 냉전 자유주의(cold war liberalism)와도 공명하는 점이 많다. 결국, 바이든을 위시한 기성 주류 세력이 승리주의 담론의 자장 내에 위치한 것을 표현한다고 볼 수 있다. 반면, 스미스 등이 애초에 주창한 복수 전통론은 이러한 목적론적 서사와 의도적으로 거리를 둘 뿐만 아니라, 자유주의적 신조가 비자유주의적 신조를 늘 꺾을 수 있다거나, 영원히 제거할 수 있다는 생각에는 전혀 동의하지 않는다.[119]

여기서 우리는 기독교적인 '영혼' 메타포에서 '속죄(redemption from sin)'와 '복원(restored to glory)' 사이의 근본적 차이에 주목하게 된다. 실상 바이든의 미국 영혼 구원론은 거칠게 말하자면 "MAGA" 담론의 거울상에 불과하다. 이전에 보다 덕성스러웠던 옛날, 우리의 '천사'가 승리했던 과거와 국가적 영웅들을 떠올리며 그 영광을 '복원'하자는 것에 다름없기 때문이다.

이는 곧 오늘날 트럼프 현상을 낳은 진보 기득권층(liberal establishment)에게 자신들의 '죄(sin)'에 대한 고백과 회개가 결여되어 있음을 의미하는 것이기도 하다. 민권운동의 시대 이전까지—사실 이후에도 종종—리버럴들조차도 상당수 인종주의 레짐에 공모했던 움직일 수 없는 사실과 함께, 탈냉전기를 통틀어

KKK단의 워싱턴 D. C. 행진(1923)

그들이 역사의 종언론 같은 승리주의에 도취되어 있었고, 특히 신자유주의적 합의에만 매몰되었기에 트럼프가 등장할 수 있는 사회경제적 여건을 성숙시켰다는 혐의에 대한 진실한 반성이 필요하다. 이는 곧 바이든의 레토릭 속에서 낭만화된 미국의 '진짜' 영혼(정체성)에 대한 근본적 반성 혹은 미국 예외주의 감성으로부터의 탈피 필요성을 촉구하는 것이다.[120]

결론적으로 오늘날 미국은 일종의 "네 번째 건국"이 요구되는 역사적 계기에 도달했다고 여겨진다.[121] 즉, 1789년 연방헌법 제정을 통해 세계 역사상 처음으로 근대 공화국을 수립하고(첫 번째 건국), 남북전쟁과 재건기를 거쳐 노예제를 폐지했으며(두 번째 건국), 민권운동과 1964년 민권법 통과 등을 통해 짐 크로 체제를 혁파함으로써(세 번째 건국) 국가의 정체성을 진화시켜온 미국은 현재 반자유주의적·백인민족주의적 경향에 맞서 다시 한 번 진정한 의미에서 "다인종 민주주의" 공화국[122]을 수립하는 제4차 제헌 국면을 구성해야만 한다. 특히 미국이 어떤 나라인가에 대한 컨센서스가 광범위하게 형성되어야만, 공고하면서도 충분히 성찰적인 민족주의 서사의 주조가 가능해질 것이다. 또한 이는 신자유주의적 합의를 벗어나 어떻게 1930년대 루스벨트의 뉴딜 비전을 21세기 상황에 맞게 업데이트할 것인가의 문제와도 직결된다.[123] 상부와 하부 구조 차원 모두에서 미국이라는 국가의 총체적 개혁 성패 여부가 초미의 관심사로 부상한 역사적 순간을 현재 우리가 목도하고 있는 셈이다.

제8장

탈자유주의적 다극체제의 예고: 코로나 국면에서 미국 외교와 세계 변동

1. 포스트-팬데믹 시대의 국제정치

사상 유례를 찾기 힘든 팬데믹 국면을 경유하면서 국제정치학계에서는 포스트-코로나 시대 국제질서의 향방에 대한 논의가 만개했다. 특히 팬데믹으로 인해 기성 세계질서에 근본적 변화가 발생하는 역사의 변곡점이 형성될지,[1] 아니면 별다른 지정학적 변화가 발생하지 않은 일시적 혼란기로 망각되어버릴지[2] 등의 예측을 놓고 대논쟁이 진행되었다. 본 장도 이런 이론적 논의를 배경으로 삼아 지난 코로나19 대유행이 국제정치 일반에 제기한 질문에 유의하면서, 특히 미국 외교와 자유세계질서의 궤적에 전 지구적 전염병 사태가 어떤 영향을 가져왔는지를 탐구해보고자 한다.

기실 세계체제의 새로운 거대 변환은 이미 앞서 책의 서두에서 살펴본 것처럼 대략 2008년을 기점으로 관찰된 미국 권력의 하강과 중국의 부상으로 인한 패권 경쟁 양상 그리고 그와 직결된 변화로서 자유세계질서/지구화의 침식으로 인한 근대적인 현실주의적·민족주의적 세계의 귀환으로 표현된 바 있다.[3] 그리고 이런 '탈냉전 30년의 위기'[4] 혹은 세계정치경제질서의 탈자유주의화의 원인은 아이러니하게도 소련 붕괴 이후 단극질서 아래 (신)자유주의적 현대성이 아무런 제약 없이 과도하게 추구된 결과로 여겨진다.[5]

즉, 과거 E. H. 카나 칼 폴라니 등이 관찰한 전간기의 체계적 카오스의 등장과 유사하게 지정학적 과잉 팽창(영구적 테러 전쟁 실패)과 이중운동(전 지구적 금융위기와 포퓰리즘 부상)의 발생으로 인해 세계가 단일의 정치경제 모델로 통합 수렴될 수 있다는 자유(지상)주의적 판타지의 시대가 스스로 붕괴하기 시작한 것이다.[6] 이런 맥락에서 보면, 우리는 코로나 팬데믹이라는 체제 외부적 충격(exogenous shock) 덕분에 2020년대 초를 경유하며 자유세계질서와 지구 거버넌스의 기능 부전이 어디까지 악화되어왔는지 적나라하게 확인했던 셈이다. 아울러 전염병의 대유행 와중에 어떤 방식으로 국내외의 비자유주의적 경향들이 미국 외교, 나아가 세계질서의 흐름 속에 강화되는지도 목격했다.

이하 본문에서는 우선 코로나 사태가 어떻게 2010년대 이후 이미 관찰되기 시작한 미국 외교 및 세계질서의 거시적 변화에 기폭제가 되었는지 설명할 것이다. 다음으로 미국 45대-46대 대통령의 정권 이행 과정에서 미국 대전략의 변동을 조망해본다. 특히 2021년 출범한 바이든 행정부가 가속화된 역사의 흐름을 다시 감속하는 제어장치의 역할을 수행하려 한 점을 분석해본다. 여기서 문제가 되는 것은 현재의 구조적 비자유주의화 트렌드를 야기한 두 독립 변수이다. 즉, 신자유주의 세계화의 백래쉬로 발현한 포퓰리즘과 중국의 부상이라는 전 지구적 세력 배분의 변동에 바이든 행정부가 어떻게 대응하려 했는가의 문제를 집중해 살펴볼 것이다. 이러한 문제들의 무게와 복잡성을 단순히 코로나 '이전', 트럼프 '이전' 정상 상태(status quo ante)를 지향하는 복고적 전략으로 돌파할 수 없다는 점에서 우리는 오늘날 미국 행정부가 감당하고 있는 역사적 숙제의 무게를 가늠할 수 있게 된다.

2. 코로나 이후의 세계 (무)질서?

코로나 위기가 발생하기 한참 전인 조지 W. 부시 행정부 말기에 들어서면서부터 이미 국가 간 질서의 차원과 사회경제적 차원 모두에서 팍스아메리카나의 전반적 위기 징후가 나타나고 있었다. 한편으로는 미국 패권의 하강으로 인한 자유국제질서의 쇠락과 현실주의적 강대국 정치의 모습이 부활했고, 다른 한편으로는 신자유주의적 세계화의 부작용이 부의 양극화와 함께 반지구주의적 사회 운동의 분출을 야기했다. 이른바 자유세계질서의 "쌍둥이 위기"가 발생한 것이다.[7] 2016년 대선에서 아웃사이더 도널드 트럼프의 예기치 않은 당선과 이후 전개된 반자유국제주의적 독트린의 실행은 사실 이러한 구조적 위기가 전면적으로 표출되는 상황 속에서 미국 나름의 대응 과정으로 이해 가능하다.[8]

이런 전사(前史)적 배경 아래 코로나 바이러스로 전 세계가 고난의 행군에 돌입한 국면에서 목도하게 된 것은 소위 "역사의 가속화" 현상이었다.[9] 트럼프 시대를 전후해 이미 두드러지게 관찰되기 시작한 미국 패권의 하강과 그에 따른 지구화 약화 경향이 코로나 대유행이라는 촉매제에 의해 더욱 심화되었던 것이다. 역사가 비자유주의적 방향으로 가속화되면 과연 인류는 어떤 미래를 맞이하게 될지 미리 살펴보는 예고편 같은 상황이 펼쳐졌던 셈이다.

특히 트럼프 행정부 말기 미국은 국내 방역조차 실패하면서 세계에 모범 사례를 제시하는 데 실패했을 뿐만 아니라, 국제적으로도 안보와 경제 양쪽 모두에서 글로벌 공공재 제공자로서 패권국의 역할 수행을 스스로 포기하는 듯한 모습을 연출했다. 더욱이 중국과 패권 경쟁에 몰두하면서 지정학적 논리가 전 지구적 협력의 논리를 압도하는 상황을 만들었다. 결과적으로 이는 팍스아메리카나 속에 규칙 기반 질서를 영위해온 상대적 안정과 번영의 탈냉전 시대가 완전히 지나가고, 다시금 홉스적 세계—"만인 대 만인의 투쟁(bellum omnium contra omnes)"—가 재림하고 있다는 불길한 예언을 불러들였다. 2020년 하반기 백신 개발이라는 의학적 희소식에도 불구하고 현실주의적 국제정치의 논리가 상황을 압도해 '백신민족주의'가 새로운 이슈로 등장한 것은 이런 변화된 세계질서의 일면을 잘 보여주었다.

1) 글로벌 거버넌스의 기능 부전과 지정학적 논리의 득세

코로나 19사태에 직면한 집권 4년차 트럼프 정부의 대응 기조는 기존 민족주의적 대외정책의 강화로 귀결되었다. 안과 밖의 구분을 선명히 하고 물질적으로 좁게 정의된 일국적 이익을 추구하는 현실주의적 접근법이 부각되었던 것이다.[10] 특히 쇠퇴하는 패권국의 수장으로서 임기 막바지 한 해 동안 트럼프가 수행한 대전략에서 두드러졌던 것은 자유세계질서 리더로서 글로벌 공공재를 제공할 것을 명시적으로 거부한 점과 미중 간 전략 경쟁의 강도를 질적으로 변화시킨 점 등을 들 수 있다. 이는 결과적으로 모두 팍스아메리카나의 약화와 세계 정치경제의 반자유주의화 흐름을 증폭시켰다고 평가할 수 있다. 트럼프주의와 팬데믹 사태의 결합이 자유세계질서에 대한 "결정적인 스트레스 시험(critical stress test)"을 제공한 셈이다.[11]

먼저 감염병 대유행이라는 신흥 안보 이슈의 대응 과정에서 미국은 초기부터 전통적인 세계 경찰 역할을 거의 완전히 포기함으로써, 안보 공공재를 제공하는 것에 실패하고 안보 소비자로 역할이 변화되었다.[12] 나아가 상대적 이익(relative gain) 추구에 매진함으로써, 유럽 동맹국으로 향하던 마스크를 중간에서 가로채 미국으로 가져오는 등의 '해적 행위'까지 감행하는 등 방역물자 수급을 둘러싸고 전형적인 국가 간 죄수의 딜레마 상황을 유발했다.

또한 트럼프 대통령은 2020년 7월 코로나 사태에 대한 부적절한 대응과 중국 편향성 등을 이유로 들어 세계보건기구(WHO) 탈퇴를 유엔 사무총장에게 통보했을 뿐만 아니라, WHO와의 연관성을 이유로 동년 9월에는 백신 공동구매를 위한 국제 프로젝트인 코백스(COVAX) 참가까지 공개적으로 거부했다.[13] 이로써

WHO와 유엔 안전보장이사회 등 과거 전 지구적 유행병 대응에 공공재를 제공하던 주요 다자기구들이 미국의 리더십 행사 거부로 제대로 된 기능을 모두 상실했으며, 코로나 사태의 정치화와 안보화 속에 초국적 협력의 동력이 실종되었다. 그리고 바로 이러한 국제적 대응의 약화로 인해 과거 팬데믹들과 질적으로 다른 규모의 거대한 피해가 발생하고 말았다.[14]

결과적으로 트럼프 시대 미국의 일방주의적 코로나19 대응은 배타적 민족주의와 완전 주권론으로 무장한 국가 간에 지정학적 제로섬 논리가 부각되는 계기를 구성했다. 분명 코로나 사태와 같은 급박한 신흥안보적 위협의 창발은 초국적 협력과 네트워크 거버넌스의 필요성을 낳았다.[15] 예를 들어, 2020년 11월 개최된 파리평화포럼에서의 포용적 다자주의 미래 세계질서에 대한 규범적 호소는 그러한 당위를 잘 표현했다.[16] 그러나 실제 반자유주의적 역사 경향이 '가속화된' 국가 간 정치의 장에서는 좁은 의미의 국익 논리가 자유주의적 논리를 압도했었다. 전통적으로 현실주의에서 이야기해온 것처럼, 생존을 최우선시하는 국가들이 절대적 이득보다 상대적 이득을 추구함으로써 필요한 협력이 제대로 발생하지 못하는 상황이 도래했던 것이다.[17] 탈냉전 시대에 오랫동안 풍미했던 자유주의 국제정치이론의 영향력이 쇠퇴하고, 다시금 현실주의 국제정치학이 주목받게 된 또 하나의 계기였다.[18]

같은 맥락에서 민족-국가와 주권의 논리 그리고 지정학적 경쟁이 만연하면서 경제적 차원에서 탈세계화와 보호주의 논리도 강화되었다.[19] 팬데믹과 뒤이은 미국의 리더십 실종은 무엇보다 세계경제 전반의 교란과 침체로 나타났다.[20] 그리고 개별 국가들은 그동안 발전·심화만 계속해오던 전 지구적 가치사슬(GVC)의 취약점에 대해 숙고하게 됐다. 특히 중국의 생산력에 대한 오랜 의존에 대해서도 재고하게 되었다. 이윤의 극대화나 가치 효율성보다 위기 시에 어떻게 자립적으로 안정적인 경제 운영을 지속할 수 있을지에 대한 관심이 증가한 것이다. 이에 따라 그간 지속된 공급망의 오프쇼어링(offshoring)이나 지구화 경향 등과 정반대되는 리쇼어링(reshoring)과 지역화(regionalization)가 새로운 대세로 등장하게 된다. 이는 전체적으로 탈냉전기 세계정치를 특징지어왔던 경제적 지구화의 흐름이 둔화, (더 심하게는) 역전되는 현상으로 연결될 수도 있었다.[21]

다른 한편, 전 지구적으로 배타적 민족주의 논리가 팽배[22]해지고 반자유주의적 차별과 배제의 흐름이 증대[23]되는 트렌드는 '백신민족주의'라는 새로운 분쟁의 불씨도 양산했다. 2020년 말부터 일부 선진국에서 접종이 시작된 코로나19 백신은 분명 보건적 차원의 새로운 돌파구를 제공했다. 그러나 국제정치학적 차원에서는 백신의 생산과 유통을 둘러싸고 더 큰 국가 간 경쟁과 갈등이 벌어져 현실주의적 논리가 재강화하는 기제가 되었다. 글로벌 리더십의 부재로 인해 국가 간 집단행동의 딜레마가 극대화된 것이다.[24]

사실 백신민족주의는 역학적 차원에서 자멸적이며, 의료적 차원에서 비생산적이라는 것이 과학적 진실이었다. 세계인 전체의 집단 면역이 달성되지 않는 한 백신의 보건적 효과는 제한적이기 때문이다.[25] 그러나 현실에서는 일부 선진국의 입도선매로 인해 부국과 빈국 간 백신 확보량에서 극심한 차이가 발생함으로써 고질적인 남반구와 북반구간의 격차가 재확인되었고, 약육강식 혹은 적자생존의 강력정치적(machtpolitik) 세계정치 논리가 다시 한 번 노출되고 말았다.

2) 미중 패권 경쟁의 심화: 신냉전의 본격화

2008년 이후 전초전이 이미 시작된 미국과 중국의 전략 경쟁 양상 역시 코로나 비상사태를 겪으며 전방위적인 신냉전의 형태로 진화했다. 코로나 위기의 지속이 미중관계의 긴장을 반영했을 뿐 아니라 그 갈등을 증폭시키는 역할도 수행했기 때문이다.[26] 대유행 초반부터 두 강대국은 과거 조류 인플루엔자 사태나 에볼라 팬데믹 사례 등과 달리 보건 협력 대신 상호 책임 공방전에 몰두했고, 지경학적 논리 혹은 경제의 안보화 논리에 따라 경제적 디커플링을 위한 노력이 바로 뒤따랐다.[27]

코로나19 사태에 대한 트럼프의 초기 대응은—국내 중산층의 경제 위기에 대한 자신의 해법과 매우 유사하게—"중국 때리기(China bashing)"에 기반한 정치 술책에 의존해 있었다. 자신의 무능 때문에 초래된 미국 내 보건 위기 상황의 책임을 외부 타자에 전가하는 전형적인 포퓰리즘 전략이었다. "중국 바이러스", "우

한 바이러스", "쿵플루(Kungflu)" 같은 인종주의적 색채의 용어를 일관되게 사용했고, 이런 식의 반윤리적 수사는 트럼프 자신의 고별 연설에까지 줄곧 나타났다.[28]

하지만 더 근본적인 시각에서 주목할 것은 이 시기 미중 경쟁의 내용이 정치체제와 이데올로기에 대한 경쟁으로 질적 도약을 했다는 사실이다. 중국과의 전면적 "신냉전-대결정책" 방향으로 미국의 대중국 전략이 진화했던 것이다.[29] 사실 정권 초반부에서부터 트럼프 정부의 브랜드 정책은 대중 강경 접근법이었다. 그러나 『국가안보전략보고서(NSS)』[30]나 마이크 펜스 부통령의 허드슨연구소 연설[31]에 이르기까지 초기 트럼프 정부의 대중국 담론은 그래도 현실주의의 언어에 기반해 있었다. 즉, 중국을 기존 미국 주도 국제질서에 불만을 지닌 수정주의 국가로 규정하고 미중 양국이 강대국 간 세력 경쟁 상태에 들어갔음을 인지하는 수준이었으며, 주요 전선도 무역과 기술표준이라는 하드 파워의 영역에 구축되어 있었다.

그러나 코로나 시대에 진입한 후인 2020년에 작성된 정부의 공식 문건이나 연설문들의 서사는 결이 전혀 달랐다. 이 시기부터는 교역이나 테크놀로지 분쟁의 수준을 넘어 전면적 체제 대결—자유민주주의 대 권위주의 레짐—수준으로 미중 경쟁이 격화하는 모습을 보였다. 또한 미국 수뇌부는 중화인민공화국(PRC)이 아닌 중국공산당(CCP), 시진핑 국가주석(President) 대신 총서기(General Secretary)라는 명칭을 사용해 상대를 지칭하는 등 새로운 용어와 수사를 동원해 중국 체제의 전체주의적 속성 자체를 비판하는 단계로 넘어갔다. 현실주의적 담론 대신 네오콘적 언어가 가미됨으로써, 상대가 죽어야 내가 사는 식의 이데올로기-레짐 경쟁 차원에서의 타자화(혹은 더 나아가 악마화) 작업이 본격화된 것이다. 2018년경 무역 전쟁을 시작으로 악화된 미중 관계는 코로나 사태가 일종의 결정타가 되어 "냉전Ⅱ"라고 부르기에 손색이 없는 수준으로 귀결되었다.[32]

3. 역사의 제동수로서 바이든 행정부

1) 역사 감속의 계기?: 우발적 변수로서 코로나 팬데믹

코로나19 대유행이 세계사에 남긴 흥미로운 반사실적 질문거리(counterfactual questions) 가운데 하나는 2019년 말이 아닌, 2018년이나 2021년에 코로나19 사태가 일어났더라면 어떤 효과가 발생했을 것인가 하는 점이다. 앞서 우리가 살펴본 역사의 거시적 트렌드로서 자유세계질서 쇠퇴의 가속화란 효과는 단순히 1-2년의 시차로 변화할 성질의 일은 아니다. 따라서 이 부분에서 시차상의 반사실적 질문의 효용은 크지 않다.

그러나 2020년 11월에 미국 대선이 예정되어 있었다는 점은 다른 면에서 매우 의미심장했다. 어쩌면 코로나19 바이러스가 가져온 가장 큰 우연적 효과는 트럼프 대통령의 재선 실패일 수도 있기 때문이다. 사실 팬데믹이 본격화되기 이전인 2020년 1월까지는 사상 최장인 127개월 연속 호황과 기록적으로 낮은 실업률(1969년 이래 최저인 3.5%) 등 미국 경제의 상황이 상당히 낙관적인 상태였다. 따라서 트럼프의 재선가도에도 청신호가 켜져 있었다. 그러나 코로나 대유행 상황에 대응하는 트럼프 행정부의 극도의 무능함과 뒤이은 대규모 경기 침체는 11월 대선의 향방에도 큰 영향을 미친 것으로 평가된다.[33] 따라서 코로나19 바이러스가 비록 역사의 중대 국면을 만들어낸 독립 변수는 아니지만, 미국의 정권 교체에 일조함으로써, 포퓰리스트적 미국 대전략의 '정상화', 나아가 '역사의 감속(deceleration)' 기회를 구성하는 아이러니한 효과를 생산했다고 평가할 수 있다.

실로 트럼프 시대가 남긴 파괴적 유산은 심대하다. 무엇보다 팬데믹이라는 우발적 사건의 가속 페달까지 임기 말에 겹치면서 미국 내 정치 분열의 극단적 심화와 함께 대외적으로 미국 패권의 하강과 그에 따른 자유세계질서 약화라는 거대한 숙제를 남겨 놓았다.[34] 따라서 이렇게 "교란"되어버린 세계를 "회복"시킬 역사적 책무가 제46대 미국 대통령에게 주어졌다.[35] 이에 바이든은 미국 리더십의 회복과 민주주의와 인권 등 가치에 기반한 자유세계질서의 복원을 핵심적 외교 의제로 설정하고 선거 캠페인 시절부터 줄곧 한목소리로 "미국의 귀환(America is back)" 메시지를 강조해왔다. 특히 트럼프 독트린과 정반대로 다자주의와 글로벌 거버넌스를 중시하고 개방적인 국가체제로의 복귀를 약속했다.[36]

실제로 그는 2021년 1월 정권 출범 첫 주부터 역사상 유례없는 대량의 행정명령과 성명서 등을 발표해 미국 우선주의의 흔적을 지우는 데 주력했다. 예를 들어, 파리기후변화협약, WHO, COVAX 등 전 지구적 공통 도전 문제에 대응하는 다자체들에

코백스(COVAX)를 통해 중앙아프리카공화국으로 백신을 보내는 미국

다시 미국의 리더십을 제공할 것을 공약했고, 남부 국경장벽 건설 중단, 일부 무슬림 국가들에 대한 입국 금지조치 폐지, 이민 관련 시정조치 등 배외주의나 토착주의에 기반한 트럼프의 유산을 해체했다.[37] 아울러 같은 맥락에서 바이든 대통령은 취임 후 첫 부처 방문지로 국무부를 선택해 외교의 복원을 상징적으로 강조하고, 주독미군 감축 중단 지시 등 트럼프 시대의 일방주의적·거래주의적 동맹정책을 청산하는 제스처도 보여주었다.[38] 이러한 노력은 임기 전반부 내내 이어졌는데, 바이든은 특히 인도-

태평양 지역 정상들과의 연쇄 회담과 해외 순방 과정에서 주요 동맹국들과 공동성명들을 잇달아 발표함으로써, 미국이 다시 돌아왔고, 자유세계질서의 리더 역할을 수행할 것임을 반복적으로 천명했다.

2) 두 가지 숙제

그렇다면 과연 바이든 정부는 코로나 팬데믹으로 더욱 가속화된 2010년대 이래의 거대한 역사적 경향성에 제동을 거는 역사적 유산을 남길 수 있을 것인가? 여기에는 2020년대 국면에 워싱턴이 정면 대결할 수밖에 없는 대내와 대외 두 차원에서의 문제들이 도사리고 있다.

국내적 도전: 트럼프 없는 트럼프주의

지난 미국 대통령 선거의 가장 중요한 결과는 당연히 민주당으로의 정권 교체이지만, 사실 한 가지 더 주목받은 포인트는 바로 트럼프의 놀라운 선전이었다. 코로나19 대응 실패와 인종 차별 반대 시위 등 온갖 국정의 난맥상이 표출되었음에도, 트럼프는 무려 7,400여만 명의 유권자에게 재신임을 받았다. 이 결과는 2016년 그가 받은 투표수보다 1천만 표 이상 증가한 것으로, 미국 대선 사상 2위의 득표 기록에 해당한다. 이는 그의 재임 기간 미국 사회의 분열과 양극화가 더욱 심화되었음을 보여준 것이자,

이후 "트럼프 없는 트럼프주의"의 지속 가능성을 충분히 증명한 셈이었다.[39]

이런 맥락에서 마이크 데이비스(Mike Davis)는 2020 대선을 통해 미국 정치가 일종의 "참호전(trench warfare)" 상태로 접어들었다고 진단했다. 이데올로기·인종·종교의 요소들이 3중으로 정렬되어 세계에서 유례없는 정체성 양극화가 진행되었기 때문에, 민주·공화 양당 내에 반란 투표 가능성이 사라지고 두 개의 일괴암적 투표 블록이 팽팽히 맞서는 움직이지 않는 단일 전선이 형성되었다는 것이다. 이로 인해 완전한 교착 상태, 그 어떤 의미 있는 개혁이나 진전도 불가능한 상황이 미국 정치의 기본 조건이 되어버렸다.[40]

특히 바이든 정부의 '역사의 감속' 과제에서 문제가 되어온 것은 바로 공화당의 극단화·반자유주의화 이슈였다. V-정당 프로젝트(V-Party Project), 지구 정당 서베이(Global Party Survey) 등 국가간 비교정당 연구에 따르면, 놀랍게도 공화당은 자유민주주의 가치 정향에서 독일의 기민당 같은 정통 중도보수 정당 보다 권위주의적 포퓰리스트 정당(스페인의 복스, 네덜란드의 자유당, 독일의 대안당 등)에 가까운 것으로 측정되었다.[41] 공화당에 깊숙이 침투한 백인민족주의 혹은 인종주의적 태도가 민주주의 규범에 대한 거부나 포기로까지 나타나고 있는 상황이다.[42] 앞 장에서 자세히 살펴보았듯, 2021년 1월 6일, 세계를 경악케 한 강경 트럼프 지지자들의 연방의회 점거 사태는 그러한 공화당 급진화의 논리적 귀결이었다. 이 역사적 소동은 정당한 선거 결과를 음모론에 입각해 부정하고 폭력적인 정권 유지를 획책했다는 점에서 "민주주의 역진(democratic backsliding)" 현상이 중남미 어딘가의 "바나나 공화국"이 아닌 세계 민주주의의 지도국을 자처하는 미국에서 발생했다는 사실을 극적으로 예시했다.[43]

이와 같은 정당정치의 난국을 타개하기 위해서는 토대적 문제의 처리, 즉 사회경제적 양극화의 문제를 근본적으로 개혁해나가야 하지만, 팬데믹으로 인해 경제적 조건은 더욱 악화되어 해결책 제시가 쉽지 않다. 총 국민소득에서 노동 몫의 축소라는 신자유주의 반혁명 이래의 장기적 경향이 팬데믹으로 가속화되었기 때문이다. 즉, 좋은 일자리 창출과 거리가 먼 디지털 경제로의 진입, 빅테크의 성장, 자동화 진행 등이 코로나 사태로 탄력을 받은 상황에서 최근 수십 년간 신자유주의적 세계화 국면에서의 계급 역관계, 노동보다 자본에 생산성 증대의 몫이 훨씬 더 많이 돌아가는 트렌드는 더욱더 강화될 전망이다.[44] 결국 팬데믹 자체는 종식되었지만, 디지털 기술에 익숙하고 고등교육을 받은 계층은 자산이 증가하는 반면, 사회적 약자들은 계속해서 금전적 불안과 실업에 시달리는 소위 'K자형' 양극화 경제 회복이 찾아왔다.[45] 결과적으로 공화당에 자리 잡은 포퓰리즘이 더욱더 악성화될 수 있는 사회경제적 토양이 공고화된 셈이다.

다른 한편, 미국 국내 민주주의의 약화는 미국의 대외 리더십에도 영향을 미쳐 미국 패권의 복원을 꾀하는 바이든 행정부에게 또 다른 차원의 도전을 부여했다. 팬데믹 환경 하의 방역 실패와 국내 정정의 불안으로, 대외 이미지상 미국은 민주주의의 선구자는 고사하고 내부 선거마저 안정적으로 운영하지 못하는 "실패 국가"[46]로 전락했다는 자조가 나올 정도였다. 이런 배경에서 전통적인 우방국들을 포함한 해외 국가들은 앞으로 미국을 세계질서의 불안정 요소로 간주하게 되었다.[47]

이는 단순히 '미친 왕'을 몰아내고 '정상적인' 대통령이 집권했다거나, 온건 중도적인 민주당이 정권 교체를 이루었다고 해서 해결될 문제가 아니다. 애초에 트럼프와 같은 사람을 대통령으로 선출하고, 코로나 발 난국에도 7,400여만 명이 그를 재신임한 나라, 그리고 온갖 사법적 기소에도 불구하고, 여전히 그가 유력한 차기 대선후보로 지지받고 있는 나라를 과연 앞으로 패권국으로서 신뢰할 수 있을지를 놓고 전 세계 국가들의 재계산이 발생했기 때문이다.[48]

무엇보다 동맹국들 입장에서는 조지 W. 부시 시절을 끝으로 미국 외교 대전략의 합의가 해체되었다는 사실을 재확인했다는 점이 중요하다. 오바마-트럼프-바이든으로 이어지는 소위 포스트-(금융)위기 기간 동안 미국의 대외정책 독트린에 큰 요동이 발생해온 것이 사실이다. 이후 새로운 초당적 컨센서스가 형성될 때까지, 어느 정당이 집권하느냐, 더 정확하게는 두 주류 정당 내 어느 파벌–전통적 자유국제주의? 진보 좌파? 신보수주의? 트럼프주의?–이 집권하느냐에 따라 미국 외교의 방향성이 크게 널뛰기할 가능성이 증명되었기에 우방국들의 미국에 대한 신뢰는 약화될 수밖에 없다.[49] 불안정한 다극적 세계질서가 부상하는 구조적 조건 아래서 미국에 대한 신뢰까지 약화되어버렸기에, 우크라이나전쟁 같이 서구의 결집이 요청되는 사건들에도 불구하고, 기성 우방국들이 점차 중국과 미국 모두로부터 거리를 두고 독립성을 강화하려 노력하는 파편화된 국제체제가 부상할 가능성마저 엿보이는 셈이다.[50]

국제적 도전: 결정적 10년의 갈림길

이미 트럼프 행정부 시절부터 탈냉전기의 확고한 단극 우위(primacy)가 잠식되고 있다는 위기의식 하에 본격적으로 대중국 견제정책을 채택해야 한다는 기류는 초당적 합의사항이 되어갔다. 예를 들어, 2020년 대선 직전 전당대회에서 통과된 민주당 강령에서는 "하나의 중국 원칙(One China policy)"이 삭제된 반면, 중국의 불공정 무역 행위와 소수민족 탄압을 비난하는 문구들이 추가되었다.[51]

또한 대통령 선거가 있기 훨씬 전부터 현 바이든 외교팀의 핵심을 구성하는 인물들이 공화당 정권과 거의 유사한 대중국 인식관념을 보유하기 시작했다는 점을 지적할 필요가 있다. 이들은 원칙적으로 과거 자유국제주의적 컨센서스에 기초한 대중정책 노선이 실패했으며, 베이징은 기성 미국 주도 세계질서를 대체하려는 "수정주의 세력"이라는 45대 행정부의 인식을 대체로 수용했다.[52] 바이든 대통령 자신을 위시해 대다수의 참모진이 이전 민주당 정권들부터 일해 온 인사들임에도 불구하고, 중국의 위협에 관한 해석에 있어서만큼은 과거의 관여와 확장 패러다임을 폐기하고 중국 견제 패러다임을 대체로 따르는 변화가 나타난 셈이다.

가령 바이든 정권 취임 직후인 2021년 5월, 커트 캠벨 백악관 인도-태평양 조정관은 스탠포드대학 연설에서 관여 노선 시대가 종식되고 전략 경쟁 시대가 도래했음을 명백히 했다. 특히 인도-태평양 지역의 "운영시스템(OS)"이 중국에 의해 위험한 압력에 직면해 있기 때문에, 역내 동맹국들 및 파트너 국가들과 함께 이에 맞서 대중 견제를 강화할 것이란 입장을 밝혔다. 이러한 입장은 과거 오바마 정부 시절 피벗전략의 지적 설계자 중 한 명이었던 자신의 입장과 의미 있는 차이점을 보여준 것이다.[53]

또한 바이든 정부는 전임 정권 말과 유사하게 시진핑 정권의 인권 탄압 문제와 비민주성을 강조하면서, 미국 주도의 민주주의 진영 대 중국(과 러시아) 중심의 권위주의 진영이라는 이데올로기 단층선을 명확히 하였다. 대표적으로 2022년 10월 발표된 『국가안보전략보고서(NSS)』에서 바이든 행정부는 "역사의 변곡점"에 위치한 현재의 세계가 갈수록 분열되고 불안정화되고 있다는 총체적 상황 진단 아래, 앞으로 "10년"이 국제질서의 향방에 "결정적"이라고 주장했다.

즉, 오늘날 미국을 위시한 자유민주주의 진영이 어떻게 대응하느냐에 따라 미래의 지정학 경쟁 조건과 초국적 공유 위협의 대처 기회가 조형될 것이라는 설명이다. 특히 민주 대 반민주 구도 아래 미래 세계의 성격을 결정할 전략 경쟁이 목하 진행 중이라고 분석하면서, 동 보고서는 권위주의의 체제 우월성을 강변하며 민주주의 약화와 억압적 통치 모델의 수출을 추구하는 중국(과 러시아)의 행태가 국제 평화와 안정에 가장 큰 위협을 가한

G20 회담에서 만난 미중 두 정상(2022)

다고 주장했다.

이런 맥락에서 어두운 비전과 수정주의 외교정책을 추구하는 권위주의 강대국들에 맞서 세계 민주주의를 수호하는 것이 미국의 최대 전략 목표라는 점을 명확히 했다. 보다 구체적으로 『국가안보전략보고서』는 중국을 가장 위협적인 지정학적 도전으로 규정하면서, 인태를 넘어 지구적 도전의 측면이 존재한다고 진단했다. 다시 말해, 중국은 국제질서를 재조형할 의도를 가지고 점차 그럴 수 있는 능력을 갖춰가는 유일한 경쟁자이자 지역을 넘어 세계 지도국이 되려는 야심을 가지고 국력 신장 및 수정주의 외교정책을 추진 중이라고 분석했다. 같은 맥락에서 인도-태평양을 세계와 미국에 가장 중요한 지역으로서 세계 경제 성장을 견인하는 장소이자 21세기 지정학의 진원지라고 규정한 미국은 자신의 정체성을 인태의 강대국으로서 재규정하고 동 지역에 사활적 이익을 보유하고 있다고 선언한다. 향후 역내에서 치열한 미중 간의 경쟁이 지속될 것임을 쉽게 엿볼 수 있는 대목이다.[54]

뒤이어 2023년 4월에 잇달아 발표된 재닛 옐런(Janet Yellen) 재무부장관과 제이크 설리번(Jake Sullivan) 백악관 국가안보보좌관의 대 중국 정책 연설은 바이든 정부가 무엇보다 경제안보의 시각에서 대중 전략을 입안할 것임을 명확히 했다.[55] 탈냉전기 "차이메리카(Chimerica)"라는 공존공영의 자유세계질서가 물러가고 경제 상호의존의 영역에서도 국가안보 논리가 우선시되는 현실주의적 세계가 도래했음을 민주당 정부마저 선포한 셈이다.[56]

4. 트럼프 시대가 남긴 숙제

본 장을 마무리하며 한 가지 짚고 넘어갈 것은 트럼프 재임기가 남긴 교훈에 관한 문제다. 이는 달리 말하면, 왜 바이든의 대전략이 단순히 노스텔지어에 기반한 복고정치에 갇히면 안 되는가에 대한 논의이기도 하다. 트럼프의 "미국을 다시 위대하게 만들자(MAGA)" 구호가 이상화된 픽션적 과거(c.1950s)의 향수를 자극하는 반동적 비전이었던 것처럼, 트럼프 이전의 '좋았던' 팍스 아메리카나 체제로 돌아가야 한다는 슬로건도 퇴행적이기는 마찬가지이다. 바로 그 이전의 정상 상태(status quo ante)가 2010년대부터 본격화되고 팬데믹 국면에 가속화된 반자유주의화의 역사적 트렌드를 불러왔음을 직시해야 할 필요가 있다. 국내외의 구조적 문제에서 야기된 거시적 경향을 단순히 백신과 같은 기술적 이슈나 권좌에서 광인(madman) 몰아내기 수준의 정권 게임 문제로 환원하는 것은 불가능하다.

수십 년간 상원의원과 부통령직 등 주요 공직을 거친 바이든 그리고 과거 클린턴이나 오바마 행정부 시절부터 오랜 기간 회전문 시스템을 거쳐 온 현 행정부의 주요 각료와 백악관 참모진은 기실 트럼프가 그동안 줄기차게 공격해온 "망가진 체제(rigged system)"나 "기득권층(establishment)" 그 자체다. 따라서 그만큼 바이든 행정부의 대내외 정책은 "재(re-)"라는 접두사[57]에 갇혀 이전 패러다임을 복구·복원하는 복고풍 독트린에 함몰되기 쉽다. 그러나 단명했던 '단극적 계기'의 자유주의 컨센서스를 근본적으로 회의했던 트럼프주의자들의 질문은 여전히 유효하다. 국내외 정책 기조 모두에서 팍스아메리카나 위기의 근본적 원인에 대한 숙고를 요청하고 있기 때문이다.

우선 대외정책 분야에서 '내부자들'의 상식이자 정상 패러다임인 자유패권 전략의 오류를 비판한 것은 트럼프 시대의 타당한 문제 제기라 할 수 있다. 예를 들어, 트럼프는 퇴임사[58]에서도 자신의 주요 치적으로 재임 중 새로운 전쟁을 일으키지 않았다는 점을 강조했는데, 이 지점만큼은 곱씹어 볼 필요가 있다. 즉, 전임 집권 세력이 대테러 전쟁의 지속이 불가능하다는 사실을 직시하고, 소위 정권 교체 독트린이나 민주주의 성전(crusade)에 대한 기존 엘리트들의 믿음에 통렬한 반성을 보여주었을 뿐만 아니라, 실제로 반개입주의 공약을 지켜냈다는 점을 의미하기 때문이다.[59]

단극체제라는 물적 토대가 허물어진 것은 엄연한 구조적 현실이다. 그런 어려운 환경에서 포스트-트럼프 시대의 미국이 과잉 팽창의 위험이 존재하는 기성 자유국제주의 대전략으로 회귀하는 것은 역사의 부정적 가속화와 파국을 가져오고 말 것이라는 현실주의자들의 경고에 귀 기울일 필요가 있다.[60] 나아가 더 근본적인 국가 정체성 차원에서 미국이 보편적 이상을 수호하는 예외적 국가로서 세계의 리더 역할을 수행해야 한다는 탈냉전기의 기본 가정과 사명의식에 대한 성찰도 요구된다. 지난 10여 년간 세계의 세력균형에 근본적 변화가 도래했고 미국의 지구적 지위·목표에 대한 재평가가 시급한 시점이라 할 수 있다. 특히 선악 이분법을 통해 상대를 악마화하는 예외주의에 내재한 정체성 정치의 위험성을 성찰해야만 한다.[61]

결국 미래의 미국 지도자들은 전통적인 외교 대전략 패러다임에서 대전환이 필요한 시점임을 인지하고, 더 잘 운영되는 개선된 버전의 트럼프식 외교정책—"역외균형 현실주의(offshore balancing realism)"—을 하나의 대안으로 고려해볼 필요가 있다.[62] 비록 트럼프는 전혀 좋은 대통령이라고 볼 수 없는 인물이었고, 실제 정책 수행에서도 서투름과 비일관성이 두드러졌지만, 그가 미국 대전략의 전제들, 탈냉전적 합의에 대한 근본적 반성의 기회를 제공한 것도 사실이다. 트럼프 이전 자유세계질서에 대한 낭만적 향수가 미국 외교의 미래를 결정짓는다면 이는 반복되는 비극의 씨앗이자 역사적 기회의 상실이 될 것이다.[63]

다음으로 국내정치 영역에서도 트럼프 시대는 유사한 형태의 교훈을 제공했다. 2010년대 정치 양극화와 급진적 포퓰리즘의 성장은 사실 제도권 주류 정당들 사이에 자리 잡은 자유방임주의적 합의에 대한 불만을 반영했다. 따라서 기성 신자유주의적 사회계약의 지속 불가능성이 지적되지 않을 수 없다.[64] 물론 트럼프의 경제정책이 민족주의적 무역/이민정책과 함께 조세 감면

ARE ALL
IMMIGRANTS

등의 조치로 상징되는 재강화된 신자유주의 교리가 모순적으로 조합된 형태를 띠었기 때문에, 불만에 찬 백인 노동계급을 위한 제대로 된 해법이나 새로운 사회계약의 비전을 전혀 제시하지 못했다. 그러나 기성 양대 정당 간 컨센서스에 기반한 미국 정치의 맹점이 어디인지, 그 속에서 계급과 인종의 모순이 어떻게 곪아 터지고 있었는지는 트럼프 재임기를 경유하며 더는 감출 수 없게 되었다. 무엇보다 보건안보 거버넌스의 실패는 기존 미국 사회에 존재하던 빈부 격차와 인종 차별의 문제를 적나라하게 노출했으며, 이로 인해 더 탄력을 받게 된 극심한 정치적 양극화가 정상적인 정치 공간의 숙의를 가로막아 버렸다.

결국 관건은 오늘날 정치적 난국의 사회경제적 토대 문제를 해결할 수 있는지의 여부에 달려 있다. 탈냉전기 시대정신을 대표했던 신자유주의적 컨센서스의 대안으로서 전후 케인즈주의적 "내장된 자유주의(embedded liberalism)"의 복원이 가능할 것인지가 시대의 핵심적 질문인 셈이다. 물론 이러한 포스트-코로나 시대 자본주의의 "위대한 리셋"[65] 혹은 새로운 사회계약의 수립[66]은 자연적으로 발생하지 않는다. 이 논점이야말로 여러 사회 세력 간의 헤게모니 투쟁의 장을 형성하며, 만일 개혁가들이 명확한 비전을 가지고 위기를 기회로 전환할 수 있는 기획을 작동시키지 못한다면, 오히려 전간기와 유사하게 반동적 극우 세력이 자신들의 배타주의적 민족주의와 권위주의의 기획을 관철하는 역사적 계기로 코로나 이후 환경을 활용할지도 모른다.[67]

그럼에도 바이든 시대가 단순히 트럼프 지지자들을 무시한 자들, "개탄할 자들(deplorables)"로 비난하며 엘리트주의적·능력주의적 "브라만 좌파" 정치로의 복귀를 의미하게 된다면, 분노와 좌절을 먹고 자란 트럼프주의의 토양은 다시 비옥해지고 말 것이다.[68] 그렇다면 이른바 바이드노믹스(Bidenomics)가 과연 낡은 낙수 효과론에 기반한 신자유주의 독트린을 폐기하고 "저소득층을 끌어올리고 중산층은 키우는(the bottom up and the middle out)" 새로운 경제구조를 만들어낼 수 있을 것인가. 다시 말해, 과거 프랭클린 루스벨트의 뉴딜정책에 버금가는 급진적 개혁정책을 통해 고삐 풀린 자본주의를 통제하고 사회경제적 평등이 확대되는 "대압착(Great Compression)"의 시대를 현 리버럴 정권이 재현할 수 있을까.[69] 이것이 바로 트럼프 시대의 대혼란이 남긴 진정한 화두이자 향후 미국, 나아가 미국 주도 세계질서의 향방을 가를 중대한 질문들이다.

결장

포스트-우크라이나전쟁 시대 세계질서의 향방

1. 자유(승리)주의 담론의 고고학

최근 서구의 주류 공론장에는 우크라이나전쟁이 발발한 2022년이 탈냉전 시대—혹은 더 길게는 전후 시대—의 종식과 같은 역사적 전환점을 의미한다는 평가들이 널리 퍼져 있다.[1] 더 과감한 저자들은 1648년, 1815년, 1919년, 1945년, 1989년 등 거시적 국제질서의 분수령들에 버금가는 기점이 러시아의 침공에 의해 형성되었다는 주장까지 내놓고 있다.[2] 그러나 특정 시점을 역사의 변곡점으로 지정하는 것에는 일정한 인내심이 요구된다. 왜냐하면 특정 사건의 진정한 중요성은 그것의 장기적 결과가 관찰된 뒤에야 제대로 파악할 수 있기 때문이다. 가령 탈냉전의 종언만 해도 2001년 9.11사태, 2008년 전 지구적 금융위기, 2016년 도널드 트럼프 당선 등의 사건이 벌어졌을 때 이미 여러 차례 선언된 바 있기에 성급히 역사의 전환을 주장하는 것은 조심스러울 수밖에 없다.[3]

그러나 블라디미르 푸틴의 2022년 개전 행위 자체를 하나의 독립 변수 혹은 결정적인 역사의 분수령으로 설정하지는 않더라도, 본 분쟁을 장기 구조적 효과의 '증상'으로 읽어야 할 필요성—최근 수십 년의 세계사 전개 과정 속에서 독해할 필요성—은 부정되지 않는다. 즉, 이 전쟁을 통해 현대 국제정치사에서 하나의 거대한 순환(cycle)이 종료되었다는 점을 상기하게 되는 것, 앞서 서장에서 상술했듯 "탈냉전 30년의 위기"라는 역사적 유추 속에서 작금의 현실을 바라보는 것은 상당히 유용하다. 마치 전간기(1919-1939)가 제1차 세계대전과 제2차 세계대전 사이의 짧은 휴지기였던 것처럼, 소련 해체 이후의 "좋은 시절(belle epoch)"도 사실은 두 글로벌 냉전 사이—처음에는 미소 간, 다음에는 미중 간—의 막간극에 불과했던 것은 아닐까?[4]

이런 맥락에서 탈냉전기 서구 지식계에 유행했던 주요한 국제정치 관련 담론들을 되돌아보면 기묘한 이질감을 갖게 된다. 지금에 와서 읽으면 먼 거리감을 갖게 되는, 현시대와는 거의 통약 불가능한 담론들의 시체가 켜켜이 쌓인 지층을 보는 것과 같기에—미셸 푸코(Michel Foucault)의 표현을 빌리자면—"지식 고고학"적 접근[5]이 필요하다고 느껴질 정도이다.

공산 진영 소멸과 걸프전 완승 이후를 풍미한 승리주의적 분위기 속에서 평화와 번영의 청사진을 제시하는 각종 이론이 세기 전환기에 범람했었다. 미국 유일 패권이 안정적으로 지속될 것이라는 이야기[6]와 지구화로 통합된 세계에서 강대국 간의 전쟁은 사라질 것이라는 예언[7]이 넘쳐나고, 아직도 현실주의자가 존재하느냐란 식의 조롱기 섞인 비판[8]마저도 등장했다. 즉, 1990년대 대표적 시대정신으로서 "역사의 종언론"이 잘 예시해주듯 당대의 행복하고 낙관적인 시간이 영원히 계속될 것이며, 나머지 세계가 점점 더 미국을 닮고자 열망하고 그렇게 변화할 것이라는 역사철학적 가정이 이 담론들에 (부당) 전제되어 있었다.[9]

그리고 오늘날 우리는 "전 지구적 시대 전환(global Zeitenwende)"을 목도하고 있다.[10] 이 거시 변동의 밑바탕에는 미국 패권 시대의 종료, 즉 단극체제의 종식이라는 극성(polarity) 변화가 자리 잡고 있다. 다시 말해, 탈냉전 시기의 미국 주도 국제 시스템이 중국·러시아 등과의 강대국 전략 경쟁 체제로 대체됨에 따라 팍스 아메리카나 자유세계질서의 거대한 요동이 나타나고 있다. 우크라이나전쟁은 이러한 전 지구적 권력균형의 변동 과정을 표현하는 하나의 징후다. 아이러니한 것은 이와 같은 거시 변화가 단극시대 미국의 자유(승리)주의적 프로젝트가 야기한 과잉 팽창의 모순적 결과라는 사실이다. 마치 냉전기 소련의 운명과 마찬가지로 미국 역시 자중(自重)에 의한 내파(implosion) 과정을 겪어온 셈이다.[11]

이에 이번 장에서는 본서의 내용을 결산하는 의미로 2020년대 본격적으로 그 모습을 드러내고 있는 자유패권 프로젝트의 파산 과정과 그 원인을 아프가니스탄과 우크라이나에서의 전쟁 사례를 통해 살펴본 후, 향후 어떤 세계질서가 출현할지를 예측해보고자 한다.

먼저 통상적인 국가 간 관계의 재정렬이라는 측면에서는 미국과 중국을 각각 중심으로 하는 자유주의적 서구와 반자유주의적 비서구 간의 이분법적 진영 대결 형성이 많이 논의되고 있지만, 사실은 그 사이에서 헤징(hedging) 전략을 구사하는 다수 국가들이 존재하는 "불명확한 분기(fuzzy bifurcation)"가 현 세계의 주된 경향성으로 부각됨을 주장할 것이다.[12] 다음으로 보다 근원적인 조직 원리의 시각에서 보면, 보편주의적 자유세계질서에 대한 반발로 등장한 비자유주의적·특수주의적 "문명국가들"이 지역별로 구축하는 복수의 위계적 국제질서가 무정부적 세계체제 속에서 상호 경쟁하는 "다질서 세계(multi-order world)"의 등장 가능성을 설명할 것이다.[13]

2. 자유개입주의 프로젝트의 파산

2020년대가 두 개의 전쟁에 관한 이야기로 시작된 것은 세계질서의 현 상태를 조망하는 일에서 중요한 함의를 지닌다. 2021년 여름 전격적으로 진행된 아프가니스탄에서의 미군 철수와 탈레반의 재집권, 그리고 2022년 초 푸틴 정권에 의한 우크라이나 침공 등은 지정학적 차원에서 미국의 후퇴와 단극시대의 종언을 재삼 확인시켜주었다. 특히 두 에피소드 모두 탈냉전기 워싱턴에 의해 열정적으로 추진된 자유패권 구상이 모순에 부딪혀 나타난 후과라는 점에서, 각 사건은 오늘날 세계질서 요동의 원인이 아닌 징후로서 읽혀야 한다. 즉, 주변부와 중심부에서 각각 진행되어온 자유(승리)주의에 기초한 '세계혁명' 사업이 반발에 직면해 실패한 결과가 카불 함락과 우크라이나전 발발로 모습을 드러낸 셈이다. 전자가 일종의 월남전의 재판으로서 제3세계에서의 국가 건설 혹은 민주주의 이식 프로젝트의 파산을 대표했다면, 후자는 유럽에서 자유주의 정치경제 레짐의 팽창 시도가 맞닥뜨린 역효과를 상징한다.

1) 카불 함락: 주변부 국가 건설 사업의 실패

9.11사태에 대한 대응으로 2001년 10월 개시된 아프가니스탄 전쟁은 그 후 무려 20년간 지속됨으로써 미국 역사상 가장 긴 전쟁이라는 불명예를 안게 되었다. 이는 미국의 본격적 개입과 철수를 기준으로 대략 10년간 지속된 월남전(1964-73)의 기록을 훌쩍 뛰어넘는 것이다. 미국은 전시 기간 무려 2조2천억 달러가 넘는 돈을 투입했고, 전쟁으로 인한 직접적 사망자는 미군 2,400여 명을 포함해 24만 명을 상회하는 것으로 집계되었다.

그럼에도 미국이 달성하려던 주요 전쟁 목표—급진적 이슬람 조직 격멸과 민주주의적 국가 수립—는 결국 하나도 제대로 달성되지 못했다. 긴 기간의 지원에도 불구하고 사실상 미국이 세운 것이나 다름없는 '아프가니스탄 이슬람공화국'은 미군이 철수한 직후인 2021년 8월 15일 카불 함락과 동시에 흔적도 없이 사라져버렸다. 특히 아프가니스탄은 여전히 세계에서 대표적인 취약 국가이자 마약 국가(전 세계 최대 아편·헤로인 생산국) 상태를 유지하고 있으며, 미국이 몰아내려던 탈레반은 다시 정권을 탈환했다.[14]

그렇다면 개전 직후 순조롭게 근본주의 이슬람 정권을 교체할 수 있었던 미국이 최종적으로 패배하게 된 원인은 무엇인가.

아프가니스탄전쟁은 미국 외교가의 '기득권층'에 뿌리 깊게 자리 잡은 민주주의 전파론에 기초한 현대판 "문명화 사명" 프로젝트였다고 정의할 수 있다.[15] 세계 안정에 해를 끼치는 후진적이

카불 함락 후 아프간 난민을 태우고 떠나는 C-17 수송기

고 반인권적인 폭압 정권을 무력을 동원해 교체하고 미국의 지원 아래 자유주의 레짐을 이식하면, 주변부의 평화와 번영을 이룰 수 있을 것이라는 예외주의 독트린이 아프가니스탄전쟁 수행의 철학적 기반을 형성했다. 그러나 비서구에 대한 오리엔탈리즘적 편견과 무지[16]에 기초한 거대 사회공학의 시도는 현대 미국 외교사의 오랜 실패 스토리를 반복하는 결과를 가져왔을 따름이다. 자유민주주의체제가 작동할 수 있는 제도적·사회경제적·문화적 토대가 부재한 곳에 인위적으로 단기간에 외래의 레짐을 구축할 수 있다는 순진한 환상은 그 자체로 실현 불가능했을 뿐만 아니라, 외부의 개입에 끈질기게 저항하는 현대 민족주의의 힘을 전혀 고려하지 않은 처사였다.[17]

또한 아프가니스탄전쟁은 전형적인 "제국적 과잉 팽창" 전쟁이었다.[18] 국가전략의 관점에서 평가할 때, 냉전 종식 후 최강의 지위(primacy)를 누렸던 미국이 귀중한 역사적 기회를 쓸모없고 인기도 없는 신식민주의적 역할 수행으로 낭비한 대표적 사례라고 볼 수 있다.[19] 즉, 현실주의적 시각에서 보면 9.11테러 이후 "전 지구적 테러와의 전쟁(GWOT)" 국면은 사활적이지 않은 주변부에서의 국가 건설 프로젝트에 집중하다 훨씬 더 중대한 이슈인 "중국의 부상과 양극체제로의 전환을 허용했던 사건으로 기록될 것"이다. 나아가 미국의 국제적 신뢰성과 패권적 위상을 심대하게 약화시켰다는 점에서 알카에다와 탈레반은 단기적으로는 패퇴했지만, 궁극적으로는 자신들의 전략적 목표를 달성해냈다는 평가까지 가능하다.[20]

탈냉전기 미국 대유럽 전략의 핵심축인 북대서양조약기구(NATO)의 동진은 물론 여러 관념적·물질적 요소들이 복합 구성한 전략적 환경 하에 가능해진 정책적 선택지였다. 먼저 강대국 관계에서 미국은 소련 붕괴 후 전 세계 어느 국가도 넘볼 수 없는 절대 우위의 국력을 지녔던 반면, 러시아는 미국의 의제에 거의 저항할 수 없을 만큼 취약해져 있는 상태였다. 또한 유럽 내부로 시선을 돌리면, 서유럽 국가들이 재통일된 독일의 미래와 관련된 불확실성을 고려해 미국이 지속적으로 대륙에 대한 안보 공약을 유지하길 요구했을 뿐만 아니라, 동유럽 국가들은 역사적 숙적인 러시아의 위협이 재부상할 경우에 대비해 미국이 자신들을 보호해줄 것을 희망했다.[21]

그럼에도 우크라이나전쟁이 발발해버린 현재 우리가 주목해야 할 것은 북대서양조약기구 팽창이 어디까지나 미국의 주동적 '선택'에 의해 실행된 정책이었다는 점이다. 그리고 이러한 미국의 결정은 회고해보건대, 러시아를 포함해 전 대륙을 포괄하여 냉전기 갈등선을 초월하는 범유럽 안보 아키텍처를 구축할 기회를 상실하는 결과를 낳고 말았다. 이로써 유럽 국가들은 계속 미국에 안보를 의탁하는 상태에 머물러버렸고, 자신의 국경 코앞까지 미국 주도의 거대 동맹체가 확장된 것에 위협감을 갖게 된 크렘린은 기성 유럽 안보질서를 타파할 수정주의적 전략을 채택함으로써 오늘날 신냉전적 상황에까지 이르게 되었다.[22] 사실

1990년대 말부터 조지 케넌(George Kennan) 같은 현실주의자들은 이미 북대서양조약기구의 동진은 "비극적 실수"라고 경고했다.[23] 냉전과 같은 대전쟁 종식 이후 합의된 강대국 간의 지정학적 타결안(settlement)—묵시적인 이른바 "1인치" 합의—이 가벼이 여겨졌을 때 나타날 후과—러시아의 피포위 의식 자극—에 대해 염려했던 것이다.[24]

그렇다면 도대체 왜 미국은 북대서양조약기구 팽창을 선택했는가. 여기서도 앞서 아프가니스탄전쟁과 마찬가지로 소위 "미국의 사명"[25]이라는 자유주의 프로젝트의 역사철학적 기반이 강조될 필요가 있다. 소련 붕괴 후 '봉쇄'라는 익숙한 가이드라인을 상실한 미국이 새로운 시대의 대전략 찾기를 수행하는 과정에서, 결국 본래 자신의 예외주의적 정체성과 잘 공명하는 '자유 패권(liberal hegemony)'이 외교정책 커뮤니티 내에서 담론적 헤게모니를 장악한다. 단극이라는 역사적 호기를 지속하기 위해 노력하면서 전 지구를 미국의 자유주의적 이미지에 맞게 변형하는 대사업에 복무할 것을 결정했던 것이다. 그리고 그러한 전략 목표의 달성을 위한 방책 중 하나로 북대서양조약기구 팽창이 탈냉전 초기 미국 외교가에서 논의되었다. 즉, "칸트의 삼각형 도식(Kantian triangle)"—민주 평화론, 경제적 자유주의, 자유주의적 제도주의—에 지적 기반을 둔 채, 북대서양조약기구의 동진이 유럽에서의 안보, 자유시장 경제, 민주주의를 정착·확대시키는 중요한 계기가 될 것이라는 주장이 힘을 얻기 시작했다.[26]

아울러 정책 결정 과정에서 조약기구 가입을 원하는 동유럽

국가들의 희망을 받아들여야 미국이 '제2의 얄타'라는 죄를 짓지 않게 될 것이라는 역사적 비유도 주효했다. 만일 북대서양조약기구를 확장하지 못한다면, 스탈린의 협박과 강대국 정치의 규칙에 굴복해 전후 동유럽을 희생시켰던 어리석음을 반복하게 될 것이라는 경고였다. 이는 지키지 못한 마셜플랜의 약속을 이제야 실현할 수 있는 역사적 찬스가 1990년대에 도래한 것으로, 동유럽에도 북대서양조약기구를 통해 국제 공공재를 제공해줄 수 있다는 논리로 확장되었다. 다시 말해, 북대서양조약기구의 동진 여부가 탈냉전 시대의 국제관계 규칙이 제국주의와 권력정치를 벗어나 자유국제주의로 나아가는 시금석이라는 주장이 힘을 얻었다.[27] 정리하면, 탈냉전기 미국 외교정책의 "원죄"로서 북대서양조약기구 확대 결정은 워싱턴 엘리트들의 컨센서스로 부상한 "자유주의적 환상"이 만들어낸 비극으로서,[28] 오늘날 우크라이나 위기의 발생에 중대한 원인을 형성하고 말았다.[29]

3) 2020년대 전 지구적 시대 전환

마치 나치 독일의 폴란드 침공이 전간기 이상주의 시대에 돌이킬 수 없는 사망선고를 내렸던 것처럼, 우크라이나전쟁은 팍스아메리카나가 확실히 종식되었음을 표시했을 뿐만 아니라, 세계가 다시금 우울한 현실주의에 의해 잘 설명되는 시공간으로 회귀하고 말았음을 고지했다.[30] 1990년 이라크가 쿠웨이트를 공격했을 때는 전 세계가 단결해 사담 후세인(Saddam Hussein)의 정복욕을 저지했지만, 2022년 푸틴이 동일한 성격의 침략 전쟁을 일으켰을 때 '국제사회'의 단합된 목소리 같은 것은 찾아볼 수 없었다. 이 30년을 격한 두 침공 사건에서 드러나는 차이야말로 탈냉전이라는 역사로부터의 휴일이 이제 종식되었음을 생생하게 보여주는 것이라 할 수 있다.[31]

이로써 우리는 단극체제의 점진적 해체에 따른 자유세계질서 전반의 약화와 다극적 세력권의 부활 조짐, 그에 따른 국가 간 질서의 전반적 재정렬이 이루어지는 시기를 맞이하게 되었다.[32] 그리고 독일의 올라프 숄츠(Olaf Scholz) 총리가 이를 "전 지구적 시대 전환"이라는 개념으로 압축해 표현했다.

먼저 "시대 전환"을 정면으로 경험하고 있는 유럽 차원에서 우크라이나전쟁이 가져온 변화의 의미를 탐색하자면, 1975년 '헬싱키의정서'를 시작으로 1990년 '2+4조약'과 '새로운 유럽을 위한 파리헌장' 등을 거치며 쌓아온 유럽안보질서—주권, 영토 보전, 자기 결정권 등의 원칙이 존중되는 규칙 기반 질서—의 안정성이 깨져나가고 있다는 점에 주목할 필요가 있다.[33]

사실 유럽은 2010년 북대서양조약기구의 『전략 개념』이 발표될 때만 해도 상당히 낙관적인 협력안보의 미래상을 그린 바 있다. 즉, 북대서양조약기구와 러시아의 협조에 기반해 통상전의 위협이 적은 평온한 안보질서의 지속을 예상했었다. 그에 반해 우크라이나전쟁 발발 이후 새로 발표된 『전략 개념』은 완전히 상이한 유럽의 안보 상황—"전략 경쟁, 광범위한 불안정과 반복되는 충격들이 우리의 거시적 안보 환경이다"—을 묘사했다. 다시 말해, "가장 중요하고 직접적인 위협"으로서의 러시아와 "체제적 도전자"인 중국이 나날이 "전략적 파트너십"을 심화하며 공동으로 "규칙기반 국제질서"를 약화시키려 하는 상황에 유럽과 미국이 비상한 각오로 대응해야 한다고 촉구한 것이다.[34]

종합하면, 국가 간 전쟁이 상존하는 베스트팔렌체제를 초월하여 "칸트적 아나키 문화"[35]가 지배하는 "미래 세계정치"[36]의 공간으로 상정되었던 전제가 붕괴하고 있는 것이 오늘날 유럽 안보체제의 냉엄한 현실인 셈이다. 탈근대 지구 정치의 꿈을 가장 앞에서 선도하던 '선진적' 지역의 위기가 우크라이나전쟁을 통해 가중되고 있다.

시야를 좀 더 넓혀 전 세계적 차원의 "시대 전환"을 조망해보면, 탈단극 시대에 나타나는 중대한 위기의 징후들이 도드라진다. 이미 미중 전략 경쟁의 심화와 코로나19 사태로 조짐이 드러났지만, 우크라이나전쟁을 경유하며 "밀림이 다시 자라나는 세계"[37]의 모습이 더욱 뚜렷이 관찰되고 있다. 사실 1991년 걸프전 발발에서 2022년 우크라이나전쟁 이전까지 30년 동안, 국제정치에서 전쟁의 성격은 근본적으로 전환된 것처럼 보였다. 고전적인 강대국 간의 전쟁은 소멸되고 대신에 미국을 위시한 다국적군이 "전 지구적 치안 행위"로서 불량 국가나 테러리스트들을 처벌하고 내전 지역의 안정화를 수행하는 탈근대 시대의 글로벌 거버넌스(혹은 전 지구적 "제국")가 자리 잡은 듯했다.[38]

그러나 우크라이나전쟁 개전은 현대 인류의 최대 업적이라고

프랑스 니스에서 열린 우크라이나전쟁 반전 시위(2022)

할만한 "전쟁 쇠퇴" 현상이 깨져버린 상징적 사건이다.[39] 특히 2008년경부터 꾸준히 우크라이나의 국가성 자체를 무시한 푸틴의 발언들이 실제 전쟁 행위로까지 귀결됨으로써, 유엔헌장에 명기된 국가 주권과 영토 보전의 국제 규범이 위반되었으며, 제2차 세계대전 후 급격하게 줄어들었고, 탈냉전 국제체제에서는 자취를 감춘 듯했던 제국주의적 영토 정복 전쟁이 귀환하고 말았다.[40]

그 결과 전 지구적 군비 경쟁이 심화하고, 주요 국가들의 국방비 지출이 급증하며, 방산업체들은 역대급 호황을 누리고 있다.[41] 아울러 1989년 냉전 종식 이후 줄어들던 핵무기가 30여 년 만에 다시 증가할 가능성이 커지면서 핵군비 통제 레짐들도 약화되고 있다.[42] 이 와중에 전황이 여의찮은 러시아 수뇌부가 공공연히 핵무기 사용을 협박함으로써 상당 기간에 걸쳐 공고화된 것으로 간주하여온 "핵 터부" 규범마저 위기에 처하게 되었다.[43] 이처럼 러시아-우크라이나전쟁은 비확산과 군비 통제에서 군비 경쟁으로 핵 안보 문제의 초점을 이동시켰을 뿐만 아니라, 실제 전술핵무기 등이 사용될 가능성을 높였다는 점에서 "새로운 핵시대"를 개막하는 역할을 수행했다.[44]

3. 포스트-자유세계질서 프로젝트들의 경합

자유민주 국가들로 구성된 단일 세계의 건설을 추구했던 보편주의적 거대 사회공학이 실패한 후, 세상에는 무엇이 (재)부상하는가. 탈단극 시대로 접어드는 역사적 국면에서 우리는 우크라이나전쟁을 통해 특히 두 가지 거시적 경향성이 부각되고 있음을 확인한다. 하나는 세계가 미국과 중국을 중심으로 양분되되 그 사이에서 유동하는 국가들도 증가하는 통상적 국제관계 레벨의 변동('불명확한 분기')이며, 다른 하나는 보다 근원적 흐름으로서 여러 '문명국가들'이 부상해 각자의 세력권을 형성해가는 '다질서 세계'의 부상이다. 그리하여 미래에는 포스트-자유세계질서의 건설을 놓고 복수의 프로젝트들이 각축을 벌이는 가운데, 중소 국가들의 위험 회피 기동이 복잡하게 국제관계의 씨줄과 날줄을 구성해가는, 패권이 부재한 대공위기(interregnum)의 혼란과 파편화가 한동안 지속될 가능성이 점쳐진다.

1) 불명확한 분기

오늘날 지구에는 기성 패권국 미국과 패권 도전국 중국이라는 강력한 두 극(poles)이 존재하고, 그 두 초강대국이 전 세계를 양분해 구획하려는 지정학적 기획도 실제 작동 중이다. 구체적으로 미국이 '민주주의 대 반민주주의'의 구도를 강조하며 서구의 결속을 시도하고 있는 반면, 중국을 위시한 권위주의 세력—러시아, 이란, 북한 등—의 역결집도 관찰되고 있다. 그러나 이와 같은 국가 간 관계의 재정렬이 구냉전 시대처럼 두 개의 물샐틈 없는 세력권 형성으로 깔끔하게 귀결되고 있는 것은 아니다. 즉, 진영 간 "분기(bifurcation)"가 진행되면서도 오히려 방점은 "불명확성(fuzziness)"에 찍히는 상황이 전개 중이다. 미소 냉전기의 양극체제라는 역사적 비유로는 제대로 포착될 수 없는 독특한 복합화가 목하 진행 중인 셈이다.[45]

분기 1: 서구의 재결집

어떻게 보면 러시아의 개전은 푸틴의 의도와는 별개로 2010년대 이래 수세에 몰렸던 미국에게 전 지구적 질서의 재편을 실행할 절호의 기회로 여겨질 수도 있다.[46] 이런 맥락에서 우크라이나전쟁이 서구의 단결을 이끌어냈을 뿐 아니라 자유세계질서의 부활을 가져올 역사적 계기가 되고 있다는 견해들도 존재한다.[47] 실제로 조 바이든 시대의 미국은 거대한 역사철학적 서사와 이데올로기적 진영론 등을 동원해 탈단극화 흐름의 반전을 획책 중이다. 가령 우크라이나전이라는 돌발 변수로 인해 추가 수정작업을 거쳐 2022년 10월 발표된 『국가안보전략보고서(NSS)』[48]에서 바이든 행정부는 탈냉전 30년의 종언을 선언함과 동시에 '역사의 변곡점'에 위치한 현재의 세계가 갈수록 분열되고 불안정화하고 있다는 총체적 상황 진단을 내리면서, 앞으로의 10년이 국제질서의 향방에 결정적이라고 주장했다.

즉, 오늘날 미국을 위시한 자유민주주의 진영이 어떻게 대응하느냐에 따라 향후 지정학 경쟁 조건과 초국적 공유 위협의 대처 기회가 조형될 것이라는 내러티브다. 특히 '민주 대 반민주' 구도 아래 미래 세계의 성격을 결정할 전략 경쟁이 진행 중이라고 강조하면서, 동 보고서는 권위주의의 체제 우월성을 강변하며 민주주의 약화와 억압적 통치 모델의 수출을 추구하는 중국과 러시아의 행태가 국제 평화와 안정에 가장 큰 위협을 가한다고 주장했다. 이런 맥락에서 어두운 비전과 수정주의 외교정책을 추구하는 비자유주의적 강대국들에 맞서 세계 민주주의를 수호하는 것이 미국의 최대 전략 목표라는 점을 명확히 했다.

이처럼 이념적 색채가 강한 바이든 시대의 대전략 서사는 시공간의 재규정을 통해 자국의 패권 복원을 기획하고 있다. 역사의 시기 구분을 어떻게 정의 내리는가, 지구의 공간을 어떻게 분할하는가는 패권 권력의 핵심적 요소다. 그러한 세계 시공간의 재구성 작업을 통해 오늘날 미국은 자신의 역할 정체성을—마치 냉전 시대나 더 거슬러 올라가 두 차례 세계대전 시기처럼—"자유세계의 리더"로서 재구축하는 한편, "결정적 10년"이라는 구체적 시간표를 제시하며 2020년대에 세계사적 의미를 부여했다.

환언하면, 우크라이나전쟁과 함께 바이든에게 "트루먼적 계기(Truman moment)"가 다가온 셈이다.[49] 여기서 우리는 전쟁이 발발하기도 전인 2021년 9월, "미국-우크라이나 전략적 파트너십 공동성명"에서 이미 우크라이나가 민주주의 대 독재라는 전 지구적 대결의 중심점이라고 규정된 점을 상기하게 된다.[50] 이로써 2022년의 우크라이나는 1947년의 그리스와 포개지고, 트루먼 독트린이 1차 냉전을 촉발했듯, 바이든 독트린은 2차 냉전을 선포한 셈이 된다.

이와 같은 미국의 움직임에 대해, 유럽 동맹국들도 일단은 빠르게 호응하는 모양새다. "유럽의 9.11"[51]이라고 불릴 만큼 우크라이나전쟁이 유럽인들의 안보 인식에 대전환을 가져오면서, 각국은 국방비를 대폭 인상함과 동시에 러시아로부터의 에너지 자원 수입을 줄이기 위해 노력해왔다. 미국의 오랜 요청(과 압박)에도 달성되지 않던 방위비용 분담과 대러시아 경제 의존도 축소가 아이러니하게도 푸틴의 침략 행위에 의해 달성된 셈이다.

아울러 냉전 시절에도 중립정책을 펴왔던 핀란드와 스웨덴이 북대서양조약기구 가입을 신청하고, 미국의 대중·대러 정책에 대한 유럽연합(EU)의 지지가 뚜렷해지는 등, "유럽의 자율성" 대신 유럽에 대한 미국의 헤게모니가 재강화되는 양상도 두드러진다.[52] 예를 들어, 2023년 1월 발표된 "유럽연합-북대서양조약기구 공동선언"은 NATO와 EU간의 전략적 파트너십이 "공유된 가치"에 토대를 두고 있음을 강조하고, 현재 유럽-대서양 안보

제네바에서 만난 미러 두 정상(2021)

가 수십 년 만에 위협에 직면했다고 지적하면서, 유럽이 미국의 대전략에 호응해 중국과 러시아로 구성된 권위주의 세력에 맞서 공동으로 진영 대결을 벌일 것임을 명확히 했다.[53] 이에 더해 미국 주도로 유럽과 인도-태평양 지역의 안보를 연계시켜 양 영역 동맹국 간의 협력이 강화되는 추세도 돋보인다.

바이든 정권에 들어 이러한 초지역 간 네트워크 강화 전략은 앞서 언급한 북대서양조약기구의 『전략 개념』 보고서[54]나 백악관의 『국가안보전략보고서』[55] 등 여러 중요 문건에서 반복적으로 공식화된 것으로, 실제 2022년 6월 스페인 마드리드에서 개최된 북대서양조약기구 정상회담에 한국, 일본, 호주, 뉴질랜드 등 아태 지역의 동맹국들(AP4)이 최초로 초청됨으로써 그 실체를 드러내기 시작했다.[56] 이는 유럽과 인태를 아울러 중러 권위주의 세력에 대한 거대한 봉쇄망을 구축하려는 미국의 의도를 드러낸 움직임으로 관측된다.

같은 맥락에서 미국의 적극적 지지 아래 제2차 세계대전 패전국인 독일과 일본이 재무장과 공세적 외교전략의 길로 들어선 것도 포스트-우크라이나전쟁 시대 서구 진영화의 중요한 특징이다. 전후 국제질서의 핵심적 측면 중 하나는 바로 세계대전의 재발을 막기 위한 예방 조치로서 독일과 일본의 인위적 비무장과 평화 국가화였다. 그런데 우크라이나전쟁을 계기로 두 국가의 외교·국방정책에 대전환이 발생하고 있어 귀추가 주목된다.

독일의 경우, 숄츠 총리의 2022년 2월 27일 "시대 전환" 의회 연설을 통해 독일군의 현대화와 대폭적인 방위비 증액 계획이 천명되었다. 이에 독일 연방하원은 1천억 유로 규모의 특별방위기금 조성안을 승인했고, 단계적 증액을 통해 국내총생산(GDP) 대비 2% 국방비 지출 목표를 2024년부터 달성할 예정이다. 이는 트럼프 대통령 시절 미국이 지속적으로 압박해도 앙겔라 메르켈(Angela Merkel) 정부가 응하지 않던 바로 그 목표치다. 심지어 독일은 이 특별기금 조성을 위해 부채와 관련한 헌법을 개정하기까지 했다.[57] 동일하게 일본의 기시다 후미오(岸田文雄) 내각 또한 2022년 12월 안보 관련 정책 3문서—"국가안전보장전략", "국가방위전략", "방위력정비계획"—의 발표를 통해 전후 일본 안보정책의 대전환을 공식화했다. 특히 적 기지 "반격 능력" 강화 등 기존의 전수 방위 패러다임을 변경하고, 북대서양조약기구의 전례를 따라 GDP 대비 2% 수준으로 방위예산 증액도 공약하는 등 미국의 인태전략에 적극 호응했다.[58]

분기 2: 중국-러시아의 유사 동맹화

다른 한편, '분기'의 반대쪽 진영에서 중국과 러시아 사이의 소위 권위주의 연대도 강화되는 모습을 보이고 있다. 사실 냉전 종식 후 두 강대국은 과거 사회주의 진영 내의 지배권 다툼이라는 오랜 갈등을 딛고, 단극체제와 미국식 가치 및 규범에 대한 반대라는 기본 입장을 공유하면서 서서히 밀착해왔다. 즉, 탈냉전기 양국 관계는 1994년 "건설적인 동반자 관계의 건설" 선언 이후, "전략적 협력 동반자 관계"(1996년), "전면적인 전략적 협력 동반자 관계"(2011년), "신시대 전면적 전략 동반자 관계"(2019년)로 진화해왔으며, 상하이협력기구(SCO), 브릭스(BRICS) 등의 다자 협의체를 창설·운영하며 전 세계적 차원에서 반패권주의/다극화 지지 연대의 확대를 꾀했다.[59]

특히 우크라이나전쟁 국면에서 주목받은 것은 중국의 입장이다. 개전 이래 줄곧 베이징은 표면적으로 신중한 태도를 견지했다.[60] 어쨌든 공식적으로는 러시아의 침공 행위에 적극적 지지를 표하지 않은 채 관망하는 모습을 보였으며, 소위 선택의 딜레마—미중 전략 경쟁의 관점에서 러시아를 지지해야 마땅하나, 경제 이익 차원에서 서방의 제재를 회피하고 그간 공들여왔던 유럽 시장을 보존해야 하는 상황—에 빠졌다는 평가도 존재했다.[61] 그럼에도 기본적으로 베이징은 "중립을 표방한 친러" 정책을 선택한 것으로 판단된다.[62] 구체적으로 중국은 자신을 우크라이나 사태의 “비당사자”, “방관자”라고 정의하면서도, 북대서양조약기구의 지속적 동진에 대한 러시아의 “합리적 안보 우려”가 적절히 해결되어야 한다는 입장을 제시하며, 일방적 “침략”으로 전쟁이 시작되었다는 사실을 확인하지 않았다. 즉, 미국의 냉전적 사고가 유럽-러시아 관계를 악화시켜왔다는 논리에 기반해 문제의 정치적 해결을 촉구함과 동시에, 유엔 안보리에서 러시아 규탄 및 철군 요구 결의안 투표에 기권해버렸다.[63]

이런 맥락에서 전쟁이 발발한 2022년부터 중러 양국은 국가수뇌 레벨에서 유사 동맹적 우호협력 관계를 반복적으로 재확인해왔다.[64] 가령 침공 직전인 2022년 2월, 베이징 동계올림픽을 계기로 발표된 “신시대 국제관계와 글로벌 지속 가능한 발전에 대한 공동성명”에서 양국의 “무제한적 파트너십”이 과시되었다. 특히 양국 정상은 북대서양조약기구의 추가확장과 아태 지역의 폐쇄적인 블록화에 반대함을 명시하고, 세계 다극화와 국제관계 민주화를 함께 추동할 것을 다짐했다.[65]

그리고 2022년 12월 말, 푸틴 대통령과 시진핑(习近平) 국가주석은 이번에는 화상으로 정상간 만남을 가졌다. 여기서 푸틴은 “러시아와 중국 군대 간 협력 강화”를 강조하면서, 중국에 대한 에너지 공급이 전례 없는 수준에 도달했고, 앞으로 그 양을 더욱 늘릴 예정이라고 밝혔다. 이에 대해 시진핑은 양국이 공히 “패권주의와 권력형 정치에 맞서기 위한 준비가 돼 있다”고 주장하면서 “변란으로 뒤엉킨 국제 정세에 직면해 중국과 러시아는 시종 일관 협력의 초심을 고수하고, 전략적 집중력을 유지하고, 전략적 협력을 강화"해야 한다고 발언했다. 이로써 우크라이나전쟁 국면에서 표면상의 중립에도 불구하고 중국이 근본적으로 어떤 입장을 지니고 있는지 명확히 한 셈이다.

이어서 2023년 3월, 정상회담 후 발표된 "중러 신시대 전면적 전략 협력 동반자 관계 심화에 관한 공동성명"도 "다극체제" 형성이 가속화되고 있는 국제 구도의 중대 조정기에 쌍방이 함께 "새로운 형태의 국제관계 건설을 추진"할 것을 다짐하면서, 미국 정부가 설파하는 "'민주주의 대 권위주의'라는 위선적인 서사"를 반대한다고 천명했다. 또한 양측은 "북대서양조약기구가 아시아 태평양 국가들과 군사 및 안보 관계를 지속적으로 강화하여 지역 평화와 안정을 훼손하는 것"에 대해 깊은 우려를 표명하는 동시에, "미국이 냉전적 사고방식을 고수하고 인도-태평양 전략을 추구"하고 있다는 점을 강도 높게 비판했다.[66]

같은 맥락에서 2023년 10월, 일대일로 정상포럼 참석 후 별도로 단독회담을 가진 시진핑과 푸틴은 서로의 핵심 국제 현안에 대한 지지 입장을 명확히 했다. 시 주석은 "중국은 러시아 인민이 자주적으로 선택한 민족 부흥의 길을 가고, 국가 주권·안보·발전 이익을 수호하는 것을 지지한다"고 강조함으로써 우크라이나전쟁에 대한 옹호 의사를 우회적으로 밝혔다. 푸틴 대통령은 "러시아는 하나의 중국 정책을 실행하고 중국이 국가의 주권과 영토 보전을 수호하는 것을 확고히 지지한다"고 발언하여 대만 문제에 대한 중국의 입장에 적극 찬동했다.[67]

불명확성: 헤징의 범람

이처럼 미국을 위시한 자유주의 진영과 중국-러시아를 중심으로 한 권위주의 진영 각각이 발휘하는 구심력은 탈단극 시대의 세계를 양극화하는 '분기'의 힘으로 작동하고 있다. 그럼에도 우리가 목도하고 있는 소위 신냉전의 현실은 구냉전과 달리 중간 지대에 수많은 중견국들, 심지어는 친미 국가들마저 전략적 모호성을 유지하며 어느 한 진영을 택하길 거부하는 "헤징(hedging)" 전략의 범람 상황이다.[68]

가령 주권국가에 대한 예방 전쟁 수행을 통해 유엔헌장을 정면으로 위반한 러시아를 유엔 인권위원회(UNHRC)로부터 축출하자는 안건에 대해 여러 남반구(global south) 국가들이 반대표를 던졌다. 같은 맥락에서 러시아의 G20에서의 퇴출도 여러 회원국의 반대로 좌절되었다.[69] 나아가 러시아에 대한 국제적 경제제재에도 빈틈이 발생하여 사실상 북대서양조약기구와 일부 인태 지역 동맹국으로 구성된 "서구"만이 제대로 제재 전선에 동참한 양상이다. 바이든이 냉전기의 죽은 언어를 되살려 반복 사용해온 "자유세계"의 실체가 불분명한 형국인 것이다.[70]

지역적으로 세분화해보면, 우선 패권 이행기의 안보 위협 증가를 가장 직접적으로 체험하고 있는 인태 지역에서조차 여전히 본격적인 반중국 봉쇄 연합은 등장하지 않고 있다.[71] 도리어 많은 역내 국가는 중국과의 경제, 외교관계를 심화하는 한편 국방예산은 축소하는 모습까지 보이고 있다. 2010년대 이후 대중국 외적 균형(external balancing)을 달성하기 위해 미국이 많은 외교적 자원을 투여해왔고, 특히 역내에 제도적 균형(institutional balancing)을 위한 "맞춤형 연합체"와 "중층적 지역 아키텍처" 구성에 다대한 노력을 기울여왔음에도 불구하고, 지역 국가들의 다양한 이익과 위협 인식의 분포는 미국이 원하는 만큼의 "블록화 혹은 신냉전으로의 분화"를 어렵게 만들고 있다.[72] 대신에 여전히 아시아 국가들 사이에서 다극화에 대한 전략적 대응은 헤징이 가장 보편적인 상황이다.[73]

이런 맥락에서 미국 인태 전략의 핵심 포섭 대상[74]이라고 할 수 있는 인도의 사례가 주목된다. 인도는 비록 미국 주도 소다자 연합체 가운데 중추를 이루는 쿼드(Quad)의 회원국이지만, 우크라이나전쟁 이후 대러시아 제재에 동참하기는커녕, 러시아로부터 막대한 원유를 값싸게 수입하고 일부는 원산지 세탁 후 수출해 큰 이득을 남기는 등 철저히 실리를 우선시해왔다. 사실 인도는 이미 반미적 성향의 BRICS와 SCO에도 가입한 나라로서, 구냉전기의 '비동맹' 전략을 계승발전한 일종의 '다중동맹' 전략을 통해 향후 탈단극 세계질서에서 독자적인 한 축으로 자리매김하고자 시도하는 것으로 보인다.[75]

또한 서구조차도 대중국 전선에서 제대로 결속되고 있는지 의문이다. 오히려 우크라이나전쟁은 유럽에 러시아와의 관계를 축소하는 대신 중국과의 경제적 교류를 증대시키는 유인을 제공했다고 볼 수도 있다.[76] 특히 미국의 대중국 견제 전선에 참여하는 제스처를 취하면서도 개별 유럽 국가들은 중국과의 경제 교류가 지속되기를 바라는 기류가 엿보인다. 이런 점에서 유럽연합의 리더 격이라 할 수 있는 독일 숄츠 총리의 '친중' 행보가 시사적이었다. 그는 2022년 11월, 중국 방문을 단행함으로써 시진핑 주석의 3연임 확정 후 베이징을 찾은 첫 서방 국가의 수반이 되었다. 또한 언론 기고문들을 통해 숄츠 총리는 글로벌 이슈에서의 중국의 책임 있는 역할론을 강조하면서 "중국은 중요한 파트너이며 앞으로도 그럴 것"이라고 주장하는가 하면, "중국의 부상을 이유로 중국을 고립시키거나 협력을 저해하는 것이 정당화될 수 없다"고 강조했다.[77]

여기서 한 걸음 더 나아가 2023년 4월 중국을 방문한 에마뉘엘 마크롱(Emmanuel Macron) 프랑스 대통령은 중국을 배제한 디커플링에 반대한다는 입장을 분명히 한 것에 이어, 뒤이은 귀국길 인터뷰에서는 달러 패권과 진영 대 진영의 대결 논리에 반대한다는 점을 밝히고, 유럽의 전략적 자율성을 확보하는 것의 중요성을 반복해 강조했다. 더구나 유럽이 대만 문제에서 미국을 추종해선 안 된다고까지 주장해 큰 파문이 일기도 했다.[78] 아울러 우르줄라 폰데어라이엔(Ursula von der Leyen) 유럽연합 집행위원장이 2023년 3월 대중국 정책 관련 연설에서 "중국과 디커플은 가능하지 않으며 유럽에 이익도 되지 않는다. 우리의 관계는 흑백이 아니다"라며 "우리는 디리스크(위험 완화)에 집중해야 한다"고 말한 것도 같은 맥락에서 경제적 상호의존 이슈에 있어 유럽의 실용적 접근법을 드러낸 것이었다.[79]

이렇게 여러 중견국이 전 지구적 '분기' 상황에서 어느 한 편을 선택하기를 주저하고, 그렇게 해야 한다고 느끼지도 않고 있는 상황[80]이 전개되고 있는 것에는 크게 두 가지 차원의 이유가 거론될 수 있다. 첫째, 물질적 원인으로는 전후 시점과 달리 지구화가 진행된 오늘날의 환경에서 경제적 상호 의존의 논리와 지정학적 경쟁의 논리가 긴장 관계를 형성하고 있다는 점을 지적할 수 있다. 탈냉전 30년간 신자유주의적 지구화로 인한 경제적 통합이 이미 상당히 진척되었고, 설령 강대국 경쟁의 동학이 초국적 흐름의 속도와 양상에 변화를 가져온다 하더라도 이제 와서 완전한 탈지구화와 디커플링의 달성은 거의 불가능하다.

무엇보다 유럽연합과 인태 동맹국들을 포함해 세계 다수의 국가들에게 최대 교역국은 더 이상 미국이 아니라 중국이란 점이 현대 국제경제의 엄연한 현실이다. 과거 자급자족적 소련과 달리 개방 경제의 중국에 대한 의존이 심화된 상태, 즉 세계의 많은 나라들이 중국의 방대한 소비 시장과 자본 투자를 통해 경제 성장의 동력을 얻어온 상황에서 쉽사리 안보 논리만을 근거로 베이징과의 전면적인 적대와 갈등을 감수하기는 어려운 조건이다.[81]

여기서 문제를 더 어렵게 만드는 것은 패권 하강기에 접어든 미국 대전략의 모순 혹은 한계 지점과 관련된다. 탈냉전 시대의 종언 이후 미국 대외전략의 총노선은 바이든 대통령 재임기에도 여전히 미확정적이다. 지난 시기의 자유국제주의 컨센서스를 대체할 확고한 대안은 아직 나타나지 않은 채 현실주의적 축소론에서 네오콘의 팽창주의에 이르기까지 매우 넓은 스펙트럼의 입장들이 경합 중이다. 관건은 새롭게 주어진 다극화 환경에 맞춰 미국의 외교정책을 어떻게 구조 조정할 것인가의 문제인데, 탈단극 시대 미국의 의도와 능력 사이의 격차가 벌어지면서 상당한 긴장이 노출되고 있다.

단적으로 바이든 외교정책의 중요한 슬로건 중 자유패권 열망의 지속을 상징하는 "미국의 귀환"과 하강 패권국의 현실적 입장을 반영하는 "더 나은 재건" 혹은 "중산층을 위한 외교" 논의는 서로 충돌하는 면이 크다.[82] 이는 근본적으로는 패권 경쟁 국면에서 미국의 수위 유지 전략의 두 구성요인인 "내적균형정책(invest)"과 "외적균형정책(align)" 사이의 충돌을 의미한다.

보다 구체적으로 살펴보면, 국제 공공재를 제공하며 세계질서를 운영하는 '자비로운 패권'의 자아상이 여전히 관성을 갖고 한편에 존재하지만, 다른 한편에서는 탈냉전기의 경제 교리였던 신자유주의 표준과는 완전히 배치되는 움직임, 즉 비교 우위 같은 자본주의적 효율성 논리가 아닌 경제안보의 논리가 지배하는 중상주의적 행태가 관찰되고 있다. 예를 들어, 전후 시대 이래로 자유무역의 선봉장 역할을 해왔던 미국이 오늘날에는 "인플레이션 감축법(IRA)", "반도체 칩과 과학법(CHIPS and Science Act)" 등에서 보듯 동맹국들마저 가리지 않는 보호무역정책을 주도하면서 진영 '간' 갈등은 물론 진영 '내' 충돌까지 촉발하고 있다.

이는 트럼프 시대의 "미국 우선(America First)" 독트린이 단순한 변칙이 아니라 탈단극 시대의 뉴노멀이 되어가고 있다는 점을 잘 보여주는 사례다.[83] 특히 심화되는 미중 경쟁의 맥락에서 미국의 국제경제 정책은 첨단기술 분야를 중심으로 한 공급망 재편에 초점을 두고 있다. 문제는 이것이 동맹국들에게도 상당한 비용과 리스크를 요구한다는 점이다. 따라서 더 이상 시혜적으로 국제 공공재를 제공하지 않는 비자유주의적·일국주의적 패권에 직면해 개별 국가들은 각자의 손익 계산에 몰두할 수밖에 없고, 동맹국과 동류 국가들을 네트워킹해 전략 경쟁 시대에 대응하려는 미국의 방책은 제대로 작동하지 못하고 있다. 그리고 물론 이런 곤궁함의 근저에는 미국 국력의 상대적 쇠퇴라는 구조적 변화가 도사리고 있다.

이런 맥락에서 보면, 바이든 독트린이 이념적 대결을 강조하는 것은 일종의 궁여지책으로 해석될 수도 있다. 쇠퇴 중인 패권국으로서 동맹에게 물질적 실익을 제공할 수 있는 여유가 갈수록 줄어드는 상황을 고려할 때, "민주주의 대 권위주의"라는 구도를 강조하는 "가치외교"는 미국이 그나마 동맹국들과 파트너 국가들을 일정 정도 동원할 수 있는 유용한 레토릭으로 볼 수 있다.[84] 그러나 이데올로기적 차원에서도 구냉전과 대비해 신냉전의 양상은 진영 구획의 과정이 모호할 수밖에 없다. 미소 냉전기에 미국은 자유민주주의 국가와 우익 독재국가들을 '반공'이라는 이데올로기로 묶어낼 수 있었다. 공산주의에 대한 강한 반감이 민주와 독재라는 정치 레짐의 차이를 넘어 소련에 대한 위협 인식을 공유할 수 있게 만들었고, 바로 이점 때문에 반소 균형연합 구성이 용이했다.

하지만 21세기의 이데올로기적 지형은 반중 연합 구축에 그다지 호의적이지 않다. 바이든 정부가 민주주의 대 권위주의라는 이념 도식을 동원하고 있지만, 지구 방방곡곡에 존재하는 수

많은 비자유주의 국가들은 당연히 이러한 미국의 세계 구분법에 매력을 느낄 수 없다. 오히려 이들은 이념적으로는 소위 "중국 모델"에 더 친밀감을 갖는 경우도 많다. 특히나 과거와 달리 공세적으로 자신의 "공산주의" 이념을 수출하는 혁명국가적 성격이 사라진 마당에 중국의 이데올로기는 더 이상 위협적 공포의 대상이 되기 어렵다. 따라서 미국 주위에는 전통적인 자유주의 국가들만 밀착하는 상황이 전개될 개연성이 높다.[85]

추가하여, 트럼프 시대를 경유하며 미국의 민주주의 자체가 치명적 결함을 노출하여 그 매력이 반감되었고, 전 세계적으로도 민주주의의 양적·질적 퇴보(backsliding)가 두드러진 상황이란 점도 고려되어야 할 것이다. 세계 민주주의의 본산이라고 할 미국에서 극우 포퓰리스트들의 준동에 의해 의회가 점거되고, 선거 결과를 부정하는 지도자가 유력한 대선후보로 계속 존재하는 상황은 미국의 지도력과 민주주의 체제 모두에 대한 회의를 증가시켰다.[86] 바로 이러한 점들이 모여 오늘날의 지정학적 '분기'가 모호한 형태로 진행될 수밖에 없는 관념적 차원의 이유를 구성하고 있다.[87]

2) 다질서 세계: 문명제국 간 질서의 등장

그렇다면 보다 장기적 흐름에서 봤을 때, 탈단극 시대 자유세계 질서가 쇠퇴한 이후에는 어떠한 국제관계 시스템이 부상할 것인

젤렌스키 초청으로 키이우에서 만난 독일·프랑스 정상(2022)

가. 통상적인 지정학 게임 수준에서 관찰했을 때, 가장 먼저 눈에 띄는 것은 패권 이행과 다극화의 흐름이다. 미국 권력의 상대적 하락 속에 여러 열강이 각축전을 벌이는 홉스적 현실주의 세계의 귀환이 미래 국가 간 질서의 모습으로 대개 그려진다.[88]

그러나 러시아-우크라이나전쟁을 통해 모습을 드러낸 국제정치의 거시적 경향성은 근대 유럽식의 강대국 세력균형 정치의 귀환보다는 훨씬 더 복잡하고 심원한 수준의 문제—조직 원리의 패러다임 전환—를 제기하는 것 같다.[89] 탈냉전기 후쿠야마 류의 코스모폴리타니즘 프로젝트가 스러져간 자리에 지난 500여 년간의 서구적 근대화 혹은 유럽 문명표준의 팽창이라는 전파론적·진보주의적 세계사 이해 자체를 의문시하는 힘들이 모습을 드러내고 있기 때문이다.

이는 어떻게 보면 새뮤얼 헌팅턴의 사후 복수라고도 볼 수 있다. 1990년대 자유(승리)주의적 세계관의 지배 하에 지구화와 글로벌 거버넌스, 민주 평화 등 보편주의적 이론이 대세를 이루었고, 헌팅턴이 제기했던 "문명들의 충돌" 테제[90]는 퇴행적이면서 정치적으로도 올바르지 못한 담론으로 학계 엘리트들 사이에서 기각되어버렸다. 그러나 오늘날 국제정치의 두드러진 특성으로 서구와 비서구 강대국들 사이의 경쟁이 부각되고, 특히 권력 이동(power shift)의 양상이 단순한 지정학적 힘의 충돌을 넘어 문명 간의 지문화적(地文化的, geocultural) 경합 양상을 띠고 있다는 점에서 헌팅턴의 문제 제기가 재소환될 수밖에 없다.[91]

여기서 우리는 특히 '문명주의(civilisationalism)'와 그에 기반한 '문명국가(civilisational states)' 프로젝트가 비서구 지역에서 부상해온 현상에 대해 살펴볼 필요가 있다. 앞서 설명했듯 탈냉전기 30년간 전 지구적 수렴 모델인 "역사의 종언" 테제가 일종의 시대정신을 이루었다. 이러한 자유주의적 문명표준의 전일적 헤게모니는 서구 외부 비자유주의 강대국들에게 이념상의 포위 의식을 가중시켰다. 안 그래도 정치경제적 물질권력 쟁투의 패배자로서 자존심에 상처를 입은 상황에서 자신의 고유한 전통과 정체성마저 부인 당해 존재론적 안보까지 위협받고 있다는 위기감에 시달리게 되었던 것이다. 이런 맥락에서 21세기 전환기부터 부상하기 시작한 문명주의란 본질적으로 자유국제질서의 지구화에 대한 대항 패권적 기획, 더 심원하게는 서구의 지배적 근대성 전반에 대한 거부를 의미한다. 환언하면, 자유주의적 문명표준에 반해 본질화된 특수주의적 집단 정체성, 대안적인 비자유주의적 규범체계, 다극적 국제질서 비전을 제공하려는 거대 서사가 출현한 것이다.[92]

이러한 문명주의 담론을 현실에 제도적으로 구현하려는 시도가 바로 문명국가 프로젝트다.[93] 21세기에 문명국가를 자처하는 비서구 강대국들은 공통적으로 근대화 과정의 거대한 트라우마에 기초한 "상처받은 민족주의" 정서를 토대에 깔고 있으며, 그 집단적 고통의 기억을 안겨준 대타자(Other)로서 서구와 자유주의를 지목한다. 따라서 이들 국가의 지배 엘리트들은 서구의 "오염"에서 벗어난 "고유한 문명전통"에 기반해 국가의 예외주의적 정체성을 복원하고자 시도하며,[94] 문명국가(또는 제국 전통)의 부활과 정당한 국제적 지위의 회복을 위해 서구(미국) 패권의 전복을 통한 다극적(다원적) 세계질서의 건설을 획책한다. 그러므로 이들 문명국가의 외교정책은 자연스럽게 기성 서구 중심적 세계질서와 근대 주권국가체제를 전복하려는 수정주의—또는 더 근본적 차원의 혁명주의—형태를 띨 수밖에 없다.

아울러 문명국가들은 국내외적으로 위계적인 정치질서를 구축하고자 시도하는데, 국가 내부에서는 우익 포퓰리즘이나 권위주의에 기초해 사회의 통일성과 권력의 집중성 등을 강조하는 억압적 정치 레짐을 형성하는 경향이 있다. 또한 외부적으로는 중심에 위치한 "문명국가(=제국)"가 주변 "야만" 지대에 대한 "문

명화 사명"을 단행하여 헤게모니적 문명 정체성에 기반한 동심원적인 권역을 형성하고자 한다.[95]

소련 해체라는 지정학적 재앙을 통해 이등국으로 추락함으로써 북대서양조약기구의 동진을 저지하지 못한 국가적 수치를 곱씹으며 구소비에트 공간에 "러시아 세계(Russkiy mir)"를 복원하려는 푸틴의 유라시아주의 비전[96]과, 아편전쟁 이래 "백년 국치"를 극복하고 "인류 운명 공동체(혹은 '천하')"를 구현하려는 시진핑의 중국몽(中國夢)[97] 등이 오늘날 문명주의에 토대를 둔 문명국가 프로젝트의 대표적 사례들이다.[98] 이로써 유라시아 대륙이 다시금 국제관계의 중심으로 부상하고 있으며, 지정학·지경학뿐 아니라 갈수록 지문화의 힘이 포스트-자유세계질서의 향방을 결정할 것으로 예측된다.[99]

그리고 바로 이런 맥락에서 우크라이나전쟁은 조직 원리상으로도 새로운 미래 국제관계의 부상 가능성을 타진하게 하는 중대 사건이라 볼 수 있다. 무엇보다 푸틴의 러시아가 무력을 사용해서라도 유라시아주의 문명국가 비전을 구현하려고 했다는 점에 주목할 필요가 있다. 왜냐하면 문명주의가 몇몇 이단적 사상가들의 공상이나 포퓰리즘을 선동하려는 권위주의 지도자들의 정권 정당화 수사에 그치지 않고, 실제 국가 간 질서에 거대한 파란을 일으킬 수 있는 변수임이 밝혀졌기 때문이다.

그리고 만일 이러한 문명 정체성에 기반한 반동적 기획들[100]이 유라시아 대륙에서 성공할 경우, 우리는 "제국적 계기"의 귀환[101]과 함께 전후 국제연합으로 제도화된 베스트팔렌체제에 의

모스크바에서 만난 중러 두 정상(2023)

해 잠복되어 있던 전근대 국가 간 시스템의 부활을 관찰하게 될지도 모른다. 근대 "국제사회의 팽창"[102]이 달성된 이후, 특히 탈냉전으로 거대 진영 간 대결이 소멸된 이후, 인류는 단일의 '국제사회(=자유세계질서)' 속에서 삶을 영위하게 되었다. 그러나 탈단극적 계기에서 러시아와 중국 등 문명국가들의 수정주의 프로젝트가 실현될 경우, 세계는 다시 근대 이전과 유사하게 복수의 국제 사회들이 세계지역별로 병존하는 상황으로 회귀할 수도 있다. 개별 이익권 내에는 문명국가(=제국)를 중심으로 동심원적으로 구성된 "위계적" 공납체제가 조직 원리로 부상할 것이며, 그 문명 권역들 혹은 국제사회들 간의 관계는 "무정부적" 조직 원리로 규정될 것이다. 이러한 상황에서는 서구의 자유국제질서마저 하나의 세력권으로 축소되는 일종의 지방화와 특수화가 진행될 것이다.[103] 다만 그간 진행된 자본주의적 세계화의 통합적 힘은 여전히 조정된 형태로나마 존재할 것이기 때문에, 지구 전체를 하나로 포괄하는 '국제체제'는 잔존한다.

환언하면, 하나의 포괄적인 국제체제 안에 상이한 문명 원리로 조직된 여러 국제질서들이 병립하는 탈중심적이고 복합적인 '다질서 세계(multi-order world)'가 창발하는 양상을 상정할 수 있다. 이 복잡 시스템은—구성원들 간 국력의 차이는 존재하나 상당 부분 동질적인 민족국가 간의 관계로 구성된 베스트팔렌 패러다임 속 다극체제와는 달리—국가들의 집합체인 국제사회들 간의 상호 작용으로 형성되는 "2차 질서체제(second-order system)"로서 개별 구성단위가 전혀 상이한 정체성과 제도를 보유할 것이다.[104]

물론 이와 같은 예측은 하나의 경향성을 탐색한 것일 뿐 역사의 필연적 법칙을 설명하는 것은 전혀 아니다. 실제로 21세기에 문명국가 프로젝트가 성공을 거둬 다중심적인 '다질서 세계'가 보편주의적 자유세계질서를 대체할지는 시간을 두고 지켜볼 일이다. 특히 코로나 팬데믹과 우크라이나전쟁 국면을 경유하며, 러시아와 중국의 문명국가 프로젝트는 중대한 불안정성을 노출하고 말았다.

우선 러시아의 경우, 침공 이후 세계 2위의 군사 강대국이라는 명성에 전혀 걸맞지 않은 기대 이하의 전쟁 수행력을 보여주었을 뿐만 아니라, 용병 집단 바그너그룹의 반란 사례에서 보듯 푸틴 정권의 안정성마저 의문시되는 모습을 노출했다. 수정주의적 의도와 실제 능력 사이의 거대한 격차가 존재함이 증명된 셈이다. 또한 개전 결정 과정에서도 치명적인 전략적 오판이 존재했던 것으로 밝혀지고 있다.

푸틴은 2022년의 시점에서 서방이 추세적으로 약화되어온 반면, 비자유주의 세력 연대가 강화되었기에 절호의 기회의 창이 열렸다고 판단한 듯하다. 하지만 이는 우크라이나인들과 북대서양조약기구의 저항 의지와 능력을 과소평가한 것이었다.[105] 결국 러시아는 제대로 된 전략적 실익도 없이 핵심적 국제질서 규범만 위반함으로써, 대외적인 연성 권력에 돌이키기 힘든 타격을 입었다. 무엇보다 동유럽의 구공산권 국가들과 과거 소비에트연방 소속 국가들의 러시아에 대한 반감과 결속력이 크게 증대했다. 때문에 향후 러시아의 대외 행보에 커다란 제약이 가해질 것으로 예상된다. 아울러 현재까지는 국내 시민들의 저항을 탄압과 프로파간다로 무마하고 있지만, 그러한 폭력과 정보 왜곡 위에 쌓아 올린 유라시아 비전이 과연 지속될 수 있을지 의문이다.[106]

다음으로 중국의 경우, 팬데믹 초반에는 구미 자유주의 국가들에 비해 바이러스의 확산을 잘 통제하고 경제 성장률도 빠르게 반등하는 등 선방하는 듯 보였다. 하지만 제로 코로나 정책의 강압적 지속은 경기 침체를 초래했을 뿐만 아니라, 결국 백지시위와 같은 내부 반발까지 야기했다. 그리하여 공산당의 국내 통치 정당성뿐만 아니라 권위주의적 “중국 모델(中国模式)”의 대외적 소프트 파워까지도 크게 약화되는 상황을 맞이했다. 나아가 보다 근본적인 차원에서는 최근에 이른바 “중국 정점(peak China) 담론”이 미국학계에 부상하고 있어 주목을 요한다.[107] 이미 중국의 굴기는 정지되었으며, 경제 생산성 저하·부채 증가·출산율 저하에 따른 인구 감소와 고령화, 높은 해외 자원 의존도 같은 구조적 요인 탓에 앞으로 남은 일은 국력의 하강뿐이라는 것이다. 향후 실제 중국의 진로가 어떻게 펼쳐질지 관심이 집중되고 있다.[108]

에필로그 탈단극 계기 속 대한민국 외교의 암중모색

"두 시대 사이의 분수령을 건넜음을 어떻게 알 수 있을까?
어떻게 외교관들은 더 이상 제1차 세계대전 이후 시대가 아닌
제2차 세계대전 이전 시대에 진입했음을 알게 되었을까?
당시에 모든 것이 완전히 변화했음을 감지한 사람이 과연 존재했을까?
사람들은 1931년 일본의 만주 침공 소식이나 1932년 만국군축회의 실패
소식 또는 1933년 1월 한 실력자가 독일 수상으로 선출되었다는 뉴스를
접한 후 세상이 완전히 바뀌었다고 생각했을까?
만일 당시 사람들이 새로운 시대가 도래했음을 몰랐다면,
우리라고 해서 근본적으로 다른 시대에 접어들었는지의 여부와 그
시점을 알아챌 수 있을까? 필경 우리는 전혀 알아채지 못할 것이다."

—자라 스타이너(Zara Steiner)[1]

1.

이상에서 우리는 전간기 세계의 파노라마를 통찰한 E. H. 카의 안목을 빌려 '30년의 위기'라는 제목 아래 탈단극 시대 미국과 세계질서의 흐름에 대해 살펴보았다. 특히 앞서 결장에서는 강대국 간 경쟁이 심화되고 팍스아메리카나가 무너져 내리는 "긴 비

극적 과정의 일환"으로서 러시아–우크라이나전쟁이 갖는 함의를 살펴보았다. 이는 전후 70여 년간 이어진 "동시대사의 종언"이자 거대한 현상 변경을 의미한다.[2] 열강 간의 포스트–자유세계질서 프로젝트 경쟁이 치열해지고 있지만, 불행히도 이들의 권력정치를 완화해줄 유엔과 같은 다자 거버넌스 기구나 자유주의적 규범은 제대로 작동하지 않고 있다.[3]

2023년 10월, 하마스의 유례없는 규모의 테러 공격으로 재점화된 이스라엘–팔레스타인 분쟁도 이와 같은 거시적 맥락에서 해석 가능하다. 다극화 시대 미국의 축소 전략 실행에 따라 세계 곳곳에 힘의 공백이 발생하면서 억눌려 있던 기존의 수정주의 지역 세력들에게 현상 변경을 추구할 전략적 기회의 창이 열렸고, 이에 단극 시기 동결되었던 갈등들이 재발현되는 사태가 잇달아 등장하고 있는 셈이다.[4] 개별 지역 분쟁의 뿌리에는 각자의 역사적 사연과 특수성이 존재하나,[5] 그런 오래된 갈등들이 작금에 이르러 동시다발적으로 통제 불능화하는 것은 미국의 억지력이 전반적으로 약화되면서 등장한 대공위기 특유의 거시적 환경이 만들어졌기 때문이다.[6]

특히 중동이야말로 오늘날 다극화 혹은 파편화의 효과가 뚜렷이 관찰되는 장소 중의 하나로서, 이란·사우디아라비아·이스라엘 같은 지역 강국의 지정학적 재계산과 재정렬이 복잡하게 진행되어왔다. 테러 발생 불과 8일 전 "중동 지역은 지난 20년간 어느 때보다 더 평온하다"고 공개 석상에서 묘사했던 제이크 설리번 미국 국가안보보좌관의 허언은 단순한 정보 실패의 에피소

드 차원을 넘어 세계질서에 대한 통제력을 잃어가는 패권 하강기 미국의 상징적 장면으로 기록될 것이다.[7]

우리 입장에서는 이와 같은 대변동의 시대에 지정학적 단층선 혹은 파쇄지대를 따라 연쇄적인 안보 위기 상황이 발생할 수 있다는 점에 유의할 필요가 있다.[8] 특히 우크라이나–대만–한반도 같은 인화점들이 거대한 체인으로 연결되며, 전쟁 "연루(entrapment)" 가능성이 높아지고 있는 점이 주목되어야 한다.[9] 우선, 우크라이나전쟁과 대만해협의 위기가 연동되는 것은 러시아–중국 대 서구라는 진영 대결이 강화되고 있기 때문이다. 더구나 우크라이나와 대만은 공히 두 반자유주의 강대국의 문명 세력권 부활 구상과 직결되어 있다는 점에서 큰 유사점이 존재한다. 우크라이나의 독자적 주권과 국가성이 "러시아 세계" 비전에서는 실체가 인정되지 않을 뿐만 아니라, 그것의 수복이 소련 해체라는 국가적 수치를 극복하는 방도이듯, 대만도 "중국몽"이 꿈꾸는 상상계에서는 중화(中華)의 일부분이며, 굴욕과 분투의 백년 국치를 넘어 영토완정을 이루는 데 중요한 목표 지점일 따름이다.

이런 맥락에서 어쩌면 푸틴의 우크라이나 침공은 포스트-자유세계질서 프로젝트들 간 충돌 시대의 시작점에 불과하고, 훨씬 더 거대하고 위태로운 문명 비전의 도전은 유라시아 대륙의 반대편에서 본격화될 수 있다. 즉, 시진핑의 중국이 러시아의 길을 따라 '중화 민족의 위대한 부흥'을 위해 2020년대 어느 지점에서 대만을 강압적으로 견인하려는 사태가 발생할 수도 있다. 우크라이나전쟁 자체가 결정적 독립 변수로서 시진핑을 고무시키지는 않겠지만, 전쟁이 발생하게 된 배경으로서 미국 주도 자유세계질서의 쇠퇴는 중화 문명 프로젝트의 입장에서는 역사적 기회의 창으로 여겨질 수 있기 때문이다.[10]

여기서 우리에게 문제가 되는 것은 양안 관계의 갈등이 다시 한반도의 위기와 연결되기 때문이다. 무엇보다 "한미상호방위조약"과 "조중우호협력 및 상호원조조약"이라는 제도적 사슬로 두 지역의 갈등이 연계되는 조건이 우리에게는 악몽 같은 상황을 연출할 수 있다.[11] 대만에서의 비상 상황 발생이 주한미군의 개입과 그에 대한 중국의 대응으로 이어져 한국을 부수적 피해자(collateral damage)로 만들 수도 있고, 워싱턴의 관심과 에너지가 대만해협에 집중된 상황이 평양에 모종의 전략적 호기로 포착될 가능성도 존재하는 등, 우리가 원치 않는 방식의 다양한 '연루' 시나리오가 상상 가능한 조건이다.[12]

이러한 격동기에 우리는 '각주구검'의 고사를 되돌아볼 필요가 있다. 명청 교체기나 구한말에 비유할 만한 근본적인 시대 변화가 현 역사 국면에서 발생하고 있음을 인지한다면, 그간 당연시되었던 한국 외교의 정책 패러다임이 더 이상 현실적인 해법이 되지 못할 수 있음을 깨닫고, 그 전제와 가정 전반을 재고해야 할 것이기 때문이다.[13] 건국 이후 사실상 전 기간 대한민국은 미국의 압도적 현존과 패권질서를 디폴트로 삼아 외교정책을 구성해왔다.[14] 하지만 앞으로는 그러한 기본 조건이 거의 사라진 환경에서 전면적으로 재검토된 국가전략 패러다임을 생산해내야만 하는 산고의 시간이 상당 기간 지속될 것으로 보인다. 이런 문제의식 아래 보다 구체적으로 탈단극 시대 대북한 정책 및 대중국·대러시아 관계에 산재한 난제들에 대해 살펴보면 다음과 같다.

2.

일반적 인식과 달리 탈냉전 기간 남한의 주류 정치권에서 추구한 대북정책의 목표는 진보와 보수를 막론하고 동일했다. 한반도 비핵화와 남북통일, 더 정확히는 북한의 핵개발 포기와 남한으로의 흡수통일이었다. 심지어 진보 진영의 햇볕정책조차 보수 진영과 구체적 방법론에서 몇 가지 대립각은 세웠지만, 두 가지 최종 목표는 공유했다. 보수가 상대적으로 공세적인 자유주의의 입장에서 경제 제재와 군사적 강압을 배합해 평양 정권 자체의 붕괴 혹은 외부로부터의 정권 교체를 추구했다면, 진보는 개성공단 사례가 대표하듯 기능주의적 접근을 통해 북한에 시장 메커니즘을 밀어 넣으려 했다. 이러니저러니 해도 어쨌든 북한은 햇볕을 쬐 옷을 벗겨야 하는 대상이었던 것이다.

그러나 탈냉전 30년의 대북한 정책은 결국 실패했다. 단극체제 아래서 자유세계질서의 규범을 어긴 '깡패국가' 혹은 '악의 축'을 처벌하는 이슈로 북한 문제가 규정된 최상의 대외적 조건이었음에도 그러했다. 패권국 미국 주도의 강도 높은 제재와 외교협상이라는 채찍과 당근의 조합이 여러 행정부를 거쳐 가며 시도됐지만, 우리는 비핵화도 통일도 달성하지 못했다. 그런데 이제 우리는 탈단극이라는 완전히 전환된 국제정치 구조 속에서 북한 문제를 풀어가야 한다.

심지어 현재 북한은 사실상의 핵보유국이자 “비대칭 확전”이라는 가장 공격적 핵교리를 갖고 남한(과 미국)을 상대로 핵전쟁을 벌일 군사기술적 완성도를 갖춰 가는 국가로 발돋움했다. 어느 모로 보나 김정은 정권은 더 이상 핵과 미사일을 ‘흥정’의 대상으로 여기지 않고 있음이 분명해보이며, 유엔 안보리에서 중국과 러시아가 반복적으로 대북 결의안에 대한 거부권을 행사해온 것에서 나타나듯 국제 사회가 합심해 북한의 행동을 억제하던 집단 안보 거버넌스도 이제는 과거지사가 되어버렸다.

따라서 더 이상 기존 탈냉전 30년의 자유주의적 가정과 전제 위에서 대북정책을 기획해나갈 수는 없다. 무엇보다 비핵화와 통일이 당분간 달성할 수 없는 목표라는 점을 완전히 인정한 뒤에 새로운 접근법을 고민해야만 한다. 결국 대안은 현실주의적 패러다임에서 찾을 수밖에 없다. 핵보유국 북한과 공존할 수 있는 ‘공포의 균형’을 군사적 측면에서 구축하고, 군비통제 협상을 통해 핵을 머리에 이고도 안정적으로 남북관계를 운용할 수 있는 외교적 위험 관리 방안을 주변국들과 함께 모색해야 한다. 당연히 이러한 해법은 불만족스러우며 정치적으로도 올바르지 않다. 핵균형 속에서도 늘 전쟁의 위험은—의도된 계획이든, 인간적 실수에 의한 것이든—상존할 것이고, 남북한 모두에서 안보 논리의 우위 속에 자유와 인권 이상의 실현은 지연될 것이다.

그럼에도 매우 역설적이지만 이러한 불완전한 임시적 해법이야말로 과거 문재인 전 대통령이 말한 “남북이 함께 살든 따로 살든 서로 간섭하지 않고 서로 피해 주지 않고" 함께 사는 방법일 수 있다. 물론 그것은 따듯한 봄의 평화가 아니라 수십 년간 지속될 차디찬 겨울 풍경일 테지만, 그런 긴 겨울을 준비해야 할 만큼 신냉전 초입에 서 있는 오늘날 한반도의 정세는 엄혹하다.[15]

3.

기본적으로 강대국 간 전략 경쟁이 이미 봉합 가능한 수준을 넘어 '신냉전 시대'에 접어들었다는 전제를 수용한 위에 글로벌 중추 국가의 비전과 인도-태평양 전략을 수립해온 윤석열 정부는, 탈단극 세계에 부상하고 있는 것으로 상상되는 전 지구적 분단선 구성에 동참하여 안과 밖의 경계를 명확히 하는 작업에 몰두해왔다. 이는 탈냉전기 글로벌 거버넌스의 개혁자-보완자-가교자 등으로 요약되는 중견국의 정체성을 대체해 신냉전 시대 진영화의 촉진자 혹은 단교자(decoupler)로서 자기 역할 개념을 전환하는 과정으로 이해된다.

실제로 윤 대통령은 여러 차례의 연설을 통해 오늘날 자유주의 진영과 권위주의 진영 간 체제 대결이 심화되고 있으며, 전체주의와 권위주의 세력이야말로 현 인류의 최대 위협이라고 규정했다. 그리고 자유민주주의 국가로서 한국의 '정체성' 수립의 중요성을 반복해 강조하면서, 외교란 대한민국의 정체성과 헌법 가치를 표현하는 것, 국방과 안보란 "이 가치 때문에 목숨까지 바칠 수 있는 그런 것"으로 정의 내렸다. 이런 맥락에서 한국의 '글로벌 중추 국가' 비전이란 미국과 함께 세계 시민의 자유를 지키고 확장하는 '자유의 나침반' 역할을 수행하는 것으로 "자유 민주주의의 보편적 가치를 공유한 국가들과의 강력한 연대를 구축"하는 사업이 그 핵심에 위치한다.

여기에서 유의해야 할 점은 '글로벌 중추 국가'라는 개념의 정확한 의미다. 얼핏 이 단어는 과거 정권들도 즐겨 사용한 '중견국' 개념과 유사해 보이지만, 그에 내포된 함의는 크게 다르다. 이 비전의 핵심에는 무엇보다 자아/타자 이분법에 대한 정언명령이 자리 잡고 있다. 즉, 미국식 (신)냉전 자유주의에 동조하여 '민주주의 대 권위주의'라는 세계 진영화에 앞장서는 것이 한국의 대외적 역할로서 제시되고 있는 것이다.

이러한 변화는 과거 중견국 담론 내에서 익숙하게 쓰이던 기표(signifier)들의 기의(signified)가 전혀 다른 뜻을 띠게 되는 것과도 연관된다. 가령 윤 대통령이 즐겨 사용하는 '자유'라는 용어도 과거에는 전 세계를 아우르는 보편적·포용적 의미를 지녔다면, 이제는 '자유 진영 대 비자유 진영'이라는 내외 집단을 구분하기 위해 전략적으로 '가치 외교'에 사용되는 특수적·배제적 레토릭으로 전화했다. 또한 다자주의 틀 내에서 국가 간의 협력을 증진한다는 '촉진자' 개념도 이제는 서구 블록의 배타적 결속을 강화하는 일종의 '신냉전 촉진자'가 되겠다는 선포의 의미로 전환되었다. 이로써 탈냉전기 한국 외교정책사의 흐름 속에 점차 강화되어왔던 중견국 외교 담론은 윤석열 정부에 들어 원칙적 차원에서 크게 약화되었고, 대신 '인도-태평양 전략'으로 대표되는 신냉전 진영 외교가 그 구체적인 모습을 드러냈다.

신냉전의 촉진자를 자임하는 글로벌 중추 국가 비전이 미중 경쟁 시대에 현실주의적·이익 기반적 헤징을 주로 추구하고 있는 여타 중간국들과 매우 다른 선택이라는 점은 특기할 만하다. 전략적 모호성이 범람하는 시대에 가장 뚜렷하게 전략적 명확성을 추구하고 있으며, 특히 (신)냉전 자유주의에 기초해 국제적 차원의 정체성과 경계 형성 작업에 몰두하면서 가치 진영화의 선봉 역할을 수행 중이라는 점이 눈에 띈다. 탈단극 시대 미국의 세계관과 대전략에 대해 세계에서 가장 높은 싱크로율을 보이는 전략적 노선을 택한 셈이다. 그나마 일본, 호주, 독일 등 서구의 현상 유지형 지역 강국들과 유사한 사례라고 볼 수도 있으나, 앞서 살펴보았듯 그들조차 디커플링에 반대해 디리스킹 의제를 제시하는 등 경제 문제에서 상당히 실용주의적으로 움직이고 있다는 점을 고려하면, 오늘날 한국 케이스의 독특성은 더 도드라져 보인다.

이념적 요소가 지나치게 강조될 경우 외교 전략상 비타협성이 증대될 수밖에 없는데, 열강 간 경쟁에 직접적으로 노출된 중간국의 입장에서 이는 융통성 없고 위험한 선택이 될 수 있다. 결국 지정학적 갈등의 가능성이 상존하는 홉스적 세계가 귀환한 마당에 그에 걸맞게 국가 간 타협과 '모두스 비벤디(modus vivendi)'의 공간을 열어둘 수 있는 현실주의적 세계관이 필요하다는 생각이다. 통념과 다르게 한국의 대외정책 관련 공론장에서 목소리가 아주 작은 현실주의자들이 지닌 제일의 미덕은 흑백 이분법이 아니라 회색빛의 세계를 직시하고 불만족스러운 상황을 인

내할 수 있는 중용의 정신에 있다. 바로 그러한 자기 억제의 실천지(prudence)가 지금 백척간두에 선 대한민국 외교에 필요한 덕목일 것이다.[16]

주

프롤로그

1 차태서. 2006. "아메리카 '예외성'의 진로를 둘러싼 해밀턴과 제퍼슨의 논쟁: 근대국가체제 형성에 대한 계보학적 분석의 관점에서." 서울대학교 석사학위청구논문; Cha, Taesuh. 2016. The Construction of The American Standard of Civilization. Ph.D. Dissertation. Johns Hopkins University.

서장

1 Fukuyama Francis. 1989. "The End of History?" *The National Interest*, (16).

2 Fukuyama Francis. 2018. *Identity: The Demand for Dignity and the Politics of Resentment*. New York: Farrar, Straus and Giroux.

3 Hamid, Shadi. 2016. "The End of the End of History." *Foreign Policy*, November 15 ; Friedman, Eli and Andi Kao. 2018. "The End of the 'End of History.'" *Jacobin*, April 1 ; Alvarez, Maximillian. 2019. "The End of the End of History," *Boston Review*, March 25.

4 Cox, Michael. 2010, "E. H. Carr and the Crisis of Twentieth-Century Liberalism: Reflections and Lessons." *Millennium: Journal of International Studies*, 38(3).

5 Arrighi, Giovanni. 2010. *The Long Twentieth Century: Money, Power, and the Origins of Our Times*. New York: Verso.

6 Deudney, Daniel and G. J. Ikenberry. 2018. "Liberal World: The Resilient Order." *Foreign Affairs*, 97(4).

7 Carr, E. H. 김태현 역. 2000. 『20년의 위기』. 서울: 녹문당, 15쪽.

8 물론 역사적 유추(historical analogies)를 통한 사고방식에는 언제나 현재의 관점에서 역사를 오용하고, 과거의 다양성과 복잡성을 축소, 왜곡할 위험성이 따른다. 그러나 그러한 위험을 무릅쓰고 역사의 흐름에서 일정한 패턴과 구조적 경향성을 발견하고자 노력하는 것이 사회과학자의 임무이기도 하다.

9 Carr(2000), 265쪽.

10 Carr(2000), 273쪽; 276쪽.

11 Carr(2000), 273쪽.

12 Carr(2000), 85~86쪽.

13 Carr(2000), 266쪽.

14 Callinicos, Alex. 2010. *Bonfire of Illusions: The Twin Crises of the Liberal World*. Malden: Polity.

15 Cha, Taesuh. 2016. "The Return of Jacksonianism: The International Implications of the Trump Phenomenon." *The Washington Quarterly*, 39(4).

16 Carr(2000), 87쪽.

17 물론 이상주의 대 현실주의의 이분법적 구도로 전간기의 국제정치경제 논쟁이 전개되었다는 '대논쟁' 내러티브는 학계에서 더는 지지를 받지 못하고 있다. 당대의 논쟁 지형은 단순화된 두 개의 캠프로 정리할 수 없을 정도로 다양한 층위를 지니고 있었다는 점이 최근 서지학적 검토를 통해 강조되고 있기 때문이다. Cox, Michael. 2016. "A New Preface from Michael Cox, 2016." In *E. H. Carr. The Twenty*

Years' Crisis, 1919-1939. London: Palgrave Macmillan, pp. xiv-xv. 그리고 이는 카 본인도 재판 서문에서 인정하는 바였다. 그는 당대에 이상주의적 풍조가 너무 과도한 것에 대한 일종의 "해독제"로서 집필했었기에 이상주의의 주장을 다소 과장해 부각했다고 해명한다. Carr(2000), 13쪽.

18 Babík, Milan. 2013. "Realism as Critical Theory: The International Thought of E. H. Carr." *International Studies Review*, 15(4); 전재성. 1999. "E. H. 카아의 비판적 현실주의 국제정치이론." 『한국정치학회보』 33집 3호.

19 "근대 현실주의의 뛰어난 업적은 역사 과정의 결정론적 측면을 강조한 것보다 사고 자체가 상대적이고 실용적임을 밝힌 데 있다…… '지식사회학'이라는 새로운 학문의 기초가 주로 독일의 학자들에 의해 마련되었다. 현실주의자들은 이제 이상주의의 이론과 윤리적 기준이 절대적이고 선험적인 원칙의 표현이 아니라 역사적으로 조건 지어진 것이며, 그것을 주장하는 사람들이 처한 상황과 이익의 산물인 동시에, 그러한 이익을 더욱 높이기 위한 무기임을 밝힐 수 있게 된 것이다." Carr(2000), 94쪽.

20 Carr(2000), 102쪽.

21 Carr(2000), 114쪽.

22 Carr(2000), 106쪽.

23 Carr(2000), 102쪽.

24 Carr(2000), 107쪽.

25 Haslam, Jonathan, 박원용 역. 2012. 『E. H.카 평전: 사회적 통념을 거부한 역사가』. 서울: 삼천리, 150쪽에서 인용.

26 Smith, Tony. 2012. *America's Mission: The United States and the Worldwide Struggle for Democracy*, expanded edition. Princeton: Princeton University Press.

27 Cox(2010), p. 533.

28 Carr(2000), 133쪽.

29 "19세기에 들어와 국제정치의 리더십이 영국으로 넘어오면서 영국이 국제주의의 본산이 되었다. 영국의 세계 제패를 상징적으로 보여준 1851년 '만국박람회' 전야제에서 빅토리아 여왕의 남편 알버트 공은 '역사의 위대한 종말, 즉 인류단합의 실현'에 대해 감동적인 연설을 했다. 시인 테니슨 남작은 '인류의 의회, 세계의 연방'을 노래했다." Carr(2000), 112쪽.

30 Carr(2000), 114쪽.

31 Carr(2000), 109쪽.

32 Carr(2000), 110~113쪽.

33 Carr(2000), 134쪽.

34 Carr(2000), 138~139쪽.

35 Carr(2000), 136쪽.

36 Mueller, John E. 1990. *Retreat from Doomsday: The Obsolescence of Major War*. New York: Basic Books.

37 Russett, Bruce M. and John R. Oneal. 2001. *Triangulating Peace: Democracy, Interdependence, and International Organizations*. New York: W. W. Norton; Mousseau, Michael. 2019. "The End of War: How a Robust Marketplace and Liberal Hegemony are Leading to Perpetual World Peace." *International Security*, 44(1).

38 Angell, Norman. 1910. *The Great Illusion: A Study of the Relation of Military Power in Nations to their Economic and Social Advantage*. New York: Putnam.

39 Lind, Jennifer and Daryl G. Press. 2020. "Reality Check: American Power in an Age of Constraints." *Foreign Affairs*, 99(2), p. 48. 초기부터 이 인터뷰의 발언자로 칼 로브(Karl Rove) 당시 백악관 정치고문이 지목되었으나, 본인은 자신의 말이 아니라고 부인했다.

40 Carr(2000), 50쪽.

41 전성훈. 2019. "탈냉전시대의 장밋빛 꿈에서 깨어나야 한다." 『전략연구』 26권 3호.

42 Mead, Walter Russell. 2023. "A World Without American Deterrence." *The Wall Street Journal*, October 19.

43 Carr(2000), 12쪽.

44 Walt, Stephen M. 2016. "What Would a Realist World Have Looked Like?" *Foreign Policy*, January 8.

45 Mearsheimer, John J. 이춘근 역. 2020. 『미국 외교의 거대한 환상: 자유주의적 패권 정책에 대한 공격적 현실주의의 비판』. 서울: 김앤김북스 ; Walt, Stephen M. 김성훈 역. 2021. 『미국 외교의 대전략: 자유주의 패권의 연장인가, 역외균형으로의 복귀인가』. 서울: 김앤김북스.

46 Mead, Walter Russell. 2014. "The Return of Geopolitics: The Revenge of the Revisionist Powers." *Foreign Affairs*, 93(3) ; Edelstein, David M. 2019. "The Persistence of Great Power Politics." *Texas National Security Review*, 2(2).

47 Farrell, Henry and Abraham L. Newman. 2019. "Weaponized Interdependence: How Global Economic Networks Shape State Coercion." *International Security*, 44(1) ; Lind, Michael. 2019. "The Return of Geo-Economics." *National Interest*, (164).

48 Kagan, Robert. 홍지수 역. 2021. 『밀림의 귀환: 자유주의 세계질서는 붕괴하는가』. 서울: 김앤김북스.

49 Rapkin, David P. and William R. Thompson. 2013. *Transition Scenarios: China and the United States in the Twenty-First Century*. Chicago: University of Chicago Press.

50 Allison, Graham T. 2017. *Destined for War: Can America and China Escape Thucydides's Trap?* Boston: Houghton Mifflin Harcourt.

51 Toje, Asle. ed. 2018. *Will China's Rise Be Peaceful?: The Rise of a Great Power in Theory, History, Politics, and the Future*. New York: Oxford University Press ; 정재호. 2021. 『생존의 기로: 21세기 미·중관계와 한국』. 서울: 서울대학교출판문화원. 당연히 역사가 그대로 변화 없이 순환되지는 않으며, 상호의존 증대, 기술발전 등의 요소에 의해 반복 속에 차이가 발생하기 마련이다. 단적으로 지난 세기 핵

무기의 개발로 인해 패권국에 대한 대항균형(counterbalancing)이 발생할 유인이 줄어들었으며, 패권국이 과잉 팽창할 여지도 축소되었고, 무엇보다 패권국이 폭력적인 도전과 이행에 종속될 가능성이 과거보다 낮아졌다. Deudney, Daniel. 2011. "Unipolarity and Nuclear Weapons." in G. John Ikenberry, Michael Mastanduno, and William C. Wohlforth (eds.) *International Relations Theory and the Consequences of Unipolarity*. New York: Cambridge University Press, pp. 297~302.

52 Posen, Barry R. 2014. *Restraint: A New Foundation for U.S. Grand Strategy*. Ithaca: Cornell University Press.

53 Mearsheimer, John J. and Stephen Walt. 2016. "The Case for Offshore Balancing: A Superior U.S. Grand Strategy." *Foreign Affairs*, 95(4) ; Layne, Christopher. 2017. "The US Foreign Policy Establishment and Grand Strategy: How American Elites Obstruct Strategic Adjustment." *International Politics*, 54(3) ; Schweller, Randall. 2018. "Three Cheers for Trump's Foreign Policy: What the Establishment Misses." *Foreign Affairs*, 97(5). 하지만 당장 2021년 아프가니스탄에서의 충격적인 패주, 2022년 러시아의 우크라이나 침공, 2023년 하마스-이스라엘전쟁 등의 사례에서 보이듯, 인도-태평양 지역으로의 '피벗'을 위해 여타 지역에서의 관여를 축소하는 과정은 그 자체로 험난한 미션이다. 미국의 입장에서 대중국 전략 경쟁을 잘 수행하기 위한 군사력 태세 변화가 전 지구적인 통제력 약화로 귀결되는 최악의 결과를 낳을 수도 있는 상황이기 때문이다. Miller, Benjamin. 2023. "From Disengagement to Unprecedented Engagement: the US, the War in Gaza and the New World Order." *H-Diplo | RJISSF Commentary*, October 23.

54 de Graaff, Nana and Bastiaan van Apeldoorn. 2021. "The Transnationalist US Foreign-Policy Elite in Exile? A Comparative Network Analysis of the Trump Administration." *Global Networks*, 21(2).

55 Cha, Taesuh. 2020. "Is Anybody Still a Globalist? Rereading the Trajectory of US Grand Strategy and the End of the Transnational Moment." *Globalizations*, 17(1).

56 White House. 2017. "National Security Strategy," December 18, p. 27.

57 Colby, Elbridge A. and A. W. Mitchell. 2020. "The Age of Great-Power Competition: How the Trump Administration Refashioned American Strategy." *Foreign Affairs*, 99(1).

58 Pence, Mike. 2018. "Remarks by Vice President Pence on the Administration's Policy Toward China." *The White House*, October 4; Pence, Mike. 2019. "Remarks by Vice President Pence at the Frederic V. Malek Memorial Lecture." *The White House*, October 24. 물론 비판이론적인 입장에서는 이러한 트럼프 행정부의 언설을 일종의 안보화(securitization) 행위로서 분석할 수 있다. 중국을 수정주의 국가로 타자화하고, 70여 년간 중단 없이 이어져온 것으로 상상되는 자유주의적 국제질서가 위협받고 있다는 식의 거대 서사 자체가 미국 발 담론정치에 해당한다고 비판 가능하다.

59 Department of Defense. 2019. "Indo-Pacific Strategy Report: Preparedness, Partnerships, and Promoting a Networked Region." June 1; Department of State. 2019. "A Free and Open Indo-Pacific: Advancing a Shared Vision." November 4.

60 김흥규. 2018. "미국의 대중 정책 변환과 새로운 냉전의 시작?" 『국제정치논총』 58집 3호.

61 Carr(2000), 246쪽; 262쪽.

62 Carr(2000), 262쪽.

63 그러므로 이후 스스로 고백했듯이, 1939년 9월 제2차 세계대전의 개시는 카에게 "사고 과정을 마비시키는 충격"으로 다가왔고, "거의 마지막 순간까지" 그는 전쟁의 발발을 믿지 못했다. 이런 맥락에서 아놀드 토인비(Arnold Toynbee)는 불운하게도 전쟁 개시 직후 출판된 『20년의 위기』 초판에 대해 "독자를 도덕적 진공 상태"로 몰아넣는 책이라며 통렬히 비난했다. 그럼에도 카는 토인비에게 보낸 반박 서한에서 이상주의에 입각한 국제연맹과 집단안보체제는 "가짜 치료제"에 불과했다는 태도를 견지했다. Haslam(2012), 161~162쪽.

64 전재성(1999), 404~405쪽; Haslam(2012), 124~160쪽.

65 Cox(2016), pp. xvii-xviii.

66 Paul, T. V. et al. (eds.) 2020. *The Oxford Handbook of Peaceful Change in International Relations*. New York: Oxford University Press.

67 Carr(2000), 273~279쪽

68 Ruggie, John Gerard. 1982. "International Regimes, Transactions, and Change: Embedded Liberalism in the Postwar Economic Order." *International Organization*, 36(2).

69 물론 카의 비판적·정치경제적 시각에 충실할 경우 1980년대 이후 신자유주의체제의 등장은 미국 패권의 약탈적 성격이 강화된 전환기로서 짚어줄 필요가 있으며, 또한 자유주의적 국제질서가 주변부에 남긴 폭력적 후과에 대해서도 보다 깊은 논의가 뒤따라야 할 것이다.

70 Carr(2000), 122쪽.

제1장

1 Bacevich, Andrew J. 2017. "The Age of Great Expectations and the Great Void: History After 'the End of History.'" *Le Monde Diplomatique*, January 9.

2 Cha, Taesuh. 2015. "The Formation of American Exceptional Identities: A Three-tier Model of the 'Standard of Civilization' in US Foreign Policy." *European Journal of International Relations*, 21(4).

3 Zakaria, Fareed. 2016. "Populism on the March: Why the West is in Trouble." *Foreign Affairs*, 95(6).

4 Blyth, Mark. 2016. "Global Trumpism: Why Trump's Victory Was 30 Years in the Making and Why It Won't Stop Here." *Foreign Affairs*, November 15.

5 Posen, Barry R. 2014. *Restraint: A New Foundation for U.S. Grand Strategy*. Ithaca: Cornell University Press.

6 Brands, Hal. 2016. *Making the Unipolar Moment: U.S. Foreign Policy and the Rise of the Post-Cold War Order*. Ithaca: Cornell University Press; Ikenberry, G. John. 2011, *Liberal Leviathan: The Origins, Crisis, and Transformation of the American World Order*. Princeton: Princeton University Press; Kagan, Robert. 2012. *The World America Made*. New York: Knopf.

7 Krauthammer, Charles. 2002. "The Unipolar Moment Revisited." *National Interest*, (70).

8 Jervis, Robert. 2011. "Unipolarity: A Structural Perspective." G. John Ikenberry, Michael Mastanduno, and William Curti Wohlforth (eds.) *International Relations Theory and the Consequences of Unipolarity*. New York: Cambridge University Press.

9 Fukuyama, Francis. 1992. *The End of History and the Last Man*. New York: Harmondsworth.

10 The White House. 1994. "A National Security Strategy of Engagement and Enlargement." *National Security Strategy Archive*, July 1; The White House. 1995. "A National Security Strategy of Engagement and Enlargement." *National Security Strategy Archive*, February 1.

11 Johnson, Chalmers A. 2000. *Blowback: The Costs and Consequences of American Empire*. New York: Metropolitan Books.

12 Donnelly, Faye. 2013. *Securitization and the Iraq War*. New York: Routledge.

13 The White House. 2002. "National Security Strategy of the United States of America." *National Security Strategy Archive*, September 17.

14 한 가지 유의할 점은 이미 1990년대에 자유국제주의의 '경성 이데올로기화'가 상당 부분 진행되었다는 점이다. 다시 말해, 9.11테러 이전에 이미 신윌슨주의는 마치 맑스-레닌주의와 유사한 수준의, 세계 역사의 진로에 대한 유사과학적 예측과 확신을 피력하고 있었다. 미국식 자유민주주의와 자본주의체제 이외의 대안은 모두 소멸되었다

는 탈냉전기의 역사철학적 장밋빛 전망은 네오콘의 급진적 이데올로기가 부상할 수 있는 이념적 토양을 미리 제공했던 셈이다. Smith, Tony. 2012. *America's Mission: The United States and the Worldwide Struggle for Democracy*, expanded edition. Princeton: Princeton University Press.

15 Daalder, Ivo H. and James M. Lindsay. 2003. *America Unbound: The Bush Revolution in Foreign Policy*. Washington, D.C.: Brookings Institution.

16 Deudney, Daniel. 2007. *Bounding Power: Republican Security Theory from the Polis to the Global Village*. Princeton: Princeton University Press, p. 186.

17 Burbach, Roger and Jim Tarbell. 2004. *Imperial Overstretch: George W. Bush and the Hubris of Empire*. New York: Zed Books.

18 The White House. 2010. "National Security Strategy." *National Security Strategy Archive*, May 27, p. 1.

19 Obama, Barack. 2009. "Obama's Speech in Cairo." *The New York Times*, June 4.

20 남궁곤. 2010. "오바마 행정부 국제주의 외교정책 이념의 역사적 유산과 실제." 『국제정치논총』 50집 1호; 안문석. 2011. "국제정치이론 관점에서 본 오바마 행정부의 외교안보정책." 『국제정치논총』 51집 3호; 이정철, 2016. "오바마 독트린과 미국의 대북 정책 프레임: 지정학, 핵전략, 불량국가." 『한국정치연구』 25집 1호.

21 Ikenberry, G. John. 2014. "Obama's Pragmatic Internationalism." *American Interest*, 9(5).

22 Goldberg, Jeffrey. 2016. "The Obama Doctrine." *The Atlantic Monthly*, 317(3), pp. 72-73.

23 Goldberg(2016), p. 78.

24 Dueck, Colin. 2015. *The Obama Doctrine: American Grand Strategy Today*. Oxford: Oxford University Press.

25 Walt, Stephen. 2017. "Barack Obama Was a Foreign-Policy Failure." *Foreign Policy*, January 18.

26 Brands, Hal. 2016. "Barack Obama and the Dilemmas of American Grand Strategy." *The Washington Quarterly*, 39(4), pp. 118-119.

27 이혜정. 2015. "자제 대 패권: 탈냉전기 미국 대전략의 이해." 『한국정치연구』 24집 3호.

28 Layne, Christopher. 2016, "Stuck in the Middle East: Offshore Balancing is the Right Strategy, If Obama Has the Courage for It." *The American Conservative*, 15(1); Mearsheimer, John and Stephen Walt. 2016. "The Case for Offshore Balancing: A Superior U.S. Grand Strategy." *Foreign Affairs*, 95(4).

29 Brooks, Stephen, G. John Ikenberry, and William Wohlforth. 2013. "Lean Forward: In Defense of American Engagement." *Foreign Affairs*, 92(1); Brands, Hal and Peter Feaver. 2016. "Should America Retrench?" *Foreign Affairs*, 95(6).

30 Haines, John R. 2017. "Divining a 'Trump Doctrine.'" *Orbis*, 61(1).

31 미국 대외정책의 여러 전통 중 하나로서 '잭슨주의'라는 용어를 처음 대중화시킨 저자는 월터 러셀 미드이다. 여기서 저자는 미국사 학자 데이비드 하켓 피셔의 논지를 따라 잭슨주의의 역사적 원천으로서 18세기 펜실베이니아 변경 지역에 집중적으로 이주해온 스코틀랜드계 아일랜드인들(Scots-Irish)의 하위집단 문화를 들고 있다. 이미 아일랜드 식민화 작업 과정에서 호전적이고 배타적인 정치전통을 구성해 온 에스닉 공동체가 대서양 횡단 후에도 유사한 문화를 유지하며, 아메리카 식민지 서부에 주류 자유주의 전통과 구별되는 독특한 이데올로기 체계를 구축했다는 것이 주 논지다. Mead, Walter Russell. 1999. "The Jacksonian Tradition." *National Interest*, 58(5); Fischer, David Hackett. 1989. *Albion's Seed: Four British Folkways in America*. New York: Oxford University Press, pp. 605-782.

32 Clarke, Michael and Anthony Ricketts. 2017. "Understanding the Return of the Jacksonian Tradition." *Orbis*, 61(1); Lieven,

Anatol. 2016. "Clinton and Trump: Two Faces of American Nationalism." *Survival*, 58(5).

33 자유주의의 독점적 지배로서 미국의 정치사상사를 서술하는 '토크빌-하츠주의'의 주류적 관점에 대항해 비자유주의적 사상의 흐름을 밝혀 복수의 전통론(the multiple traditions approach)을 주장한 것은 로저스 스미스의 글이 선구적이다. Smith, Rogers M. 1993. "Beyond Tocqueville, Myrdal, and Hartz: The Multiple Traditions in America." *American Political Science Review*, 87(3). 이에 대한 보다 상세한 설명은 본서 제7장을 참조하라.

34 Albertazzi, Daniele and Duncan McDonnell. 2007. "Introduction: The Sceptre and the Spectre." In *Twenty-First Century Populism: The Spectre of Western European Democracy*. New York: Palgrave Macmillan, p. 3.

35 Lieven, Anatol. 2004. *America Right or Wrong: An Anatomy of American Nationalism*. Oxford: Oxford University Press, p. 98.

36 Mead, Walter Russel. 2001. *Special Providence: American Foreign Policy and How It Changed the World*. New York: Knopf, p. 236.

37 Fukuyama, Francis. 2016. "American Political Decay or Renewal?: The Meaning of the 2016 Election." *Foreign Affairs*, 95(4); Murray, Charles. 2013. *Coming Apart: The State of White America 1960-2010*. New York: Crown Forum.

38 Stiglitz, Joseph. 2016. "Globalization and its New Discontents." *Project Syndicate*, August 5.

39 Boot, Max. 2016. "How the 'Stupid Party' Created Donald Trump." *The New York Times*, July 31.

40 Mead, Walter Russel. 2016. "Andrew Jackson, Revenant." *The American Interest*, January 17.

41 Walt, Stephen. 2016. "The Madness of Crowds." *Foreign Policy*, July 15.

42 한편, 집권 후 트럼프 스스로도 자신이 앤드루 잭슨의 정치적 계승자임을 드러내는 상징적 행동을 과시적으로 수행했다. 대표적으로 대

통령 집무실(oval office)에 잭슨의 초상화를 걸어두는가 하면, 취임 직후인 2017년 3월, 잭슨 탄생 250주년을 맞이해 직접 테네시주 내슈빌(Nashville, TN)에 있는 잭슨의 저택(The Hermitage)을 방문해 연설하기도 했다. 이 연설에서 트럼프는 잭슨을 "민중의 대통령(People's President)"이었다고 규정하면서, 그의 업적을 주로 반엘리트적 적폐 청산에 초점을 두어 소개했다. 아울러 그런 잭슨의 행적이 자신이 임기 중에 달성하려는 일과 동일하기에 사람들이 자신과 잭슨을 비교하는 것이라고 설명했다. Trump, Donald. 2017, "Remarks by the President on 250th Anniversary of the Birth of President Andrew Jackson," *The White House*, March 15.

43 Trump, Donald. 2016. "Donald Trump 2016 RNC Draft Speech Transcript," *Politico*, July 21.

44 Trump(2016). "Donald Trump 2016 RNC."

45 Fukuyama(2016), p. 59.

46 Mead, Walter Russel. 2016. "The Meaning of Mr. Trump." *The American Interest*, May 23.

47 Fukuyama(2016), p. 63.

48 Mead(2016).

49 Mead(2001), pp. 218-263.

50 Trump, Donald. 2015. *Crippled America: How to Make America Great Agai*n. New York: Threshold Editions. p. 31.

51 Trump, Donald. 2016. "Transcript: Donald Trump's Foreign Policy Speech." *The New York Times*, April 28.

52 Trump, Donald. 2017. "The Inaugural Address," *The White House*, January 20.

53 The Editors of Foreign Policy. 2016. "Foreign Policy Endorses Hillary Clinton for President of the United States." *Foreign Policy*, October 9.

54 Adelman, Ken et al., 2016. "Open Letter on Trump from GOP National Security Leaders." *War on the Rocks*, March 2; Ayer,

Donald B. et al., 2016. "A Letter From G.O.P. National Security Officials Opposing Donald Trump." *The New York Times*, August 8.

55 Boot, Max. 2016. "Is a New Republican Foreign Policy Emerging?" *Commentary*, 141(2).

56 Trump(2016), "Transcript." 따라서 취임 후 그의 외교팀은 원칙적으로 기존 전문가 집단 외부에서 충원될 필요가 있었다. 그러나 실제로 정책 집행에 능숙한 새로운 인물군을 충분히 발굴하는 일은 녹록시 않았다. 어쩔 수 없이 공화당의 전통적인 대외정책 독트린을 신봉하는 소위 '지구주의자들'과 '네오콘들'이 상당수 트럼프 백악관에 입성했고, 때문에 재임 기간 외교 노선을 놓고 상당한 '궁정전투'가 벌어졌다. Cha, Taesuh. 2020. "Is Anybody Still a Globalist? Rereading the Trajectory of US Grand Strategy and the End of the Transnational Moment." *Globalizations*. 17(1).

57 Parker, Ashley. 2016. "Donald Trump Says NATO is 'Obsolete,' UN is 'Political Game.'" *The New York Times*. April 2.

58 Trump(2016), "Transcript."

59 Trump(2016), "Transcript."

60 Lieven(2004), p. 12.

61 Gove, Michael and Kai Diekmann. "Full Transcript of Interview with Donald Trump." *The Times*, January 16.

62 Applebaum, Anne. 2016. "Is America Still the Leader of the Free World?" *The Washington Post*, November 9.

63 Sanger, David E. and Maggie Haberman. 2016. "Donald Trump on NATO, Turkey's Coup Attempt and the World." *The New York Times*, July 22.

64 Begley, Sarah. 2016. "Donald Trump's Speech to AIPAC." *Time*, March 21.

65 Trump, Donald. 2016. "Declaring Economic Independence," *Politico*, June 28.

66 Trump, Donald. 2017. "The Inaugural Address," *The White House*, January 20.

67 Trump(2016). "Donald Trump 2016 RNC."

68 Hoffer, Jessica and Ines De La Cuetara. 2016. "Donald Trump Slams Trans-Pacific Partnership as 'a Continuing Rape of Our Country.'" *ABC News*, June 29.

69 Colvin, Jill. 2015. "10 Moments from Trump's Iowa Speech." *AP News*, November 14.

70 The White House. 2017. "Foreign Policy." *Trump White House Archives*.

71 Kupchan, Charles A. and Peter Trubowitz. 2013. "American Statecraft in an Era of Domestic Polarization." Rebekka Friedman, Kevork Oskanian, and Ramon Pacheco Pardo (eds.) *After Liberalism? The Future of Liberalism in International Relations*. New York: Palgrave Macmillan; 이혜정·김대홍. 2012. "미국 정치의 양극화와 대외정책: '중도의 몰락(Dead Center)' 논쟁의 이해." 『한국정치외교사논총』 33집 2호.

72 Eichengreen, Barry. 2016. "The Age of Hyper-Uncertainty." *Project Syndicate*, December 14.

73 Galbraith, John K. 1977. *The Age of Uncertainty*. Boston: Houghton Mifflin.

74 Mead, Walter Russel. 2017. "The Jacksonian Revolt: American Populism and the Liberal Order." *Foreign Affairs*, 96(2).

75 보다 자세한 내용은 본서 제3부를 참조할 것.

제2장

1 Lipset, Seymour Martin. 1963. *The First New Nation: The United States in Historical and Comparative Perspective*. New York: Anchor.

2 Krauthammer, Charles. 1990/1991. "The Unipolar Moment." *Foreign Affairs*, 70(1).

3 Hardt, Michael and Antonio Negri. 2000. *Empire*. Cambridge: Harvard University Press; Robinson, William I. 2004. *A Theory of Global Capitalism: Production, Class, and State in a Transnational World*. Baltimore: Johns Hopkins University Press.

4 Pitts, Jennifer. 2012. "Political Theory of Empire and Imperialism." In *Empire and Modern Political Thought*, edited by Sankar Muthu. New York: Cambridge University Press, pp. 363-366; Tyrrell, Ian R. and Jay Sexton. 2015. "Whither American Anti-Imperialism in a Postcolonial World?" In *Empire's Twin: U.S. Anti-Imperialism from the Founding Era to the Age of Terrorism*, edited by Ian R. Tyrrell and Jay Sexton. Ithaca: Cornell University Press, pp. 231-240.

5 Conroy-Krutz, Emily. 2015. "Empire and the Early Republic." *H-Diplo Essay*, (133); Onuf, Peter S. 2015. "Imperialism and Nationalism in the Early American Republic." In *Empire's Twin: U.S. Anti-Imperialism from the Founding Era to the Age of Terrorism*, edited by Ian R. Tyrrell and Jay Sexton, 21-40. Ithaca: Cornell University Press; Kramer, Paul A. 2011. "Power and Connection: Imperial Histories of the United States in the World." *The American Historical Review*, 116(5).

6 Armitage, David. 2002. "Empire and Liberty: A Republican Dilemma." In *Republicanism: A Shared European Heritage, Vol.2: The Values of Republicanism in Early Modern Europe*, edited by Martin van Gelderen and Quentin Skinner. Cambridge: Cambridge University Press, p.46.

7 Deudney, Daniel. 2007. *Bounding Power: Republican Security Theory from the Polis to the Global Village*. Princeton: Princeton University Press. 본 장에서 공화주의의 이론적 프레임을 원용한다는 것이 미국사를 공화주의라는 하나의 이데올로기로만 해석해야 함을 의미하는 건 아니다. '자유주의 대 공화주의'라는 1970-80년대의 미국 혁명

사상사 논쟁은 이미 논쟁의 당사자들이 인정한 것처럼, 복수의 이데올로기가 병존·경합·혼종된 것이 역사적 실체였음을 강조하는 방향으로 수렴·정리되었다. 특히 1990년대 이후에는 자유주의/공화주의와 같은 세속적·평등주의적 이념들을 넘어 비자유주의적·귀속주의적 담론들이 미국사에 미친 영향을 강조하는 새로운 조류(multiple traditions approach)도 등장했다. 다만 여기서는 J. G. A. 포콕이 제시한 터널사(tunnel history) 방법론을 따라 공화주의라는 언어 맥락, 그중에서도 특히 덕 대(對) 부패, 자유 대 권력, 공화국 대 제국과 같은 개념쌍(dyad)들이 어떻게 시간의 흐름에 따라 미국사의 중요한 정치논쟁들을 틀지어왔는지를 탐구하고자 한다.

8 Bailyn, Bernard. 1992. *The Ideological Origins of the American Revolution*. Enl ed. Cambridge: Harvard University Press, pp. 55-93.

9 Armitage, David. 2002. "Empire and Liberty: A Republican Dilemma." In *Republicanism: A Shared European Heritage, Vol.2: The Values of Republicanism in Early Modern Europe*, edited by Martin van Gelderen and Quentin Skinner. Cambridge: Cambridge University Press.

10 Wood, Gordon S. 1969. *The Creation of the American Republic, 1776-1787*. Chapel Hill: The University of North Carolina Press, pp. 57-79.

11 Deudney(2007), p. 110.

12 Deudney(2007), pp. 110-112.

13 Wood, Gordon S. 2011. *The Idea of America: Reflections on the Birth of the United States*. New York: Penguin Press, pp. 81-123.

14 Brewer, John. 1988. *The Sinews of Power: War, Money, and the English State, 1688-1783*. New York: Knopf.

15 Wood(2011), p. 76.

16 Hendrickson, David C. 2003. *Peace Pact: The Lost World of the American Founding*. Lawrence: University Press of Kansas, p. 252.

17 Graebner, Norman A. 1987. "Isolationism and Antifederalism: The Ratification Debates." *Diplomatic History*, 11(4), p. 344.

18 Marshall, Jonathan. 1980. "Empire or Liberty: The Antifederalists and Foreign Policy, 1787-1788." *Journal of Libertarian Studies*, 4(3), p. 233.

19 예를 들어, 버지니아의 5대 주지사이자 유명한 반연방주의자였던 벤자민 해리슨 5세(Benjamin Harrison V)는 1787년 10월 조지 워싱턴 (George Washington)에게 보낸 편지에서 상비군이 창설되면 로마의 삼두정치에 버금가는 전제정이 곧 등장할 것이라고 주장했다. Graebner(1987), p. 350.

20 Lind, Michael. 2006. *The American Way of Strategy*. Oxford: Oxford University Press, p. 48. 연약한 자유의 헌정을 전복하려는 거대한 음모가 존재한다는, 1776년 이전의 독립혁명 운동에 핵심적으로 자리 잡고 있던 동일한 공포가 반연방주의자들의 사고에 만연해 있었다. Bailyn(1992), p. 333. 궁극적으로 반연방주의자들은 제국이 건설되는 과정에서 자신들에게 가장 소중하고 어렵게 쟁취한 자유가 희생되고 말 것이라는 확신을 지녔다. Marshall(1980), p. 233.

21 Bailyn(1992), p. 331.

22 Marshall(1980), p. 248.

23 Marshall(1980), p. 252.

24 Marshall(1980), pp. 248-249.

25 Forsyth, Murray Greensmith. 1981. *Unions of States: The Theory and Practice of Confederation*. New York: Leicester University Press. p. 121에서 인용.

26 Hendrickson, David C. 2009. *Union, Nation, Or Empire: The American Debate Over International Relations, 1789-1941*. Lawrence: University Press of Kansas, p. 125.

27 Sexton, Jay. 2015. "'The Imperialism of the Declaration of Independence' in the Civil War Era." In *Empire's Twin: U.S. Anti-Imperialism from the Founding Era to the Age of Terrorism*, edited by Ian R. Tyrrell and Jay Sexton. Ithaca: Cornell University Press, p. 66에서 인용.

28 Sexton(2015), p. 65.

29 Sexton(2015), p. 63에서 인용.

30 Tilly, Charles. 1975. "Reflections on the History of European State Making." In *The Formation of National States in Western Europe*, edited by Charles Tilly. Princeton: Princeton University Press, p. 42.

31 Friedberg, Aaron L. 2002. "American Antistatism and the Founding of the Cold War State." In *Shaped by War and Trade: International Influences on American Political Development*, edited by Ira Katznelson and Martin Shefter. Princeton: Princeton University Press, pp. 239-240.

32 Friedberg(2002), p. 241.

33 Friedberg(2002), p. 243.

34 McCrisken, Trevor B. 2002. "Exceptionalism." In *Encyclopedia of American Foreign Policy*, Vol. 2., edited by Alexander DeConde, Richard Dean Burns and Fredrik Logevall. 2nd ed. New York: Scribner, p. 67.

35 Adams, John Q. 1821. "Speech to the U.S. House of Representatives on Foreign Policy." *Miller Center*, July 4.

36 Mead, Walter Russell. 2001. *Special Providence: American Foreign Policy and How It Changed the World*. New York: Knopf, pp. 174-217.

37 McDougall, Walter A. 1997. *Promised Land, Crusader State: The American Encounter with the World since 1776*. Boston: Houghton Mifflin; Preble, Christopher A. 2016. "Libertarians and Foreign Policy the Individual, the State, and War." *Independent Review*, 21(2). pp. 175-177.

38 Mead(2001), p. 188.

39 Johnson, Chalmers. 2004. *The Sorrows of Empire: Militarism, Secrecy, and the End of the Republic*. New York: Metropolitan Books, pp. 44-45.

40 Mead(2001), pp. 189-197.

41 Hendrickson(2009), p. 182.

42 Peceny, Mark. 1999. *Democracy at the Point of Bayonets*. University Park: Pennsylvania State University Press, p. 67에서 인용.

43 McCartney, Paul T. 2006. *Power and Progress: American National Identity, the War of 1898, and the Rise of American Imperialism*. Baton Rouge: Louisiana State University Press, p. 243에서 인용.

44 Hendrickson(2009), pp. 353-356; Mead(2001), pp. 205-206.

45 Mead(2001), p. 208.

46 Ikenberry, G. John. 2011. *Liberal Leviathan: The Origins, Crisis, and Transformation of the American World Order*. Princeton: Princeton University Press.

47 Carr, Edward Hallett. 2001. *The Twenty Years' Crisis 1919-1939: An Introduction to the Study of International Relations*. New York: Palgrave.

48 Deudney(2007), p. 188.

49 Williams, William Appleman. 1980. *Empire as a Way of Life: An Essay on the Causes and Character of America's Present Predicament, Along with a Few Thoughts about an Alternative*. New York: Oxford University Press, p. 197.

50 Eisenhower, Dwight D. 1953. "First Inaugural Address." *The Avalon Project*, January 20.

51 Eisenhower, Dwight D. 1961. "Military-Industrial Complex Speech." *The Avalon Project*, January 17.

52 Huntington, Samuel P. 1981. *American Politics: The Promise of Disharmony*. Cambridge: Belknap Press.

53 Williams(1980), p. 213.

54 Posen, Barry R. 2014. *Restraint: A New Foundation for U.S. Grand Strategy. Ithaca: Cornell University Press*, pp. 5-15.

55 공진성. 2012. "제국이라는 유토피아, 또는 디스토피아: 아메리카 제국론에 대한 성찰." 『서석사회과학논총』 5권 2호.

56 김준석 · 박건영. 2013. "자유주의, 제국, 제국주의." 『인간연구』 25호.

57 Jordheim, Helge and Iver B. Neumann. 2011. "Empire, Imperialism and Conceptual History." *Journal of International Relations and Development*, 14(2), pp. 169-172.

58 Ferguson, Niall. 2003. *Empire: The Rise and Demise of the British World Order and the Lessons for Global Power*. New York: Basic Books.

59 Jordheim and Neumann(2011), p. 178.

60 Ferguson, Niall. 2004. *Colossus: The Rise and Fall of the American Empire*. New York: The Penguin Press, p. 2.

61 Kaplan, Robert D. 2014. "In Defense of Empire." *Atlantic*, 313(3), p. 15.

62 Hendrickson, David C. 2017. *Republic in Peril: American Empire and the Liberal Tradition*. New York: Oxford University Press; Mearsheimer, John J. 2014. "America Unhinged." *National Interest*, (129).

63 Tyrrell, Ian R. and Jay Sexton. 2015. "Whither American Anti-Imperialism in a Postcolonial World?" In *Empire's Twin: U.S. Anti-Imperialism from the Founding Era to the Age of Terrorism*, edited by Ian R. Tyrrell and Jay Sexton Ithaca: Cornell University Press, p. 236.

64 Cha, Taesuh. 2015. "The Formation of American Exceptional Identities: A Three-Tier Model of the 'Standard of Civilization' in US Foreign Policy." *European Journal of International Relations*, 21(4).

65 Mead(2001), p. 217.

66 Trump, Donald. 2017. "The Inaugural Address." *The White House*, January 20.

67 Trump, Donald. 2016. "Transcript: Donald Trump's Foreign Policy Speech." *The New York Times*, April 27.

68 Kriner, Douglas L. and Shen, Francis X. 2020. "Battlefield Casualties and Ballot-Box Defeat: Did the Bush-Obama Wars Cost Clinton the White House?" *PS: Political Science & Politics*, 53(2).

69 김지은 · 이정석. 2022. "절제 전략의 전도사들: 정책 주창자 이론을 통해 본 미국 외교정책 '절제(restraint)' 담론의 생산 및 확산 연구." 『국제지역연구』 26권 3호.

제3장

1 Wertheim, Stephen. 2017. "Trump and American Exceptionalism: Why a Crippled America is Something New." *Foreign Affairs*, January 3; Boot, Max. 2016. "Trump's 'America First' Is the Twilight of American Exceptionalism." *Foreign Policy*, November 22.

2 집권말기 소위 "1619 논쟁" 국면에서 보여준 트럼프의 예외적 면모에 대해서는 본서 제7장 참조.

3 Ikenberry, G. John. 2017. "The Plot Against American Foreign Policy: Can the Liberal Order Survive?" *Foreign Affairs*, 96(2), pp. 2-3에서 인용.

4 Mead, Walter Russell. 2001. *Special Providence: American Foreign Policy and How It Changed the World*. New York: Knopf, p. 245.

5 Trump, Donald. 2016. "Transcript: Donald Trump's Foreign Policy Speech." *The New York Times*, April 27.

6 Walt, Stephen M. 2016. "What Would a Realist World Have Looked Like?" *Foreign Policy*, January 8.

7 Drezner, Daniel W. 2016. "So When Will Realists Endorse Donald Trump?" *The Washington Post*, February 1.

8 Layne, Christopher. 2017. "The Big Forces of History." *American Conservative*, February 10; Dueck, Colin. 2017. "Tillerson the

Realist." *Foreign Policy Research Institute*, January 16; Dueck, Colin. 2018. "Trump's National Security Strategy: 10 Big Priorities." *The National Interest*, January 9; Mearsheimer, John J. 2016. "Donald Trump Should Embrace a Realist Foreign Policy." *The National Interest*, November 27; Schweller, Randall L. 2017. "A Third-Image Explanation for Why Trump Now." *The International Security Studies Forum*, February 8; Hoover, Amanda. 2016. "Why Henry Kissinger is Optimistic about Trump and His Policies." *The Christian Science Monitor*, December 20.

9 중요한 예외로서 스티븐 월트(Stephen Walt)는 처음부터 트럼프를 현실주의자로 인정하지 않았을 뿐만 아니라 그의 외교정책의 무원칙성을 강하게 비판했다. Walt, Stephen M. 2016. "No, Donald Trump Is Not a Realist." *Foreign Policy*, April 1; Walt, Stephen M. 2017. "This Isn't Realpolitik. This Is Amateur Hour." *Foreign Policy*, May 3. 또한 대부분의 현실주의자들도 집권 후 트럼프 행정부의 대외정책이 매우 혼란스럽게 전개되는 모습을 보며, 초기의 지지 혹은 희망 섞인 기대를 철회했다. 그럼에도 트럼프가 기성 자유국제주의 합의에 대한 중요한 문제 제기 혹은 비판적 화두를 던졌다는 사실은 대체로 인정하는 분위기이다.

10 Lebow, Richard Ned. 1994. "The Long Peace, the End of the Cold War, and the Failure of Realism." *International Organization*, 48(2), p. 257.

11 Ikenberry, G. John. 2011. *Liberal Leviathan: The Origins, Crisis, and Transformation of the American World Order*. Princeton: Princeton University Press.

12 Lebow(1994), pp. 256-257.

13 Arrighi, Giovanni. 2010. *The Long Twentieth Century: Money, Power, and the Origins of Our Times*. updated ed. New York: Verso, p. 309.

14 Nixon, Richard. 1969. "Inaugural Address." *The American Presidency Project*, January 20.

15 Kissinger, Henry.1975. "The Moral Foundations of Foreign Policy." *The State Department*, July 15.

16 Kissinger, Henry. 1994. *Diplomacy*. New York: Simon & Schuster.

17 Krauthammer, Charles. 1991. "The Unipolar Moment." *Foreign Affairs*, 70(1).

18 Fukuyama, Francis. 1992. *The End of History and the Last Man*. New York: Harmondsworth.

19 Jervis, Robert. 2011. "Unipolarity: A Structural Perspective." In G. John Ikenberry, Michael Mastanduno, and William Curti Wohlforth (eds.), *International Relations Theory and the Consequences of Unipolarity*. New York: Cambridge University Press.

20 Arrighi(2010), p. 379.

21 Burbach, Roger and Jim Tarbell. 2004. *Imperial Overstretch: George W. Bush and the Hubris of Empire*. New York: Zed Books.

22 Ruggie, John Gerard. 1982. "International Regimes, Transactions, and Change: Embedded Liberalism in the Postwar Economic Order." *International Organization*, 36(2).

23 Mead, Walter Russell. 2014. "The Return of Geopolitics: The Revenge of the Revisionist Powers." *Foreign Affairs*, 93(3).

24 Trump, Donald. 2016. "Transcript: Donald Trump on NATO, Turkey's Coup Attempt and the World." *The New York Times*, July 21.

25 Martel, William C. 2015. *Grand Strategy in Theory and Practice: The Need for an Effective American Foreign Policy*. New York: Cambridge University Press, p. 275에서 인용.

26 Kissinger(1975).

27 Trump, Donald. 2017. "The Inaugural Address." *The White House*, January 20.

28 Trump(2016), "Transcript."

29 Kissinger, Henry. 1957. *A World Restored: Metternich, Castlereagh, and the Problems of Peace 1812-22*. Boston: Miflin.

30 Schroeder, Paul W. 1994. *The Transformation of European Politics, 1763-1848*. New York: Oxford University Press.

31 Kissinger, Henry. 2015. *World Order*. New York: Penguin Press, p. 303에서 인용.

32 Bew, John. 2016. *Realpolitik: A History*. Oxford: Oxford University Press, p. 263.

33 Bew(2016), p. 265.

34 Goh, Evelyn. 2005. "Nixon, Kissinger, and the 'Soviet Card' in the U.S. Opening to China, 1971-1974." *Diplomatic History*, 29(3), pp. 475-502.

35 Dueck, Colin. 2010. *Hard Line: The Republican Party and U.S. Foreign Policy since World War II*. Princeton: Princeton University Press, p. 165.

36 Dueck(2010), p. 165.

37 Trifkovic, Srdja. 2017. "Trump's Realist Vision." *Chronicles*, January 23.

38 물론 이러한 전제는 트럼프 외교정책을 평가하는 데 커다란 '커다란 가정(big if)'이다. 보는 시각에 따라서는 이와 같은 혼란이야말로 트럼프 독트린의 본질이라고 주장할 수 있기 때문이다.

39 Brooks, Rosa. 2016. "Donald Trump Has a Coherent, Realist Foreign Policy." *Foreign Policy*, April 12.

40 The White House. 2017. "National Security Strategy," *National Security Strategy Archive*, December 18, p. 1.

41 Ferguson, Niall. 2016. "Donald Trump's New World Order." *The American Interest*, November 21.

42 Department of Defense. 2018. "Summary of the 2018 National Defense Strategy: Sharpening the American Military's Competitive Edge." January 19,

43 Barone, Michael. 2016. "Is Trump Pursuing a 'Kissinger-Inspired Strategy'?" *National Review*, December 16.

44 Ferguson(2016); Bandow, Doug. 2017. "A Nixon Strategy to Break the Russia-China Axis." *The National Interest*, January 4.

45 Zakaria, Fareed. 2023. "America's Foreign Policy Has Lost All Flexibility." *The Washington Post*, March 17.

46 Colby, Elbridge. 2022. "China, Not Russia, Still Poses the Greatest Challenge to U.S. Security." *The National Interest*, July 1; Werner, Jake. 2023. "Biden Doesn't Need to Keep Pushing Xi and Putin Closer." *The Nation*, March 22.

47 Dueck(2010), p. 150.

48 Nixon, Richard. 1970. "U.S. Foreign Policy for the 1970s: A New Strategy for Peace." *Office of the Historian*, February 18.

49 Nixon, Richard. 1969. "Inaugural Address." *The American Presidency Project*, January 20.

50 마상윤·박원곤. 2009. "데탕트기의 한미갈등: 닉슨, 카터와 박정희." 『역사비평』 86호.

51 닉슨의 달러-금 불태환 결정에 크게 영향을 미쳤던 존 코널리(John Connally) 재무장관은 "외국인들은 우리를 엿 먹이려고 한다는 것이 나의 기본 생각이다. 따라서 우리가 할 일은 그들을 먼저 엿 먹이는 것이다"라고 발언한 바 있다. Dueck(2010), p. 162.

52 Dueck(2010), pp. 161-162.

53 Brands, Hal. 2017. "U.S. Grand Strategy in an Age of Nationalism: Fortress America and its Alternatives." *The Washington Quarterly*, 40(1), p. 83.

54 Schweller(2017), p. 13.

55 Applebaum, Anne. 2016. "Is This the End of the West as We Know It?" *The Washington Post*, March 4에서 인용.

56 Parker, Ashley. 2016. "Donald Trump Says NATO is 'Obsolete,' UN is 'Political Game.'" *The New York Times*, April 2.

57 Trump(2016), "Transcript."

58 Trump(2017).

59 Zoffer, Joshua P. 2017. "The Bully Pulpit and U.S. Economic Policy: Lessons for Trump from the Nixon Era." *Foreign Affairs*, September 13.

60 USTR. 2017. "2017 Trade Policy Agenda and 2016 Annual Report." March 1.

61 USTR. 2017. "The President's Trade Policy Agenda." March 1.

62 Office of the Press Secretary, 2017. "Executive Order 13796—Addressing Trade Agreement Violations and Abuses." *The American Presidency Project*, April 29.

63 키신저의 국가전략에 대한 윤리적 비판으로는 Hitchens, Christopher. 2001. *The Trial of Henry Kissinger*. New York: Verso.

64 Brands(2017), p. 83.

65 Brands, Hal. 2014. *What Good is Grand Strategy?: Power and Purpose in American Statecraft from Harry S. Truman to George W. Bush*. Ithaca: Cornell University Press. p. 60에서 인용.

66 Walt, Stephen M. 2021. "Trump's Final Foreign-Policy Report Card." *Foreign Policy*, January 5. 트럼프 정권하 분야별 외교정책의 실행내용에 대해서는 본서 제2부에 상술되어 있다.

67 Ikenberry, G. John. 2017. "The Plot Against American Foreign Policy: Can the Liberal Order Survive?" *Foreign Affairs*, 96(2) ; Kagan, Robert. 2016. "Trump Marks the End of America as World's 'Indispensable Nation.'" *Financial Times*, November 20.

제4장

1 Corn, David. 2016. "Donald Trump Says He Doesn't Believe in 'American Exceptionalism.'" *Mother Jones*, June 7.

2 Hopf, Ted. 2002. *Social Construction of International Politics: Identities & Foreign Policies, Moscow, 1955 and 1999*. Ithaca: Cornell University Press.

3 Holsti, K. J. 1970. "National Role Conceptions in the Study of Foreign Policy." *International Studies Quarterly*, 14(3).

4 Miskimmon, Alister, Ben O'Loughlin, and Laura Roselle. 2013. *Strategic Narratives: Communication Power and the New World Order*. New York: Routledge.

5 McCrisken, Trevor B. 2002. "Exceptionalism." In Alexander Deconde, Richard Dean Burns, Fredrik Logevall, and Louise B. Ketz (eds.), *Encyclopedia of American Foreign Policy* 2nd ed., Vol. 2. New York: Scribner. 이 지점에서 한 가지 구분해야 할 개념은 비교정치학계에서 사용되는 용어로서의 '미국 예외주의'이다. 여기서 그 의미는 주로 유럽의 정치·경제·사회·문화 상황과 미국의 상황이 어떻게 '다른가'라는 객관적 비교의 용어로서, 가령 "왜 미국에는 사회주의가 존재하지 않는가"와 같은 소위 좀바르트 테제에 기초해 신세계의 평등한 사회경제구조가 어떻게 구세계의 위계적 시스템과 구분되는지를 실증적으로 분석하는 행위와 관련된다. 이러한 용법에서는 미국의 체제가 유럽에 비해 우월하다거나 보편적으로 전파되어야 할 것이라는 규범적 함의는 (엄밀한 의미에서) 존재하지 않는다.

6 Posen, Barry R. 2014. *Restraint: A New Foundation for U.S. Grand Strategy*. Ithaca: Cornell University Press.

7 Löfflmann, Georg. 2020. "From the Obama Doctrine to America First: The Erosion of the Washington Consensus on Grand Strategy." *International Politics*, 57(4).

8 Holsti, K. J. 2011. "Exceptionalism in American Foreign Policy: Is it Exceptional?" *European Journal of International Relations*, 17(3).

9 Nymalm, Nicola and Johannes Plagemann. 2019. "Comparative Exceptionalism: Universality and Particularity in Foreign Policy Discourses." *International Studies Review*, 21(1).

10 Jervis, Robert. 2011. "Unipolarity: A Structural Perspective." In G. John Ikenberry, Michael Mastanduno, William C. Wohlforth (eds.), *International Relations Theory and the Consequences of Unipolarity*. New York: Cambridge University Press. 이러한 접근법은 신고전 현실주의 이론이 초강대국의 대전략 형성 과정에 주목하는 것과 일치한다. 초강대국들은 기초적인 안보 요구를 충족하는 것 이상의 권력을 보유하고 있기에 일종의 매개변수로서 국내적 관념이 해당 국가의 외교정책뿐만 아니라 국제체제 자체의 성격을 조형하는데 근본적인 역할을 수행한다는 설명이다. Kitchen, Nicholas. 2010. "Systemic Pressures and Domestic Ideas: A Neoclassical Realist Model of Grand Strategy Formation." *Review of International Studies*, 36(1), p. 143.

11 Hoffmann, Stanley. 2005. "American Exceptionalism: The New Version." In Michael Ignatieff (ed.), *American Exceptionalism and Human Rights*. Princeton: Princeton University Press, p. 225.

12 Connolly, William E. 2002. *Identity/Difference: Democratic Negotiations of Political Paradox*. Minneapolis: University of Minnesota Press.

13 Campbell, David. 1998. *Writing Security: United States Foreign Policy and the Politics of Identity*. Minneapolis: University of Minnesota Press.

14 Cha, Taesuh. 2015. "The Formation of American Exceptional Identities: A Three-Tier Model of the 'Standard of Civilization' in US Foreign Policy." *European Journal of International Relations*, 21(4), pp. 747-751.

15 McCrisken(2002), pp. 64-67.

16 Kohn, Hans. 1957. *American Nationalism: An Interpretative Essay*. New York: Macmillan.

17 McCrisken(2002), pp. 66-78.

18 Hixson, Walter L. 2008. *The Myth of American Diplomacy: National Identity and U.S. Foreign Policy*. New Haven: Yale University Press.

19 Hughes, David. 2015. "Unmaking an Exception: A Critical Genealogy of US Exceptionalism." *Review of International Studies*, 41(3).

20 McDougall, Walter A. 2013. "The Unlikely History of American Exceptionalism." *American Interest*, 8(4).

21 de Tocqueville, Alexis. 2007. *Democracy in America: An Annotated Text Backgrounds Interpretations*. New York: W. W. Norton.

22 따라서 1990년대 이후 미국 정치사상사의 수정주의적 해석은 예외주의의 신화성과 미국적 신조의 이데올로기성에 반대하며, 그동안 메타 내러티브에 의해 은폐됐던 일종의 반미국적 신조(anti-American creed) 찾기에 집중해왔다. Smith, Rogers M. 1997. *Civic Ideals: Conflicting Visions of Citizenship in U.S. History*. New Haven: Yale University Press; Morone, James A. 2003. *Hellfire Nation: The Politics of Sin in American History*. New Haven: Yale University Press; Lieven, Anatol. 2012. *America Right or Wrong: An Anatomy of American Nationalism*. Oxford: Oxford University Press. 즉, 현대의 수정주의 학자들은 단순한 일탈이나 변칙이 아닌, 미국 지성사에 줄곧 존재했던 비자유주의적·인종주의적·종교근본주의적 마이너리티 사상의 계보를 발굴하려 노력했다. 이는 그 이전까지 주류적 미국사 해석으로서 자유주의적 합의사학이 구축해왔던 로크적 아메리카라는 토크빌-하츠 테제의 신화적 이미지에 도전함을 의미한다. 이 내용에 대한 보다 자세한 설명 및 현대정치 맥락에서의 해설로는 본서 제7장을 참조할 것.

23 Löfflmann(2020).

24 Kagan, Robert. 2006. *Dangerous Nation: America's Foreign Policy from its Earliest Days to the Dawn of the Twentieth Century*. New York: Knopf.

25 Armstrong, J. D. 1993. *Revolution and World Order: The Revolutionary State in International Society*. Oxford: Clarendon Press, pp. 42-78; Cha(2015), "The Formation." pp. 757-758.

26 McDougall, Walter A. 1997. *Promised Land, Crusader State: The American Encounter with the World since 1776*. Boston: Houghton Mifflin; Monten, Jonathan. 2005. "The Roots of the Bush

Doctrine: Power, Nationalism, and Democracy Promotion in U.S. Strategy." *International Security*, 29(4).

27 Deudney, Daniel. 2007. *Bounding Power: Republican Security Theory from the Polis to the Global Village*. Princeton: Princeton University Press, p. 187.

28 Washington, George. 1796. "Washington's Farewell Address 1796." *The Avalon Project*, September 19.

29 Adams, John Quincy. 1821. "Speech to the U.S. House of Representatives on Foreign Policy." *Miller Center*, July 4.

30 19세기 미국 외교정책을 '고립주의'로 서사하는 것은 유럽중심주의적 해석의 오류 혹은 편견이 담겨 있는 일종의 신화화된 예외주의로서 비판 가능하다. '인디언'과 멕시코인들의 시각에서 보면, '명백한 운명론'을 주창하던 '양키들'은 언제나 팽창주의적이고 군사주의적이었다. 또한 북아메리카 대륙의 백인 정주제국(settler empire)으로서 당대 유럽제국주의의 행태를 그대로 따르면서도 미국이 유럽과 구별되는 인류의 '모범'이었다는 주장도 아메리카 원주민의 입장에서는 지극히 역설적이다. Restad, Hilde Eliassen. 2012. "Old Paradigms in History Die Hard in Political Science: US Foreign Policy and American Exceptionalism." *American Political Thought*, 1(1), pp. 64-65.

31 Ikenberry, G. John. 2011. *Liberal Leviathan: The Origins, Crisis, and Transformation of the American World Order*. Princeton: Princeton University Press.

32 Deudney, Daniel and Jeffrey Meiser. 2008. "American Exceptionalism." In Michael Cox and Doug Stokes (eds.), *US Foreign Policy*. Oxford: Oxford University Press.

33 이혜정. 2006. "미국의 베트남전쟁." 『한국정치외교사논총』 27권 2호.

34 Curran, James. 2018. "'Americanism, not Globalism': President Trump and the American Mission." *Lowy Institute*, July 1, p. 6.

35 Curran(2018), p. 8.

36 Smith, Tony. 2012. *America's Mission: The United States and the Worldwide Struggle for Democracy*. Princeton: Princeton University Press, pp. 346-390; Desch, Michael C. 2007. "America's Liberal Illiberalism: The Ideological Origins of Overreaction in U.S. Foreign Policy." *International Security*, 32(3); Nye, Joseph S. 2019. "The Rise and Fall of American Hegemony from Wilson to Trump." *International Affairs*, 95(1), pp. 67-71.

37 Mearsheimer, John J. 이춘근 역. 2020. 『미국 외교의 거대한 환상: 자유주의적 패권 정책에 대한 공격적 현실주의의 비판』. 서울: 김앤김북스.

38 Walt, Stephen M. 김성훈 역. 2021. 『미국 외교의 대전략: 자유주의 패권의 연장인가, 역외균형으로의 복귀인가』. 서울: 김앤김북스.

39 Callinicos, Alex. 2010. *Bonfire of Illusions: The Twin Crises of the Liberal World*. Malden: Polity.

40 Obama, Barack. 2009. "News Conference By President Obama." *The White House*, April 4.

41 Cha, Taesuh. 2015. "American Exceptionalism at the Crossroads: Three Responses." *Political Studies Review*, 13(3), pp. 351-352.

42 Restad, Hilde Eliassen. 2014. *American Exceptionalism: An Idea that Made a Nation and Remade the World*. Hoboken: Taylor and Francis, pp. 230-232.

43 오시진. 2017. "미국 우선주의에 대한 소고: 미국 예외주의 전통에서 본 Trump 행정부의 국제법관." 『국제법평론』 47호, pp. 29-30.

44 Patman, R. G. and L. Southgate. 2016. "Globalization, the Obama Administration and the Refashioning of US Exceptionalism." *International Politics*, 53(2).

45 Löfflmann(2020).

46 Barkun, Michael. 2017. "President Trump and the 'Fringe.'" *Terrorism & Political Violence*, 29(3).

47 Cha, Taesuh. 2016. "The Return of Jacksonianism: The International Implications of the Trump Phenomenon." *The Washington Quarterly*, 39(4), p. 83.

48 Curran(2018), p. 13.

49 Boot, Max. 2016. "Trump's 'America First' is the Twilight of American Exceptionalism." *Foreign Policy*, November 22; Cobb, Jelani. 2016. "Donald Trump and the Death of American Exceptionalism." *New Yorker*, November 4; Drezner, Daniel W. 2017. "America the Unexceptional." *The Washington Post*, February 1; Kagan, Robert. 2016. "Trump Marks the End of America as World's 'Indispensable Nation.'" *Financial Times*, November 20; Kaplan, Robert D. 2017. "The Rise of Darwinian Nationalism." *National Interest*, (151); Krauthammer, Charles. 2017. "Trump's Foreign Policy Revolution Puts Us on a Disastrous Path." *Chicago Tribune*, January 26; Krugman, Paul. 2018. "Fall of the American Empire." *The New York Times*, June 18; Rice, Susan. 2017. "When America No Longer is a Global Force for Good." *The New York Times*, December 20; Roberts, Diane. 2017. "Death of an American Myth." *Prospect*, (259); Slaughter, Anne-Marie. 2017. "Putting 'America First' Isn't the Problem. Trump's Version of It Is." *The Washington Post*, February 10.

50 Edwards, Jason A. 2018. "Make America Great Again: Donald Trump and Redefining the U.S. Role in the World." *Communication Quarterly*, 66(2); Kupchan, Charles A. 2018. "The Clash of Exceptionalisms: A New Fight Over an Old Idea." *Foreign Affairs*, 97(2).

51 Trump, Donald. 2016. "Transcript: Donald Trump's Foreign Policy Speech." *The New York Times*, April 27.

52 Trump, Donald. 2017. "The Inaugural Address." *The White House*, January 20.

53 Trump, Donald. 2019. "Remarks by President Trump in State of the Union Address." *The White House*, February 6.

54 The White House. 2017. "National Security Strategy." *National Security Strategy Archive*, December 18, p. 37.

55 Wertheim, Stephen. 2017. "Quit Calling Donald Trump an Isolationist. He's Worse than That." *The Washington Post*, February 17; Wertheim, Stephen. 2017. "Trump and American Exceptionalism: Why a Crippled America Is Something New." *Foreign Affairs*, January 3.

56 Curran(2018); Roberts(2017).

57 임기 막바지, 트럼프는 문화 전쟁의 일환으로 갑자기 건국부조와 독립혁명 정신 등에 대해 강조하면서 '1776 위원회'를 창립했다. 이에 대해서는 본서 제7장을 참조할 것.

58 Miller, Paul D. 2017. "Conservatism and Nationalism: Varieties of Engagement." *American Interest*, 13(1).

59 Trump, Donald. 2015. *Crippled America: How to Make America Great Again*. New York: Threshold.

60 Lerner, Adam B. 2020. "The Uses and Abuses of Victimhood Nationalism in International Politics." *European Journal of International Relations*, 26(1).

61 Pillar, Paul R. 2018. "The History of American Nationalism." *The National Interest*, November 29.

62 Smith, Rogers M. 2017. "America's Case of Mistaken Identity." *Boston Review*, June 12; Miller, Paul D. 2017. "Conservatism and Nationalism: Varieties of Engagement." *American Interest*, 13(1), p. 33.

63 임주영. 2018. "트럼프 '미국서 태어났다고 시민권 부여 안 돼.'" 『연합뉴스』 10월 31일.

64 이들은 알렉산드리아 오카시오-코르테스(Alexandria Ocasio-Cortez, D-NY), 일한 오마르(Ilhan Omar, D-MN), 라시다 틀레입(Rashida Tlaib, D-MI), 아야나 프레슬리(Ayanna Pressley, D-MA) 의원 등인데, 실제로 4인방 중 미국 태생이 아닌 사람은 소말리아 출신의 오마르 의원뿐이라 더욱 문제가 심각했다.

65 오원석. 2019. "트럼프 또 인종차별...女의원 4인방에 '너희 나라 돌아가라.'" 『중앙일보』 7월 15일.

66 Abramowitz, Alan. 2018. *The Great Alignment: Race, Party Transformation, and the Rise of Donald Trump*. New Haven: Yale University Press.

67 2020년 대선국면의 쟁점에 대해서는 본서 제7장의 보다 상세한 설명을 참조할 것.

68 Beinart, Peter. 2017. "The Racial and Religious Paranoia of Trump's Warsaw Speech." *The Atlantic*, July 6; 이혜정. 2017. "미국 우선주의와 대전략의 변화." 김상기 외. 『트럼프 행정부 출범 이후 동아시아 전략환경 변화와 한국의 대응』. 서울: 통일연구원, pp. 62-66.

69 Trump, Donald. 2017. "Remarks by President Trump to the People of Poland." *The White House*, July 6.

70 Cha(2015), "The Formation." pp. 751-757.

71 Bettiza, Gregorio. 2014. "Civilizational Analysis in International Relations: Mapping the Field and Advancing a 'Civilizational Politics' Line of Research." *International Studies Review*, 16(1).

72 Huntington, Samuel P. 1996. *The Clash of Civilizations and the Remaking of World Order*. New York: Simon & Schuster; Huntington, Samuel P. 2004. *Who Are We? The Challenges to America's National Identity*. New York: Simon & Schuster.

73 Fukuyama, Francis. 1992. *The End of History and the Last Man*. New York: Free Press.

74 Kamal, R. D. and Z. R. M. A. Kaiser. 2018. "Trump and the Ascension of Western Realism: A Critical Discussion on the Western Realists' and Western Liberalists' Evaluation of Globalisation." *India Quarterly*, 74(3).

75 Pence, Mike. 2018. "Remarks by Vice President Pence on the Administration's Policy Toward China." *The White House*, October 4. 사실 바이든 행정부도 이러한 기본 대중국 인식은 그대로 공유하고 있다. 예를 들어, 국가안보회의(NSC) 중국 담당 국장인 러쉬 도시

(Rush Doshi)는 중국이 냉전 직후부터 줄곧 미국을 대체하려는 전략을 취해왔다고 주장함으로써, 기존 민주당의 주류적 인식틀인 자유관여주의적 중국관을 폐기했다. Doshi, Rush. 박민희·황준범 역. 2022. 『롱 게임: 미국을 대체하려는 중국의 대전략』. 서울: 생각의 힘.

76 Musgrave, Paul. 2019. "John Bolton is Warning of a 'Clash of Civilizations' with China." *The Washington Post*, July 18.

77 Ikenberry(2011).

78 Adelman, Jeremy. 2017. "The Clash of Global Narratives." *ISSF Policy Series*, March 15, p. 3.

79 Edwards(2018), p. 189.

80 Restad, Hilde Eliassen. 2017. "The Unexceptional Nation: Donald Trump and Making America Great Again." *Starting Points Journal*, January 23.

81 Posen, Barry R. 2018. "The Rise of Illiberal Hegemony: Trump's Surprising Grand Strategy." *Foreign Affairs*, 97(2); Brands, Hal. 2017. "The Unexceptional Superpower: American Grand Strategy in the Age of Trump." *Survival*, 59(6).

82 Sargent, Daniel J. 2018. "RIP American Exceptionalism, 1776-2018." *Foreign Policy*, July 23.

83 Donnelly, Thomas and William Kristol. 2018. "The Obama-Trump Foreign Policy." *Washington Examiner*, February 19.

84 김지은·이정석. 2022. "절제 전략의 전도사들: 정책 주창자 이론을 통해 본 미국 외교정책 '절제(restraint)' 담론의 생산 및 확산 연구." 『국제지역연구』 26권 3호.

85 Schweller, Randall. 2018. "Three Cheers for Trump's Foreign Policy: What the Establishment Misses." *Foreign Affairs*, 97(5).

86 Mead, Walter Russell. 2017. "Trump Brings Foreign Policy Back to Earth." *The Wall Street Journal*, November 29.

87 Albright, Madeleine. 2018. *Fascism: A Warning*. New York: Harper.

88 미국 패권의 토대가 여전히 공고한지, 중국의 성장은 지속될 것인지 등의 여부는 현재 국제정치학계에서 치열한 논쟁의 대상이다. Toje, Asle. ed. 2018. *Will China's Rise be Peaceful? Security, Stability, and Legitimacy*. Oxford: Oxford University Press. 중국 부상론에 반대하며 미국 우위의 지속성을 강조한 연구들로는 Brooks, Stephen G. and William C. Wohlforth. 2016. "The Rise and Fall of the Great Powers in the Twenty-First Century: China's Rise and the Fate of America's Global Position." *International Security*, 40(3); Beckley, Michael. 2018. "The Power of Nations: Measuring What Matters." *International Security*, 43(2); Beckley, Michael and Hal Brands. 김종수 역. 2023. 『중국은 어떻게 실패하는가: 미중 패권 대결 최악의 시간이 온다』. 서울: 부키 등 참조.

89 Nye, Joseph S. 2018. "The Two Sides of American Exceptionalism." *Project Syndicate*, September 4, p. 75.

제5장

1 Bradizza, Luigi. 2011. "Madison and Republican Cosmopolitanism." In *Cosmopolitanism in the Age of Globalization*, edited by Lee Trepanier and Khalil M. Habib. Lexington: The University Press of Kentucky, p. 242에서 인용.

2 Trump, Donald J. 2017. "Remarks by President Trump at the Conservative Political Action Conference." *The White House*, February 24.

3 매디슨은 1787-1789년 기간에 벌어진 연방헌법 비준 논쟁에서 연방파의 수장으로서 푸블리우스(Publius)라는 필명 아래 존 제이(John Jay), 알렉산더 해밀턴(Alexander Hamilton) 등과 함께 후일 『연방주의자 논고(Federalist Papers)』라고 묶여 불리게 된 일련의 논설문들을 발표했다. 이를 통해 그는 내분과 외세의 개입으로 불안정했던 연합헌장(Articles of Confederation) 시대를 끝내고 아메리카합중국(United States of America)을 탄생시키는 데 이바지했다.

4 Deudney, Daniel. 1995. "The Philadelphian System: Sovereignty, Arms Control, and the Balance of Power in the American States-Union Circa 1787-1861." *International Organization*, 49(2) ; Deudney, Daniel. 1996. "Binding Sovereigns: Authorities, Structures, and Geopolitics in Philadelphian Systems." In *State Sovereignty as Social Construct*, edited by Thomas J. Biersteker and Cynthia Weber, 190-239. Cambridge: Cambridge University Press.

5 Deudney, Daniel and Jeffrey Meiser. 2008. "American Exceptionalism." In *US Foreign Policy*, edited by Michael Cox and Doug Stokes. 1st ed., 24-42. Oxford: Oxford University Press.

6 Cha, Taesuh. 2015. "The Formation of American Exceptional Identities: A Three-Tier Model of the 'Standard of Civilization' in US Foreign Policy." *European Journal of International Relations*, 21(4), pp. 747-751.

7 Trump(2017).

8 Walker, R. B. J. 1993. *Inside/Outside: International Relations as Political Theory*. Cambridge: Cambridge University Press.

9 Hardt, Michael and Antonio Negri. 2000. *Empire*. Cambridge: Harvard University Press, pp. 160-182.

10 물론 중심부 미국의 기획이 곧 지구 전역의 주권과 관련한 실제 상황과 바로 동일시될 수는 없다. 반주변부 혹은 주변부에 해당하는 지역들에서 주권의 현실적 작동방식은 언제나 중층적·특수적으로 결정될 수밖에 없기에 미국적 주권의 문제틀이 갖는 적용 범위의 한계는 뚜렷하다. 즉, 여기서 다루고자 하는 바는 미국 주도의 전 지구적 '주인서사(master narrative)' 분석에 국한될 뿐이며, 실제 개별 지역의 주권 형태와 그 역사적 궤적은 비교지역질서 연구의 시각에서 경험적 분석대상으로 다뤄져야 할 것이다.

11 Judis, John B. 2016. *The Populist Explosion: How the Great Recession Transformed American and European Politics*. New York: Columbia Global Reports; Judis, John B. 2018. *Nationalist Revival: Trade,*

Immigration, and the Revolt Against Globalization. New York: Columbia Global Reports.

12 MacKay, Joseph and Christopher David LaRoche. 2018. "Why is There No Reactionary International Theory?" *International Studies Quarterly*, 62(2); Zielonka, Jan. 2018. *Counter-Revolution: Liberal Europe in Retreat*. Oxford: Oxford University Press.

13 Bauman, Zygmunt. 2017. *Retrotopia*. Oxford: Polity Press.

14 지그문트 바우만에 따르면, '레트로토피아'란 20세기의 전진적 유토피아의 희망이 사라지고 난 빈 공간에 좋았던 (것으로 가정되는) 과거에 대한 '향수(nostalgia)'가 21세기의 이념적 지형을 잠식하고 있는 위기적 상황을 표현하는 신조어다. 이러한 반동적 정서는 탈냉전기 지구화 시대가 낳은 격변과 가속화에 대한 일종의 시대적 '방어기제'라고 볼 수 있다. 다시 말해, 민족적 상징과 신화로 '회귀'함으로써 이상적인 장소(topos)—즉, 민족국가의 경계로 확고히 구획되어진 향수의 공간—를 재건하겠다는 '퇴행적' 약속을 의미하며, 오늘날 불안과 공포에 떨고 있는 대중이 반동적 포퓰리스트와 민족주의자들의 선동에 호응하고 있는 초국적 현상을 설명해준다.

15 Cutterham, Tom. 2014. "The International Dimension of the Federal Constitution." *Journal of American Studies*, 48(2) ; Totten, Robbie J. 2012. "Security, Two Diplomacies, and the Formation of the U.S. Constitution: Review, Interpretation, and New Directions for the Study of the Early American Period." *Diplomatic History*, 36(1) ; Gibson, Alan Ray. 2009. *Interpreting the Founding: Guide to the Enduring Debates Over the Origins and Foundations of the American Republic*. rev. ed. Lawrence: University Press of Kansas, pp. 86-122.

16 사실 이러한 해석은 푸블리우스(Publius) 자신들의 문제의식에 기인한다. 이는 애초에 연방헌법 제정 운동을 부른 연합헌장체제의 위기가 독자적인 군대와 외교권 등 준주권을 지닌 북아메리카 '나라들' 간의 갈등 고조—특히 남부와 북부 간의 분쟁—에서 비롯되었기 때문이다. 1786년의 이른바 '제이의 위기'는 북부의 이해관계를 주로 대변하던 존 제이(John Jay) 외교장관(Secretary of Foreign Affairs)

이 스페인과의 협상에서 남부 경제에 사활적인 미시시피강의 항해권을 포기하는 대신, 북부에 유리하게 스페인의 항구를 여는 것을 조건으로 제시하면서 발발한 사건이다. 이를 기화로 연합이 남과 북 두 개의 지역(section)으로 분열하여 무력충돌로 이어질 뻔한 일촉즉발의 상황에 봉착하게 된다. 이 사건으로 방가(邦家) 간 결속이 느슨한 연합헌장만으로는 남과 북 두 개의 정치 단위로의 분열과 전쟁을 방지할 수 없다는 위기의식이 팽배하게 된다. Hendrickson, David C. 2003. *Peace Pact: The Lost World of the American Founding*. Lawrence: University Press of Kansas, pp. 195-196.

이런 역사적 배경을 고려해봤을 때, 19세기, 특히 남북전쟁 이전의 'State'를 동아시아의 오랜 지방 행정 단위인 '주(州)'로 번역하는 것은 적절치 않다. '주'라는 역어를 사용하는 순간 우리는 금방 미국이라는 단일한 근대국가가 1789년 수립되고 각 13개 식민지는 중앙집권국가 내의 지방 단위로 편입되어 존재했었던 것처럼 착각하기 쉽다. 따라서 가능한 한 근대 유럽의 기원이 된 베스트팔렌체제가 보편적으로 정치체의 성격과 정치체 간 관계를 규정하지 않았던 18세기 북아메리카 공간의 특수성과 복합성을 살릴 수 있는 새로운 개념어가 필요하다. 완전한 근대적 주권국가도 아니지만, 준주권을 지니고 유사 국제관계를 형성했던 시공간적 특수 상황의 포착이 요구되는 것이다. 차태서. 2006. "아메리카 혁명의 특이성: 공화주의와 연방헌법의 탈근대적 의미." 서울대학교 국제문제연구소 편. 『세계정치 5』. pp. 278-279.

이러한 고민에 따라 배영수는 일찍이 버나드 베일린(Bernard Bailyn)의 『미국 혁명의 이데올로기적 기원』을 국역 출간하면서 'State'를 춘추전국시대에 쓰던 언어를 차용해 '방가(邦家)'로 번역했다. Bailyn, Bernard. 배영수 역. 1999. 『미국 혁명의 이데올로기적 기원』. 서울: 새물결. 같은 맥락에서 '미국'이라는 표현 대신 아메리카 '합중국(合衆國)'이라는 역어를 사용하는 것이 여타 일반적인 근대 민족국가와는 차별되는 네트워크 주권체를 나타내기에 적합하다고 여겨지나, 워낙 미국이란 국명이 일반적으로 사용되는 관계로 여기서는 통상적 용법을 그대로 수용하기로 한다.

17 Hendrickson(2003).

18 Deudney(1995).

19 Cha, Taesuh. 2018. "Competing Visions of a Postmodern World Order: The Philadelphian System vs. The Tianxia System." *Cambridge Review of International Affairs*, 31(5), p. 394.

20 Deudney, Daniel. 2007. *Bounding Power: Republican Security Theory from the Polis to the Global Village*. Princeton: Princeton University Press, p. 48. 다니엘 듀드니가 고안한 용어인 '네가키(negarchy)'는 기존의 현실주의 이론이 설정한 무정부 상태 대(對) 위계 상태라는 조직 원리의 개념쌍(dyad)을 넘어서는 제3의 국가 간 조직 원리를 지칭하는 개념으로, 역사상 공화주의 정치사상과 정치체에서 발견되는 권력의 제약(restraints)-부정(negatives)의 메커니즘을 포착하기 위한 신조어다. 네가키로 조직된 정치체제에서 행위자들 간의 관계는 권위의 분할과 공유 그리고 견제를 통해 상호 제약적인(mutual restraint) 형태로 질서 지워진다는 점이 가장 특징적이다. 따라서 공화주의적 정치체는 무정부 상태의 혼란과 제국 상태의 억압 모두를 회피하는 안정적이고 자유로운 질서를 유지할 수 있게 된다.

21 Deudney(2007), p. 161.

22 Cha(2015), p. 750.

23 Deudney and Meiser(2008), p. 25.

24 Hendrickson(2003), pp. 24-25; pp. 142-143.

25 Deudney, Daniel. 2004. "Publius before Kant: Federal-Republican Security and Democratic Peace." *European Journal of International Relations*, 10(3). 그러나 필라델피아체제의 실험도 19세기 중반 남북전쟁이라는 커다란 실패를 겪게 된다. 통상적 표현으로 1861-1865년 기간 발발한 북미대륙상의 전쟁을 미국 내부의 '내전(Civil War)'이라고 표현하지만, 실제로 남북전쟁은 기존의 방가 간 평화조약이 깨지면서 생성된 두 개의 동맹체(United States of America vs. Confederate States of America) 간에 벌어진 '국제전(interstate war)'으로 보아야 한다. 남북전쟁 종료 후 링컨(Abraham Lincoln)과 공화당에 의해 재건된 합중국은 이전까지의 국가 간 연합의 형식에서 보다 연방'국가'적 성격이 강해진 중앙집권적 형태로 변화한 것이다. Deudney(2007), pp. 171-176.
즉, 이 시기부터 개별 'state'는 이전의 준주권—전전(戰前) 남부 정치가들이 강조하던 분리 독립할 권리(secession)도 그중 하나다—을 대부분 상실하고, 특히 외교권과 군사력 사용에서 거의 완벽하게 연방에 종속된다. 따라서 이 시점 이후에는 '방가' 대신 '주'라는 번역어가 적당하다고 볼 수 있다. 또한 연관하여 본래 문법상 복수형 명사로 취급되던 'United States'가 남북전쟁을 경유하며 민간의 언어 사용법에서 서서히 단수형으로 전환된 점도 주목할 만한 사실이다.

26 Tomasi, John. 2002. "Governance Beyond the Nation State: James Madison on Foreign Policy and 'Universal Peace.'" In *James Madison and the Future of Limited Government*, edited by John Samples, 213-228. Washington, D.C.: Cato Institute; Tomasi, John. 2003. "Sovereignty, Commerce, and Cosmopolitanism: Lessons from Early America for the Future of the World." *Social Philosophy and Policy*, 20(1).

27 Cha(2018).

28 Ikenberry, G. John. 2011. *Liberal Leviathan: The Origins, Crisis, and Transformation of the American World Order*. Princeton: Princeton University Press.

29 Deudney(2007), pp. 185-189.

30 Armstrong, J. D. 1993. *Revolution and World Order: The Revolutionary State in International Society*. Oxford: Clarendon Press.

31 Hendrickson, David C. 2009. *Union, Nation, or Empire: The American Debate over International Relations, 1789-1941*. Lawrence: University Press of Kansas, p. 304.

32 Hendrickson(2009), p. 11.

33 Hendrickson(2009), p. 11.

34 Hendrickson(2009), p. 323.

35 Nash, George H. 2013. "Ronald Reagan's Vision of America." In *American Exceptionalism: The Origins, History, and Future of the Nation's Greatest Strength*, edited by Charles W. Dunn. Lanham: Rowman & Littlefield, pp. 122-123.

36 Ikenberry(2011).

37 Van Doren, Carl. 1948. *The Great Rehearsal: The Story of the Making and Ratifying of the Constitution of the United States*. New York: Viking Press.

38 Tannenbaum, Frank. 1952. "Balance of Power Versus the Coördinate State." *Political Science Quarterly*, 67(2); 차태서(2006), 268-270쪽.

39 이혜정. 2017. 『냉전 이후 미국 패권: 자본주의와 민주주의, 전쟁의 변주』. 서울: 한울, 85쪽.

40 Hardt and Negri(2000), pp. 16-17; pp. 180-182.

41 이혜정(2017), 47-88쪽.

42 이혜정(2017), 89-152쪽; 전재성. 2006. "21세기 미국의 변환 외교." 하영선, 김상배 편. 『네트워크 지식국가: 21세기 세계정치의 변환』. 서울: 을유문화사.

43 이러한 상황은 자유주의적 대외정책 실행 과정에 내재해 있던 '병리적' 결과가 산출된 것으로 이해될 수 있다. 자유주의가 지닌 독백적(monologue) 성향과 그로 인한 외부 세계와의 독선적 관계 맺음 방식이 이후 정반대의 반자유주의적 극단인 트럼프 현상이 등장하는 배경을 이루었다. 가령 마이클 대쉬·토니 스미스 등은 전 세계에 자유주의를 전파하려는 미국의 근본주의적 열망이 9.11테러에 대한 과도한 대응을 유발했고, 그것이 대외적으로 이라크에 대한 일방적 침공, 대내적으로는 애국자법(Patriot Act) 같은 억압적 법률 제정 등의 결과를 낳고 말았을 뿐만 아니라, 종국에는 미국 패권의 하락을 야기했음을 비판한다. Desch, Michael C. 2007. "America's Liberal Illiberalism: The Ideological Origins of Overreaction in U.S. Foreign Policy." *International Security*, 32(3); Smith, Tony. 2012. *America's Mission: The United States and the Worldwide Struggle for Democracy*. Princeton: Princeton University Press.

44 이혜정(2017), 153-221쪽.

45 Polanyi, Karl. 2001. *The Great Transformation: The Political and Economic Origins of Our Time*. Boston: Beacon Press.

46 Ruggie, John Gerard. 1998. *Constructing the World Polity: Essays on International Institutionalization*. New York: Routledge.

47 Snyder, Jack. 2019. "The Broken Bargain: How Nationalism Came Back." *Foreign Affairs*, 98(2) ; Eichengreen, Barry J. 2018. *The Populist Temptation: Economic Grievance and Political Reaction in the Modern Era*. New York: Oxford University Press.

48 Kuttner, Robert. 2018. *Can Democracy Survive Global Capitalism?* New York: W. W. Norton.

49 Norris, Pippa and Ronald Inglehart. 2018. *Cultural Backlash: Trump, Brexit, and the Rise of Authoritarian-Populism*. New York: Cambridge University Press ; Fukuyama, Francis. 2018. *Identity: The Demand for Dignity and the Politics of Resentment*. New York: Farrar, Straus and Giroux ; Kinnvall, Catarina and Pasko Kisić Merino. 2023. "Deglobalization and the Political Psychology of White Supremacy." *Theory & Psychology*, 33(2). 제1차 지구화 시기였던 19세기 말에도 대규모 (유럽)이민자의 물결이 있었고, 이로 인해 현재 포퓰리즘 물결의 선조라고 할 수 있는 인민주의 운동이 미국에서 일어났었다. 같은 맥락에서 탈냉전 (2차) 지구화 시기에는 상대적으로 유색인종(특히 라티노)의 이민 유입이 대폭 증가하여 점차 전통적인 앵글로색슨계 백인의 인구 비율이 축소되는 경향이 강화되자, 20세기 초와 유사한 형태의 배외주의적 백인민족주의가 폭발한 것으로 보인다. 이혜정(2017), 243-246쪽. 실제 2016년 대선에서 트럼프 지지자들의 가장 강력한 표식이 인종주의와 반이민 정서에 있다는 것을 실증적으로 증명한 연구 성과로는 Sides, John, Michael Tesler, and Lynn Vavreck. 2018. *Identity Crisis: The 2016 Presidential Campaign and the Battle for the Meaning of America*. Princeton: Princeton University Press ; Abramowitz, Alan. 2018. *The Great Alignment: Race, Party Transformation, and the Rise of Donald Trump*. New Haven: Yale University Press 등을 참조할 것.

50 Gest, Justin. 2016. *The New Minority: White Working Class Politics in an Age of Immigration and Inequality*. New York: Oxford University Press.

51 Hochschild, Arlie Russell. 2016. *Strangers in Their Own Land: Anger and Mourning on the American Right*. New York: New Press.

52 Glynos, Jason. 2001. "The Grip of Ideology: A Lacanian Approach to the Theory of Ideology." *Journal of Political Ideologies*, 6(2) ; Glynos, Jason. 2011. "Fantasy and Identity in Critical Political Theory." *Filozofski Vestnik*, 32(2).

53 Browning, Christopher S. 2019. "Brexit Populism and Fantasies of Fulfillment." *Cambridge Review of International Affairs*, 32(3).

54 Steele, Brent J. and Alexandra Homolar. 2019. "Ontological Insecurities and the Politics of Contemporary Populism." *Cambridge Review of International Affairs*, 32(3) ; Homolar Alexandra and Ronny Scholz. 2019. "The Power of Trump-Speak: Populist Crisis Narratives and Ontological Security." *Cambridge Review of International Affairs*, 32(3).

55 정치사상사의 맥락에서 '반동'이라는 용어는 기본적으로 계몽주의 시대 서구에서 탄생한 개념으로 역사의 변화(특히 근대화)를 부정적으로 인식하고, 대신 특정한 시기의 과거를 이상화된 형태로 상상하면서 현재에 재창조하려는 정치적 운동을 가리킨다. MacKay and LaRoche(2018).

56 Fukuyama, Francis. 1992. *The End of History and the Last Man*. New York: Free Press.

57 Friedman, Thomas L. 2005. *The World Is Flat: A Brief History of the Twenty-First Century*. New York: Farrar, Straus and Giroux.

58 신주권론(new sovereigntism) 논의는 냉전 후 지구화 시대 국제법 질서에 대한 비판적 시각에서 출발한다. 신주권론자들은 글로벌 거버넌스가 선출되지 않았고 책임도 지지 않는 초국적 기구들에 입법 권한들을 양도함으로써 인민주권을 훼손하고 입헌정부를 약화시키기 때문에, 근본적으로 비민주적인 체제라고 생각한다. 또한 이들은 국가가 응당 자국민의 이익을 보호하고 증진시키는 것을 외교정책의 최우선으로 삼아야 함에도 불구하고, 글로벌 거버넌스가 이러한 목표를 심각하게 저해하기에 문제라고 주장하면서, 전 지구적인 여러 규범들은 탈헌법적·탈주권적 국제법의 악영향을 증폭시키

므로 인민주권과는 양립할 수 없다고 역설한다. 대표적인 인물들로 존 볼턴(John Bolton), 커티스 브래들리(Curtis Bradley), 잭 골드스미스(Jack Goldsmith), 에릭 포즈너(Eric Posner), 제레미 랩킨(Jeremy Rabkin), 존 유(John Yoo) 등을 들 수 있다. Goodhart, Michael and Stacy Bondanella Taninchev. 2011. “The New Sovereigntist Challenge for Global Governance: Democracy without Sovereignty.” *International Studies Quarterly*, 55(4).

59 Kallis, Aristotle. 2018. “Populism, Sovereigntism, and the Unlikely Re-Emergence of the Territorial Nation-State.” *Fudan Journal of the Humanities and Social Sciences*, 11(3) ; Chryssogelos, Angelos. 2020. “State Transformation and Populism: From the Internationalized to the Neo-sovereign State?” *Politics*, 40(1).

60 Weber, Cynthia. 2017. “The Trump Presidency, Episode 1: Simulating Sovereignty.” *Theory & Event*, 20(S-1).

61 Trump, Donald J. 2015. *Crippled America: How to Make America Great Again*. New York: Threshold.

62 Krasner, Stephen D. 1999. *Sovereignty: Organized Hypocrisy*. Princeton: Princeton University Press, pp. 9-25.

63 물론 지구화가 본격화되기 이전 근대에서도 주권이 완전한 형태로 공고하게 그 이상적 형태가 실현되었던 적은 존재하지 않았다. 주권은 언제나 ‘불완전’하고, ‘문제적’이며, ‘위선적’이었다. 전재성. 2017. “동북아의 불완전한 주권국가들과 복합적 무정부 상태.” 서울대학교 국제문제연구소 편. 『세계정치 26』. 서울: 사회평론; Callahan William A. 2018. “The Politics of Walls: Barriers, Flows, and the Sublime.” *Review of International Studies*, 44(3); Krasner(1999).

64 Lerner, Adam B. 2020. “The Uses and Abuses of Victimhood Nationalism in International Politics.” *European Journal of International Relations*, 26(1).

65 Shaw, Adam. 2018. “Trump Says US is like a ‘Piggy Bank that Everybody is Robbing’ on Trade.” *Fox News*, June 10. 당연하게도 기성 지구화가 미국에 해가 되었다는 명제는 매우 ‘논쟁적’인 가설이다. 예를 들어, 조지프 스티글리츠는 트럼프주의자들의 주장과는 정

반대로 미국은 20세기 후반 이래 무역협정들에서 자신이 원하는 것들(지적재산권 보호, 금융 개방 등)을 모두 얻어왔으며, 세계무역게임은 일반적으로 개발도상국들을 희생시켜 미국 등 선진국이 이득을 얻어온 불공정 게임이었다고 반박했다. 아울러 세계화의 불균등한 효과로 인해 미국의 노동자들이 임금 하락이라는 손해를 본 것은 사실이지만, 이는 미국 기업의 탐욕 때문이지, 개도국들이 미국을 '속인' 결과가 아니라는 점을 강조했다. Stiglitz, Joseph E. 2019. *People, Power, and Profits: Progressive Capitalism for an Age of Discontent*. New York: W. W. Norton.

66 물론 근대 유럽의 비전을 홉스적 강력정치나 완전주권을 추구하는 현실국가(real-state) 간의 자연 상태로만 국한하는 것은 지나치게 일면적이다. 특히 영국학파에서 강조하는 것처럼 그로티우스적·규범적 국제'사회'가 베스트팔렌체제의 한 속성으로 존재했던 것도 사실이다. 그러나 혁명기부터 미국인들의 눈에 타자화된 형태로 인식된 '구세계'의 근대 정치란 언제나 무질서의 혼란 상태(즉, 세력균형 게임 상태)에서 전쟁만을 일삼으며, 전쟁기계의 원활한 작동을 위해 인민의 자유를 억압하는 전제국가들의 집합, 즉 말 그대로 "만인 대 만인의 투쟁"에 가까운 자연 상태로 그려져 온 것 또한 사실이다. Cha(2015), pp. 747-751.

67 Trump, Donald J. 2016. "Transcript: Donald Trump's Foreign Policy Speech." *The New York Times*, April 27.

68 Trump, Donald J. 2018. "Remarks by President Trump to the 73rd Session of the United Nations General Assembly." *The White House*, September 25.

69 Trump(2018).

70 Magcamit, Michael. 2017. "Explaining the Three-Way Linkage between Populism, Securitization, and Realist Foreign Policies: President Donald Trump and the Pursuit of 'America First' Doctrine." *World Affairs*, 180(3).

71 손병권·김인혁. 2017. "트럼프 시대 미국 민족주의 등장의 이해: 국가정체성, 민중주의, 권위주의를 중심으로." 『미국학논집』 49권 3호.

72 Mohamed, Feisal G. 2018. "'I Alone Can Solve': Carl Schmitt on Sovereignty and Nationhood Under Trump." In *Trump and Political Philosophy: Leadership, Statesmanship, and Tyranny*, edited by Angel Jaramillo Torres and Marc Benjamin Sable, 293-309. Palgrave Macmillan.

73 Huntington, Samuel P. 2004. *Who Are We?: The Challenges to America's National Identity*. New York: Simon & Schuster.

74 Chua, Amy. 2018. *Political Tribes: Group Instinct and the Fate of Nations*. New York: Penguin Press.

75 Cha, Taesuh. 2016. "The Return of Jacksonianism: The International Implications of the Trump Phenomenon." *The Washington Quarterly*, 39(4).

76 Trump, Donald J. 2019. "Remarks by President Trump in State of the Union Address." *The White House*, February 5.

77 Trump, Donald J. 2019. "Presidential Proclamation on Declaring a National Emergency Concerning the Southern Border of the United States." *The White House*, February 15.

78 흥미롭게도 트럼프에게 국경의 '이데아'는 반세기 넘게 한반도의 허리를 가르고 있는 비무장지대(DMZ)였다. 트럼프는 2019년 6월 오사카 G20 정상회담을 마치고 한국을 방문하기 직전에 기자들을 만나 자신이 DMZ를 방문할 것이라고 말하면서, 아무도 그 국경을 통과할 수 없다는 점에서 DMZ야말로 진짜 국경이라고 할 수 있다고 평했다. 이는 자신이 추진하고 있는 미-멕시코 국경 장벽과의 비교 속에 나온 발언으로, 당시 여러 논란을 빚었다. 이윤영. 2019. "트럼프, DMZ 가리켜 '저런 것이 진짜 국경…아무도 통과 못 해.'" 『연합뉴스』 6월 29일.

79 Friedman, Thomas L. 2005. *The World is Flat: A Brief History of the Twenty-First Century*. New York: Farrar, Straus and Giroux.

80 Brown, Wendy. 2010. *Walled States, Waning Sovereignty*. New York: Zone Books.

81 류강훈. 2019. "트럼프, '능력 우선' 이민정책 발표…숙련된 직업인 우대." 『뉴시스』 5월 17일.

82 2023년 5월 팬데믹 상황이 잦아들면서 '타이틀 42' 행정명령도 종료되고, 미국 남부 접경지대에 불법 이민자들이 대거 몰리는 혼란이 초래되었다. 이는 바이든 정부에게 큰 딜레마를 안겨주었는데, 2020년 대선 기간 트럼프의 반이민 정책을 거세게 비판했던 바이든 대통령 입장에서도 갑자기 확대된 불법 월경 문제를 그대로 방치할 수는 없었기 때문이다. 정권 교체 후 민주당 정권은 유연한 이민정책을 외치면서도 실제로는 '타이틀 42'를 통한 국경 봉쇄를 사실상 지속하는 등 불법 이민 문제에 모순적인 태도를 노출하며 진보 진영으로부터 상당한 비판에 시달렸다. 급기야 2023년 10월에는 텍사스 지역에 신속하게 장벽을 세우기 위한 연방법 적용 유예 조치까지 단행됨으로써, 임기 내 추가적인 국경 장벽 건설이 없을 것이라던 바이든의 대선 공약이 철회되고 말았다. 이에 트럼프는 자신의 강경한 남부국경정책이 옳았음이 입증되었다며 바이든의 사과를 촉구했다. 최철. 2023. "'타이틀 42'가 뭐길래…美국경선은 '대혼란.'" 『연합뉴스』 6월 29일; 이소현. 2023. "결국 美 국경 장벽 추가건설…트럼프 '바이든 사과해.'" 『이데일리』 10월 6일. 그리고 결국 미국-멕시코 국경지대의 불법 이민 문제는 2024년 대선의 핵심 쟁점으로 부각되었다. 특히 2023년 한 해 동안 비자 등 적법한 서류 없이 월경한 이민자 수가 역대 최대 수준에 달하자, 트럼프는 "이민자들이 미국의 피를 오염시키고 있다", "국경이 우리를 파괴하는 '대량살상무기'가 됐다"는 등의 극언을 쏟아부으며 현 정권을 맹공하기 시작했다. 이에 바이든 역시 국경을 폐쇄할 수 있는 긴급 권한을 대통령에게 부여하는 법안의 통과를 상원에 호소하는 등, 다시 한 번 2020년 대선 공약에서 크게 후퇴하는 모습을 보였다. 조준형. 2024. "美대선 뇌관 된 국경…트럼프 '대량살상무기 됐다' 바이든 저격." 『연합뉴스』 1월 28일.

83 Skonieczny, Amy. 2018. "Emotions and Political Narratives: Populism, Trump and Trade." *Politics and Governance*, 6(4).

84 Trump, Donald J. 2016. "Disappearing Middle Class Needs Better Deal on Trade." *USA Today*, March 14.

85 이혜정(2017), 47-88쪽.

86 The White House. 2017. "National Security Strategy." *National Security Strategy Archive*, December 18, pp. 17-23.

87 The White House(2017), p. 17.

88 USTR. 2018. "The President's 2018 Trade Policy Agenda," March 1, p. 3.

89 Cha, Taesuh. 2020. "Is Anybody Still a Globalist? Rereading the Trajectory of US Grand Strategy and the End of the Transnational Moment." *Globalizations*, 17(1), pp. 69-70. 한 가지 특기할 것은 정권 교체 뒤 바이든 행정부의 국제경제 정책도 근본 철학에서는 사실상 중상주의 노선을 고수했다는 점이다. 일례로 제이크 설리번(Jake Sullivan) 국가안보보좌관이 브루킹스연구소 연설을 통해 선언한 이른바 '신워싱턴컨센서스(new Washington consensus)'는 탈냉전기 신자유주의적 워싱턴컨센서스를 비판하면서 바이든 정부도 제조업을 통한 일자리 창출, 보호무역주의, 산업정책 등을 추구하겠다는 경제전략 패러다임의 변동을 분명히 했다. Sullivan, Jake. 2023. "Remarks by National Security Advisor Jake Sullivan on Renewing American Economic Leadership at the Brookings Institution." *The White House*, April 27.

90 Layne, Christopher. 2018. "The US-Chinese Power Shift and the End of the Pax Americana." *International Affairs*, 94(1); Sargent, Daniel J. 2018. "Pax Americana: Sketches for an Undiplomatic History." *Diplomatic History*, 42(3).

91 Brown, Wendy. 2017. "Preface to the New Edition." *Walled States, Waning Sovereignty*. New Edn. New York: Zone Books.

92 물론 전후 미국 주도의 자유세계질서가 트럼프 시대 이후 지나치게 신화화되고 낭만화되고 있다는 비판도 타당하다. 특히 자유주의자들의 이론적 구성물이 아닌, 실제 현실에 존재한 팍스아메리카나가 지니고 있던 제국주의적·인종주의적 측면에 대한 고찰은 별도의 과제로 계속 연구될 필요가 있다. 이혜정·전혜주. 2018. "미국 패권은 예외적인가?: 아이켄베리의 자유주의 국제질서 이론 비판."『한국과 국제정치』34권 4호.

제6장

1 앞 장에서 이미 설명한 바와 마찬가지로, 일반적인 근대 민족국가와는 구분되는 네트워크 정치체와 국가 간 질서를 구축해온 나라의 특이성을 표현하기 위해서는 아메리카'합중국'이라는 표기가 적합해 보이나, 워낙 '미국'이란 명칭이 일반적으로 사용되고 있는 관계로 본서에서는 둘을 혼용해 사용하고자 한다.

2 Hendrickson, David C. 2009. *Union, Nation, or Empire: The American Debate Over International Relations, 1789-1941*. Lawrence: University Press of Kansas, p. 296에서 인용.

3 Hendrickson(2009), p. 295에서 인용.

4 Diamond, William. 1942. "American Sectionalism and World Organization, by Frederick Jackson Turner." *The American Historical Review*, 47(3); Hendrickson, David C. 2003. *Peace Pact: The Lost World of the American Founding*. Lawrence: University Press of Kansas, pp. 288-289. 1919년 파리평화회담에 미국 측 대표단의 고문으로 참석했을 뿐 아니라, 1921년 헤이그 상설국제사법재판소 설립에도 이바지했던 국제법학자 제임스 브라운 스콧(James Brown Scott)은 이러한 시대적 맥락에서 아메리카합중국 자체를 국제기구의 원형으로 파악하는 당대 논의를 집대성한 저서를 남겼다. Scott, James B. 1920. *The United States of America: A Study in International Organization*. New York: Oxford University Press.

5 김상배. 2019. "네트워크 국가론: 미래 국가모델의 국제정치학적 탐구." 서울대학교 국제문제연구소 엮음. 『미래 국가론: 정치외교학적 성찰』. 서울: 사회평론아카데미.

6 전재성. 2019. 『주권과 국제정치: 근대 주권국가체제의 제국적 성격』. 서울: 서울대학교출판문화원, 129쪽.

7 김상배. 2014. 『아라크네의 국제정치학: 네트워크 세계정치이론의 도전』. 파주: 한울, 271-273쪽.

8 Waltz, Kenneth N. 1979. *Theory of International Politics*. Reading: Addison-Wesley; Nexon, Daniel H. and Thomas Wright. 2007.

"What's at Stake in the American Empire Debate." *American Political Science Review*, 101(2).

9 이하의 내용은 앞서 제5장과 마찬가지로 미국의 연방헌법에 대한 수정주의적 접근법이라고 할 수 있는 국제정치적 해석의 연구들을 원용했다. 이에 대한 비교적 최근의 소개들로는 Edling, Max M. 2018. "Peace Pact and Nation: An International Interpretation of the Constitution of the United States." *Past & Present*, (240); Totten, Robbie J. 2020. "The Articles of Confederation State System, Early American International Systems, and Antebellum Foreign Policy Analytical Frameworks." *A Companion to U.S. Foreign Relations: Colonial Era to the Present*. vol. 1. Edited by Christopher R. W. Dietrich. Hoboken: Wiley-Blackwell.

10 Deudney, Daniel. 2007. *Bounding Power: Republican Security Theory from the Polis to the Global Village*. Princeton: Princeton University Press, pp. 161-189.

11 Deudney(2007), p. 48.

12 남북전쟁 이후, 연방 '국가'화가 공고화된 상태에서도 여전히 연방정부와 주정부 사이의 관계는 일부분 견제와 균형의 복합 네트워크적 모습을 보인다. 각 주가 완전히 중앙집권적으로 연방정부에 종속된 위계적 근대국가의 운영 원리와는 차별적인 형태를 유지해온 것이다. 이에 대한 역사적 해설로는 이옥연. 2014. "미국: 복합 공화국의 기원과 발전." 분리통합연구회 엮음. 『분단-통일에서 분리-통합으로』. 서울: 사회평론아카데미; 손병권. 2018. "미국 연방국가의 궤적과 미래의 변화상." 서울대학교 국제문제연구소 엮음. 『한국국제정치학, 미래 백년의 설계』. 서울: 사회평론.

13 김상배(2014), 337쪽.

14 Ikenberry, G. J. 2001. *After Victory: Institutions, Strategic Restraint, and the Rebuilding of Order After Major Wars*. Princeton: Princeton University Press.

15 Ikenberry, G. J. 2011. *Liberal Leviathan: The Origins, Crisis, and Transformation of the American World Order*. Princeton: Princeton University Press.

16 Ikenberry, G. John and Daniel Deudney. 2006. "The Nature and Sources of Liberal International Order." *Liberal Order and Imperial Ambition: Essays on American Power and World Politics*. Malden: Polity, pp. 91-93; Deudney, Daniel. 1996. "Binding Sovereigns: Authorities, Structures, and Geopolitics in Philadelphian Systems." Thomas J. Biersteker and Cynthia Weber eds. *State Sovereignty as Social Construct*. Cambridge: Cambridge University Press, pp. 224-227.

17 Mearsheimer, John J. 1990. "Back to the Future: Instability in Europe After the Cold War." *International Security*, 15(1); Walt, Stephen M. 1997. "Why Alliances Endure or Collapse." *Survival*, 39(1).

18 김영호. 2020. "탈냉전기 미 동맹질서의 변화 양상과 자유국제주의 질서의 지속성."『한국과 국제정치』 36권 1호, 121-130쪽.

19 Dian, Matteo and Hugo Meijer. 2020. "Networking Hegemony: Alliance Dynamics in East Asia." *International Politics*, 57(2).

20 아키텍처(architecture)란 행위자들에게 거버넌스 구조들을 제공하는 제도적 틀을 의미한다. 따라서 지역 아키텍처란 지역의 최상위 제도 구조로서 역내 거버넌스의 틀을 제공한다. 대개 복수 제도들의 집합으로 구성되어 있으며, 여러 정책 이슈 거버넌스의 능력을 향상시키기 위해 국가 정책 결정자들이 고안한다. Yeo, Andrew. 2019. *Asia's Regional Architecture: Alliances and Institutions in the Pacific Century*. Stanford: Stanford University Press, p. 7.

21 미국과 공식적인 양자 동맹 조약을 체결한 아시아-태평양 지역 국가는 한국, 일본, 호주, 필리핀, 태국 등 5개국이다. 이외에 그와 유사한 수준의 양자 파트너십 관계를 맺어온 나라들로는 대만, 싱가포르, 뉴질랜드 등을 꼽을 수 있다.

22 이하 허브형 네트워크 모델과의 비유를 통한 국제질서 유형화에 대해서는 김상배. 2005. "정보화 시대의 제국: 지식/네트워크 세계정치론의 시각."『세계정치』 제26집 제1호; Nexon and Wright(2007) 등을 참조.

23 Fontaine, Richard et al. 2017. *Networking Asian Security: An Integrated Approach to Order in the Pacific*. Washington, D.C.: Center for New American Security, p. 6.

24 Cha, Victor D. 2016. *Powerplay: The Origins of the American Alliance System in Asia*. Princeton: Princeton University Press.

25 Hemmer, Christopher and Peter J. Katzenstein. 2002. "Why is There No NATO in Asia? Collective Identity, Regionalism, and the Origins of Multilateralism." *International Organization*, 56(3).

26 '복합 패치워크'란 대개 구체적인 문제 해결이나 신뢰 조성을 위해 만들어진 양자·삼자·(소)다자 등 다양한 그룹들의 혼합체로서 명확한 위계 없이 상호 간에 겹치고 평행한 집단들 속에 배태되어 있는 역내 아키텍처를 지칭한다. 이는 특정 문제를 해결하려는 직접적 이해관계를 가진 집단 간의 연합으로 지정학적인 동맹 모델보다는 비즈니스 모델과 유사하며, 국가들은 각자 자신의 이득을 위해 참여할 뿐 특정 이데올로기에 기반하거나, 공식적 통합을 지향하는 일은 드물다. 다만 그러한 개별적 이익의 추구가 지역의 집단적 혜택을 증진하는 결과를 가져오게 된다. Cha(2016), p. 206; 214.

27 '노드 방위체제'는 다자주의의 요소와 차륜구조의 요소를 합친 혼종적 범주로서 상이한 위협과 기능을 중심으로 뭉친 동맹국들의 클러스터로 구성되어 있다. 이는 상호 교차되는 양자·소다자·다자 채널들로 방위 협력을 추구하며, 복수의 다양한 위협에 대응하고, 개별 국가는 고유의 특화된 기능/역할을 수행한다. 가령 동아시아에서 미국은 안보 보장자로서 주로 중국의 팽창을 직접적으로 견제하는 임무를 수행하며, 일본은 지역 허브로서 중국 억지 자산이 집중된 거점이자, 지역 동맹체제의 공동 주역 역할을 담당한다. 그리고 남한과 베트남은 각각 한반도와 남중국해의 로컬 허브로서 기능한다. Simon, Luis, Alexander Lanoszka, and Hugo Meijer. 2021. "Nodal Defence: The Changing Structure of US Alliance Systems in Europe and East Asia." *Journal of Strategic Studies*, 44(3).

28 '동맹'이 국가 간 공식적 결합으로서 명확히 사전에 정의된 외부의 적에 대한 공동 방어와 억지를 목표로 한 고비용의 관계임에 반해, '제휴'는 주로 비전통 안보 이슈에 집중하는 저비용의 국가 간 협력체로

서 제도화·공식화의 정도가 낮고 일시적이다. 다자주의가 부재한 동아시아에서 탈냉전기 새롭게 부상한 신안보 이슈를 기존의 양자 동맹 체제가 적절히 다루지 못하는 상황을 보완해주는 역할을 수행 중이다. Atanassova-Cornelis, Elena. 2020. "Alignment Cooperation and Regional Security Architecture in the Indo-Pacific." *International Spectator*, 55(1), pp. 19-20.

29 Blair, Dennis C. and John T. Hanley. 2001. "From Wheels to Webs: Reconstructing Asia-Pacific Security Arrangements." *The Washington Quarterly*, 24(1); 이상현. 2006. "정보화 시대의 군사 변환." 하영선·김상배 엮음. 『네트워크 지식국가: 21세기 세계정치의 변환』. 서울: 을유문화사.

30 박재적. 2019. "인도·태평양 지역 소다자 안보 협력: 과거, 현재, 미래." 『통일연구』 23권 1호.

31 신성호. 2010. "미국의 네트워크 동맹전략과 동아시아." 하영선·김상배 엮음. 『네트워크 세계정치: 은유에서 분석으로』. 서울: 서울대학교출판문화원, 155-157쪽.

32 '대침체(Great Recession)'를 수습하는 과정에서 부각된 G20가 대표적 사례라 할 수 있다.

33 이 부분에서 대표적인 브레인은 단연 오바마 정권에서 국무부 정책기획국장을 지낸 앤-마리 슬로터(Anne-Marie Slaughter) 전(前) 프린스턴대학 교수다. Slaughter, Anne-Marie. 2016. "How to Succeed in the Networked World: A Grand Strategy for the Digital Age." *Foreign Affairs*, 95(6); Slaughter, Anne-Marie. 2017. *The Chessboard and the Web: Strategies of Connection in a Networked World*. New Haven: Yale University Press.

34 Cronin, Patrick et al. 2013. *The Emerging Asia Power Web: The Rise of Bilateral Intra-Asian Security Ties*. Washington, D.C.: Center for a New American Security ; Green, Michael J. et al. 2014. *Federated Defense in Asia*. Washington, D.C.: Center for Strategic and International Studies; Fontaine et al. (2017).

35 Carter, Ash. 2016. "The Rebalance and Asia-Pacific Security: Building a Principled Security Network." *Foreign Affairs*, 95(6).

36 여기서 한 가지 오해하지 말아야 할 것은 복합 네트워크적인 신흥 안보 아키텍처와 기존 양자 동맹체제 간의 관계성이다. 둘 간의 관계는 제로섬적인 경쟁이 아닌 상호 보완성으로 특징지어진다. 차륜구조의 동맹체들이 패치워크를 묶어내는 일종의 이음부 역할을 하면서 지역 제도들을 공고화하고 있기 때문이다. 사실 아시아 지역의 많은 (소)다자체들은 기성 양자동맹의 스핀오프(spin-off)적 성격을 지니고 있다. Cha(2016), p. 218.

37 복합 패치워크 혹은 노드 방위체제 같은 복잡 시스템의 등장은 역사 제도주의적 관점에서도 잘 설명될 수 있다. 합리주의적 접근과 달리 역사 제도학파는 제도가 가진 내구력을 강조하는 동시에, 역사적 맥락 속에 위치한 행위자들의 전략적 선택이 기성 관념과 제도를 변형할 수 있는 범위가 상당히 제한적임을 강조한다. 따라서 제도의 변화는 급진적 단절보다 점진적이고 내생적인 '진화' 과정으로 이해되는 것이 옳다고 주장한다. 실제로 냉전기에 수립된 기성 양자 동맹체제가 소멸하거나 다른 다자 안보 네트워크로 대체되지 않고 잔존하면서, 그 위에 다기다양한 (소)다자체가 포개어지는 형태의 성층화(layering) 프로세스가 작동하고 있다. 이는 기본적으로 기존 아키텍처에 기득권을 지닌 엘리트 행위자들의 저항을 우회할 목적으로 비전을 가진 지도자들이 중대한 시기—탈냉전, 동아시아 외환위기, 중국 부상 등—를 기화로 기성 제도 위에 비공식적 성격을 지닌 새로운 제도들을 겹쳐 만들기 때문에 나타나는 현상이다. 이로써 시간이 지날수록 아시아 지역 아키텍처의 제도적 복잡성은 증가하게 된다. Yeo(2019), pp. 1-24.

38 Cha(2016), pp. 216-217.

39 Atanassova-Cornelis(2020), pp. 21-22.

40 Layne, Christopher. 2017. "The US Foreign Policy Establishment and Grand Strategy: How American Elites Obstruct Strategic Adjustment." *International Politics*, 54(3); Porter, Patrick. 2018. "Why America's Grand Strategy Has Not Changed: Power, Habit, and the U.S. Foreign Policy Establishment." *International Security*, 42(4); de Graaff, Nana and Bastiaan van Apeldoorn. 2021. "The Transnationalist US Foreign-Policy Elite in Exile? A

Comparative Network Analysis of the Trump Administration." *Global Networks*, 21(2).

41 The White House. 2017. "National Security Strategy." *National Security Strategy Archive*, December 18.

42 Department of Defense. 2019. "Indo-Pacific Strategy Report: Preparedness, Partnerships, and Promoting a Networked Region." June 1; Department of State. 2019. "A Free and Open Indo-Pacific: Advancing a Shared Vision." November 4.

43 Department of State(2019).

44 Department of Defense(2019), pp. 44-51.

45 Yeo(2019).

46 Trump, Donald. 2018. "Remarks by President Trump to the 73rd Session of the United Nations General Assembly." *The White House*, September 25.

47 거래주의적 접근이란 비즈니스 거래와 비슷하게 이슈를 사례별로 접근하면서 양자 딜(bilateral deals)에 의한 협상을 선호하는 외교정책 정향을 의미한다. 여기서는 심지어 동맹국에 대한 안보·군사 공약마저도 전체 양자 협상의 교환카드로 활용된다.

48 Beeson, Mark. 2020. "Donald Trump and Post-Pivot Asia: The Implications of a 'Transactional' Approach to Foreign Policy." *Asian Studies Review*, 44(1).

49 Meijer, Hugo. 2020. "Shaping China's Rise: The Reordering of US Alliances and Defence Partnerships in East Asia." *International Politics*, 57(2), pp. 178-179.

50 이남주. 2020. "동아시아 질서의 변화와 새로운 지역협력의 모색: 샌프란시스코체제의 동학을 중심으로." 『경제와 사회』 125호, 21쪽.

51 Callinicos, Alex. 2010. *Bonfire of Illusions: The Twin Crises of the Liberal World*. Malden: Polity.

52 Campbell, Kurt M. 2016. *The Pivot: The Future of American Statecraft in Asia*. New York: Twelve.

53 김치욱. 2010. "정부간협의체의 확산과 미국의 네트워크 패권전략." 하영선·김상배 엮음. 『네트워크 세계정치: 은유에서 분석으로』. 서울: 서울대학교출판문화원.

54 Meijer(2020), pp. 174-177.

55 따라서 인도-태평양 지역은 아태 지역과 달리 기존의 무역과 투자의 상호의존을 반영한 경제지리 영역이 아니며, 정부간 경제 거버넌스의 제도화도 결여되어 있다. 결국 인태 공간의 인위적 "발명"은 향후 지정학적 차원에서 보다 경쟁적인 아시아를 구성해나갈 공산이 크다. Wilson, Jeffrey D. 2018. "Rescaling to the Indo-Pacific: From Economic to Security-Driven Regionalism in Asia." *East Asia: An International Quarterly*, 35(2).

56 Pence, Mike. 2018. "Remarks by Vice President Pence on the Administration's Policy Toward China." *The White House*, October 4; Pence, Mike. 2019. "Remarks by Vice President Pence at the Frederic V. Malek Memorial Lecture." *The White House*, October 24. 이런 맥락에서 2020년 5월, 트럼프 행정부의 전략 경쟁적 대중정책을 집대성한 문건이 백악관 명의로 발표되었다. The White House. 2020. "United States Strategic Approach to the People's Republic of China." May 26.

57 이남주(2020), 23-26쪽.

58 He, Kai. 2019. "Contested Multilateralism 2.0 and Regional Order Transition: Causes and Implications." *The Pacific Review*, 32(2).

59 Cha(2016), pp. 185-219; He(2019). 과거 냉전기 서유럽에 대한 소련의 위협과 비교할 때 오늘날 중국이 역내 국가들에게 가하는 위협의 정도가 낮고, 지역 국가 간 물리적 거리뿐만 아니라 정치체제와 국익의 상이성이 크다는 점에서 단일한 기구 형성을 통한 아시아 지역 협력의 가능성은 유럽에 비해 희박한 것이 사실이다. 더구나 이런 조건에서 무리하게 공식적인 지역안보기구를 창설하려는 노력은 불필요하게 제도 디자인과 위계를 놓고 국가 간 경쟁과 안보 딜레마 상황을 초래할 수도 있다. 그러나 중국의 급부상에 수반되는 공격적 안보 위협의 증대가 아시아판 북대서양조약기구를 등장시킬 수 있다는

전망도 아예 불가능한 것은 아니다. Burgess, Stephen F. and Janet Beilstein. 2018. "Multilateral Defense Cooperation in the Indo-Asia-Pacific Region: Tentative Steps Toward a Regional NATO?" *Contemporary Security Policy,* 39(2); Green, Michael J. 2023. "Never Say Never to an Asian NATO." *Foreign Policy*, September 6.

60 김상배(2014), 355쪽.

61 코로나 팬데믹을 계기로 트럼프 행정부가 반중국 경제 블록 구상인 '경제번영네트워크(EPN)'를 들고 나와 중국을 배제한 미국 중심의 공급망 재편을 꾀했던 것도 지경학 영역에서 이러한 양허브형 네트워크로의 진화(혹은 퇴화) 가능성을 지시한 한 가지 사례였다.

62 신욱희. 1993. "東아시아에서의 後見-被後見 國家 關係의 動學: 國家變化의 外部的/地政學的 根源." 『국제정치논총』 32집 2호 ; 전재성. 2016. "한미동맹의 동맹 딜레마와 향후 한국의 한미동맹 전략." 『국가안보와 전략』 16권 2호.

63 김성한. 2019. "미국의 신질서 구상과 한미동맹 2030." 『신아세아』 26권 3호, 84쪽.

64 손열 엮음. 2007. 『매력으로 엮는 동아시아: 지역성의 창조와 서울컨센서스』. 서울: 지식마당 ; 손열·김상배·이승주 엮음. 2016. 『한국의 중견국 외교: 역사, 이론, 실제』. 서울: 명인문화사.

65 이혜정. 2017. "동맹의 결정: 사드(THAAD)와 한미동맹, 미국 패권." 『의정연구』 23권 3호.

66 전재성(2019), 19쪽.

67 윤석열 정부의 글로벌 중추 국가(GPS) 독트린은 이런 면에서 기존의 헤징과 전략적 모호성 노선을 이탈해 반중 세력균형 연합에의 적극적 편승을 꾀하고, 인태 지역 진영화 과정의 전면에 앞장섬으로써 난국의 돌파를 모색하고 있는 것으로 보인다. 이에 대한 보다 자세한 코멘트는 본서의 에필로그 참조.

제7장

1 반면 트럼프 당시 대통령은 샬러츠빌에서 물리적으로 충돌한 백인우월주의 폭동 세력과 반인종차별주의 시위대에 대한 코멘트에서 "양쪽 다 일리가 있다"는 식의 반응을 보여, 상당히 노골적으로 자신의 입장을 드러낸 바 있다. 하상응. 2020. "미국 민주주의의 위기: 트럼프의 등장과 반동의 정치." 『안과 밖』 49호, 172쪽.

2 Biden, Joe. 2020. "Remarks by Vice President Joe Biden in Gettysburg, Pennsylvania." *The American Presidency Project*, October 6.

3 바이든이 선거 캠페인에 이러한 '링컨적 테마'를 주입한 것은 대중 역사학자이자 퓰리처상 수상자인 존 미첨(Jon Meacham)으로 알려져 있다. 특히 2018년 출판된 베스트셀러 『미국의 영혼: 우리의 더 나은 천사들을 위한 전투』는 미국사의 주요 격변기마다 공포에 의해 추동된 극단주의·인종주의·토착주의·고립주의의 국면들이 존재한 반면, 그 공포를 극복하고 미국적 신조의 희망에 근거해 미국을 더 나은 국가로 이끈 위대한 지도자들이 존재했다는 거대 서사를 제시했다. 바이든이 이를 읽고 매료되어 미첨을 찾았다고 한다. Meacham, Jon. 2018. *The Soul of America: The Battle for Our Better Angels*. New York: Random House. 이후 바이든의 주요 연설문(출마선언문, 게티스버그 연설, 민주당 전당대회 대선후보지명 수락연설, 대선승리연설, 취임사 등)의 논리 전개에서 미첨이 깊숙이 개입한 흔적을 발견할 수 있다. Voght, Kara. 2021. "Can America's Problems Be Fixed By a President Who Loves Jon Meacham? How a Pop Historian Shaped the Soul of Biden's Presidency." *Mother Jones*, April 2. 미첨 본인도 민주당 전당대회 찬조연설을 통해 바이든을 링컨과 프랭클린 루스벨트의 계승자로 자리매김하면서 과거 미국이 남북전쟁과 민권운동 같은 국가적 위기 극복을 통해 부활했듯이 오늘날 우익 포퓰리즘이 초래한 위급 상황도 극복할 수 있다고 강조했다. Meacham, Jon. 2020. "2020 Democratic National Convention (DNC) Night 4 Transcript." *Rev*, August 21. 첨언하여, 선과 악, 빛과 어둠, 희망과 공포의 대결 속에 미국사의 흐름이 전개되었다는 내러티브 구조는 분명 세속적이고 자유주의적인 미국 민족주의보다 기독교적 세계관의

효과라고 여겨진다. 미첨 자신도 성공회교도일 뿐만 아니라, 그의 서사가 주로 의거하고 있는 링컨과 마틴 루터 킹 주니어(Martin Luther King Jr.) 목사 등도 모두 독실한 개신교도로서 미국사를 해석했다는 점에 주목할 필요가 있다. Voght(2021).

4 Roberts, Geoffrey. 2006. "History, Theory and the Narrative Turn in IR." *Review of International Studies*, 32(4), p. 710.

5 유동원. 2018. "중국의 외교 내러티브 연구." 『중소연구』 42권 3호, 44-47쪽.

6 Smith, Rogers M. 2020. *That Is Not Who We Are!: Populism and Peoplehood*. New Haven: Yale University Press, pp. 20-25.

7 Anderson, Benedict. 서지원 역. 2018. 『상상된 공동체: 민족주의의 기원과 보급에 대한 고찰』. 서울: 길; Bhabha, Homi K. ed. 1990. *Nation and Narration*. New York: Routledge.

8 Berenskoetter, Felix. 2014. "Parameters of a National Biography." *European Journal of International Relations*, 20(1).

9 김은형. 2018. "트럼프, 에머슨, 그리고 정체성 정치: 민주주의의 위기와 그 대안의 모색." 『안과 밖』 45호.

10 Hartz, Louis. 1991. *The Liberal Tradition in America: An Interpretation of American Political Thought since the Revolution*. 2nd Ed. New York: A Harvest Book,

11 Smith, Rogers M. 1997. *Civic Ideals: Conflicting Visions of Citizenship in U.S. History*. New Haven: Yale University Press.

12 Hartz(1991), part. 4.

13 Smith, Rogers M. 1993. "Beyond Tocqueville, Myrdal, and Hartz: The Multiple Traditions in America." *American Political Science Review*, 87(3).

14 Lieven, Anatol. 2004. *America Right or Wrong: An Anatomy of American Nationalism*. Oxford: Oxford University Press; Gerstle, Gary. 2015. "The Contradictory Character of American Nationality: A Historical Perspective." In *Fear, Anxiety, and National Identity:*

Immigration and Belonging in North America and Western Europe. Ed. Nancy Foner and Patrick Simon. New York: Russell Sage Foundation.

15 정태식. 2021. "트럼프의 정치적 등장 이후 급속하게 재등장한 '백인우월주의'에 대한 종교사회학적 일고찰." 『신학과 사회』 35권 2호; 이진구. 2014. "미국의 문화 전쟁과 '기독교 미국'의 신화." 『종교문화비평』 26호.

16 Lieven(2004), pp. 88-122; Cha, Taesuh. 2016. "The Return of Jacksonianism: The International Implications of the Trump Phenomenon." *The Washington Quarterly*, 39(4).

17 김용태. 2018. "건국 초 미국의 시민권 정책과 국가 정체성: 이민과 귀화 정책을 둘러싼 정치적 논의를 중심으로." 『동국사학』 65호; 권은혜. 2021. "20세기 전반기 미국의 시민권 박탈 정책과 '조건적 시민권'의 형성." 『서양사론』 149호.

18 Gordon-Reed, Annette. 2018. "America's Original Sin: Slavery and the Legacy of White Supremacy." *Foreign Affairs*, 97(1); Blight, David W. 2021. "The Reconstruction of America: Justice, Power, and Civil War's Unfinished Business." *Foreign Affairs*, 100(1).

19 Smith(1997).

20 Lincoln, Abraham. 1857. "Speech at Springfield." *The Lehrman Institute*, June 26.

21 Woodard, Colin. 2021. "How Joe Biden Can Help Forge a New National Narrative." *Washington Monthly*, January 10.

22 Hughes, Langston. 1935. "Let America Be America Again." *Poets*.

23 Chua, Amy. 김승진 역. 2020. 『정치적 부족주의: 집단 본능은 어떻게 국가의 운명을 좌우하는가』. 서울: 부키, 262쪽.

24 King Jr., Martin L. 1963. "I Have a Dream." *NPR*, August 28.

25 Clinton, William J. 1997. "Commencement Address at the University of California San Diego in La Jolla, California." *The American Presidency Project*, June 14.

26 Smith(2020), pp. 107-109.

27 Lepore, Jill. 2019. *This America: The Case for the Nation*. New York: Liveright; Smith(2020).

28 손병권. 2019. "백인민족주의 정체성 정치의 등장과 미국의 미래." 『EAI 워킹페이퍼』 12월 5일; 안병진. 2021. 『미국은 그 미국이 아니다: 미국을 놓고 싸우는 세 정치 세력들』. 서울: 메디치미디어, 37-45쪽 ; Fukuyama, Francis. 이수경 역. 2020. 『존중받지 못하는 자들을 위한 정치학: 존엄에 대한 요구와 분노의 정치에 대하여』. 한국경제신문, 197쪽.

29 Gray, John. 2020. "The Struggle for America's Soul." *New Statesman*, November 11.

30 이보다 앞서 배리 골드워터(Barry Goldwater)에게서 연원하여 리처드 닉슨 시기에 나타난 남벌 전략(southern strategy)을 현대 백인민족주의 운동의 기원으로 볼 수도 있다. 남벌 전략은 민권운동 기간 남부 백인들의 민주당에 대한 지지가 약화된 틈을 타 인종주의적 수사를 동원해 이들을 공화당 지지자로 전환시키면서 전국적인 차원의 정당 재정렬을 촉발했다. 이렇게 보면 레이건은 그러한 남벌 전략을 최종적으로 완성시킨 지도자로 자리매김될 수 있다. 최준영. 2007. "공화당의 남벌 전략과 남부의 정치적 변화." 『신아세아』 14권 3호.

31 권은혜. 2020. "다문화주의와 미국적 정체성: 1990년대 미국 역사가들의 다문화주의 논쟁을 중심으로." 『미국사연구』 51호.

32 신문수. 2016. "미국 다문화주의 운동의 양상: 성과와 전망." 『미국학』 39권 1호.

33 손세호. 2004. "미국 역사 표준서와 개정판을 둘러싼 논쟁." 『미국학논집』 36권 3호; 정경희. 2004. "미국 역사표준서 논쟁 연구." 『역사교육』 89호.

34 Huntington, Samuel P. 형선호 역. 2017. 『새뮤얼 헌팅턴의 미국, 우리는 누구인가』. 서울: 김영사.

35 Lozada, Carlos. 2017. "Samuel Huntington, A Prophet for the Trump Era." *The Washington Post*, July 18 ; Chua(2020), 236-237쪽.

36 Smith, Rogers M. 2015. *Political Peoplehood: The Roles of Values, Interests, and Identities*. Chicago: University of Chicago Press, pp. 179-181.

37 Gest, Justin. 2016. *The New Minority: White Working Class Politics in an Age of Immigration and Inequality*. New York: Oxford University Press.

38 Fukuyama(2020), 26-27쪽.

39 여기서 한 가지 유의할 것은 이러한 준거 그룹 내부로 향하는 백인 집단 정체성의 발흥은 자기 그룹 외부의 타 인종 집단으로 투사되는 분노 의식 혹은 인종 적대감과는 개념적으로 구분된다는 점이다. 굳이 노골적인 인종차별주의 성향이 없더라도 백인 정체성에 따라 자신들의 집단 지위를 보호해줄 것으로 기대되는 후보에게 투표하는 경향이 2016년 선거의 결과를 낳았다. Jardina, Ashley. 2019. *White Identity Politics*. Cambridge: Cambridge University Press.

40 하상응(2020), 160-163쪽. 2021년 발표된 인구조사국의 센서스 자료에 따르면, 2045년경에는 미국민 중 백인 인구의 비율이 50% 아래로 떨어질 전망인 반면, 2015-60년 사이 히스패닉과 아시아계 인구는 현재의 두 배로 증가할 것이라고 한다. Bahrampour, Tara and Ted Mellnik. 2021. "All Population Growth in U.S. Driven by Minorities, Upcoming Census Data Is Likely to Reveal." *The Washington Post*, August 10. 한편, 미국에서 인구조사 설문지를 통해 '백인성'의 범주가 (재)생산되어온 역사에 대해서는 이수영. 2019. "미국의 인구 및 문화적 변동과 미국의 미래." 『EAI 워킹페이퍼』 12월 5일.

41 Gerstle(2015), p. 49. '다수-소수' 현상도 물론 미국만의 문제는 아니며, 상당히 다양한 사례들이 전 지구적으로 존재한다. 이에 대한 비교정치학적 연구로는 Gest, Justin. 2022. *Majority Minority*. New York: Oxford University Press.

42 오바마 본인도 회고록에서 "흑인이 백악관에 들어갔다는 사실"에 두려움을 느낀 백인들—"마치 내가 백악관에 있다는 사실 자체가 그들의 깊숙한 공포를, 자연 질서가 교란됐다는 감각을 자극하는 것 같았다"—을 트럼프가 선동했으며, 공화당 주류 역시 이러한 유색 인종에 대한 반감과 제노포비아에 편승했음을 강하게 성토했다. Obama, Barack H. 노승영 역. 2021. 『약속의 땅』. 파주: 웅진지식하우스,

848-849쪽. 이 지점에서 트럼프가 이른바 버서(birther) 운동—오바마의 출생지가 사실 미국이 아니어서 대통령 출마 자격이 없다는 음모론—을 통해 본격적인 정치 커리어를 시작했으며, 미국인으로서 오바마의 정체성 자체를 문제 삼았다는 사실은 특기할 만하다. Gerstle, Gary. 2017. *American Crucible: Race and Nation in the Twentieth Century*. Princeton: Princeton University Press, p. 424.

43 Gerstle(2017), p. 376.

44 Tesler, Michael. 2016. *Post-Racial or Most-Racial?: Race and Politics in the Obama Era*. Chicago: University of Chicago Press.

45 Parker, Christopher S. and Matt A. Barreto. 2013. *Change They Can't Believe in: The Tea Party and Reactionary Politics in America*. Princeton: Princeton University Press, p. 3.

46 Gerstle(2017), p. 402.

47 Hacker, Jacob S. and Paul Pierson. 2020. *Let Them Eat Tweets: How the Right Rules in an Age of Extreme Inequality*. New York: W. W. Norton.

48 Abrajano, Marisa and Zoltan Hajnal. 2015. *White Backlash: Immigration, Race, and American Politics*. Princeton: Princeton University Press. 그럼에도 오바마는 흑인 대통령이라는 사실이 도리어 핸디캡으로 작동하여 인종 문제에 대해 직접적인 개입을 하지 못한 채 어정쩡한 태도를 취하는 상황에 자주 빠져들었고, 이로 인해 전통적 지지층의 비판에 직면하게 되었다. Gerstle(2017), pp. 393-409.

49 류재성. 2015. "오바마 행정부 시기 인종 간 불평등 및 인종주의 담론." 『다문화사회연구』 8권 1호; 신지원·류소진·이창원. 2020. "구조적 인종주의와 인종불평등: 미국 내 최근 인종 문제를 중심으로." 『민주주의와 인권』 20권 4호.

50 Coates, Ta-Nehisi. 2017. "The First White President." *The Atlantic*, October 15; Coates, Ta-Nehisi. 2021. "Donald Trump Is Out. Are We Ready to Talk About How He Got In?: 'The First White President,' Revisited." *The Atlantic*, January 19.

51 Woodard, Colin. 2021. "How Joe Biden Can Help Forge a New National Narrative." *Washington Monthly*, January 10.

52 Hartman, Andrew. 2018. "The Culture Wars Are Dead: Long Live the Culture Wars!" *The Baffler*, May.

53 트럼프 선거공약 핵심 중의 하나가 중남미 및 무슬림 이민자 반대였으며, 집권 기간 멕시코 불법 이민자들로부터 국경을 방어할 장벽 건설이 정책의 중심이 되었다는 점을 상기할 필요가 있다.

54 Hannah-Jones, Nikole. 2019. "America Wasn't a Democracy, Until Black People Made It One." *The New York Times Magazine*, August 14.

55 Hannah-Jones, Nikole, Caitlin Roper, Ilena Silverman, and Jake Silverstein, eds. 2021. *The 1619 Project: A New Origin Story*. New York: One World.

56 곽한영. 2021. "계기수업을 통한 민주시민교육의 사례 연구: 미국 국회의사당 습격사건에 대한 대응을 중심으로." 『법교육연구』 16권 2호, 18-22쪽.

57 정웅기. 2020. "'새로운' 미래의 시추: 미국의 BLM운동과 공공 기념물 철거 논쟁." 『역사비평』 133호, 381쪽.

58 Trump, Donald J. 2020. "Remarks by President Trump at South Dakota's 2020 Mount Rushmore Fireworks Celebration." *The White House*, July 4.

59 Trump, Donald J. 2020. "Remarks by President Trump at the White House Conference on American History." *The White House*, September 17.

60 Trump, Donald J. 2020. "Executive Order on Establishing the President's Advisory 1776 Commission." *The White House*, November 2.

61 정권 교체로 인해 결과적으로 동 보고서는 위원회의 첫 번째이자 마지막 성과물이 되고 말았다.

62 The President's Advisory 1776 Commission. 2021. "The 1776 Report." *The White House*, January 18, p. 1.

63 Trump(2020). "Remarks by President Trump at South Dakota's."

64 Trump(2020). "Remarks by President Trump at the White House Conference."

65 Trump(2020). "Remarks by President Trump at South Dakota's."

66 본래 비판법학에 모태를 둔 비판인종이론은 1960년대 민권운동의 유산을 급진화하여 국가 정체성의 핵심을 구성하는 연방헌법의 정당성을 의문시하고, 미국 헌정사에 내재한 백인 공화국으로서의 성격에 근본적인 의문을 제기하는 1970년대 이래의 학술운동 흐름이다. 그 이론의 중핵을 이루는 기본적 테제로는 ① 인종주의는 일탈적인 것이 아닌 일상적 현상이다, ② 인종주의는 지배 집단인 백인에게 물적·정신적 이익을 제공함으로써 백인 내부의 계급적 갈등을 봉합한다, ③ 인종은 사회적 생산물이다, ④ 유색인들의 소수자적 지위는 백인이 이해할 수 없는 유색인들만의 소통을 가능케 하며, 주인 서사를 평가하는 독특한 시각을 제시할 수 있게 한다 등이 있다. Delgado, Richard and Jean Stefancic. 2017. *Critical Race Theory: An Introduction*. 3rd Ed. New York: New York University Press, pp. 8-11. 비판인종이론에 대한 국문 소개 글들로는 강지영. 2022. "비판인종이론(Critical Race Theory)이 한국의 교육 과정 연구에 주는 시사점 탐색." 『교육과정연구』 40권 2호; 정일영. 2021. "미연방헌법과 비판인종이론 논쟁." 『법사학연구』 64호; 이승연. 2016. "비판인종이론의 사회과 교육 적용 가능성에 관한 탐색." 『시민교육연구』 48권 2호.

67 박형주. 2021. "비판인종이론은 어떻게 미국 보수주의자의 적이 됐나." 『참세상』 8월 5일.

68 Trump, Donald J.(2020). "Remarks by President Trump at the White House Conference"; Trump, Donald J. 2020. "Proclamation on National American History and Founders Month, 2020." *The White House*, October 30.

69 The President's Advisory 1776 Commission(2021), pp. 15-16.

70 Sprunt, Barbara. 2021. "The Brewing Political Battle over Critical Race Theory." *NPR*, June 29. 물론 인종차별적 사건이 여전히 종종 발생하기는 하지만, 미국의 보수파는 그 행위들이 특정 개개인의 일탈일 뿐 구조적 차별 혹은 체계적 인종주의의 결과는 아니라고 생각한다. 따라서 이미 법적, 제도적으로 평등이 보장된 현대 미국과 같은 사회에서는 피부색 불문의 원칙에 따라 어떤 인종의 사람이든 공정한 경쟁만 보장되면 그 결과도 정의로울 것이라고 간주된다.

71 The President's Advisory 1776 Commission(2021), pp. 29-34.

72 Trump, Donald J. 2020. "Proclamation on National American History and Founders Month, 2020." *The White House*, October 30.

73 Trump, Donald J. 2021. "Executive Order on Building the National Garden of American Heroes." *The White House*, January 18. 그러나 의회는 이 정원건립계획을 위한 예산을 전혀 배정하지 않았으며, 구체적인 건설절차가 진행된 바도 없다. 그리고 결국 2021년 5월, 바이든 대통령이 이와 관련된 행정명령들을 모두 폐기해버렸다. Miller, Zeke. 2021. "Biden Cancels Trump's Planned 'Garden of American Heroes.'" *AP News*, May 15.

74 2020년 개표 과정이 조작되었기에 그 결과에 승복할 수 없다는 것은 퇴임 후에도 트럼프의 일관된 입장이다. 심지어 그는 2024년에도 대선 과정이 "공정"할 경우에만 그 결과를 받아들일 것이라는 조건부 입장을 밝힌 바 있다. Krieg, Gregory and Eric Bradner. 2023. "8 Takeaways from Trump's CNN Town Hall in New Hampshire." *CNN*, May 10.

75 Smith, Clint. 2021. "The Whole Story in a Single Photo." *The Atlantic*, January 8.

76 예를 들어, Cineas, Fabiola. 2021. "Whiteness is at the Core of the Insurrection." *Vox*, January 8; Downs, Gregory P. and Kate Masur. 2021. "Yes, Wednesday's Attempted Insurrection Is Who We Are: While the Day's Images Shocked Us, They Fit into Our History." *The Washington Post*, January 8; Zvobgo, Kelebogile. 2021. "'This Is Not Who We Are' Is a Great American Myth." *Foreign Policy*, January 8.

77 Wasow, Omar. 2021. "'This Is Not Who We Are': Actually, the Capitol Riot Was Quintessentially American." *The Washington Post*, January 7.

78 Pape, Robert A. 2022. "The Jan. 6 Insurrectionists Aren't Who You Think They Are." *Foreign Policy*, January 6.

79 Blight, David W. 2021. "How Trumpism May Endure." *The New York Times*, January 9.

80 Müller, Jan-Werner. 2022. "The Party Is the Problem: Trump, the GOP, and the Long Road to January 6." *Foreign Affairs*, January 6.

81 Feiner, Lauren. 2020. "Joe Biden's First Speech as President-elect." *CNBC*, November 7.

82 Biden, Joe. 2021. "Inaugural Address by President Joseph R. Biden, Jr." *The White House*, January 20. 취임식에는 또 하나의 인상적인 퍼포먼스로서 어맨다 고먼(Amanda Gorman)이라는 젊은 흑인 여성의 자작시 낭독이 있었는데, 여기서도 대통령의 취임사와 동일한 형식의 진보적 민족 서사가 강조되었다. Gorman, Amanda. 정은귀 역. 2021. 『우리가 오르는 언덕』. 서울: 은행나무.

83 Biden, Joe. 2021. "Remarks by President Biden at Signing of an Executive Order on Racial Equity." *The White House*, January 26.

84 잭슨주의 전통의 역사적 맥락에서 트럼프 현상을 설명하는 것에 대해서는 본서 제1장 참조.

85 Linskey, Annie. 2021. "A Look inside Biden's Oval Office." *The Washington Post*, January 21.

86 최혜림. 2021. "미국 잭슨 전 대통령, 20달러 지폐서 사라진다…새 주인공은 흑인 인권 운동가." 『이투데이』 1월 26일.

87 2022년 중간 선거에서 의외로 트럼프가 지지한 후보들의 성적이 부진하면서 트럼프의 당내 영향력이 약화될 것이라는 예측도 있었다. 그러나 2023년 초 케빈 매카시(Kevin McCarthy)—사실 그도 원래는 친트럼프 인사로 분류되었다—가 무려 15번의 투표 끝에 하원 의장으로 선출된 과정뿐만 아니라, 얼마 지나지 않아 미국 의회 역사

상 처음으로 해임안 표결을 통해 그가 다시 축출되는 대혼돈의 기간을 통해 초강경파인 '프리덤 코커스(Freedom Caucus)'가 당 전체를 교란시키는 모습이 연출되면서 극단으로 기운 공화당의 현주소가 여실히 노출되었다. 그리고 결국 새로 선출된 마이크 존슨(Mike Johnson) 의장은 2020년 대선 결과를 부정하기 위한 공화당의 시도의 '설계자'라 불릴 만큼 대표적인 트럼프 충성파로 분류되는 인물이었다. 118대 연방 하원에서 극우 트럼프주의자들의 모임이나 다름없는 프리덤 코커스의 영향력이 이토록 강화되면서 바이든 정권의 주요 정책 의제 입법 과정과 임명직 청문회, 정부 예산안 처리 등은 계속 순탄치 않았으며, 트럼프를 의회에서 법률적으로 보호하는 역할을 공화당이 적극 자임하는 결과를 낳았다. 이런 맥락에서 볼때 하원 공화당 지도부 인사 5명 전원(하원의장, 원내대표, 원내총무. 의원총회 의장, 의회 위원회 의장 등)이 2024년 당내경선이 시작되기도 전에 트럼프를 대선후보로서 공개 지지한 것은 놀라운 일이 아니었다. 아울러 대외정책 영역에서 트럼프의 반개입주의 노선을 따라, 우크라이나 지원을 반대하는 목소리가 공화당 내의 새로운 주류로 공고히 자리 잡은 것도 주목할 만한 변화이다. 민정훈. 2023. "미국 118대 연방의회의 정치적 특징 및 전망." 『IFANS 주요국제문제분석』 2023-04호. 3월 2일; 장재은. 2023. "미 공화당 '세계경찰' 포기하나...하원의장 축출 뒤 정체성 위기." 『연합뉴스』 10월 6일; 강태화. 2023. "소수 강경파, 美 의회 '장악' 성공…'배후 트럼프' 끝까지 웃을까." 『중앙일보』 10월 26일; 김유진. 2024. "미 하원 공화 지도부 5인 모두 '트럼프 지지' 밝혀." 『경향신문』 1월 4일.

88 "컬럼버스의 날" 자체는 1934년 상하원 합동 결의로 제정되어 이미 오랜 기간 준수된 것이다.

89 Biden, Joe. 2021. "A Proclamation on Columbus Day, 2021." *The White House*, October 8.

90 Biden, Joe. 2021. "A Proclamation on Indigenous Peoples' Day, 2021." *The White House*, October 8.

91 정반대로 트럼프는 2020년 컬럼버스의 날 포고문에서 컬럼버스를 세계사의 새로운 장으로서 탐험과 발견의 신시대를 연 "용감무쌍한 영웅", "전설적 인물"로 상찬하면서, 그의 위대한 유산을 실패와 학살의 스토리로 대체해 미국의 역사를 사악한 것으로 매도하려는 급진

주의 활동가들을 맹렬히 비난한 바 있다. Trump, Donald J. 2020. "Proclamation on Columbus Day, 2020." *The White House*, October 9.

92 유사한 맥락에서 2021년 3월, 한인 4명을 포함해 아시아계 미국인 6명의 목숨을 앗아간 애틀랜타 총기 난사 사건 이후 아시안 혐오 문제가 부상했던 점도 특기할 만하다. 이는 코로나19 팬데믹이 발생할 당시 트럼프가 중국과 아시아인에 대한 혐오 발언을 한 것이 촉발한 후과이기도 하다. 이런 상황에 대한 대응으로 바이든 정부는 정권 초기 혐오 범죄 방지를 위한 일련의 행정명령과 포고문 발표, 법안 서명 등의 조처를 취했다. The White House. 2022. "Fact Sheet: Biden-Harris Administration Advances Equity and Opportunity for Asian American, Native Hawaiian, and Pacific Islander Communities Across the Country." January 20.

93 Biden, Joe. 2021. "A Proclamation on Day Of Remembrance: 100 Years After The 1921 Tulsa Race Massacre." *The White House*, May 31.

94 Biden, Joe. 2021. "A Proclamation on Juneteenth Day of Observance, 2021." *The White House*, June 18.

95 Biden, Joe. 2021. "Statement of President Joe Biden on the Fourth Anniversary of the Events at Charlottesville, Virginia." *The White House*, August 12. 추가하여 케탄지 브라운 잭슨을 지명함으로써, 미국 대법원 역사 233년 만에 최초의 흑인 여성 대법관을 탄생시킨 것도 바이든 정권의 인상적인 선택이었다. 잭슨은 백악관 기자회견에서 시인 마야 앤젤루(Maya Angelou)의 시구 "나는 노예의 꿈이자 희망이다"를 인용하면서, 자신의 성취가 킹 목사와 같은 과거 선구자들의 유산에 힘입은 것이자 미국의 꿈을 대변하는 것이라는 점을 강조했다. Jackson, Ketanji Brown. 2022. "Remarks by President Biden, Vice President Harris, and Judge Ketanji Brown Jackson on the Senate's Historic, Bipartisan Confirmation of Judge Jackson to be an Associate Justice of the Supreme Court." *The White House*, April 8. 또한 2022년 백악관 대변인에 아이티 이민자 출신 흑인 여성이자 성소수자인 카린 장-피에르를 임명한 것도 같은 맥락에서의 파격적 제스처였다. 과거에 장-피에르는 "나는 (트럼프가)

증오하는 모든 것을 갖고 있다. 흑인 여성이고, 동성애자이며, 엄마이고, 부모님 두 분 모두 아이티에서 태어났다"고 발언한 바 있다. 이민석. 2022. "바이든, 신임 백악관 대변인에 사상 첫 흑인 여성 임명." 『조선일보』 5월 6일.

96 Psaki, Jen. 2021. "Press Briefing by Press Secretary Jen Psaki." *The White House*, July 9.

97 Trump, Donald J. 2021. "A Plan to Get Divisive & Radical Theories Out of Our Schools." *Real Clear Politics*, June 18.

98 전홍기혜. 2021. "인종주의의 '新부기맨'은 어떻게 美 정치를 뒤흔들고 있나." 『프레시안』 11월 29일.

99 Biden, Joe. 2022. "Remarks by President Biden on the Continued Battle for the Soul of the Nation." *The White House*, September 1; Biden, Joe. 2023. "Joe Biden Launches His Re-Election Campaign For President: Let's Finish the Job Transcript." *REV*, April 25; Biden, Joe. 2024. "Remarks by President Biden on the Third Anniversary of the January 6th Attack and Defending the Sacred Cause of American Democracy." *The White House*, January 5.

100 서정건. 2023. "도대체 왜 다시 트럼프일까." 『서울신문』 8월 22일; 정인환. 2023. "'비호감 대결' 미 대선 출발… '사법 리스크'에도 트럼프 약진." 『한겨레21』 12월 26일.

101 Zitner, Aaron and Simon J. Levien. 2023. "The 2024 Election Is a Fight Over America's Way of Life." *Wall Street Journal*, July 15; Bump, Philip. 2023. "It's the Culture War, Stupid: How Republicans View the Presidency." *The Washington Post*, October 25.

102 Biden, Joe. 2022. "Remarks By President Biden To Mark One Year Since The January 6th Deadly Assault On The U.S. Capitol." *The White House*, January 6. 폭동 2주년을 기념하는 자리에서 바이든은 당시 폭력 사태에 맞섰던 14명에게 '시민훈장'을 수여했으며, 이어진 연설을 통해 "우리는 역사상 변곡점을 맞이했으며, 민주주의에 있어 보장은 없다"며 "모든 세대는 민주주의에 대해 배우고 이를 방어해야 한다"고 역설했다. Biden, Joe. 2023. "Remarks by President

Biden at Presentation of the Presidential Citizens Medal." *The White House*, January 6.

103 트럼프는 줄곧 의회 점거 폭동에 대해 지지 의사를 표명해왔다. 가령 2022년의 한 인터뷰에서 그는 폭동 발발 시 자신도 백악관에서 의사당까지 지지자들과 함께 행진을 하고 싶었지만, 비밀경호국이 이를 저지했다면서, 만일 경호국의 반대가 없었다면 "나는 1분 안에 그곳에 갔을 것"이라고 진술했다. Dawsey, Josh. 2022. "Trump Deflects Blame for Jan. 6 Silence, Says He Wanted to March to Capitol." *The Washington Post*, April 7. 이러한 입장은 2023년에도 계속되어 폭동 참가자들의 시위 동기를 옹호하면서 대통령이 되면 그들의 많은 수를 사면할 의향이 있다고 발언했다. Krieg and Bradner(2023). 또한 트럼프는 자신의 선거 캠페인 집회들에서 1.6사태 참가로 유죄선고를 받고 복역중인 수감자들로 구성된 "J6 교도소 합창단"의 노래를 틀기도 한다. Schwab, Nikki. 2023. "Trump Brags about Beating Taylor Swift and Miley Cyrus with his January 6 Choir Song and Calls Detained Capitol Riot Suspects 'Hostages'." *Daily Mail*, November 3.

104 Trump, Donald J. 2022. "Statement by Donald J. Trump, 45th President of the United States of America." *The Office of Donald J. Trump*, January 6; Trump, Donald J. 2022. "Statement by Donald J. Trump, 45th President of the United States of America." *The Office of Donald J. Trump*, January 7.

105 정상원. 2022. "美 의회 난입 사태 1년…단죄는 더디고, 나라는 쪼개졌다." 『한국일보』 1월 7일.

106 황준범. 2022. "민주주의 짓밟힌 미국, 균열의 골 더욱 깊게 패였다." 『한겨레』 1월 4일. 한편, 1.6 의회 난입 사태의 진상을 조사하기 위한 미국 하원의 특별위원회는 2022년 말 최종 보고서를 발간했다. 특위는 트럼프 전 대통령에게 폭동 발생의 책임이 있음을 적시하고, 검찰에 기소할 것을 권고했을 뿐만 아니라, 트럼프를 포함해 사태 관계자들의 공직 임용을 영구적으로 제한하는 방안을 검토하도록 제안했다. The United States House Select Committee to Investigate the January 6th Attack on the United States Capitol. 2022. "Final Report." December 22. 그럼에도, 워싱턴포스트와 메릴랜드대학이

2023년 12월 실시한 여론조사에 따르면, 공화당 지지층 가운데 34%가 1.6 의회 난입 사태를 연방수사국(FBI)이 부추겼다고 응답했다. 이는 앞서 하원 특위 조사 및 FBI의 지속적 부인에도 불구하고, 공화당 지지자 중 상당수가 여전히 트럼프와 극우 매체 등에서 퍼트려온 가짜 뉴스를 믿고 있다는 방증이다. 또한 이 여론조사에서 민주당 지지층의 77%가 의사당 진입이 매우 폭력적이었다고 평가한 반면, 공화당 지지층에서는 같은 응답이 18%에 불과했다는 점도 특기할 만하다. Jackman, Tom, Scott Clement, Emily Guskin and Spencer S. Hsu. 2024. "A Quarter of Americans Believe FBI Instigated Jan. 6, Post-UMD Poll Finds." *The Washington Post*, January 4.

107 김재중. 2022. "여전히 갈라진 미국…3명중 1명 '바이든 당선 인정 안 해.'" 『경향신문』 1월 6일. 2023년 12월 실시된 갤럽(Gallup)의 여론조사 결과에 따르면, 미국 성인 중 자국의 민주주의에 만족한다는 응답은 28%에 불과 역대 최저치를 기록했다. 특히 공화당원 중에서 민주주의가 제대로 작동하고 있다는 대답은 17%에 그쳤다. Jones, Jeffrey M. 2024. "Record Low in U.S. Satisfied With Way Democracy Is Working." *Gallup*. January 5.

108 Walter, Barbara F. 2022. *How Civil Wars Start: and How to Stop Them*. New York: Crown. 미국 외교협회(CFR)가 출간한 『2024년 예방해야 할 위협 우선순위 서베이』에 따르면 올해 미국 안보에 가장 큰 우려사항이 될 글로벌 분쟁 최고 등급("tier 1") 위협 8개 중 가장 중대한 것으로 미국내 정치폭력이 선정되었다. 보고서의 저자는 외교정책 전문가들이 해외의 위협이 아닌 미국 내부 문제를 가장 염려되는 위협으로 선정한 것은 2008년 연례 서베이 첫 출간 이래 처음이라면서, 2024 대선을 전후한 정치적 양극화의 심화가 "국내 테러리즘과 정치폭력 행위"로 이어질 가능성이 높다고 설명했다. Stares, Paul B. 2024. "Preventive Priorities Survey 2024." *Council on Foreign Relations*. January 4.

109 Levitsky, Steven and Lucan Way. 2022. "America's Coming Age of Instability: Why Constitutional Crises and Political Violence Could Soon Be the Norm." *Foreign Affairs*, January 20.

110 Leonhardt, David. 2022. "'A Crisis Coming': The Twin Threats to American Democracy." *The New York Times*, September 17.

111 Lynch, Michael. 성원 역. 2020. 『우리는 맞고 너희는 틀렸다: 똑똑한 사람들은 왜 민주주의에 해로운가』. 서울: 메디치미디어.

112 Fukuyama(2020). 비슷한 맥락에서 존스홉킨스대학 정치학과 교수인 릴리아나 메이슨은 미국에서 사회 기반의 정서적 양극화가 심화됨에 따라 양대 정당이 유권자들의 "거대 정체성(mega-identity)"이나 최상위 정체성으로 자리매김함으로써, 정치 영역이 "우리 대 그들"의 사생결단식 전쟁터로 변질되고 있는 점을 비판한다. Mason, Lilliana. 2018. *Uncivil Agreement: How Politics Became Our Identity*. Chicago: The University of Chicago Press.

113 Lilla, Mark. 전대호 역. 2018. 『더 나은 진보를 상상하라: 정체성 정치를 넘어』. 서울: 필로소픽.

114 마크 릴라의 냉소적 표현을 빌자면 정체성 정치는 신자유주의와 정면 대결하는 대신, 청년들을 자아에만 집착하게 만드는 "좌파를 위한 레이건주의"에 불과했다. Lilla(2018), 99쪽. 환언하면, 1980년대부터 미국의 대학 캠퍼스에 등장한 정체성 정치와 다문화주의는 지난 30여 년간 신자유주의적 컨센서스에 의해 사회경제적 불평등이 심화하고 특히 백인 노동자들의 삶이 악화해가는 상황에서 진보 세력에게 거대한 "추세를 반전시킬 방법에 대한 진지한 고민을 대신하는 편리한 대용물"이 되었다. Fukuyama(2020), 190쪽.

115 이런 점에서 보면 현대 미국 내러티브 정치의 맥락에서 좌파의 소수자 정치와 우파의 백인민족주의는 사실 거울상(mirror image)에 가깝다. 양쪽 모두 보편주의와 시민적 연대, 통합적 민족 정체성을 거부하고 특수주의적이고 배타주의적인 집단 정체성을 지향한다는 점에서 그러하다. 또한 흥미롭게도 오늘날 우파의 정체성 정치는 그 수사와 프레임까지도 과거 좌파의 정체성 정치를 상당 부분 모방하고 있다. 즉, 트럼프주의자들도 "내가 속한 집단이 피해자다. 우리 집단이 처한 상황과 우리가 겪는 고통은 사회로부터 외면당하고 있다. 이런 상황에 책임이 있는 사회 및 정치 구조를(즉, 미디어와 정치 엘리트층을) 깨부숴야 한다"라는 급진 좌파 운동의 논리를 그대로 공유한다. Fukuyama(2020), 199쪽.

116 Chua(2020); Fukuyama(2020).

117 Lepore(2019).

118 Smith(1993); Smith(1997); Gerstle(2015); Gerstle(2017).

119 Voght, Kara. 2021. "Can America's Problems Be Fixed By a President Who Loves Jon Meacham? How a Pop Historian Shaped the Soul of Biden's Presidency." *Mother Jones*, April 2.

120 Leary, John P. 2021. "Joe Biden's American Fairy Tale: The Ambivalent Essence of 'the Soul of the Nation'." *Mother Jones*, January. 물론 바이든 행정부에서 맹목적인 예외주의에 대한 반성의 뜻을 보인 사례도 존재한다. 가령 토니 블링컨(Tony Blinken) 국무장관은 2021년 유엔특별보고관을 초청해 미국 내 인종 차별과 소수자 인권 문제를 조사해달라고 요청했으며, 각국에 주재하고 있는 대사관에 보낸 전문에서 미국의 민주주의와 인권에도 결함이 있음을 대외적으로 솔직히 인정해도 좋다고 지시했다. 황준범. 2021. "블링컨, 미 외교관들에 '미국 민주주의·인권 결함도 인정하라.'" 『한겨레』 7월 18일.

121 Restad, Hilde Eliassen. 2021. "The Burning City upon a Hill." *War on the Rocks*, February 23.

122 Takaki, Ronald. 오필선 역. 2022. 『역사에 없는 사람들의 미국사: 밀려오고 적응하고 내쫓기며…이민자들이 만든 나라, 미국』. 갈라파고스, 291-294쪽.

123 Deudney, Daniel and G. John Ikenberry. 2021. "The Intellectual Foundations of the Biden Revolution." *Foreign Policy*, July 2.

제8장

1 Kissinger, Henry. 2020. "The Coronavirus Pandemic Will Forever Alter the World Order." *The Wall Street Journal*, April 3 ; Summers, Lawrence. 2020. "Covid-19 Looks Like a Hinge in History." *Financial Times*, May 14.

2 Allison, Graham T. 2020. "The US-China Relationship after Coronavirus: Clues from History." In Hal Brands and Francis

Gavin. (eds.), *COVID-19 and World Order: The Future of Conflict, Competition, and Cooperation*. Baltimore: Johns Hopkins University Press ; Nye, Joseph S. 2020. "No, the Coronavirus Will Not Change the Global Order." *Foreign Policy*, April 16.

3 Miskovic, Damjan Krnjevic. 2021. "Back with a Vengeance: The Return of Rough and Tumble Geopolitics." *Orbis*, 65(1).

4 본서 서장 참조.

5 Mearsheimer, John J. 이춘근 역. 2020. 『미국 외교의 거대한 환상: 자유주의적 패권 정책에 대한 공격적 현실주의의 비판』. 서울: 김앤김북스 ; Walt, Stephen M. 2019. "The End of Hubris: And the New Age of American Restraint." *Foreign Affairs*, 98(3).

6 Panitch, Leo and Sam Gindin. 2018. "Trumping the Empire." In Leo Panitch and Greg Albo. (eds.), *Socialist Register 2019: A World Turned Upside Down?* London: Merlin Press.

7 Callinicos, Alex. 2010. *Bonfire of Illusions: The Twin Crises of the Liberal World*. Malden: Polity.

8 Schadlow, Nadia. 2020. "The End of American Illusion: Trump and the World as It Is." *Foreign Affairs*, 99(5) ; Ashbee, Edward and Steven Hurst. 2020. "The Trump Foreign Policy Record and the Concept of Transformational Change." *Global Affairs*, 6(1).

9 Haass, Richard. 2020. "The Pandemic Will Accelerate History Rather Than Reshape It." *Foreign Affairs*, April 7.

10 Diaz, Ileana I. and Alison Mountz. 2020. "Intensifying Fissures: Geopolitics, Nationalism, Militarism, and the US Response to the Novel Coronavirus." *Geopolitics*, 25(5).

11 Hicken, Allen, Pauline Jones, and Anil Menon. 2021. "The International System After Trump and the Pandemic." *Current History*, 120(822).

12 Reich, Simon and Peter Dombrowski. 2020. "The Consequence of COVID-19: How the United States Moved from Security Provider to Security Consumer." *International Affairs*, 96(5).

13 정은숙. 2020. "팬데믹하 위기의 국제질서와 글로벌 거버넌스: 미국 신행정부에 거는 기대." 『세종정책브리프』 12월 14일.

14 Huang, Yanzhong. 2021. "Why the World Lost to the Pandemic." *Foreign Affairs*, January 28.

15 김상배. 2020. "코로나19와 신흥안보의 복합지정학: 팬데믹의 창발과 세계정치의 변환." 『한국정치학회보』 54집 4호 ; 윤정현. 2020. "신흥안보 위험과 네트워크 거버넌스: 불확실성 시대의 초국가적 난제와 대응전략." 『한국정치학회보』 54집 4호.

16 Macron, Emmanuel et al. 2021. "Multilateral Cooperation for Global Recovery." *Project Syndicate*, February 3.

17 전재성. 2020. "코로나 사태와 미중 전략 경쟁." 『국제문제연구소 이슈브리핑』 6월 18일.

18 Gvosdev, Nikolas. 2020. "Why the Pandemic Has Revived Hard-Nosed Realism." *World Politics Review*, September 8 ; Walt, Stephen M. 2020. "The Realist's Guide to the Coronavirus Outbreak." *Foreign Policy*, March 9.

19 Helleiner, Eric. 2021. "The Return of National Self-Sufficiency? Excavating Autarkic Thought in a De-Globalizing Era." *International Studies Review*, 23(3).

20 Reinhart, Carmen and Vincent Reinhart. 2020. "The Pandemic Depression: The Global Economy Will Never Be the Same." *Foreign Affairs*, 99(5).

21 Farrell, Henry and Abraham Newman. 2020. "Will the Coronavirus End Globalization as We Know It?" *Foreign Affairs*, March 16 ; Legrain, Philippe. 2020. "The Coronavirus is Killing Globalization as We Know It." *Foreign Policy*, March 12.

22 Bieber, Florian. 2022. "Global Nationalism in Times of the COVID-19 Pandemic." *Nationalities Papers*, 50(1) ; Rachman, Gideon. 2020. "Nationalism Is a Side Effect of Coronavirus." *Financial Times*, March 23.

23 Elias, Amanuel et al. 2021. "Racism and Nationalism During and Beyond the COVID-19 Pandemic." *Ethnic and Racial Studies*, 44(5).

24 Bollyky, Thomas J. and Chad P. Bown. 2020. "The Tragedy of Vaccine Nationalism: Only Cooperation Can End the Pandemic." *Foreign Affairs*, 99(5) ; Bollyky, Thomas J. and Chad P. Bown. 2020. "Vaccine Nationalism Will Prolong the Pandemic: A Global Problem Calls for Collective Action." *Foreign Affairs*, December 29 ; Rutschman, Ana S. 2021. "Is There a Cure for Vaccine Nationalism?" *Current History*, 120(822).

25 Ghebreyesus, Tedros A. 2021. "Vaccine Nationalism Harms Everyone and Protects No One." *Foreign Policy*, February 2.

26 deLisle, Jacques. 2021. "When Rivalry Goes Viral: COVID-19, U.S.-China Relations, and East Asia." *Orbis*, 65(1).

27 Schell, Orville. 2020. "The Ugly End of Chimerica." *Foreign Policy*, April 3 ; Johnson, Keith and Robbie Gramer. 2020. "The Great Decoupling." *Foreign Policy*, May 14.

28 Trump, Donald J. 2021. "Farewell Address." *The White House*, January 19.

29 이혜정. 2020. "미중관계: 바이든 행정부의 대중국 정책 전망." 『성균차이나브리프』 9권 1호.

30 The White House. 2017. "National Security Strategy." *National Security Strategy Archive*, December 18.

31 Pence, Mike. 2018. "Remarks by Vice President Pence on the Administration's Policy toward China," *The White House*, October 4.

32 Ferguson, Niall. 2020. "From COVID War to Cold War: The New Three-Body Problem." In Hal Brands and Francis Gavin. (eds.), *COVID-19 and World Order: The Future of Conflict, Competition, and Cooperation*. Baltimore: Johns Hopkins University Press.

33 Zurcher, Anthony. 2020. "US Election Results: Five Reasons Biden Won." *BBC*, November 7.

34 Haass, Richard. 2021. "Present at the Destruction: Trump's Final Act Has Accelerated the Onset of a Post-American World." *Foreign Affairs*, January 11.

35 Haass, Richard. 2020. "Present at the Disruption: How Trump Unmade U.S. Foreign Policy." *Foreign Affairs*, 99(5).

36 Biden, Joe. 2020. "Why America Must Lead Again: Rescuing U.S. Foreign Policy After Trump." *Foreign Affairs*, 99(2).

37 전홍기혜. 2021. "바이든 '트럼프 지우기' 속도전 일주일...성과와 한계." 『프레시안』 1월 30일.

38 Biden, Joe. 2021. "America's Place in the World." *The White House*, February 4.

39 정의길. 2021. "미국은 트럼프를 떠나보내지 아니하였다." 『한겨레』 1월 3일.

40 Davis, Mike. 2020. "Trench Warfare: Notes on the 2020 Election." *New Left Review*, 126.

41 Norris, Pippa. 2021. "It Happened in America." *Foreign Affairs*, January 7.

42 Bartels, Larry M. 2020. "Ethnic Antagonism Erodes Republicans' Commitment to Democracy." *Proceedings of the National Academy of Sciences*, 117(37).

43 Diamond, Larry. 2021. "The Capitol Siege Is the Wake-up Call America Shouldn't Have Needed." *Foreign Affairs*, January 7.

44 Case, Anne and Angus Deaton. 2020. "Living and Dying in America in 2021." *Project Syndicate*, December 28 ; Deaton, Angus. 2021. "American Capitalism's Poor Prognosis." *Project Syndicate*, January 13 ; Ghilarducci, Teresa. 2021. "A Post-COVID Labor Revival?" *Project Syndicate*, January 11.

45 Sachs, Jeffrey. 2021."'부양책으론 위기 못 끝내…美 백신 보급 속도에 경제 회복 달렸다'". 『한국경제』 1월 29일. 국제구호개발기구 옥스팜의 최근 보고서에 따르면, 팬데믹 이후 "분열의 10년"이 시작된

2020년 이래 세계 최상위 부유층 5명의 자산은 2배 증가한 반면, 동기간 전 세계 약 50억 명은 더 가난해졌다. 또한 전 지구적인 불평등, 즉 북반구와 남반구 간의 격차 역시 25년 만에 처음으로 다시 증가하기 시작했다. Riddell, Rebecca et al. 2024. "Inequality Inc.: How Corporate Power Divides Our World and the Need for a New Era of Public Action." *Oxfam International*, January 15.

46 Packer, George. 2020. "We Are Living in a Failed State." *The Atlantic*, June 15.

47 Ashford, Emma. 2021. "America Can't Promote Democracy Abroad. It Can't Even Protect It at Home." *Foreign Policy*, January 7. 미국외교협회(CFR)를 오래 이끌었던 리처드 하스(Richard Haass) 회장은 2023년 7월 『뉴욕타임스』와의 퇴임 인터뷰에서 오늘날 미국 자신이야말로 세계에서 가장 심각한 안보 위협이라고 진단하면서, 세계 불안정의 원천이자 민주주의의 불확실한 전형이 현재 미국의 모습이라고 한탄한 바 있다. Baker, Peter. 2023. "To Foreign Policy Veteran, the Real Danger Is at Home." *The New York Times*, July 1.

48 Nye, Joseph S. 2020. "Can Joe Biden's America Be Trusted?" *Project Syndicate*, December 4; Kirshner, Jonathan. 2021. "Gone But Not Forgotten: Trump's Long Shadow and the End of American Credibility." *Foreign Affairs*, 100(2); Gans, Jared. 2023. "Trump Leads Biden, Builds Support among Young Voters: Poll." *The Hill*, October 20.

49 Green, Dominic. 2020. "Why Joe Biden Is Headed for Failure." *The National Interest*, December 20.

50 Lind, Michael. 2020. "Thanks to China's Rise, the Age of Dealignment Is Here." *The National Interest*, October 17.

51 US Democratic Party. 2020. "2020 Democratic Party Platform." *Democratic National Convention*, July 31.

52 Campbell, Kurt M. 2021. "White House Top Asia Policy Officials Discuss U.S. China Strategy at APARC's Oksenberg Conference." *The Walter H. Shorenstein Asia-Pacific Research Center*, May 27.

53 Campbell(2021).

54 The White House. 2022. "National Security Strategy." *National Security Strategy Archive*, October 12.

55 Yellen, Janet. 2023. "Remarks by Secretary of the Treasury Janet L. Yellen on the U.S. - China Economic Relationship at Johns Hopkins School of Advanced International Studies." *Department of the Treasury*, April 20 ; Sullivan, Jake. 2023. "Remarks by National Security Advisor Jake Sullivan on Renewing American Economic Leadership at the Brookings Institution." *The White House*, April 27.

56 물론 트럼프 식의 거칠고 일방주의적인 대 중국 정책 실행이 지니는 부적절함을 넘어설 필요가 있다는 것도 새로운 초당적 합의 사안의 일부다. 즉, 신냉전으로 치닫는 전면적 대결보다는 '협력적 경합', '재앙에 이르지 않는 경쟁', '디커플링이 아닌 디리스킹' 등과 같은 보다 실용적·중도적 접근이 민주당 인사들의 차별적 기조라는 점은 유념할 필요가 있다. 이런 맥락에서 바이든은 미중 간의 전략 경쟁과는 별도로 팬데믹이나 기후 변화와 같은 초국적 문제들에 대한 양국의 공동 대응을 강조해왔다.

57 바이든 행정부의 주요 인사들이 정책 노선과 관련해 사용해온 언어들을 보면, 트럼프 이전 정상 상태로의 회귀와 피해 복구를 의미하는 접두사 "재(re-)"로 시작하는 단어들(restoring, repairing, revitalizing, reinvigorating, renewal, return 등)의 용례가 빈번하다.

58 Trump(2021).

59 Walt, Stephen M. 2021. "Trump's Final Foreign-Policy Report Card." *Foreign Policy*, January 5; Green(2020).

60 Bacevich, Andrew. 2021. "Biden, Blinken and the Blob." *The Spectator*, January 18 ; Walt, Stephen M. 2020. "Biden Sees the A-Team. I See the Blob." *Foreign Policy*, December 11.

61 Gewen, Barry. 2020. "Why Joe Biden Will Confront the Limits of American Power." *The National Interest*, December 23.

62 O'Sullivan, John. 2020. "Biden Should Pursue a Trump 2.0 Foreign Policy." *The National Interest*, December 26.

63 Ashford, Emma. 2020. "Why Joe Biden Can't Restore the Foreign Policy Status Quo." *The National Interest*, December 20.

64 Choonara, Joseph. 2020. "A Year Under the Pandemic." *International Socialism*, December 16.

65 Schwab, Klaus. 2020. "Time for a Great Reset." *Project Syndicate*, June 3.

66 Rodrik, Dani. 2020. "The Democrats' Four-Year Reprieve." *Project Syndicate*, November 9; Editorial Board. 2020. "Virus Lays Bare the Frailty of the Social Contract." *Financial Times*, April 4.

67 Berman, Sheri. 2020. "Crises Only Sometimes Lead to Change. Here's Why." *Foreign Policy*, July 4.

68 Rodrik(2020); Brooks, David. 2023. "What if We're the Bad Guys Here?" *The New York Times*, August 2.

69 Kuttner, Robert. 2020. "To Fight Inequality, the United States Needs an FDR. Can Biden Deliver?" *Foreign Policy*, July 4. 그러나 2023년 말의 시점에서 볼 때, 바이드노믹스의 그간 성과에 대한 대중의 평가는 그리 긍정적이지 못하다. 2023년 10월 실시된 월스트리트저널과 시카고대학의 공동여론조사에 따르면, 응답자 가운데 36%만이 아메리칸 드림이 여전히 유효하다고 답했다. 이는 2012년(53%), 2016년(48%) 응답결과 등과 비교할 때 비중이 크게 축소된 것이다. 또 조사에 참여한 유권자 중 절반은 미국인의 삶이 반세기 전보다 더 악화되었다고 응답한 반면, 개선되었다는 답변은 30%에 그쳤다. 같은 맥락에서 세대간 자산 양극화 심화와 인플레이션 지속이 민주당의 전통적 지지층인 청년세대와 히스패닉의 바이든 지지세를 약화시키고 있어 귀추가 주목된다. 방성훈. 2023. "美유권자 10명중 서너명만이 '아메리칸 드림 여전히 유효'." 『이데일리』 11월 24일; 최현호. 2023. "베이비붐 세대만 부유…美도 세대 간 자산 양극화 심각." 『뉴시스』 12월 23일; 노재현. 2023. "바이든 연임에 '적신호'…히스패닉까지 트럼프로 돌아서나." 『연합뉴스』 12월 17일.

결장

1 Heusgen, Christoph. 2022. "The War in Ukraine Will Be a Historic Turning Point." *Foreign Affairs*, May 12 ; Haass, Richard. 2021. "The Age of America First: Washington's Flawed New Foreign Policy Consensus." *Foreign Affairs*, 100(6).

2 Flockhart, Trine and Elena A. Korosteleva. 2022. "War in Ukraine: Putin and the Multi Order World." *Contemporary Security Policy*, 43(3), p. 467.

3 Bell, Daniel A. 2022. "Does Putin's War Mark a New Period in History?" *Foreign Policy*, July 1.

4 Rachman, Gideon. 2022. "Ukraine and the Start of a Second Cold War." *Financial Times*, June 6.

5 Foucault, Michel. 이규현 역. 2012. 『말과 사물』. 서울: 민음사.

6 Wohlforth, William C. 1999. "The Stability of a Unipolar World." *International Security*, 24(1). 탈냉전기 대표적인 미국 수위론자인 윌리엄 월포스는 상대적으로 미국의 힘이 약화된 것은 사실이나 여전히 "(부분적) 단극체제"는 유지되고 있으며, 가까운 시일 내에 양극 혹은 다극체제가 부상할 가능성이 없다는 주장을 고수하고 있다. Brooks, Stephen G. and William C. Wohlforth. 2023. "The Myth of Multipolarity: American Power's Staying Power." *Foreign Affairs*, 102(3).

7 Mueller, John E. 1990. *Retreat from Doomsday: The Obsolescence of Major War*. New York: Basic Books; Friedman, Thomas L. 1999. *The Lexus and the Olive Tree*. New York: Farrar, Straus, Giroux.

8 Legro, Jeffrey W. and Andrew Moravcsik. 1999. "Is Anybody Still a Realist?" *International Security*, 24(2).

9 Musgrave, Paul. 2020. "The Beautiful, Dumb Dream of McDonald's Peace Theory." *Foreign Policy*, November 26.

10 Scholz, Olaf. 2023. "The Global Zeitenwende: How to Avoid a New Cold War in a Multipolar Era." *Foreign Affairs*, 102(1).

11 Lissner, Rebecca et al. 2021. "After Primacy: Exploring the Contours of Twenty-First-Century Great Power Rivalry." In Nuno P. Monteiro and Fritz Bartel. (eds.), *Before and After the Fall: World Politics and the End of the Cold War*. Cambridge: Cambridge University Press.

12 Higgott, Richard and Simon Reich. 2022. "The Age of Fuzzy Bifurcation: Lessons from the Pandemic and the Ukraine War." *Global Policy*, 13(5).

13 Flockhart, Trine. 2016. "The Coming Multi-Order World." *Contemporary Security Policy*, 37(1); Flockhart and Korosteleva(2022).

14 이근욱. 2021. 『아프가니스탄전쟁: 9.11 테러 이후 20년』. 파주: 한울, 29-31쪽

15 Walt, Stephen M. 2021. "The Top Five Debriefing Questions About Afghanistan." *Foreign Policy*, July 9.

16 Lieven, Anatol. 2021. "Has Neo-Orientalism Killed Our Ability to Sense the Limits of Western Influence?" *Responsible Statecraft*, September 28.

17 Mearsheimer, John J. 이춘근 역. 2020. 『미국 외교의 거대한 환상: 자유주의적 패권 정책에 대한 공격적 현실주의의 비판』. 서울: 김앤김북스. 238-244쪽; Sachs, Jeffrey D. 2021. "Blood in the Sand." *Project Syndicate*, August 17.

18 Haass, Richard. 2021. "America's Withdrawal of Choice." *Project Syndicate*, August 15.

19 Mathews, Jessica T. 2021. "American Power After Afghanistan." *Foreign Affairs*, September 17.

20 이근욱(2021), 425쪽.

21 Goldgeier, James and Joshua Shifrinson. 2021. "The United States and NATO After the End of the Cold War: Explaining and Evaluating Enlargement and Its Alternatives." In Nuno P. Monteiro and Fritz Bartel. (eds.), *Before and After the Fall: World*

Politics and the End of the Cold War. Cambridge: Cambridge University Press, p. 267.

22 Sarotte, Mary Elise. 2021. "The Historical Legacy of 1989: The Arc to Another Cold War?" In Nuno P. Monteiro and Fritz Bartel. (eds.), *Before and After the Fall: World Politics and the End of the Cold War*. Cambridge: Cambridge University Press.

23 최재덕. 2022. "우크라이나전쟁과 중러 연대의 심화: 미·중·러의 지정학적 대결과 한국의 대응 방안." 『중소연구』 46권 3호, 82쪽.

24 Deudney, Daniel and G. John Ikenberry. 2021. "Seeds of Failure: The End of the Cold War and the Failure of the Russian Democratic Transition and Western Integration." In Nuno P. Monteiro and Fritz Bartel. (eds.), *Before and After the Fall: World Politics and the End of the Cold War*. Cambridge: Cambridge University Press, pp. 253-257.

25 Smith, Tony. 2012. *America's Mission: The United States and the Worldwide Struggle for Democracy*. Expa ed. Princeton: Princeton University Press.

26 Walt, Stephen M. 김성훈 역. 2021. 『미국 외교의 대전략: 자유주의 패권의 연장인가, 역외균형으로의 복귀인가』. 서울: 김앤김북스, 88-205쪽.

27 Goddard, Stacie E. and Ronald R. Krebs. 2021. "Legitimating Primacy After the Cold War: How Liberal Talk Matters to US Foreign Policy." In Nuno P. Monteiro and Fritz Bartel. (eds.), *Before and After the Fall: World Politics and the End of the Cold War*. Cambridge: Cambridge University Press, pp. 146-149.

28 Walt, Stephen M. 2022. "Liberal Illusions Caused the Ukraine Crisis." *Foreign Policy*, January 19.

29 Mearsheimer, John J. 2022. "The Causes and Consequences of the Ukraine Crisis." *The National Interest*, June 23; 추가하여, 정치경제적 차원에서도 자유승리주의에 기반한 당대 미국의 접근법이 러시아의 수정주의화에 일조했다는 점을 상기할 필요가 있다. 공산정권

해체 후 자유방임적 세계관에 기초해 러시아의 급속한 경제체제 전환을 밀어붙인 '쇼크 독트린'은 결과적으로 일반 러시아인들에게 극심한 고통과 혼란을 초래했고, 이것이 이후 푸틴 정권의 정당성을 뒷받침해주는 반서구 의식과 포퓰리즘적 반민주주의 정서의 토대를 형성했다. Klein, Naomi. 김소희 역. 2008. 『쇼크 독트린: 자본주의 재앙의 도래』. 서울: 살림Biz; Deudney and Ikenberry(2021), pp. 257-259.

30 Walt, Stephen M. 2022. "The Ukraine War Doesn't Change Everything." *Foreign Policy*, April 13.

31 Haass, Richard. 2023. "A Tale of Two Invasions." *Project Syndicate*, June 21.

32 Ashford, Emma M. 2022. "Ukraine and the Return of the Multipolar World." *The National Interest*, July 4.

33 장희경. 2022. "유럽의 우크라이나전쟁: 유럽 안보질서의 시대 전환." 『뉴래디컬리뷰』 6호, 74-77쪽.

34 NATO. 2022. "The 2022 Strategic Concept." June 29 ; 전재성. 2023. "우크라이나전쟁이 국제 안보정세와 한반도에 미치는 영향과 함의." 『국방정책연구』 138호, 24-25쪽.

35 Wendt, Alexander. 1999. *Social Theory of International Politics*. Cambridge: Cambridge University Press, pp. 297-308.

36 이용희. 1994. 『미래의 세계정치: 국가연합론 강의』 서울: 민음사.

37 Kagan, Robert. 홍지수 역. 2021. 『밀림의 귀환: 자유주의 세계질서는 붕괴하는가』. 서울: 김앤김북스.

38 Hardt, Michael and Antonio Negri. 2000. *Empire*. Cambridge: Harvard University Press.

39 Harari, Yuval Noah. 2022. "Yuval Noah Harari Argues That What's at Stake in Ukraine Is the Direction of Human History." *The Economist*, February 9.

40 Fazal, Tanisha M. 2022. "The Return of Conquest? Why the Future of Global Order Hinges on Ukraine." *Foreign Affairs*, 101(3).

41 최성근·김상희. 2023. "신냉전 속 가속화하는 글로벌 군비 경쟁." 『머니투데이』 1월 22일; 조일준. 2023. "신냉전 시대 군비 경쟁...무기 발전으로 '손쉬운 전쟁'." 『한겨레』 12월 2일.

42 박병수. 2022. "지구상에 있는 1만 2천여 개 핵무기... 35년 만에 다시 증가세로." 『한겨레』 6월 14일.

43 Tannenwald, Nina. 2022. "Is Using Nuclear Weapons Still Taboo?" *Foreign Policy*, July 1; Tannenwald, Nina. 2023. "The Bomb in the Background: What the War in Ukraine Has Revealed About Nuclear Weapons." *Foreign Affairs*, February 24. 푸틴 대통령은 또한 우크라이나전쟁 1주년에 즈음해 신전략무기감축협정(New START)에 대한 참여 중단을 선언하고, 3대 핵전력(대륙간탄도미사일, 잠수함발사탄도미사일, 장거리 전략폭격기 등)의 강화 방침을 강조하는 등 핵과 관련한 강경 행보를 멈추지 않았다. 이어서 2023년 6월에는 전술핵무기를 벨라루스에 배치하여 해외 핵탄두의 국내 철수라는 탈냉전기의 시대적 트렌드를 뒤집었으며, 동년 11월에는 포괄적핵실험금지조약(CTBT)에 대한 비준을 철회하여 1990년 이후 30여 년 만에 다시 핵실험을 실시할 가능성을 열어뒀다. 최인영. 2023. "또 '핵 카드' 꺼내든 푸틴…CTBT 철회로 미국에 '거울 대응.'" 『연합뉴스』 11월 2일.

44 Haass, Richard. 2022. "The New Nuclear Era." *Project Syndicate*, October 19; Fontaine, Richard. 2022. "Welcome to the New Age of Nukes." *Foreign Policy*, November 9; 양희용. 2022. "핵의 관점에서 본 러시아-우크라이나전쟁." 『세계지역연구논총』 40집 4호.

45 Higgott and Reich(2022).

46 이혜정. 2022. "푸틴의 우크라이나전쟁, 바이든의 민주주의 기획, 그리고 새로운 국제 (무)질서." 『동향과 전망』 116호, 26쪽.

47 Way, Lucan Ahmad. 2022. "The Rebirth of the Liberal World Order?" *Journal of Democracy*, 33(2) ; Tierney, Dominic. 2022. "Global Order after Ukraine." *The National Interest*, (182).

48 The White House. 2022. "National Security Strategy." *National Security Strategy Archive*, October 12.

49 Traub, James. 2022. "Biden's Truman Moment Has Arrived in Ukraine." *Foreign Policy*, February 15.

50 The White House(2021).

51 de Gruyter, Caroline. 2022. "Putin's War Is Europe's 9.11." *Foreign Policy*, February 28.

52 Erlanger, Steven. 2023. "When It Comes to Building Its Own Defense, Europe Has Blinked." *The New York Times*, February 4.

53 EU and NATO. 2023. "Joint Declaration on EU-NATO Cooperation." *North Atlantic Treaty Organization*, January 10.

54 NATO(2022).

55 The White House(2022).

56 같은 맥락에서 2022년 9월 개최된 "서울안보대화(SDD)"에 유럽연합/북대서양조약기구 회원국의 안보 관료와 민간 전문가들이 대거 참여해 눈길을 끌었으며, 2023년 7월 리투아니아 빌뉴스에서 열린 북대서양조약기구 정상회담에 또다시 AP4 국가수반들이 참석했다.

57 장희경(2022), 81-83쪽 ; 김연숙. 2022. "독일, 군 현대화에 134조원 추가…우크라전에 놀라 개헌까지". 『연합뉴스』 6월 4일; 정빛나. 2023. "'재무장 선언' 독일 '내년 국방비, GDP의 2% 첫 달성할 것'." 『연합뉴스』 11월 11일.

58 박영준. 2023. "일본 외교안보정책의 대전환과 한반도." 경남대학교 극동문제연구소. 『일본 안보 관련 정책 3문서 개정 결정의 의미와 평가』. 본래 팍스아메리카나의 하위 파트너였던 독일과 일본의 부상으로 서구 질서의 내부 동학이 변화—미국 중심성이 약화되고 일종의 집단지도체제(condominium)로 전환—될 가능성이 존재한다는 주장에 대해서는 Leonard, Mark. 2022. "The Real End of Pax Americana." *Foreign Affairs*, June 13.

59 최재덕(2022), 199-204쪽.

60 반면 중국이 국영 방산업체들을 통해 항법장비나 전투기 부품 등 국제 제재로 대러시아 수출이 제한된 각종 군수장비를 비밀리에 공급해 왔다는 폭로로는 전명훈. 2023. "중국, 러시아에 군사장비 공급해 우크라 침공 지원." 『연합뉴스』 2월 5일.

61 정호경. 2022. "우크라이나전쟁과 중국의 입장에 관한 연구." 『민족연구』 80호.

62 백영주·김지운. 2022. "우크라이나 사태와 미중관계: 중국의 전략적 판단을 중심으로." 『Journal of China Studies』 25권 3호.

63 이한얼. 2022. "우크라이나전쟁이 동아시아 미-중 전략 경쟁에 미친 영향 검토: 상수로서의 중국과 변수로서의 미국." 『Journal of Global and Area Studies』 6권 2호, 110-115쪽.

64 Blank, Stephen. 2022. "Liberalism's Puzzle: The Russo-Chinese Alliance in the Light of Russian Aggression against Ukraine." *The Korean Journal of Defense Analysis*, 34(4).

65 Kremlin. 2022. "Joint Statement of the Russian Federation and the People's Republic of China on the International Relations Entering a New Era and the Global Sustainable Development." February 4.

66 조성하·구동완·최현호. 2023. "[중러정상회담 공동성명 전문] 中 9600자, 英 4만3000자로 '반미연대.'" 『뉴시스』 3월 22일.

67 한종구·최인영. 2023. "시진핑-푸틴, '이·팔 전쟁' 논의…푸틴 '팔 주권국가 설립지지.'" 『연합뉴스』 10월 18일.

68 Echols, Connor. 2022. "2022: The Year of the Middle Power." *Responsible Statecraft*, December 28.

69 이혜정(2022), 32-34쪽.

70 Slaughter, Anne-Marie. 2023. "Who Is Part of the Free World?" *Project Syndicate*, January 26.

71 Kang, David C. 2022. "Still Getting Asia Wrong: No 'Contain China' Coalition Exists." *The Washington Quarterly*, 45(4).

72 정구연. 2022. "경쟁적 공존과 미국의 제도적 균형: 미국의 맞춤형 연합체와 지역 아키텍쳐 구축을 중심으로." 『세계지역연구논총』 40집 3호.

73 Kim, Jina. 2022. "Ukraine's Implications for Indo-Pacific Alignment." *The Washington Quarterly*, 45(3).

74 애초에 "아시아-태평양"이라는 오랜 지역 명칭을 굳이 "인도-태평양"으로 변경한 것 자체가 인도를 포함해 더 넓은 범위에서 대중국 봉쇄망을 구축하려는 미국의 의도가 담겨 있었다.

75 홍현익. 2022. "우크라이나전쟁과 인도 외교." 『국민일보』 11월 14일; 박준호. 2023. "'비동맹→다중동맹' 기조… 印, 미중 패권경쟁에 몸값 올려 실리." 『서울경제』 12월 5일.

76 Mearsheimer, John J. 2023. "존 미어샤이머 "美·中 '양극 세계화'로 재편…한국, 安美經中 줄타기 끝내야"." 『한국경제신문』 1월 2일.

77 김형구. 2022. "'중국 따돌리기 안 된다'…EU 맏형 독일의 배신 왜." 『중앙일보』 12월 21일.

78 Anderlini, Jamil and Clea Caulcutt. 2023. "Europe Must Resist Pressure to Become 'America's Followers,' Says Macron." *Politico*, April 9. 흥미로운 것은 중국이 이러한 '틈새'를 적극적으로 파고드는 전략을 취했다는 사실이다. 특히 경제 수단을 동원해 미국 주도의 반중국 전선을 약화시키려는 시도를 강화했다. 예를 들어, 숄츠의 방중에 170억 달러어치의 에어버스 여객기와 백신을 구입하는 선물을 안겨주는가 하면, 호주산 밀 수입을 재개하여 18년 만에 최대량을 수입했고, 시진핑이 전격적으로 사우디를 국빈 방문하는 등의 전략적 움직임을 보였다. 이동률. 2023. "시진핑 3기 출범과 한국의 대중 전략." 『EAI 논평』 1월 5일. 중국을 찾은 마크롱에게도 시진핑은 수십조 원 규모의 에어버스사 제조 항공기 및 헬리콥터를 구매할 것을 약속했다. 류지영. 2023. "명분·실리 다 챙긴 中·프랑스…미 '대중 포위' 강화에도 밀착 강화." 『서울신문』 4월 10일.

79 노지원. 2023. "EU, 중국과 디커플링 아닌 '디리스킹' 택했다." 『한겨레』 5월 18일.

80 Traub, James. 2022. “Cold War 2.0 Is Ushering in Nonalignment 2.0.” *Foreign Policy*, July 9.

81 Higgott and Reich(2022).

82 이혜정. 2021. “바이든의 미국 우선주의: 중산층을 위한 외교.” 『한국정치연구』 30권 3호.

83 오일석·조은정. 2022. “동맹을 가리지 않는 공급망 재편 경쟁: 미국 IRA와 EU의 RMA.” 『INSS 이슈브리프』 409호. 12월 13일 ; Krueger, Anne O. 2022. “Sleepwalking Into a Global Trade War.” *Project Syndicate*, December 22 ; Haass, Richard. 2021. “The Age of America First: Washington's Flawed New Foreign Policy Consensus.” *Foreign Affairs*, 100(6).

84 전재성(2023), 7쪽. 하지만 이와 같은 가치외교의 강조는 언제나 ‘이중잣대’의 위험을 동반하기 마련이다. 가령 2023년 10월 이스라엘-하마스 간의 전쟁이 발발한 이후 바이든 대통령은 연설을 통해 러시아와 하마스를 주변 민주주의 국가를 소멸시키려 하는 동일한 위협이라고 등치시키면서, 예의 ‘역사의 변곡점’이란 거대 서사 틀에 중동 분쟁 상황을 꿰맞추고자 했다. 그러나 이러한 편의적 사태 규정은 ‘왜 미국은 러시아의 우크라이나 점령에 반대하면서, 이스라엘의 팔레스타인 점령에는 침묵하는가’와 같은 글로벌 사우스의 탈식민주의적 질문에 취약할 수밖에 없다. 권위주의 세력에 맞서 ‘규칙 기반 질서’의 수호를 주장해온 미국의 이스라엘에 대한 편향적 태도는 ‘위선적’이라는 비판을 벗어날 수 없는 것이다. 박민희. 2023. “‘가자 학살’ 이후의 세계.” 『한겨레』 10월 26일; Stuenkel, Oliver. 2023. “Why the Global South Is Accusing America of Hypocrisy.” *Foreign Policy*, November 2.

85 Haas, Mark L. 2022. “The Ideology Barriers to Anti-China Coalitions.” *The Washington Quarterly*, 45(4).

86 이혜정(2022), 34쪽.

87 물론 현실주의적 시선에서 보면, 초강대국 간 안보 갈등의 정도가 일정 수준을 넘어 극도로 악화될 경우, 경제나 이념의 논리가 안보의 논리에 압도당하게 되어 헤징의 공간도 축소되고 중간국들은 점차 편승을 택할 수밖에 없을 것이다. Korolev, Alexander. 2019. “Shrinking

Room for Hedging: System-Unit Dynamics and Behavior of Smaller Powers." *International Relations of the Asia-Pacific*, 19(3).

88 Kupchan, Charles A. 2022. "Realpolitik's Revenge." *The National Interest*, (181), pp. 33-42.

89 전재성(2023), 20쪽.

90 Huntington, Samuel P. 1996. *The Clash of Civilizations and the Remaking of World Order*. New York: Simon & Schuster.

91 Zhang, Baohui. 2022. "When Civilisational Clashes Meet Power Shifts: Rethinking Global Disorder." *The Chinese Journal of International Politics*, 15(4); Douthat, Ross. 2022. "Yes, There Is a Clash of Civilizations." *The New York Times*, March 30.

92 Bettiza, Gregorio, Derek Bolton, David Lewis. 2023. "Civilizationism and the Ideological Contestation of the Liberal International Order." *International Studies Review*, 25(2).

93 Coker, Christopher. 2019. *The Rise of the Civilizational State*. Cambridge: Polity ; Maçães, Bruno. 2020. "The Attack Of The Civilization-State." *Noema*, June 15.

94 여기서 말하는 전통과 예외주의 정체성은 물론 자연적으로 주어진 것이 아니라, 헤게모니 서사에 의해 재발명되고 물신화된 이데올로기적 구성물들이다.

95 Higgot and Reich(2022), pp. 48-66. 한 가지 주의할 점은 문명제국으로서 주변에 문명화 사명을 감행하고 위계적인 세력권을 구성하는 것이 비서구·비자유주의 강대국만의 특징은 아니라는 사실이다. 예를 들어, 미국도 북미대륙 내에서는 인디언 제거와 멕시코 전쟁을 통한 정주 제국(settler empire)을 건설했고, 국외적으로는 '먼로 독트린'과 '루스벨트 계론(Roosevelt corollary)' 선포를 통해 서반구에 배타적 이익권을 설정했다. 그리고 이때도 민주주의 전파 같은 문명화 담론이 토착 부족과 중남미 국가에 대한 군사적 개입과 주권 침해를 정당화한 바 있다. 그런 점에서 미국 패권 시대의 주류 담론으로서 규칙기반 질서나 자유국제질서 논의의 배면에 위치한 위계적-제국적 속성을 상기할 필요가 있다. 전재성. 2019. 『주권과 국제정치: 근대 주

권국가체제의 제국적 성격』 서울: 서울대학교출판문화원, 417-485쪽.

96 이반 일리인(Ivan Ilyin), 레프 구밀료프(Lev Gumilyov), 알렉산드르 두긴(Alexander Dugin) 등이 설파한 지정학 사상에 토대를 둔 푸틴의 대유라시아 구상의 상상계가 어떻게 "영적으로 타락한" 근대 서구에 맞서 "천년의 전쟁"을 수행하고 있으며, 러시아정교에 근거한 러시아 문명과 제국의 재건을 시도하는지에 대해서는 이문영. 2019. "러시아의 유라시아주의와 제국의 지정학."『슬라브학보』 34권 2호; 정재원. 2022. "러시아의 우크라이나 침략의 본질: 러시아의 오래된 제국적 기획의 실현."『경제와 사회』 135호; 이태림. 2023. "우크라이나전쟁에 대한 러시아적 시각과 서방적 시각 비교 고찰."『국립외교원 외교안보연구소 정책연구시리즈』 2022-18호. 2월 16일; Hirch, Michael. 2022. "Putin's Thousand-Year War." *Foreign Policy*, March 12.

97 21세기 중국의 부상에 따라 재발명된 유교와 천하질서관에 기초한 '제국몽'이 출현하는 과정에 대한 분석으로는 전인갑. 2016.『현대 중국의 제국몽: 중화의 재보편화 100년의 실험』. 고양: 학고방; Cha, Taesuh. 2018. "Competing Visions of a Postmodern World Order: The Philadelphian System vs. The Tianxia System." *Cambridge Review of International Affairs*, 31(5).

98 이외에도 인도의 힌두 민족족의 프로젝트, 튀르키예의 이슬람주의 프로젝트 등도 오늘날 비서구권의 반근대·반서양 문명주의 기획의 일부로 해석할 수 있다. Haug, Sebastian and Supriya Roychoudhury. 2023. "Civilizational Exceptionalism in International Affairs: Making Sense of Indian and Turkish Claims." *International Affairs*, 99(2).

99 Pabst, Adrian. 2019. *Liberal World Order and Its Critics: Civilisational States and Cultural Commonwealths*. Abingdon: Routledge, p. 55.

100 Hirch, Michael. 2022. "The Month That Changed a Century." *Foreign Policy*, April 10.

101 Mankoff, Jeffrey. 2022. "The War in Ukraine and Eurasia's New Imperial Moment." *The Washington Quarterly*, 45(2).

102 Bull, Hedley and Adam Watson, eds. 1984. *The Expansion of International Society*. Oxford: Clarendon Press.

103 사실 최근 구미 지역 내에서도 신자유주의적 코스모폴리타니즘이나 지구주의를 표방하는 기성 엘리트에 반발하는 대항 헤게모니 담론으로서 극우 포퓰리스트 집단의 문명주의가 부상하고 있다. 이들은 추상적인 자유주의나 합리주의 원칙 대신 '유대-기독교 전통' 같은 인족·종교 정체성(ethnoreligious identity)을 핵심축으로 삼아 이슬람·유교 문명 등에 대항하는 '서구 문명'을 구축하려고 시도한다. Stewart, Blake. 2020. "The Rise of Far-Right Civilizationism." *Critical Sociology*, 46(7-8).

104 Flockhart(2016). 유사한 맥락에서 아미타프 아차리아는 자유패권 이후에는 "다중 근대성들의 세계(world of multiple modernities)"로서 서구의 자유주의 근대성이 상대화되는 "다복합 세계질서(multiplex world order)"가 도래할 것이라고 예측했다. Acharya, Amitav. 2017. "After Liberal Hegemony: The Advent of a Multiplex World Order." *Ethics & International Affairs*, 31(3).

105 Kupchan(2022), pp. 38-39.

106 Flockhart and Korosteleva(2022), pp. 475-477.

107 Nye, Joseph S. 2023. "Peak China?" *Project Syndicate*, January 3.

108 Beckley, Michael and Hal Brands. 김종수 역. 2023. 『중국은 어떻게 실패하는가: 미중 패권 대결 최악의 시간이 온다』. 서울: 부키. 실제로 2024년 초의 시점에서 볼 때, 경제적으로 코로나 시대의 승자는 예상을 뒤엎고 중국이 아니라 미국으로 밝혀져 가고 있다. 2023년 미국의 명목 국내총생산(GDP) 증가율은 6.3%로, 중국의 4.6%를 크게 웃돌았다. 게다가 중국의 GDP는 2021년 미국의 75.2% 수준까지 치고 올라갔다가 2022년 69.7%, 2023년 65%로 계속 후퇴하는 중이다. 이는 말 그대로 "놀라운 운명의 전환"으로 중국이 조만간 미국을 제치고 세계 최대 경제국이 될 것이라던 관측들이 급속히 수그러드는 결과를 낳았다. 이 같은 장기적 추세의 역전 현상은 팬데믹 기간 동안 시진핑 정권의 권위주의적 시장 개입이 중국의 경제구조 문제를 더욱 악화시킨 데서 비롯되었다는 것이 서방 주류의 평가다. Miller, Rich and Enda Curran. 2024. "US Extends Lead Over China in Race for World's Biggest Economy." Bloomberg, January 26. 이러한 미국발 중국 위기론이 중국 경제의 문제를 과도하게 부풀려 해석하고 있다는 반론으로는 전병서. 2023. "중국 경제 정말 40년 호황의 끝인가?" 『성균차이나브리프』 11권 4호.

에필로그

1 Paul Kennedy. 2023. "The Rise and Fall of the Great Powers redux." *New Statesman*, September 20에서 인용.

2 Fischer, Joschka. 2022. "The End of Contemporary History." *Project Syndicate*, August 1.

3 Gowan, Richard . 2023. "How the World Lost Faith in the UN." *Foreign Affairs*, November 9.

4 Leonhardt, David. 2023. "The Global Context of the Hamas-Israel War." *The New York Times*, October 9; Poast, Paul. 2023. "When So Many 'Frozen Conflicts' Go Hot, It's Not Just Coincidence." *World Politics Review*, October 13.

5 이런 지역특수적 원인의 층위에서 미국의 탈냉전기 대중동전략의 편향성과 실책, 그리고 이스라엘 극우 포퓰리즘 정부의 오만과 강경정책 등을 각각 지적한 글로는 Walt, Stephen M. 2023. "America Is a Root Cause of Israel and Palestine's Latest War." *Foreign Policy*, October 18; Harari, Yuval. 2023. "The Hamas Horror Is also a Lesson on the Price of Populism." *The Washington Post*, October 11.

6 Brands, Hal. 2023. "Hamas Consigns the Pax Americana to History Books." *Bloomberg*, October 9; Kimmage, Michael and Hanna Notte. 2023. "The Age of Great-Power Distraction." *Foreign Affairs*, October 12.

7 Beckerman, Gal. 2023. "'The Middle East Region Is Quieter Today Than It Has Been in Two Decades.'" *The Atlantic*, October 7.

8 Kaplan, Robert D. 2012. *The Revenge of Geography: What the Map Tells Us about Coming Conflicts and the Battle Against Fate*. New York: Random House.

9 백승욱. 2023. 『연결된 위기: 우크라이나전쟁에서 한반도 핵위기까지, 얄타체제의 해체는 무엇을 의미하는가』 서울: 생각의 힘.

10 정반대로 '중국 정점론'을 주장하는 입장에서는 도리어 중국이 내리막길에 접어들었기 때문에 다급해진 나머지 더 도발적으로 행동할 것이라는 2020년대 '위험 구간(danger zone)론'을 제기한다. Beckley, Michael and Hal Brands. 김종수 역. 2023. 『중국은 어떻게 실패하는가: 미중 패권 대결 최악의 시간이 온다』. 서울: 부키.

11 길윤형·장영희·정욱식. 2022. 『미중 경쟁과 대만해협 위기: 남북한은 동맹의 체인에 연루될 것인가』. 서울: 갈마바람.

12 이에 덧붙여 2023년 8월 한미일 정상회담을 통해 선언된 『캠프 데이비드 원칙 및 한미일 간 협의에 대한 공약』은 "우리 공동의 이익과 안보에 영향을 미치는 지역적 도전, 도발 그리고 위협에 대한 우리 정부의 대응을 조율하기 위하여, 각국 정부가 3자 차원에서 서로 신속하게 협의하도록 할 것을 공약"함으로써, 더욱 강화된 차원에서 한국이 미중, 중일 분쟁 시나리오에 휘말려 들어갈 수 있는 가능성을 만들어냈다. 대한민국 대통령실. 2023. "캠프 데이비드 원칙 및 한미일 간 협의에 대한 공약." 8월 18일.

13 강상규. 2021. 『동아시아 역사학 선언: 근대 동아시아에 나타나 역사적 전환들』. 서울: 에피스테메, 422-423쪽.

14 전재성. 2023. "2023년 세계질서의 변화와 한국의 대미 전략." 『EAI 논평』 1월 3일, 6 쪽.

15 차태서. 2023. "핵보유국 북한과 살아가기: 탈단극 시대 한반도 문제의 전환과 대북정책 패러다임 변동." 『국제관계연구』 28권 1호.

16 차태서. 2023. "탈단극시대, 중견국 외교의 종언? 중견국 담론의 지식사회학과 대한민국 대전략 패러다임 변동." 『국제지역연구』 27권 4호.

참고문헌

국문 도서

- 강상규. 2021. 『동아시아 역사학 선언: 근대 동아시아에 나타나 역사적 전환들』. 서울: 에피스테메.
- 길윤형·장영희·정욱식. 2022. 『미중 경쟁과 대만해협 위기: 남북한은 동맹의 체인에 연루될 것인가』. 서울: 갈마바람.
- 김상배. 2014. 『아라크네의 국제정치학: 네트워크 세계정치이론의 도전』. 파주: 한울.
- 백승욱. 2023. 『연결된 위기: 우크라이나전쟁에서 한반도 핵위기까지, 얄타체제의 해체는 무엇을 의미하는가』. 서울: 생각의 힘.
- 손열 엮음. 2007. 『매력으로 엮는 동아시아: 지역성의 창조와 서울컨센서스』. 서울: 지식마당.
- _____·김상배·이승주 엮음. 2016. 『한국의 중견국 외교: 역사, 이론, 실제』. 서울: 명인문화사.
- 안병진. 2021. 『미국은 그 미국이 아니다: 미국을 놓고 싸우는 세 정치세력들』. 서울: 메디치미디어.
- 이근욱. 2021. 『아프가니스탄전쟁: 9.11 테러 이후 20년』. 파주: 한울.
- 이용희. 1994. 『미래의 세계정치: 국가연합론 강의』. 서울: 민음사.

- 이혜정. 2017. 『냉전 이후 미국 패권: 자본주의와 민주주의, 전쟁의 변주』. 서울: 한울.
- 전인갑. 2016. 『현대중국의 제국몽: 중화의 재보편화 100년의 실험』. 고양: 학고방.
- 전재성. 2019. 『주권과 국제정치: 근대 주권국가체제의 제국적 성격』. 서울: 서울대학교출판문화원.
- 정재호. 2021. 『생존의 기로: 21세기 미·중관계와 한국』. 서울: 서울대학교출판문화원.

국문 비도서

- 강지영. 2022. "비판인종이론(Critical Race Theory)이 한국의 교육과정 연구에 주는 시사점 탐색." 『교육과정연구』 40권 2호.
- 강태화. 2023. "소수 강경파, 美의회 '장악' 성공…'배후 트럼프' 끝까지 웃을까." 『중앙일보』 10월 26일.
- 공진성. 2012. "제국이라는 유토피아, 또는 디스토피아: 아메리카 제국론에 대한 성찰." 『서석사회과학논총』 5권 2호.
- 곽한영. 2021. "계기수업을 통한 민주시민교육의 사례 연구: 미국 국회의사당 습격사건에 대한 대응을 중심으로." 『법교육연구』 16권 2호.
- 권은혜. 2020. "다문화주의와 미국적 정체성: 1990년대 미국 역사가들의 다문화주의 논쟁을 중심으로." 『미국사연구』 51호.
- ______. 2021. "20세기 전반기 미국의 시민권 박탈 정책과 '조건적 시민권'의 형성." 『서양사론』 149호.
- 김상배. 2005. "정보화 시대의 제국: 지식/네트워크 세계정치론의 시각." 『세계정치』 26집 1호.
- ______. 2019. "네트워크 국가론: 미래 국가모델의 국제정치학적 탐구." 서울대학교 국제문제연구소 엮음. 『미래 국가론: 정치외교학적 성찰』. 서울: 사회평론.

- ______. 2020. “코로나19와 신흥안보의 복합지정학: 팬데믹의 창발과 세계정치의 변환.” 『한국정치학회보』 54집 4호.
- 김성한. 2019. “미국의 신질서 구상과 한미동맹 2030.” 『신아세아』 26권 3호.
- 김연숙. 2022. “독일, 군 현대화에 134조 원 추가…우크라전에 놀라 개헌까지”.『연합뉴스』 6월 4일.
- 김영호. 2020. “탈냉전기 미 동맹질서의 변화 양상과 자유국제주의 질서의 지속성.” 『한국과 국제정치』 36권 1호.
- 김은형. 2018. “트럼프, 에머슨, 그리고 정체성 정치: 민주주의의 위기와 그 대안의 모색.” 『안과 밖』 45호.
- 김용태. 2018. “건국 초 미국의 시민권 정책과 국가 정체성: 이민과 귀화 정책을 둘러싼 정치적 논의를 중심으로.” 『동국사학』 65호.
- 김재중. 2022. “여전히 갈라진 미국…3명중 1명 ‘바이든 당선 인정 안 해.’” 『경향신문』 1월 6일.
- 김준석·박건영. 2013. “자유주의, 제국, 제국주의.” 『인간연구』 25호.
- 김지은·이정석. 2022. “절제 전략의 전도사들: 정책 주창자 이론을 통해 본 미국 외교정책 ‘절제(restraint)’ 담론의 생산 및 확산 연구.” 『국제지역연구』 26권 3호.
- 김치욱. 2010. “정부간협의체의 확산과 미국의 네트워크 패권전략.” 하영선·김상배 엮음. 『네트워크 세계정치: 은유에서 분석으로』. 서울: 서울대학교출판문화원.
- 김학재. 2017. “‘냉전’과 ‘열전’의 지역적 기원: 유럽과 동아시아 냉전의 비교 역사사회학.” 『사회와 역사』 제114집.
- 김형구. 2022. “‘중국 따돌리기 안 된다’…EU 맏형 독일의 배신 왜.” 『중앙일보』 12월 21일.
- 김흥규. 2018. “미국의 대중 정책 변환과 새로운 냉전의 시작?” 『국제정치논총』 58집 3호.

- 남궁곤. 2010. “오바마 행정부 국제주의 외교정책 이념의 역사적 유산과 실제.” 『국제정치논총』 50집 1호.
- ______. 2014. “오바마 시대 ‘자유국제주의 이념 3.0버전’의 운영체계와 구성요소.” 『동향과 전망』 92호.
- 노지원. 2023. “EU, 중국과 디커플링 아닌 ‘디리스킹’ 택했다.” 『한겨레』 5월 18일.
- 대한민국 대통령실. 2023. “캠프 데이비드 원칙 및 한미일 간 협의에 대한 공약.” 8월 18일.
- 류강훈. 2019. “트럼프, ‘능력 우선’ 이민정책 발표…숙련된 직업인 우대.” 『뉴시스』 5월 17일.
- 류석진·차태서. 2020. “탈냉전 ‘30년의 위기’: 다시, 에드워드 할렛 카를 읽는 시간.” 『한국과 국제정치』 36권 1호.
- 류재성. 2015. “오바마 행정부 시기 인종 간 불평등 및 인종주의 담론.” 『다문화사회연구』 8권 1호.
- 류지영. 2023. “명분·실리 다 챙긴 中·프랑스…미 ‘대중 포위’ 강화에도 밀착 강화.” 『서울신문』 4월 10일.
- 마상윤·박원곤. 2009. “데탕트기의 한미갈등: 닉슨, 카터와 박정희.” 『역사비평』86호.
- 민정훈. 2023. “미국 118대 연방의회의 정치적 특징 및 전망.” 『IFANS 주요국제문제분석』 2023-04호.
- 박민희. 2023. “‘가자 학살’ 이후의 세계.” 『한겨레』 10월 26일.
- 박병수. 2022. “지구상에 있는 1만 2천여 개 핵무기... 35년 만에 다시 증가세로.” 『한겨레』 6월 14일.
- 박성우. 2008. “매디슨 공화주의의 정의와 현대적 의의: <연방주의자 논고> 10번의 해석과 자유주의-공화주의 논쟁을 중심으로.” 『21세기 정치학회보』 18집 3호.
- 박영준. 2023. “일본 외교안보정책의 대전환과 한반도.” 경남대학교 극동문제연구소.『일본 안보 관련 정책 3문서 개정 결정의 의미와 평가』.

- 박재적. 2019. “인도·태평양 지역 소다자 안보 협력: 과거, 현재, 미래.” 『통일연구』 23권 1호.
- 박형주. 2021. “비판인종이론은 어떻게 미국 보수주의자의 적이 됐나.” 『참세상』 8월 5일.
- 백영주·김지운. 2022. “우크라이나 사태와 미중관계: 중국의 전략적 판단을 중심으로.” 『Journal of China Studies』 25권 3호.
- 서성건. 2023. “도대체 왜 다시 트럼프일까.” 『서울신문』 8월 22일.
- ______·차태서. 2017. “트럼프 행정부와 미국 외교의 잭슨주의 전환.” 『한국과 국제정치』 33권 1호.
- 손병권. 2018. “미국 연방국가의 궤적과 미래의 변화상.” 서울대학교 국제문제연구소 엮음. 『한국국제정치학, 미래 백년의 설계』. 서울: 사회평론아카데미.
- ______. 2019. “백인민족주의 정체성 정치의 등장과 미국의 미래.” 『EAI 워킹페이퍼』 12월 5일.
- ______·김인혁. 2017. “트럼프 시대 미국 민족주의 등장의 이해: 국가 정체성, 민중주의, 권위주의를 중심으로.” 『미국학논집』 49권 3호.
- 손세호. 2004. “미국 역사 표준서와 개정판을 둘러싼 논쟁.” 『미국학논집』 36권 3호.
- 신문수. 2016. “미국 다문화주의 운동의 양상: 성과와 전망.” 『미국학』 39권 1호.
- 신성호. 2010. “미국의 네트워크 동맹전략과 동아시아.” 하영선·김상배 엮음. 『네트워크 세계정치: 은유에서 분석으로』. 서울: 서울대학교출판문화원.
- 신욱희. 1993. “東아시아에서의 後見-被後見 國家 關係의 動學: 國家變化의 外部的/地政學的 根源.” 『국제정치논총』 32집 2호.
- 신지원·류소진·이창원. 2020. “구조적 인종주의와 인종불평등: 미국 내 최근 인종 문제를 중심으로.” 『민주주의와 인권』 20권 4호.

- 안문석. 2011. “국제정치이론 관점에서 본 오바마 행정부의 외교안보 정책.” 『국제정치논총』 51집 3호.
- 양희용. 2022. “핵의 관점에서 본 러시아-우크라이나전쟁.” 『세계지역연구논총』 40집 4호.
- 오시진. 2017. “미국 우선주의에 대한 소고: 미국 예외주의 전통에서 본 Trump 행정부의 국제법관.” 『국제법평론』 47호.
- 오원석. 2019. “트럼프 또 인종차별...女의원 4인방에 ‘너희 나라 돌아가라.’” 『중앙일보』 7월 15일.
- 오일석·조은정. 2022. “동맹을 가리지 않는 공급망 재편 경쟁: 미국 IRA와 EU의 RMA.” 『INSS 이슈브리프』 409호.
- 유동원. 2018. “중국의 외교 내러티브 연구.” 『중소연구』 42권 3호.
- 윤정현. 2020. “신흥안보 위험과 네트워크 거버넌스: 불확실성 시대의 초국가적 난제와 대응전략.” 『한국정치학회보』 54집 4호.
- 이남주. 2020. “동아시아 질서의 변화와 새로운 지역협력의 모색: 샌프란시스코체제의 동학을 중심으로.” 『경제와 사회』 125호.
- 이동률. 2023. “시진핑 3기 출범과 한국의 대중 전략.” 『EAI 논평』 1월 5일.
- 이문영. 2019. “러시아의 유라시아주의와 제국의 지정학.” 『슬라브학보』 34권 2호.
- 이민석. 2022. “바이든, 신임 백악관 대변인에 사상 첫 흑인 여성 임명.” 『조선일보』 5월 6일.
- 이상현. 2006. “정보화 시대의 군사 변환.” 하영선·김상배 엮음. 『네트워크 지식국가: 21세기 세계정치의 변환』. 서울: 을유문화사.
- 이소현. 2023. “결국 美 국경 장벽 추가건설…트럼프 ‘바이든 사과해.’” 『이데일리』 10월 6일.
- 이승연. 2016. “비판인종이론의 사회과 교육 적용 가능성에 관한 탐색.” 『시민교육연구』 48권 2호.

- 이수영. 2019. “미국의 인구 및 문화적 변동과 미국의 미래.” 『EAI 워킹 페이퍼』 12월 5일.
- 이옥연. 2014. “미국: 복합 공화국의 기원과 발전.” 분리통합연구회 엮음. 『분단-통일에서 분리-통합으로』. 서울: 사회평론.
- 이윤영. 2019. “트럼프, DMZ 가리켜 ‘저런 것이 진짜 국경…아무도 통과 못 해.’” 『연합뉴스』 6월 29일.
- 이정철, 2016. “오바마 독트린과 미국의 대북 정책 프레임: 지정학, 핵전략, 불량국가.” 『한국정치연구』 25집 1호.
- 이진구. 2014. “미국의 문화 전쟁과 ‘기독교 미국’의 신화.” 『종교문화비평』 26호.
- 이태림. 2023. “우크라이나전쟁에 대한 러시아적 시각과 서방적 시각 비교 고찰.” 『국립외교원 외교안보연구소 정책연구시리즈』 2022-18호.
- 이한얼. 2022. “우크라이나전쟁이 동아시아 미-중 전략 경쟁에 미친 영향 검토: 상수로서의 중국과 변수로서의 미국.” 『Journal of Global and Area Studies』 6권 2호.
- 이혜정. 2006. “미국의 베트남전쟁.” 『한국정치외교사논총』 27권 2호.
- ______. 2015. “자제 대 패권: 탈냉전기 미국 대전략의 이해.” 『한국정치연구』 24집 3호.
- ______. 2017. “동맹의 결정: 사드(THAAD)와 한미동맹, 미국 패권.” 『의정연구』 23권 3호.
- ______. 2017. “미국 우선주의와 대전략의 변화.” 김상기 외. 『트럼프 행정부 출범 이후 동아시아 전략환경 변화와 한국의 대응』. 서울: 통일연구원.
- ______. 2020. “미중관계: 바이든 행정부의 대중국 정책 전망.” 『성균차이나브리프』 9권 1호.
- ______. 2021. “바이든의 미국 우선주의: 중산층을 위한 외교.” 『한국정치연구』 30권 3호.

- ______. 2022. “푸틴의 우크라이나전쟁, 바이든의 민주주의 기획, 그리고 새로운 국제 (무)질서.” 『동향과 전망』 116호.
- ______·김대홍. 2012. “미국 정치의 양극화와 대외정책: ‘중도의 몰락(Dead Center)’ 논쟁의 이해.” 『한국정치외교사논총』 33집 2호.
- ______·전혜주. 2018. “미국 패권은 예외적인가?: 아이켄베리의 자유주의 국제질서 이론 비판.” 『한국과 국제정치』 34권 4호.
- 임주영. 2018. “트럼프 ‘미국서 태어났다고 시민권 부여 안돼.’” 『연합뉴스』 10월 31일.
- 장재은. 2023. “미 공화당 ‘세계경찰’ 포기하나...하원의장 축출 뒤 정체성 위기.” 『연합뉴스』 10월 6일.
- 장희경. 2022. “유럽의 우크라이나전쟁: 유럽 안보질서의 시대 전환.” 『뉴래디컬리뷰』 6호.
- 전명훈. 2023. “중국, 러시아에 군사장비 공급해 우크라 침공 지원.” 『연합뉴스』 2월 5일.
- 전병서. 2023. “중국 경제 정말 40년 호황의 끝인가?” 『성균차이나브리프』 11권 4호.
- 전성훈. 2019. “탈냉전시대의 장밋빛 꿈에서 깨어나야 한다.” 『전략연구』 26권 3호.
- 전재성. 1999. “E. H. 카아의 비판적 현실주의 국제정치이론.” 『한국정치학회보』 33집 3호.
- ______. 2006. “21세기 미국의 변환 외교.” 하영선, 김상배 편. 『네트워크 지식국가: 21세기 세계정치의 변환』. 서울: 을유문화사.
- ______. 2016. “한미동맹의 동맹 딜레마와 향후 한국의 한미동맹 전략.” 『국가안보와 전략』 16권 2호.
- ______. 2017. “동북아의 불완전한 주권국가들과 복합적 무정부 상태.” 서울대학교 국제문제연구소 편. 『세계정치』 26호. 서울: 사회평론.
- ______. 2020. “한국의 중견국 외교안보전략과 한미동맹.” 『국제문제연구소 워킹페이퍼』 No. 151.

- ______. 2020. “코로나 사태와 미중 전략 경쟁.” 『국제문제연구소 이슈 브리핑』 6월 18일.
- ______. 2023. “우크라이나전쟁이 국제 안보정세와 한반도에 미치는 영향과 함의.” 『국방정책연구』 138호.
- ______. 2023. “2023년 세계질서의 변화와 한국의 대미 전략.” 『EAI 논평』 1월 3일.
- 전홍기혜. 2021. “바이든 ‘트럼프 지우기’ 속도전 일주일…성과와 한계.” 『프레시안』 1월 30일.
- ______. 2021. “인종주의의 ‘新부기맨’은 어떻게 美 정치를 뒤흔들고 있나.” 『프레시안』. 11월 29일.
- 정경희. 2004. “미국 역사표준서 논쟁 연구.” 『역사교육』 89호.
- 정구연. 2022. “경쟁적 공존과 미국의 제도적 균형: 미국의 맞춤형 연합체와 지역 아키텍쳐 구축을 중심으로.” 『세계지역연구논총』 40집 3호.
- 정상원. 2022. “美 의회 난입 사태 1년…단죄는 더디고, 나라는 쪼개졌다.” 『한국일보』 1월 7일.
- 정웅기. 2020. “‘새로운’ 미래의 시추: 미국의 BLM운동과 공공 기념물 철거 논쟁.” 『역사비평』 133호.
- 정은숙. 2020. “팬데믹하 위기의 국제질서와 글로벌 거버넌스: 미국 신행정부에 거는 기대.” 『세종정책브리프』 12월 14일.
- 정의길. 2021. “미국은 트럼프를 떠나보내지 아니하였다.” 『한겨레』 1월 3일.
- 정일영. 2021. “미연방헌법과 비판인종이론 논쟁.” 『법사학연구』 64호.
- 정재원. 2022. “러시아의 우크라이나 침략의 본질: 러시아의 오래된 제국적 기획의 실현.” 『경제와 사회』 135호.
- 정태식. 2021. “트럼프의 정치적 등장 이후 급속하게 재등장한 ‘백인우월주의’에 대한 종교사회학적 일고찰.” 『신학과 사회』 35권 2호.

- 정호경. 2022. “우크라이나전쟁과 중국의 입장에 관한 연구.” 『민족연구』 80호.
- 조성하·구동완·최현호, 2023. “[중러정상회담 공동성명 전문] 中 9600자, 英 4만3000자로 ‘반미연대.’” 『뉴시스』 3월 22일.
- 차태서. 2006. “아메리카 ‘예외성’의 진로를 둘러싼 해밀턴과 제퍼슨의 논쟁: 근대국가체제 형성에 대한 계보학적 분석의 관점에서.” 서울대학교 석사학위청구논문
- ______. 2006. “아메리카 혁명의 특이성: 공화주의와 연방헌법의 탈근대적 의미.” 서울대학교 국제문제연구소 편. 『세계정치』 5호.
- ______. 2019. “예외주의의 종언? 트럼프 시대 미국 패권의 타락한 영혼.” 『국제·지역연구』 28권 3호.
- ______. 2019. “아메리카합중국과 주권의 문제 설정: 탈근대 네트워크 주권에서 근대 완전 주권으로의 퇴행?” 『한국정치학회보』 53집 4호.
- ______. 2020. “아메리카합중국과 동아시아 지역 아키텍처의 변환: 네트워크 국가론의 시각.” 『한국동북아논총』 25권 2호.
- ______. 2021. “탈자유주의적 역사로의 가속화? 포스트-코로나, 포스트-트럼프 시대 미국 외교와 세계질서 읽기.” 『국제·지역연구』 30권 1호.
- ______. 2022. “분열된 영혼? 포스트-트럼프 시대 미국 정체성 서사 경쟁.” 『미국학논집』 54집 1호.
- ______. 2023. “탈단극적 계기로의 진입? 포스트-우크라이나전쟁 시대 세계질서의 대전환 읽기.” 『국제·지역연구』 32권 1호.
- ______. 2023. “핵보유국 북한과 살아가기: 탈단극 시대 한반도 문제의 전환과 대북정책 패러다임 변동.” 『국제관계연구』 28권 1호.
- ______. 2023. “탈단극시대, 중견국 외교의 종언? 중견국 담론의 지식사회학과 대한민국 대전략 패러다임 변동.” 『국제지역연구』 27권 4호.
- 최성근·김상희. 2023. “신냉전 속 가속화하는 글로벌 군비 경쟁.” 『머니투데이』 1월 22일.

- 최인영. 2023. "또 '핵 카드' 꺼내든 푸틴…CTBT 철회로 미국에 '거울 대응.'" 『연합뉴스』 11월 2일.
- 최재덕. 2022. "우크라이나전쟁과 중러 연대의 심화: 미·중·러의 지정학적 대결과 한국의 대응 방안." 『중소연구』 46권 3호.
- 최준영. 2007. "공화당의 남벌 전략과 남부의 정치적 변화." 『신아세아』 14권 3호.
- 최철. 2023. "'타이틀 42'가 뭐길래…美국경선은 '대혼란.'" 『연합뉴스』 6월 29일.
- 최혜림. 2021. "미국 잭슨 전 대통령, 20달러 지폐서 사라진다…새 주인공은 흑인 인권운동가." 『이투데이』 1월 26일.
- 하상응. 2020. "미국 민주주의의 위기: 트럼프의 등장과 반동의 정치." 『안과 밖』 49호.
- 홍현익. 2022. "우크라이나전쟁과 인도 외교." 『국민일보』 11월 14일.
- 황준범. 2021. "블링컨, 미 외교관들에 '미국 민주주의·인권 결함도 인정하라.'" 『한겨레』 7월 18일.
- ______. 2022. "민주주의 짓밟힌 미국, 균열의 골 더욱 깊게 패였다." 『한겨레』 1월 4일.

영문 도서

- Abrajano, Marisa and Zoltan Hajnal. 2015. *White Backlash: Immigration, Race, and American Politics*. Princeton: Princeton University Press.
- Abramowitz, Alan. 2018. *The Great Alignment: Race, Party Transformation, and the Rise of Donald Trump*. New Haven: Yale University Press.
- Albright, Madeleine. 2018. *Fascism: A Warning*. New York: Harper.

- Allison, Graham T. 2017. *Destined for War: Can America and China Escape Thucydides's Trap?* Boston: Houghton Mifflin Harcourt.
- Anderson, Benedict. 서지원 역. 2018. 『상상된 공동체: 민족주의의 기원과 보급에 대한 고찰』. 서울: 길.
- Angell, Norman. 1910. *The Great Illusion: A Study of the Relation of Military Power in Nations to their Economic and Social Advantage*. New York: Putnam.
- Armstrong, J. D. 1993. *Revolution and World Order: The Revolutionary State in International Society*. Oxford: Clarendon Press.
- Arrighi, Giovanni. 2010. *The Long Twentieth Century: Money, Power, and the Origins of Our Times*. New York: Verso.
- Bailyn, Bernard. 1992. *The Ideological Origins of the American Revolution*. Enl ed. Cambridge: Harvard University Press.
- ______. 배영수 역. 1999. 『미국 혁명의 이데올로기적 기원』. 서울: 새물결.
- Bauman, Zygmunt. 2017. *Retrotopia*. Oxford: Polity Press.
- Beckley, Michael and Hal Brands. 김종수 역. 2023. 『중국은 어떻게 실패하는가: 미중 패권 대결 최악의 시간이 온다』. 서울: 부키.
- Bew, John. 2016. *Realpolitik: A History*. Oxford: Oxford University Press.
- Bhabha, Homi K. ed. 1990. *Nation and Narration*. New York: Routledge.
- Brands, Hal. 2014. *What Good is Grand Strategy?: Power and Purpose in American Statecraft from Harry S. Truman to George W. Bush*. Ithaca: Cornell University Press.
- ______. 2016. *Making the Unipolar Moment: U.S. Foreign Policy and the Rise of the Post-Cold War Order*. Ithaca: Cornell University Press.

- Brewer, John. 1988. *The Sinews of Power: War, Money, and the English State, 1688-1783*. New York: Knopf.
- Brown, Wendy. 2010. *Walled States, Waning Sovereignty*. New York: Zone Books.
- Bull, Hedley. 1977. *The Anarchical Society: A Study of Order in World Politics*. New York: Columbia University Press.
- ______ and Adam Watson, eds. 1984. *The Expansion of International Society*. Oxford: Clarendon Press.
- Burbach, Roger and Jim Tarbell. 2004. *Imperial Overstretch: George W. Bush and the Hubris of Empire*. New York: Zed Books.
- Callinicos, Alex. 2010. *Bonfire of Illusions: The Twin Crises of the Liberal World*. Malden: Polity.
- Campbell, David. 1998. *Writing Security: United States Foreign Policy and the Politics of Identity*. Minneapolis: University of Minnesota Press.
- Campbell, Kurt M. 2016. *The Pivot: The Future of American Statecraft in Asia*. New York: Twelve.
- Carr, E. H. 김태현 역. 2000. 『20년의 위기』. 서울: 녹문당.
- ______. 2001. *The Twenty Years' Crisis 1919-1939: An Introduction to the Study of International Relations*. New York: Palgrave.
- Cha, Taesuh. 2016. *The Construction of The American Standard of Civilization*. Ph.D. Dissertation. Johns Hopkins University.
- Cha, Victor D. 2016. *Powerplay: The Origins of the American Alliance System in Asia*. Princeton: Princeton University Press.
- Chua, Amy. 2018. *Political Tribes: Group Instinct and the Fate of Nations*. New York: Penguin Press.
- ______. 김승진 역. 2020. 『정치적 부족주의: 집단 본능은 어떻게 국가의 운명을 좌우하는가』. 서울: 부키.

- Coker, Christopher. 2019. *The Rise of the Civilizational State*. Cambridge: Polity.
- Connolly, William E. 2002. *Identity/Difference: Democratic Negotiations of Political Paradox*. Minneapolis: University of Minnesota Press.
- Cronin, Patrick et al. 2013. *The Emerging Asia Power Web: The Rise of Bilateral Intra-Asian Security Ties*. Washington, D.C.: Center for a New American Security.
- Daalder, Ivo H. and James M. Lindsay. 2003. *America Unbound: The Bush Revolution in Foreign Policy*. Washington, D.C.: Brookings Institution.
- Delgado, Richard and Jean Stefancic. 2017. *Critical Race Theory: An Introduction*. 3rd ed. New York: New York University Press.
- de Tocqueville, Alexis. 2007. *Democracy in America: An Annotated Text Backgrounds Interpretations*. New York: W. W. Norton.
- Deudney, Daniel H. 2007. *Bounding Power: Republican Security Theory from the Polis to the Global Village*. Princeton: Princeton University Press.
- Donnelly, Faye. 2013. *Securitization and the Iraq War*. New York: Routledge.
- Doshi, Rush. 박민희·황준범 역. 2022. 『롱 게임: 미국을 대체하려는 중국의 대전략』. 서울: 생각의 힘.
- Dueck, Colin. 2010. *Hard Line: The Republican Party and U.S. Foreign Policy since World War II*. Princeton: Princeton University Press.
- ______. 2015. *The Obama Doctrine: American Grand Strategy Today*. Oxford: Oxford University Press.
- Eichengreen, Barry J. 2018. *The Populist Temptation: Economic Grievance and Political Reaction in the Modern Era*. New York: Oxford University Press.

- Ferguson, Niall. 2003. *Empire: The Rise and Demise of the British World Order and the Lessons for Global Power*. New York: Basic Books.
- ______. 2004. *Colossus: The Rise and Fall of the American Empire*. New York: The Penguin Press.
- Fischer, David Hackett. 1989. *Albion's Seed: Four British Folkways in America*. New York: Oxford University Press.
- Fontaine, Richard et al. 2017. *Networking Asian Security: An Integrated Approach to Order in the Pacific*. Washington, D.C.: Center for New American Security.
- Forsyth, Murray Greensmith. 1981. *Unions of States: The Theory and Practice of Confederation*. New York: Leicester University Press.
- Foucault, Michel. 이규현 역. 2012. 『말과 사물』. 서울: 민음사.
- Friedman, Thomas L. 1999. *The Lexus and the Olive Tree*. New York: Farrar, Straus, Giroux.
- ______. 2005. *The World is Flat: A Brief History of the Twenty-First Century*. New York: Farrar, Straus and Giroux.
- Fukuyama, Francis. 1992. *The End of History and the Last Man*. New York: Harmondsworth.
- ______. 2018. *Identity: The Demand for Dignity and the Politics of Resentment*. New York: Farrar, Straus and Giroux.
- ______. 이수경 역. 2020. 『존중받지 못하는 자들을 위한 정치학: 존엄에 대한 요구와 분노의 정치에 대하여』. 한국경제신문.
- Galbraith, John K. 1977. *The Age of Uncertainty*. Boston: Houghton Mifflin.
- Gerstle, Gary. 2017. *American Crucible: Race and Nation in the Twentieth Century*. Princeton: Princeton University Press.
- Gest, Justin. 2016. *The New Minority: White Working Class Politics in an Age of Immigration and Inequality*. New York: Oxford University Press.

- ______. 2022. *Majority Minority*. New York: Oxford University Press.
- Gibson, Alan. 2009. *Interpreting the Founding: Guide to the Enduring Debates over the Origins and Foundations of the American Republic*. Lawrence: University Press of Kansas.
- Gorman, Amanda. 정은귀 역. 2021. 『우리가 오르는 언덕』. 서울: 은행나무.
- Green, Michael J. et al. 2014. *Federated Defense in Asia*. Washington, D.C.: Center for Strategic and International Studies.
- Hacker, Jacob S. and Paul Pierson. 2020. *Let Them Eat Tweets: How the Right Rules in an Age of Extreme Inequality*. New York: W. W. Norton.
- Hannah-Jones, Nikole, Caitlin Roper, Ilena Silverman, and Jake Silverstein, eds. 2021. *The 1619 Project: A New Origin Story*. New York: One World.
- Hardt, Michael and Antonio Negri. 2000. *Empire*. Cambridge: Harvard University Press.
- Hartz, Louis. 1991. *The Liberal Tradition in America: An Interpretation of American Political Thought since the Revolution*. 2nd ed. New York: A Harvest Book,
- Haslam, Jonathan, 박원용 역. 2012. 『E. H.카 평전: 사회적 통념을 거부한 역사가』. 서울: 삼천리.
- He, Kai. 2009. *Institutional Balancing in the Asia Pacific: Economic Interdependence and China's Rise*. New York: Routledge.
- Hendrickson, David C. 2003. *Peace Pact: The Lost World of the American Founding*. Lawrence: University Press of Kansas.
- ______. 2009. *Union, Nation, Or Empire: The American Debate Over International Relations, 1789-1941*. Lawrence: University Press of Kansas.

- ______. 2017. *Republic in Peril: American Empire and the Liberal Tradition*. New York: Oxford University Press.
- Higgott, Richard. 2022. *States, Civilisations and the Reset of World Order*. Abingdon: Routledge.
- Hitchens, Christopher. 2001. *The Trial of Henry Kissinger*. New York: Verso.
- Hixson, Walter L. 2008. *The Myth of American Diplomacy: National Identity and U.S. Foreign Policy*. New Haven: Yale University Press.
- Hochschild, Arlie Russell. 2016. *Strangers in Their Own Land: Anger and Mourning on the American Right*. New York: New Press.
- Hopf, Ted. 2002. *Social Construction of International Politics: Identities & Foreign Policies, Moscow, 1955 and 1999*. Ithaca: Cornell University Press.
- Huntington, Samuel P. 1981. *American Politics: The Promise of Disharmony*. Cambridge: Belknap Press.
- ______. 1996. *The Clash of Civilizations and the Remaking of World Order*. New York: Simon & Schuster.
- ______. 2004. *Who Are We? The Challenges to America's National Identity*. New York: Simon & Schuster.
- ______. 형선호 역. 2017. 『새뮤얼 헌팅턴의 미국, 우리는 누구인가』. 서울: 김영사.
- Ikenberry, G. John. 2001. *After Victory: Institutions, Strategic Restraint, and the Rebuilding of Order after Major Wars*. Princeton: Princeton University Press.
- ______. 2011. *Liberal Leviathan: The Origins, Crisis, and Transformation of the American World Order*. Princeton: Princeton University Press.
- Jardina, Ashley. 2019. *White Identity Politics*. Cambridge: Cambridge University Press.

- Johnson, Chalmers A. 2000. *Blowback: The Costs and Consequences of American Empire.* New York: Metropolitan Books.
- ______. 2004. *The Sorrows of Empire: Militarism, Secrecy, and the End of the Republic*. New York: Metropolitan Books.
- Judis, John B. 2016. *The Populist Explosion: How the Great Recession Transformed American and European Politics*. New York: Columbia Global Reports.
- ______. 2018. *Nationalist Revival: Trade, Immigration, and the Revolt Against Globalization*. New York: Columbia Global Reports.
- Kagan, Robert. 2006. *Dangerous Nation: America's Foreign Policy from its Earliest Days to the Dawn of the Twentieth Century*. New York: Knopf.
- ______. 2012. *The World America Made.* New York: Knopf.
- ______. 홍지수 역. 2021. 『밀림의 귀환: 자유주의 세계질서는 붕괴하는가』. 서울: 김앤김북스.
- Kaplan, Robert D. 2012. *The Revenge of Geography: What the Map Tells Us about Coming Conflicts and the Battle Against Fate*. New York: Random House.
- Kissinger, Henry. 1957. *A World Restored: Metternich, Castlereagh, and the Problems of Peace 1812-22*. Boston: Miflin.
- ______. 1994. *Diplomacy*. New York: Simon & Schuster.
- ______. 2015. *World Order*. New York: Penguin Press.
- Klein, Naomi. 김소희 역. 2008. 『쇼크 독트린: 자본주의 재앙의 도래』. 서울: 살림Biz.
- Kohn, Hans. 1957. *American Nationalism: An Interpretative Essay*. New York: Macmillan.
- Krasner, Stephen D. 1999. *Sovereignty: Organized Hypocrisy*. Princeton: Princeton University Press.

- Kuttner, Robert. 2018. *Can Democracy Survive Global Capitalism?* New York: W. W. Norton.
- Lepore, Jill. 2019. *This America: The Case for the Nation*. New York: Liveright.
- Lieven, Anatol. 2004. *America Right or Wrong: An Anatomy of American Nationalism*. Oxford: Oxford University Press.
- ______. 2012. *America Right or Wrong: An Anatomy of American Nationalism*. 2nd ed. Oxford: Oxford University Press.
- Lilla, Mark. 전대호 역. 2018.『더 나은 진보를 상상하라: 정체성 정치를 넘어』. 서울: 필로소픽.
- Lind, Michael. 2006. *The American Way of Strategy*. Oxford: Oxford University Press.
- Lipset, Seymour Martin. 1963. *The First New Nation: The United States in Historical and Comparative Perspective*. New York: Anchor.
- ______. 1996. *American Exceptionalism: A Double-Edged Sword*. New York: W. W. Norton.
- Lynch, Michael. 성원 역. 2020.『우리는 맞고 너희는 틀렸다: 똑똑한 사람들은 왜 민주주의에 해로운가』. 서울: 메디치미디어.
- Martel, William C. 2015. *Grand Strategy in Theory and Practice: The Need for an Effective American Foreign Policy*. New York: Cambridge University Press.
- McCartney, Paul T. 2006. *Power and Progress: American National Identity, the War of 1898, and the Rise of American Imperialism*. Baton Rouge: Louisiana State University Press.
- McDougall, Walter A. 1997. *Promised Land, Crusader State: The American Encounter with the World since 1776*. Boston: Houghton Mifflin.
- Meacham, Jon. 2018. *The Soul of America: The Battle for Our Better Angels*. New York: Random House.

- Mead, Walter Russel. 2001. *Special Providence: American Foreign Policy and How It Changed the World.* New York: Knopf.
- Mearsheimer, John J. 이춘근 역. 2020. 『미국 외교의 거대한 환상: 자유주의적 패권 정책에 대한 공격적 현실주의의 비판』. 서울: 김앤김북스.
- Miskimmon, Alister, Ben O'Loughlin, and Laura Roselle. 2013. *Strategic Narratives: Communication Power and the New World Order*. New York: Routledge.
- Morone, James A. 2003. *Hellfire Nation: The Politics of Sin in American History*. New Haven: Yale University Press.
- Mueller, John E. 1990. *Retreat from Doomsday: The Obsolescence of Major War*. New York: Basic Books.
- Murray, Charles. 2013. *Coming Apart: The State of White America 1960-2010*. New York: Crown Forum.
- Norris, Pippa and Ronald Inglehart. 2018. *Cultural Backlash: Trump, Brexit, and the Rise of Authoritarian-Populism*. New York: Cambridge University Press.
- Obama, Barack H. 노승영 역. 2021. 『약속의 땅』. 파주: 웅진지식하우스.
- Pabst, Adrian. 2019. *Liberal World Order and Its Critics: Civilisational States and Cultural Commonwealths*. Abingdon: Routledge.
- Parker, Christopher S. and Matt A. Barreto. 2013. *Change They Can't Believe in: The Tea Party and Reactionary Politics in America*. Princeton: Princeton University Press.
- Paul, Ron. 2015. *Swords into Plowshares: A Life in Wartime and a Future of Peace and Prosperity*. Clute: Ron Paul Institute.
- Paul, T. V. et al. (eds.) 2020. *The Oxford Handbook of Peaceful Change in International Relations*. New York: Oxford University Press.
- Peceny, Mark. 1999. *Democracy at the Point of Bayonets*. University Park: Pennsylvania State University Press.

- Pocock, J. G. A. 1975. *The Machiavellian Moment: Florentine Political Thought and the Atlantic Republican Tradition*. Princeton: Princeton University Press.
- Polanyi, Karl. 2001. *The Great Transformation: The Political and Economic Origins of Our Time*. Boston: Beacon Press.
- Posen, Barry R. 2014. *Restraint: A New Foundation for U.S. Grand Strategy*. Ithaca: Cornell University Press.
- Preble, Christopher A. 2009. *The Power Problem: How American Military Dominance Makes Us Less Safe, Less Prosperous, and Less Free*. Ithaca: Cornell University Press.
- Rapkin, David P. and William R. Thompson. 2013. *Transition Scenarios: China and the United States in the Twenty-First Century*. Chicago: University of Chicago Press.
- Restad, Hilde Eliassen. 2014. *American Exceptionalism: An Idea that Made a Nation and Remade the World*. Hoboken: Taylor and Francis.
- Robinson, William I. 2004. *A Theory of Global Capitalism: Production, Class, and State in a Transnational World*. Baltimore: Johns Hopkins University Press.
- Ruggie, John Gerard. 1998. *Constructing the World Polity: Essays on International Institutionalization*. New York: Routledge.
- Russett, Bruce M. and John R. Oneal. 2001. *Triangulating Peace: Democracy, Interdependence, and International Organizations*. New York: W. W. Norton.
- Schroeder, Paul W. 1994. *The Transformation of European Politics, 1763-1848*. New York: Oxford University Press.
- Scott, James B. 1920. *The United States of America: A Study in International Organization*. New York: Oxford University Press.

- Sides, John, Michael Tesler, and Lynn Vavreck. 2018. *Identity Crisis: The 2016 Presidential Campaign and the Battle for the Meaning of America*. Princeton: Princeton University Press.
- Slaughter, Anne-Marie. 2017. *The Chessboard and the Web: Strategies of Connection in a Networked World*. New Haven: Yale University Press.
- Smith, Rogers M. 1997. *Civic Ideals: Conflicting Visions of Citizenship in U.S. History*. New Haven: Yale University Press.
- ______. 2015. *Political Peoplehood: The Roles of Values, Interests, and Identities*. Chicago: University of Chicago Press.
- ______. 2020. *That Is Not Who We Are!: Populism and Peoplehood*. New Haven: Yale University Press.
- Smith, Tony. 2012. *America's Mission: The United States and the Worldwide Struggle for Democracy*, expanded ed. Princeton: Princeton University Press.
- Stiglitz, Joseph E. 2019. *People, Power, and Profits: Progressive Capitalism for an Age of Discontent*. New York: W. W. Norton.
- Takaki, Ronald. 오필선 역. 2022. 『역사에 없는 사람들의 미국사: 밀려오고 적응하고 내쫓기며…이민자들이 만든 나라, 미국』. 갈라파고스.
- Tesler, Michael. 2016. *Post-Racial or Most-Racial?: Race and Politics in the Obama Era*. Chicago: University of Chicago Press.
- Toje, Asle. ed. 2018. *Will China's Rise Be Peaceful?: The Rise of a Great Power in Theory, History, Politics, and the Future*. New York: Oxford University Press.
- Trump, Donald. 2015. *Crippled America: How to Make America Great Again*. New York: Threshold Editions.
- Van Doren, Carl. 1948. *The Great Rehearsal: The Story of the Making and Ratifying of the Constitution of the United States*. New York: Viking Press.

- Walker, R. B. J. 1993. *Inside/Outside: International Relations as Political Theory*. Cambridge: Cambridge University Press.
- Walt, Stephen M. 김성훈 역. 2021. 『미국 외교의 대전략: 자유주의 패권의 연장인가, 역외균형으로의 복귀인가』. 서울: 김앤김북스.
- Walter, Barbara F. 2022. *How Civil Wars Start: and How to Stop Them*. New York: Crown.
- Waltz, Kenneth N. 1979. *Theory of International Politics*. Reading: Addison-Wesley.
- Wendt, Alexander. 1999. *Social Theory of International Politics*. Cambridge: Cambridge University Press.
- Williams, William Appleman. 1980. *Empire as a Way of Life: An Essay on the Causes and Character of America's Present Predicament, Along with a Few Thoughts about an Alternative*. New York: Oxford University Press.
- Wood, Gordon S. 1969. *The Creation of the American Republic, 1776-1787*. Chapel Hill: The University of North Carolina Press.
- ______. 2011. *The Idea of America: Reflections on the Birth of the United States*. New York: Penguin Press.
- Yeo, Andrew. 2019. *Asia's Regional Architecture: Alliances and Institutions in the Pacific Century*. Stanford: Stanford University Press.
- Zielonka, Jan. 2018. *Counter-Revolution: Liberal Europe in Retreat*. Oxford: Oxford University Press.

영문 비도서

- Acharya, Amitav. 2017. "After Liberal Hegemony: The Advent of a Multiplex World Order." *Ethics & International Affairs*, 31(3).
- Adams, John Q. 1821. "Speech to the U.S. House of Representatives on Foreign Policy." *Miller Center*, July 4.

- Adelman, Jeremy. 2017. "The Clash of Global Narratives." *ISSF Policy Series,* March 15.
- Adelman, Ken et al. 2016. "Open Letter on Trump from GOP National Security Leaders." *War on the Rocks*, March 2.
- Albertazzi, Daniele and Duncan McDonnell. 2007. "Introduction: The Sceptre and the Spectre." In *Twenty-First Century Populism: The Spectre of Western European Democracy*. New York: Palgrave Macmillan.
- Allison, Graham T. 2020. "The US-China Relationship after Coronavirus: Clues from History." In Hal Brands and Francis Gavin. (eds.), *COVID-19 and World Order: The Future of Conflict, Competition, and Cooperation*. Baltimore: Johns Hopkins University Press.
- Alvarez, Maximillian. 2019. "The End of the End of History," *Boston Review*, March 25.
- Anderlini, Jamil and Clea Caulcutt. 2023. "Europe Must Resist Pressure to Become 'America's Followers,' Says Macron." *Politico*, April 9.
- Applebaum, Anne. 2016. "Is This the End of the West as We Know It?" *The Washington Post*, March 4.
- ______. 2016. "Is America Still the Leader of the Free World?" *The Washington Post*, November 9.
- Armitage, David. 2002. "Empire and Liberty: A Republican Dilemma." In *Republicanism: A Shared European Heritage, Vol.2: The Values of Republicanism in Early Modern Europe*, edited by Martin van Gelderen and Quentin Skinner, 29-46. Cambridge: Cambridge University Press.
- Ashbee, Edward and Steven Hurst. 2020. "The Trump Foreign Policy Record and the Concept of Transformational Change." *Global Affairs*, 6(1).

- Ashford, Emma. 2020. "Why Joe Biden Can't Restore the Foreign Policy Status Quo." *The National Interest*, December 20.
- ______. 2021. "America Can't Promote Democracy Abroad. It Can't Even Protect It at Home." *Foreign Policy*, January 7.
- ______. 2022. "Ukraine and the Return of the Multipolar World." *The National Interest*, July 4.
- ______ and Matthew Kroenig. 2022. "What Does Biden's Confrontational Speech Mean for U.S. Foreign Policy?" *Foreign Policy*, September 9.
- Atanassova-Cornelis, Elena. 2020. "Alignment Cooperation and Regional Security Architecture in the Indo-Pacific." *International Spectator*, 55(1).
- Ayer, Donald B. et al. 2016. "A Letter From G.O.P. National Security Officials Opposing Donald Trump." *The New York Times*, August 8.
- Babík, Milan. 2013. "Realism as Critical Theory: The International Thought of E. H. Carr." *International Studies Review*, 15(4).
- Bacevich, Andrew J. 2017. "The Age of Great Expectations and the Great Void: History After 'the End of History.'" *Le Monde Diplomatique*, January 9.
- ______. 2021. "Biden, Blinken and the Blob." *The Spectator*, January 18.
- Bahrampour, Tara and Ted Mellnik. 2021. "All Population Growth in U.S. Driven by Minorities, Upcoming Census Data Is Likely to Reveal." *The Washington Post*, August 10.
- Baker, Peter. 2023. "To Foreign Policy Veteran, the Real Danger Is at Home." *The New York Times*, July 1.
- Bandow, Doug. 2017. "A Nixon Strategy to Break the Russia-China Axis." *The National Interest*, January 4.

- Barkun, Michael. 2017. "President Trump and the 'Fringe.'" *Terrorism & Political Violence*, 29(3).
- Barone, Michael. 2016. "Is Trump Pursuing a 'Kissinger-Inspired Strategy'?" *National Review*, December 16.
- Bartels, Larry M. 2020. "Ethnic Antagonism Erodes Republicans' Commitment to Democracy." *Proceedings of the National Academy of Sciences*, 117(37).
- Beckerman, Gal. 2023. "'The Middle East Region Is Quieter Today Than It Has Been in Two Decades.'" *The Atlantic*, October 7.
- Beckley, Michael. 2018. "The Power of Nations: Measuring What Matters." *International Security*, 43(2).
- Beeson, Mark. 2020. "Donald Trump and Post-Pivot Asia: The Implications of a 'Transactional' Approach to Foreign Policy." *Asian Studies Review*, 44(1).
- Begley, Sarah. 2016. "Donald Trump's Speech to AIPAC." *Time*, March 21.
- Beinart, Peter. 2017. "The Racial and Religious Paranoia of Trump's Warsaw Speech." *The Atlantic*, July 6.
- ______. 2018. "The Left and the Right Have Abandoned American Exceptionalism." *The Atlantic*, July 4.
- Bell, Daniel A. 2022. "Does Putin's War Mark a New Period in History?" *Foreign Policy*, July 1.
- Berenskoetter, Felix. 2014. "Parameters of a National Biography." *European Journal of International Relations*, 20(1).
- Berman, Sheri. 2020. "Crises Only Sometimes Lead to Change. Here's Why." *Foreign Policy*, July 4.

- Bettiza, Gregorio. 2014. "Civilizational Analysis in International Relations: Mapping the Field and Advancing a 'Civilizational Politics' Line of Research." *International Studies Review*, 16(1).
- ______, Derek Bolton, David Lewis. 2023. "Civilizationism and the Ideological Contestation of the Liberal International Order." *International Studies Review*, 25(2).
- Biden, Joe. "Why America Must Lead Again: Rescuing U.S. Foreign Policy After Trump." *Foreign Affairs*, 99(2).
- ______. 2020. "Remarks by Vice President Joe Biden in Gettysburg, Pennsylvania." *The American Presidency Project*, October 6.
- ______. 2021. "Inaugural Address by President Joseph R. Biden, Jr." *The White House*, January 20.
- ______. 2021. "Remarks by President Biden at Signing of an Executive Order on Racial Equity." *The White House*, January 26.
- ______. 2021. "America's Place in the World." *The White House*, February 4.
- ______. 2021. "A Proclamation on Day Of Remembrance: 100 Years After The 1921 Tulsa Race Massacre." *The White House*, May 31.
- ______. 2021. "A Proclamation on Juneteenth Day of Observance, 2021." *The White House*, June 18.
- ______. 2021. "Remarks by President Biden on Protecting the Sacred, Constitutional Right to Vote." *The White House*, July 13.
- ______. 2021. "Statement of President Joe Biden on the Fourth Anniversary of the Events at Charlottesville, Virginia." *The White House*, August 12.
- ______. 2021. "A Proclamation on Indigenous Peoples' Day, 2021." *The White House*, October 8.

- ______. 2021. “A Proclamation on Columbus Day, 2021.” *The White House*, October 8.
- ______. 2022. “Remarks by President Biden to Mark One Year Since the January 6th Deadly Assault on the US Capitol.” *The White House*, January 6.
- ______. 2022. “Remarks by President Biden on the Continued Battle for the Soul of the Nation.” *The White House*, September 1.
- ______. 2023. “Remarks by President Biden at Presentation of the Presidential Citizens Medal.” *The White House*, January 6.
- ______. 2023. “Joe Biden Launches His Re-Election Campaign For President: Let's Finish the Job Transcript.” *REV*, April 25.
- ______. 2023. “Remarks by President Biden on Bidenomics.” *The White House*, July 6.
- Bieber, Florian. 2022. “Global Nationalism in Times of the COVID-19 Pandemic.” *Nationalities Papers*, 50(1).
- Blair, Dennis C. and John T. Hanley. 2001. “From Wheels to Webs: Reconstructing Asia-Pacific Security Arrangements.” *The Washington Quarterly*, 24(1).
- Blank, Stephen. 2022. “Liberalism's Puzzle: The Russo-Chinese Alliance in the Light of Russian Aggression against Ukraine.” *The Korean Journal of Defense Analysis*, 34(4).
- Blight, David W. 2021. “How Trumpism May Endure.” *The New York Times*, January 9.
- ______. 2021. “The Reconstruction of America: Justice, Power, and Civil War's Unfinished Business.” *Foreign Affairs*, 100(1).
- Blyth, Mark. 2016. “Global Trumpism: Why Trump's Victory Was 30 Years in the Making and Why It Won't Stop Here.” *Foreign Affairs*, November 15.

- Bollyky, Thomas J. and Chad P. Bown. 2020. "The Tragedy of Vaccine Nationalism: Only Cooperation Can End the Pandemic." *Foreign Affairs,* 99(5).
- ______. 2020. "Vaccine Nationalism Will Prolong the Pandemic: A Global Problem Calls for Collective Action." *Foreign Affairs,* December 29.
- Boot, Max. 2016. "How the 'Stupid Party' Created Donald Trump." *The New York Times,* July 31.
- ______. 2016. "Is a New Republican Foreign Policy Emerging?" *Commentary,* 141(2).
- ______. 2016. "Trump's 'America First' Is the Twilight of American Exceptionalism." *Foreign Policy,* November 22.
- Bradizza, Luigi. 2011. "Madison and Republican Cosmopolitanism." In *Cosmopolitanism in the Age of Globalization,* edited by Lee Trepanier and Khalil M. Habib. Lexington: The University Press of Kentucky.
- Brands, Hal. 2016. "Barack Obama and the Dilemmas of American Grand Strategy." *The Washington Quarterly,* 39(4).
- ______. 2017. "U.S. Grand Strategy in an Age of Nationalism: Fortress America and its Alternatives." *The Washington Quarterly,* 40(1).
- ______. 2017. "The Unexceptional Superpower: American Grand Strategy in the Age of Trump." *Survival,* 59(6).
- ______. 2023. "Hamas Consigns the Pax Americana to History Books." *Bloomberg,* October 9.
- ______ and Peter Feaver. 2016. "Should America Retrench?" *Foreign Affairs,* 95(6).
- Brooks, David. 2023. "What if We're the Bad Guys Here?" *The New York Times,* August 2.

- Brooks, Rosa. 2016. "Donald Trump Has a Coherent, Realist Foreign Policy." *Foreign Policy*, April 12.
- Brooks, Stephen G. and William C. Wohlforth. 2016. "The Rise and Fall of the Great Powers in the Twenty-First Century: China's Rise and the Fate of America's Global Position." *International Security*, 40(3).
- ______. 2023. "The Myth of Multipolarity: American Power's Staying Power." *Foreign Affairs*, 102(3).
- ______ and G. John Ikenberry. 2013. "Lean Forward: In Defense of American Engagement." *Foreign Affairs*, 92(1).
- Brown, Wendy. 2017. "Preface to the New Edition." *Walled States, Waning Sovereignty*. New Edn. New York: Zone Books.
- Browning, Christopher S. 2019. "Brexit Populism and Fantasies of Fulfilment." *Cambridge Review of International Affairs*, 32(3).
- Burgess, Stephen F. and Janet Beilstein. 2018. "Multilateral Defense Cooperation in the Indo-Asia-Pacific Region: Tentative Steps Toward a Regional NATO?" *Contemporary Security Policy*, 39(2).
- Burns, Alexander. 2019. "Joe Biden's Campaign Announcement Video, Annotated." *The New York Times*, April 25.
- Callahan William A. 2018. "The Politics of Walls: Barriers, Flows, and the Sublime." *Review of International Studies*, 44(3).
- Campbell, Kurt M. 2021. "White House Top Asia Policy Officials Discuss U.S. China Strategy at APARC's Oksenberg Conference." *The Walter H. Shorenstein Asia-Pacific Research Center*, May 27.
- ______ and Jake Sullivan. 2019. "Competition Without Catastrophe: How America Can Both Challenge and Coexist With China." *Foreign Affairs*, 98(5).
- Carter, Ash. 2016. "The Rebalance and Asia-Pacific Security: Building a Principled Security Network." *Foreign Affairs*, 95(6).

- Case, Anne and Angus Deaton. 2020. "Living and Dying in America in 2021." *Project Syndicate*, December 28.
- Cha, Taesuh. 2015. "The Formation of American Exceptional Identities: A Three-tier Model of the 'Standard of Civilization' in US Foreign Policy." *European Journal of International Relations*, 21(4).
- _____. 2015. "American Exceptionalism at the Crossroads: Three Responses." *Political Studies Review*, 13(3).
- _____. 2016. "The Return of Jacksonianism: The International Implications of the Trump Phenomenon." *The Washington Quarterly*, 39(4).
- _____. 2018. "Competing Visions of a Postmodern World Order: The Philadelphian System vs. The Tianxia System." *Cambridge Review of International Affairs*, 31(5).
- _____. 2019. "Republic or Empire: The Genealogy of the Anti-Imperial Tradition in US Politics." *International Politics*, 56(1).
- _____ . 2020. "Is Anybody Still a Globalist? Rereading the Trajectory of US Grand Strategy and the End of the Transnational Moment." *Globalizations*, 17(1).
- _____ and Jungkun Seo. 2018. "Trump by Nixon: Maverick Presidents in the Years of U.S. Relative Decline." *Korean Journal of Defense Analysis*, 30(1).
- Choonara, Joseph. 2020. "A Year Under the Pandemic." *International Socialism*, December 16.
- Chryssogelos, Angelos. 2020. "State Transformation and Populism: From the Internationalized to the Neo-sovereign State?" *Politics*, 40(1).
- Cineas, Fabiola. 2021. "Whiteness is at the Core of the Insurrection." *Vox*, January 8.

- Clarke, Michael and Anthony Ricketts. 2017. "Understanding the Return of the Jacksonian Tradition." *Orbis*, 61(1).
- Clinton, Hillary. 2011. "America's Pacific Century." *Foreign Policy*, October 11.
- Clinton, William J. 1997. "Commencement Address at the University of California San Diego in La Jolla, California." *The American Presidency Project*, June 14.
- Coates, Ta-Nehisi. 2017. "The First White President." *The Atlantic*, October 15.
- ______. 2021. "Donald Trump Is Out. Are We Ready to Talk About How He Got In?: 'The First White President,' Revisited." *The Atlantic*, January 19.
- Cobb, Jelani. 2016. "Donald Trump and the Death of American Exceptionalism." *New Yorker*, November 4.
- Colby, Elbridge. 2022. "China, Not Russia, Still Poses the Greatest Challenge to U.S. Security." *The National Interest*, July 1.
- ______ and A. W. Mitchell. 2020. "The Age of Great-Power Competition: How the Trump Administration Refashioned American Strategy." *Foreign Affairs*, 99(1).
- Colvin, Jill. 2015. "10 Moments from Trump's Iowa Speech." *AP News*, November 14.
- Conroy-Krutz, Emily. 2015. "Empire and the Early Republic." *H-Diplo Essay*, (133).
- Corn, David. 2016. "Donald Trump Says He Doesn't Believe in 'American Exceptionalism.'" *Mother Jones*, June 7.
- Cox, Michael. 2010, "E. H. Carr and the Crisis of Twentieth-Century Liberalism: Reflections and Lessons." *Millennium: Journal of International Studies*, 38(3).

- _____. 2016. "A New Preface from Michael Cox, 2016." in E. H. Carr. *The Twenty Years' Crisis, 1919-1939*. London: Palgrave Macmillan.
- Curran, James. 2018. "'Americanism, not Globalism': President Trump and the American Mission." *Lowy Institute*, July 1.
- Cutterham, Tom. 2014. "The International Dimension of the Federal Constitution." *Journal of American Studies*, 48(2).
- Davis, Mike. 2020. "Trench Warfare: Notes on the 2020 Election." *New Left Review*, 126.
- Dawsey, Josh. 2022. "Trump Deflects Blame for Jan. 6 Silence, Says He Wanted to March to Capitol." *The Washington Post*, April 7.
- Deaton, Angus. 2021. "American Capitalism's Poor Prognosis." *Project Syndicate*, January 13.
- de Graaff, Nana and Bastiaan van Apeldoorn. 2021. "The Transnationalist US Foreign-Policy Elite in Exile? A Comparative Network Analysis of the Trump Administration." *Global Networks*, 21(2).
- de Gruyter, Caroline. 2022. "Putin's War Is Europe's 9.11." *Foreign Policy*, February 28.
- deLisle, Jacques. 2021. "When Rivalry Goes Viral: COVID-19, U.S.-China Relations, and East Asia." *Orbis*, 65(1).
- Department of Defense. 2018. "Summary of the 2018 National Defense Strategy: Sharpening the American Military's Competitive Edge." January 19.
- _____. 2019. "Indo-Pacific Strategy Report: Preparedness, Partnerships, and Promoting a Networked Region." June 1.
- Department of State. 2019. "A Free and Open Indo-Pacific: Advancing a Shared Vision." November 4.

- Desch, Michael C. 2007. "America's Liberal Illiberalism: The Ideological Origins of Overreaction in U.S. Foreign Policy." *International Security*, 32(3).
- Deudney, Daniel. 1995. "The Philadelphian System: Sovereignty, Arms Control, and the Balance of Power in the American States-Union Circa 1787-1861." *International Organization*, 49(2).
- ______. 1996. "Binding Sovereigns: Authorities, Structures, and Geopolitics in Philadelphian Systems." In *State Sovereignty as Social Construct*, edited by Thomas J. Biersteker and Cynthia Weber, 190-239. Cambridge: Cambridge University Press.
- ______. 2004. "Publius before Kant: Federal-Republican Security and Democratic Peace." *European Journal of International Relations*, 10(3).
- ______. 2011. "Unipolarity and Nuclear Weapons." in G. John Ikenberry, Michael Mastanduno, and William C. Wohlforth (eds.) *International Relations Theory and the Consequences of Unipolarity*. New York: Cambridge University Press.
- ______ and Jeffrey Meiser. 2008. "American Exceptionalism." In Michael Cox and Doug Stokes (eds.), *US Foreign Policy*. Oxford: Oxford University Press.
- ______ and G. John Ikenberry. 2018. "Liberal World: The Resilient Order." *Foreign Affairs*, 97(4).
- ______ and G. John Ikenberry. 2021. "The Intellectual Foundations of the Biden Revolution." *Foreign Policy*, July 2.
- ______ and G. John Ikenberry. 2021. "Seeds of Failure: The End of the Cold War and the Failure of the Russian Democratic Transition and Western Integration." In Nuno P. Monteiro and Fritz Bartel. (eds.), *Before and After the Fall: World Politics and the End of the Cold War*. Cambridge: Cambridge University Press.

- Diamond, Larry. 2021. "The Capitol Siege Is the Wake-up Call America Shouldn't Have Needed." *Foreign Affairs*, January 7.
- Diamond, William. 1942. "American Sectionalism and World Organization, by Frederick Jackson Turner." *The American Historical Review*, 47(3).
- Dian, Matteo and Hugo Meijer. 2020. "Networking Hegemony: Alliance Dynamics in East Asia." *International Politics*, 57(2).
- Diaz, Ileana I. and Alison Mountz. 2020. "Intensifying Fissures: Geopolitics, Nationalism, Militarism, and the US Response to the Novel Coronavirus." *Geopolitics*, 25(5).
- Donnelly, Thomas and William Kristol. 2018. "The Obama-Trump Foreign Policy." *Washington Examiner*, February 19.
- Douthat, Ross. 2022. "Yes, There Is a Clash of Civilizations." *The New York Times*, March 30.
- Downs, Gregory P. and Kate Masur. 2021. "Yes, Wednesday's Attempted Insurrection Is Who We Are: While the Day's Images Shocked Us, They Fit into Our History." *The Washington Post*, January 8.
- Drezner, Daniel W. 2016. "So When Will Realists Endorse Donald Trump?" *The Washington Post*, February 1.
- ______. 2017. "America the Unexceptional." *The Washington Post*, February 1.
- Dueck, Colin. 2017. "Tillerson the Realist." *Foreign Policy Research Institute*, January 16.
- ______ . 2018. "Trump's National Security Strategy: 10 Big Priorities." *The National Interest*, January 9.
- Echols, Connor. 2022. "2022: The Year of the Middle Power." *Responsible Statecraft*, December 28.

- Edelstein, David M. 2019. "The Persistence of Great Power Politics." *Texas National Security Review*, 2(2).
- Editorial Board. 2020. "Virus Lays Bare the Frailty of the Social Contract." *Financial Times*, April 4.
- Edling, Max M. 2018. "Peace Pact and Nation: An International Interpretation of the Constitution of the United States." *Past & Present*, (240).
- Edwards, Jason A. 2018. "Make America Great Again: Donald Trump and Redefining the U.S. Role in the World." *Communication Quarterly*, 66(2).
- Eichengreen, Barry. 2016. "The Age of Hyper-Uncertainty." *Project Syndicate*, December 14.
- Eisenhower, Dwight D. 1953. "First Inaugural Address." *The Avalon Project*, January 20.
- ______. 1961. "Military-Industrial Complex Speech." *The Avalon Project*, January 17.
- Elias, Amanuel et al. 2021. "Racism and Nationalism During and Beyond the COVID-19 Pandemic." *Ethnic and Racial Studies*, 44(5).
- Erlanger, Steven. 2023. "When It Comes to Building Its Own Defense, Europe Has Blinked." *The New York Times*, February 4.
- EU and NATO. 2023. "Joint Declaration on EU-NATO Cooperation." *North Atlantic Treaty Organization*, January 10.
- Farrell, Henry and Abraham L. Newman. 2019. "Weaponized Interdependence: How Global Economic Networks Shape State Coercion." *International Security*, 44(1).
- ______. 2020. "Will the Coronavirus End Globalization as We Know It?" *Foreign Affairs*, March 16.

- Fazal, Tanisha M. 2022. "The Return of Conquest? Why the Future of Global Order Hinges on Ukraine." *Foreign Affairs*, 101(3).
- Feiner, Lauren. 2020. "Joe Biden's First Speech as President-elect." *CNBC*, November 7.
- Ferguson, Niall. 2016. "Donald Trump's New World Order." *The American Interest*, November 21.
- ______. 2020. "From COVID War to Cold War: The New Three-Body Problem." In Hal Brands and Francis Gavin. (eds.), *COVID-19 and World Order: The Future of Conflict, Competition, and Cooperation*. Baltimore: Johns Hopkins University Press.
- Fischer, Joschka. 2022. "The End of Contemporary History." *Project Syndicate*, August 1.
- Flockhart, Trine. 2016. "The Coming Multi-Order World." *Contemporary Security Policy*, 37(1).
- ______ and Elena A. Korosteleva. 2022. "War in Ukraine: Putin and the Multi-Order World." *Contemporary Security Policy*, 43(3).
- Fontaine, Richard. 2022. "Welcome to the New Age of Nukes." *Foreign Policy*, November 9.
- Friedberg, Aaron L. 2002. "American Antistatism and the Founding of the Cold War State." In *Shaped by War and Trade: International Influences on American Political Development*, edited by Ira Katznelson and Martin Shefter, 239-266. Princeton: Princeton University Press.
- Friedman, Eli and Andi Kao. 2018. "The End of the 'End of History.'" *Jacobin*, April 1.
- Friedman, Thomas L. 2020. "Our New Historical Divide: B.C. and A.C.—the World Before Corona and the World After." *The New York Times*, March 17.

- Fukuyama Francis. 1989. "The End of History?" *The National Interest*, (16).
- ______ . 2016. "American Political Decay or Renewal?: The Meaning of the 2016 Election." *Foreign Affairs*, 95(4).
- Gans, Jared. 2023. "Trump Leads Biden, Builds Support among Young Voters: Poll." *The Hill*, October 20.
- Gerstle, Gary. 2015. "The Contradictory Character of American Nationality: A Historical Perspective." *Fear, Anxiety, and National Identity: Immigration and Belonging in North America and Western Europe*. edited by Nancy Foner and Patrick Simon. New York: Russell Sage Foundation.
- Gewen, Barry. 2020. "Why Joe Biden Will Confront the Limits of American Power." *National Interest*, December 23.
- Ghebreyesus, Tedros A. 2021. "Vaccine Nationalism Harms Everyone and Protects No One." *Foreign Policy*, February 2.
- Ghilarducci, Teresa. 2021. "A Post-COVID Labor Revival?" *Project Syndicate*, January 11.
- Glynos, Jason. 2001. "The Grip of Ideology: A Lacanian Approach to the Theory of Ideology." *Journal of Political Ideologies*, 6(2).
- ______ . 2011. "Fantasy and Identity in Critical Political Theory." *Filozofski Vestnik*, 32(2).
- Goddard, Stacie E. and Ronald R. Krebs. 2021. "Legitimating Primacy After the Cold War: How Liberal Talk Matters to US Foreign Policy." In Nuno P. Monteiro and Fritz Bartel. (eds.), *Before and After the Fall: World Politics and the End of the Cold War*. Cambridge: Cambridge University Press.
- Goh, Evelyn. 2005. "Nixon, Kissinger, and the 'Soviet Card' in the U.S. Opening to China, 1971-1974." *Diplomatic History*, 29(3).

- Goldberg, Jeffrey. 2016. "The Obama Doctrine." *The Atlantic Monthly*, 317(3).
- Goldgeier, James and Joshua Shifrinson. 2021. "The United States and NATO After the End of the Cold War: Explaining and Evaluating Enlargement and Its Alternatives." In Nuno P. Monteiro and Fritz Bartel. (eds.), *Before and After the Fall: World Politics and the End of the Cold War*. Cambridge: Cambridge University Press.
- Goodhart, Michael and Stacy Bondanella Taninchev. 2011. "The New Sovereigntist Challenge for Global Governance: Democracy without Sovereignty." *International Studies Quarterly*, 55(4).
- Gordon-Reed, Annette. 2018. "America's Original Sin: Slavery and the Legacy of White Supremacy." *Foreign Affairs*, 97(1).
- Gove, Michael and Kai Diekmann. "Full Transcript of Interview with Donald Trump." *The Times*, January 16.
- Graebner, Norman A. 1987. "Isolationism and Antifederalism: The Ratification Debates." *Diplomatic History*, 11(4).
- Gray, John. 2020. "The Struggle for America's Soul." *New Statesman*. November 11.
- Green, Dominic. 2020. "Why Joe Biden Is Headed for Failure." *The National Interest*, December 20.
- Green, Michael J. 2021. "Biden Makes His First Bold Move on Asia." *Foreign Policy*, January 13.
- ______. 2023. "Never Say Never to an Asian NATO." *Foreign Policy*, September 6.
- Gvosdev, Nikolas. 2020. "Why the Pandemic Has Revived Hard-Nosed Realism." *World Politics Review*, September 8.
- Haas, Mark L. 2022. "The Ideology Barriers to Anti-China Coalitions." *The Washington Quarterly*, 45(4).

- Haass, Richard. 2020. "The Pandemic Will Accelerate History Rather Than Reshape It." *Foreign Affairs*, April 7.
- ______. 2020. "Present at the Disruption: How Trump Unmade U.S. Foreign Policy." *Foreign Affairs*, 99(5).
- ______. 2021. "Present at the Destruction: Trump's Final Act Has Accelerated the Onset of a Post-American World." *Foreign Affairs*, January 11.
- ______. 2021. "America's Withdrawal of Choice." *Project Syndicate*, August 15.
- ______. 2021. "The Age of America First: Washington's Flawed New Foreign Policy Consensus." *Foreign Affairs*, 100(6).
- ______. 2022. "The New Nuclear Era." *Project Syndicate*, October 19.
- ______. 2022. "The Lessons from the Return of History." *Project Syndicate*, December 13.
- ______. 2023. "A Tale of Two Invasions." *Project Syndicate*, June 21.
- Haines, John R. 2017. "Divining a 'Trump Doctrine.'" *Orbis*, 61(1).
- Hamid, Shadi. 2016. "The End of the End of History." *Foreign Policy*, November 15.
- Hannah-Jones, Nikole. 2019. "America Wasn't a Democracy, Until Black People Made It One." *The New York Times Magazine*, August 14.
- Harari, Yuval Noah. 2022. "Yuval Noah Harari Argues That What's at Stake in Ukraine Is the Direction of Human History." *The Economist*, February 9.
- ______. 2023. "The Hamas Horror Is also a Lesson on the Price of Populism." *The Washington Post*, October 11.
- Hartman, Andrew. 2018. "The Culture Wars Are Dead: Long Live the Culture Wars!" *The Baffler*, May.

- Haug, Sebastian and Supriya Roychoudhury. 2023. "Civilizational Exceptionalism in International Affairs: Making Sense of Indian and Turkish Claims." *International Affairs*, 99(2).
- He, Kai. 2019. "Contested Multilateralism 2.0 and Regional Order Transition: Causes and Implications." *The Pacific Review*, 32(2).
- Helleiner, Eric. 2021. "The Return of National Self-Sufficiency? Excavating Autarkic Thought in a De-Globalizing Era." *International Studies Review*, 23(3).
- Hemmer, Christopher and Peter J. Katzenstein. 2002. "Why is There No NATO in Asia? Collective Identity, Regionalism, and the Origins of Multilateralism." *International Organization*, 56(3).
- Heusgen, Christoph. 2022. "The War in Ukraine Will Be a Historic Turning Point." *Foreign Affairs*, May 12.
- Hicken, Allen, Pauline Jones, and Anil Menon. 2021. "The International System After Trump and the Pandemic." *Current History*, 120(822).
- Higgott, Richard and Simon Reich. 2022. "The Age of Fuzzy Bifurcation: Lessons from the Pandemic and the Ukraine War." *Global Policy*, 13(5).
- Hirch, Michael. 2022. "Putin's Thousand-Year War." *Foreign Policy*, March 12.
- ______. 2022. "The Month That Changed a Century." *Foreign Policy*, April 10.
- Hoffer, Jessica and Ines De La Cuetara. 2016. "Donald Trump Slams Trans-Pacific Partnership as 'a Continuing Rape of Our Country.'" *ABC News*, June 29.
- Hoffmann, Stanley. 2005. "American Exceptionalism: The New Version." In Michael Ignatieff (ed.), *American Exceptionalism and Human Rights*. Princeton: Princeton University Press.

- Holsti, K. J. 1970. "National Role Conceptions in the Study of Foreign Policy." *International Studies Quarterly*, 14(3).
- _____. 2011. "Exceptionalism in American Foreign Policy: Is it Exceptional?" *European Journal of International Relations*, 17(3).
- Homolar Alexandra and Ronny Scholz. 2019. "The Power of Trump-Speak: Populist Crisis Narratives and Ontological Security." *Cambridge Review of International Affairs*, 32(3).
- Hoover, Amanda. 2016. "Why Henry Kissinger is Optimistic about Trump and His Policies." *The Christian Science Monitor*, December 20.
- Huang, Yanzhong. 2021. "Why the World Lost to the Pandemic." *Foreign Affairs*, January 28.
- Hughes, David. 2015. "Unmaking an Exception: A Critical Genealogy of US Exceptionalism." *Review of International Studies*, 41(3).
- Hughes, Langston. 1935. "Let America Be America Again." *Poets*.
- Ikenberry, G. John. 2014. "Obama's Pragmatic Internationalism." *American Interest*, 9(5).
- _____. 2017. "The Plot Against American Foreign Policy: Can the Liberal Order Survive?" *Foreign Affairs*, 96(2).
- _____ and Daniel Deudney. 2006. "The Nature and Sources of Liberal International Order." *Liberal Order and Imperial Ambition: Essays on American Power and World Politics*. Malden: Polity.
- Jackson, Ketanji Brown. 2022. "Remarks by President Biden, Vice President Harris, and Judge Ketanji Brown Jackson on the Senate's Historic, Bipartisan Confirmation of Judge Jackson to be an Associate Justice of the Supreme Court." *The White House*, April 8.
- Janeway, William H. 2020. "The Retreat from Globalization." *Project Syndicate*, June 26.

- Jervis, Robert. 2011. "Unipolarity: A Structural Perspective." G. John Ikenberry, Michael Mastanduno, and William Curti Wohlforth (eds.) *International Relations Theory and the Consequences of Unipolarity.* New York: Cambridge University Press.
- Johnson, Keith and Robbie Gramer. 2020. "The Great Decoupling." *Foreign Policy*, May 14.
- Jordheim, Helge and Iver B. Neumann. 2011. "Empire, Imperialism and Conceptual History." *Journal of International Relations and Development*, 14(2).
- Kagan, Robert. 2016. "Trump Marks the End of America as World's 'Indispensable Nation.'" *Financial Times*, November 20.
- Kallis, Aristotle. 2018. "Populism, Sovereigntism, and the Unlikely Re-Emergence of the Territorial Nation-State." *Fudan Journal of the Humanities and Social Sciences,* 11(3).
- Kamal, R. D. and Z. R. M. A. Kaiser. 2018. "Trump and the Ascension of Western Realism: A Critical Discussion on the Western Realists' and Western Liberalists' Evaluation of Globalisation." *India Quarterly*, 74(3).
- Kang, David C. 2022. "Still Getting Asia Wrong: No 'Contain China' Coalition Exists." *The Washington Quarterly*, 45(4).
- Kaplan, Robert D. 2014. "In Defense of Empire." *Atlantic*, 313(3).
- ______. 2017. "The Rise of Darwinian Nationalism." *National Interest*, (151).
- Kim, Jina. 2022. "Ukraine's Implications for Indo-Pacific Alignment." *The Washington Quarterly*, 45(3).
- Kimmage, Michael and Hanna Notte. 2023. "The Age of Great-Power Distraction." *Foreign Affairs*, October 12.
- King Jr., Martin L. 1963. "I Have a Dream." *NPR*, August 28.

- Kinnvall, Catarina and Pasko Kisić Merino. 2023. "Deglobalization and the Political Psychology of White Supremacy." *Theory & Psychology*, 33(2).
- Kirshner, Jonathan. 2021. "Gone But Not Forgotten: Trump's Long Shadow and the End of American Credibility." *Foreign Affairs*, 100(2).
- Kissinger, Henry. 1975. "The Moral Foundations of Foreign Policy." *The State Department*, July 15.
- ______. 2020. "The Coronavirus Pandemic Will Forever Alter the World Order." *The Wall Street Journal*, April 3.
- Kitchen, Nicholas. 2010. "Systemic Pressures and Domestic Ideas: A Neoclassical Realist Model of Grand Strategy Formation." *Review of International Studies*, 36(1).
- Korolev, Alexander. 2019. "Shrinking Room for Hedging: System-Unit Dynamics and Behavior of Smaller Powers." *International Relations of the Asia-Pacific*, 19(3).
- Kramer, Paul A. 2011. "Power and Connection: Imperial Histories of the United States in the World." *The American Historical Review*, 116(5).
- Krauthammer, Charles. 1990/1991. "The Unipolar Moment." *Foreign Affairs*, 70(1).
- ______. 2002. "The Unipolar Moment Revisited." *National Interest*, (70).
- ______. 2017. "Trump's Foreign Policy Revolution Puts Us on a Disastrous Path." *Chicago Tribune*, January 26.
- Kremlin. 2022. "Joint Statement of the Russian Federation and the People's Republic of China on the International Relations Entering a New Era and the Global Sustainable Development." February 4.

- Krieg, Gregory and Eric Bradner. 2023. "8 Takeaways from Trump's CNN Town Hall in New Hampshire." *CNN*, May 10.
- Kriner, Douglas L. and Shen, Francis X. 2020. "Battlefield Casualties and Ballot-Box Defeat: Did the Bush–Obama Wars Cost Clinton the White House?" *PS: Political Science & Politics*, 53(2).
- Krueger, Anne O. 2022. "Sleepwalking Into a Global Trade War." *Project Syndicate*, December 22.
- Krugman, Paul. 2018. "Fall of the American Empire." *The New York Times*, June 18.
- Kupchan, Charles A. 2018. "The Clash of Exceptionalisms: A New Fight Over an Old Idea." *Foreign Affairs*, 97(2).
- _____. 2022. "Realpolitik's Revenge." *The National Interest*, (181).
- _____ and Peter Trubowitz. 2013. "American Statecraft in an Era of Domestic Polarization." Rebekka Friedman, Kevork Oskanian, and Ramon Pacheco Pardo (eds.) *After Liberalism? The Future of Liberalism in International Relations*. New York: Palgrave Macmillan.
- Kuttner, Robert. 2020. "To Fight Inequality, the United States Needs an FDR. Can Biden Deliver?" *Foreign Policy*, July 4.
- Layne, Christopher. 2016, "Stuck in the Middle East: Offshore Balancing is the Right Strategy, If Obama Has the Courage for It." *American Conservative*, 15(1).
- _____. 2017. "The US Foreign Policy Establishment and Grand Strategy: How American Elites Obstruct Strategic Adjustment." *International Politics*, 54(3).
- _____. 2017. "The Big Forces of History." *American Conservative*, February 10.
- _____. 2018. "The US-Chinese Power Shift and the End of the Pax Americana." *International Affairs*, 94(1).

- Leary, John P. 2021. "Joe Biden's American Fairy Tale: The Ambivalent Essence of 'the Soul of the Nation.'" *Mother Jones*, January.
- Lebow, Richard Ned. 1994. "The Long Peace, the End of the Cold War, and the Failure of Realism." *International Organization*, 48(2).
- Legrain, Philippe. 2020. "The Coronavirus is Killing Globalization as We Know It." *Foreign Policy*, March 12.
- Legro, Jeffrey W. and Andrew Moravcsik. 1999. "Is Anybody Still a Realist?" *International Security*, 24(2).
- Leonard, Mark. 2022. "The Real End of Pax Americana." *Foreign Affairs*, June 13.
- Leonhardt, David. 2022. "'A Crisis Coming': The Twin Threats to American Democracy." *The New York Times*, September 17.
- ______. 2023. "The Global Context of the Hamas-Israel War." *The New York Times*, October 9.
- Lerner, Adam B. 2020. "The Uses and Abuses of Victimhood Nationalism in International Politics." *European Journal of International Relations*, 26(1).
- Levitsky, Steven and Lucan Way. 2022. "America's Coming Age of Instability: Why Constitutional Crises and Political Violence Could Soon Be the Norm." *Foreign Affairs*, January 20.
- Lieven, Anatol. 2016. "Clinton and Trump: Two Faces of American Nationalism." *Survival*, 58(5).
- ______. 2021. "Has Neo-Orientalism Killed Our Ability to Sense the Limits of Western Influence?" *Responsible Statecraft*, September 28.
- Lincoln, Abraham. 1857. "Speech at Springfield." *The Lehrman Institute*, June 26.

- Lind, Jennifer and Daryl G. Press. 2020. "Reality Check: American Power in an Age of Constraints." *Foreign Affairs*, 99(2).
- Lind, Michael. 2019. "The Return of Geo-Economics." *National Interest*, (164).
- ______. 2020. "Thanks to China's Rise, the Age of Dealignment Is Here." *The National Interest*, October 17.
- Linskey, Annie. 2021. "A Look inside Biden's Oval Office." *The Washington Post*, January 21.
- Lissner, Rebecca et al. 2021. "After Primacy: Exploring the Contours of Twenty-First-Century Great Power Rivalry." In Nuno P. Monteiro and Fritz Bartel. (eds.), *Before and After the Fall: World Politics and the End of the Cold War*. Cambridge: Cambridge University Press.
- Löfflmann, Georg. 2020. "From the Obama Doctrine to America First: The Erosion of the Washington Consensus on Grand Strategy." *International Politics*, 57(4).
- Lozada, Carlos. 2017. "Samuel Huntington, A Prophet for the Trump Era." *The Washington Post*, July 18.
- Maçães, Bruno. 2020. "The Attack Of The Civilization-State." *Noema*, June 15.
- MacKay, Joseph and Christopher David LaRoche. 2018. "Why is There No Reactionary International Theory?" *International Studies Quarterly*, 62(2).
- Macron, Emmanuel et al. 2021. "Multilateral Cooperation for Global Recovery." *Project Syndicate*, February 3.
- Magcamit, Michael. 2017. "Explaining the Three-Way Linkage between Populism, Securitization, and Realist Foreign Policies: President Donald Trump and the Pursuit of 'America First' Doctrine." *World Affairs*, 180(3).

- Mankoff, Jeffrey. 2022. "The War in Ukraine and Eurasia's New Imperial Moment." *The Washington Quarterly*, 45(2).
- Marshall, Jonathan. 1980. "Empire or Liberty: The Antifederalists and Foreign Policy, 1787-1788." *Journal of Libertarian Studies*, 4(3).
- Mathews, Jessica T. 2021. "American Power After Afghanistan." *Foreign Affairs*, September 17.
- McCrisken, Trevor B. 2002. "Exceptionalism." In *Encyclopedia of American Foreign Policy, Vol. 2.*, edited by Alexander DeConde, Richard Dean Burns and Fredrik Logevall. 2nd ed. New York: Scribner.
- McDougall, Walter A. 2013. "The Unlikely History of American Exceptionalism." *American Interest*, 8(4).
- Meacham, Jon. 2020. "2020 Democratic National Convention (DNC) Night 4 Transcript." *Rev*, August 21.
- Mead, Walter Russell. 1999. "The Jacksonian Tradition." *National Interest*, 58(5).
- ______. 2014. "The Return of Geopolitics: The Revenge of the Revisionist Powers." *Foreign Affairs*, 93(3).
- ______. 2016. "Andrew Jackson, Revenant." *The American Interest*, January 17.
- ______. 2016. "The Meaning of Mr. Trump." *The American Interest*, May 23.
- ______. 2017. "The Jacksonian Revolt: American Populism and the Liberal Order," *Foreign Affairs*, 96(2).
- ______. 2017. "Trump Brings Foreign Policy Back to Earth." *The Wall Street Journal*, November 29.
- ______. 2023. "A World Without American Deterrence." *The Wall Street Journal*, October 19.

- Mearsheimer, John J. 1990. "Back to the Future: Instability in Europe After the Cold War." *International Security*, 15(1).
- _____. 2014. "America Unhinged." *National Interest,* (129).
- _____. 2016. "Donald Trump Should Embrace a Realist Foreign Policy." *National Interest*, November 27.
- _____. 2022. "The Causes and Consequences of the Ukraine Crisis." *National Interest*, June 23.
- _____. 2023. "존 미어샤이머 "美·中 '양극 세계화'로 재편…한국, 安美經中 줄타기 끝내야"".『한국경제신문』 1월 2일.
- _____ and Stephen Walt. 2016. "The Case for Offshore Balancing: A Superior U.S. Grand Strategy." *Foreign Affairs*, 95(4).
- Meijer, Hugo. 2020. "Shaping China's Rise: The Reordering of US Alliances and Defence Partnerships in East Asia." *International Politics*, 57(2).
- Miller, Benjamin. 2023. "From Disengagement to Unprecedented Engagement: the US, the War in Gaza and the New World Order." *H-Diplo | RJISSF Commentary*, October 23.
- Miller, Paul D. 2017. "Conservatism and Nationalism: Varieties of Engagement." *American Interest*, 13(1).
- Miller, Zeke. 2021. "Biden Cancels Trump's Planned 'Garden of American Heroes.'" *AP News,* May 15.
- Miskovic, Damjan Krnjevic. 2021. "Back with a Vengeance: The Return of Rough and Tumble Geopolitics." *Orbis*, 65(1).
- Mohamed, Feisal G. 2018. "'I Alone Can Solve': Carl Schmitt on Sovereignty and Nationhood Under Trump." In *Trump and Political Philosophy: Leadership, Statesmanship, and Tyranny,* edited by Angel Jaramillo Torres and Marc Benjamin Sable, 293-309. Palgrave Macmillan.

- Monten, Jonathan. 2005. "The Roots of the Bush Doctrine: Power, Nationalism, and Democracy Promotion in U.S. Strategy." *International Security*, 29(4).
- Mousseau, Michael. 2019. "The End of War: How a Robust Marketplace and Liberal Hegemony are Leading to Perpetual World Peace." *International Security*, 44(1).
- Müller, Jan-Werner. 2022. "The Party Is the Problem: Trump, the GOP, and the Long Road to January 6." *Foreign Affairs*, January 6.
- Musgrave, Paul. 2019. "John Bolton is Warning of a 'Clash of Civilizations' with China." *The Washington Post*, July 18.
- ______. 2020. "The Beautiful, Dumb Dream of McDonald's Peace Theory." *Foreign Policy*, November 26.
- Nash, George H. 2013. "Ronald Reagan's Vision of America." In *American Exceptionalism: The Origins, History, and Future of the Nation's Greatest Strength*, edited by Charles W. Dunn, 103-126. Lanham: Rowman & Littlefield.
- NATO. 2022. "The 2022 Strategic Concept." June 29.
- Nexon, Daniel H. and Thomas Wright. 2007. "What's at Stake in the American Empire Debate." *American Political Science Review*, 101(2).
- Nixon, Richard. 1969. "Inaugural Address." *The American Presidency Project*, January 20.
- ______. 1969. "Address to the Nation on the War in Vietnam," *The American Presidency Project*, November 3.
- ______. 1970. "U.S. Foreign Policy for the 1970s: A New Strategy for Peace." *Office of the Historian*, February 18.
- Norris, Pippa. 2021. "It Happened in America." *Foreign Affairs*, January 7.

- Nye, Joseph S. 2018. "The Two Sides of American Exceptionalism." *Project Syndicate*, September 4.
- ______. 2019. "The Rise and Fall of American Hegemony from Wilson to Trump." *International Affairs*, 95(1).
- ______. 2020. "No, the Coronavirus Will Not Change the Global Order." *Foreign Policy*, April 16.
- ______. 2020. "Can Joe Biden's America Be Trusted?" *Project Syndicate*, December 4.
- ______. 2023. "Peak China?" *Project Syndicate*, January 3.
- Nymalm, Nicola and Johannes Plagemann. 2019. "Comparative Exceptionalism: Universality and Particularity in Foreign Policy Discourses." *International Studies Review*, 21(1).
- Obama, Barack. 2009. "News Conference By President Obama." *The White House*, April 4.
- ______. 2009. "Obama's Speech in Cairo." *The New York Times*, June 4.
- Office of the Press Secretary, 2017. "Executive Order 13796—Addressing Trade Agreement Violations and Abuses." *The American Presidency Project*, April 29.
- Onuf, Peter S. 2015. "Imperialism and Nationalism in the Early American Republic." In *Empire's Twin: U.S. Anti-Imperialism from the Founding Era to the Age of Terrorism*, edited by Ian R. Tyrrell and Jay Sexton, 21-40. Ithaca: Cornell University Press.
- O'Sullivan, John. 2020. "Biden Should Pursue a Trump 2.0 Foreign Policy." *National Interest*, December 26.
- Packer, George. 2020. "We Are Living in a Failed State." *The Atlantic*, June 15.

- Panitch, Leo and Sam Gindin. 2018. "Trumping the Empire." In Leo Panitch and Greg Albo. (eds.), *Socialist Register 2019: A World Turned Upside Down?* London: Merlin Press.
- Pape, Robert A. 2022. "The Jan. 6 Insurrectionists Aren't Who You Think They Are." *Foreign Policy*, January 6.
- Parker, Ashley. 2016. "Donald Trump Says NATO is 'Obsolete,' UN is 'Political Game.'" *The New York Times*, April 2.
- Patman, R. G. and L. Southgate. 2016. "Globalization, the Obama Administration and the Refashioning of US Exceptionalism." *International Politics*, 53(2).
- Paul, T. V. 2023. "The Specter of Deglobalization." *Current History*, 122(840).
- Pence, Mike. 2018. "Remarks by Vice President Pence on the Administration's Policy Toward China." *The White House*, October 4.
- ______. 2019. "Remarks by Vice President Pence at the Frederic V. Malek Memorial Lecture." *The White House*, October 24.
- Pillar, Paul R. 2018. "The History of American Nationalism." *The National Interest*, November 29.
- Pitts, Jennifer. 2012. "Political Theory of Empire and Imperialism." In *Empire and Modern Political Thought*, edited by Sankar Muthu, 351-387. New York: Cambridge University Press.
- Poast, Paul. 2023. "When So Many 'Frozen Conflicts' Go Hot, It's Not Just Coincidence." *World Politics Review*, October 13.
- Porter, Patrick. 2018. "Why America's Grand Strategy Has Not Changed: Power, Habit, and the U.S. Foreign Policy Establishment." *International Security*, 42(4).
- Posen, Barry R. 2018. "The Rise of Illiberal Hegemony: Trump's Surprising Grand Strategy." *Foreign Affairs*, 97(2).

- Preble, Christopher A. 2016. "Libertarians and Foreign Policy the Individual, the State, and War." *Independent Review*, 21(2).
- Psaki, Jen. 2021. "Press Briefing by Press Secretary Jen Psaki." *The White House*, July 9.
- Rachman, Gideon. 2020. "Nationalism Is a Side Effect of Coronavirus." *Financial Times*, March 23.
- ______. 2022. "Ukraine and the Start of a Second Cold War." *Financial Times*, June 6.
- Reich, Simon and Peter Dombrowski. 2020. "The Consequence of COVID-19: How the United States Moved from Security Provider to Security Consumer." *International Affairs*, 96(5).
- Reinhart, Carmen and Vincent Reinhart. 2020. "The Pandemic Depression: The Global Economy Will Never Be the Same." *Foreign Affairs*, 99(5).
- Restad, Hilde Eliassen. 2012. "Old Paradigms in History Die Hard in Political Science: US Foreign Policy and American Exceptionalism." *American Political Thought*, 1(1).
- ______. 2017. "The Unexceptional Nation: Donald Trump and Making America Great Again." *Starting Points Journal*, January 23.
- ______. 2021. "The Burning City upon a Hill." *War on the Rocks*, February 23.
- Rice, Susan. 2017. "When America No Longer is a Global Force for Good." *The New York Times*, December 20.
- Roberts, Diane. 2017. "Death of an American Myth." *Prospect*, (259).
- Roberts, Geoffrey. 2006. "History, Theory and the Narrative Turn in IR." *Review of International Studies*, 32(4).
- Rodrik, Dani. 2020. "The Democrats' Four-Year Reprieve." *Project Syndicate*, November 9.

- ______ and Stefanie Stantcheva 2020. "The Post-Pandemic Social Contract." *Project Syndicate*, June 11.
- Rubin, Jennifer. 2018. "A Powerful Reminder of the Dangers of Trumpian Nationalism." *The Washington Post*, November 12.
- Ruggie, John Gerard. 1982. "International Regimes, Transactions, and Change: Embedded Liberalism in the Postwar Economic Order." *International Organization*, 36(2).
- Rutschman, Ana S. 2021. "Is There a Cure for Vaccine Nationalism?" *Current History*, 120(822).
- Sachs, Jeffrey. 2021."'부양책으론 위기 못 끝내…美 백신 보급 속도에 경제 회복 달렸다'". 『한국경제』 1월 29일.
- ______. 2021. "Blood in the Sand." *Project Syndicate*, August 17.
- Sanger, David E. and Maggie Haberman. 2016. "Donald Trump on NATO, Turkey's Coup Attempt and the World." *The New York Times*, July 22.
- Sargent, Daniel J. 2018. "Pax Americana: Sketches for an Undiplomatic History." *Diplomatic History*, 42(3).
- ______. 2018. "RIP American Exceptionalism, 1776-2018." *Foreign Policy*, July 23.
- Sarotte, Mary Elise. 2021. "The Historical Legacy of 1989: The Arc to Another Cold War?" In Nuno P. Monteiro and Fritz Bartel. (eds.), *Before and After the Fall: World Politics and the End of the Cold War*. Cambridge: Cambridge University Press.
- Schadlow, Nadia. 2020. "The End of American Illusion: Trump and the World as It Is." *Foreign Affairs*, 99(5).
- Schell, Orville. 2020. "The Ugly End of Chimerica." *Foreign Policy*, April 3.

- Scholz, Olaf. 2023. "The Global *Zeitenwende*: How to Avoid a New Cold War in a Multipolar Era." *Foreign Affairs*, 102(1).
- Schwab, Klaus. 2020. "Time for a Great Reset." *Project Syndicate*, June 3.
- Schweller, Randall L. 2017. "A Third-Image Explanation for Why Trump Now." *The International Security Studies Forum*, February 8.
- ______. 2018. "Three Cheers for Trump's Foreign Policy: What the Establishment Misses." *Foreign Affairs*, 97(5).
- Sexton, Jay. 2015. "'The Imperialism of the Declaration of Independence' in the Civil War Era." In *Empire's Twin: U.S. Anti-Imperialism from the Founding Era to the Age of Terrorism*, edited by Ian R. Tyrrell and Jay Sexton, 59-76. Ithaca: Cornell University Press.
- Shaw, Adam. 2018. "Trump Says US is like a 'Piggy Bank that Everybody is Robbing' on Trade." *Fox News*, June 10.
- Simon, Luis, Alexander Lanoszka, and Hugo Meijer. 2021. "Nodal Defence: The Changing Structure of US Alliance Systems in Europe and East Asia." *Journal of Strategic Studies*, 44(3).
- Skonieczny, Amy. 2018. "Emotions and Political Narratives: Populism, Trump and Trade." *Politics and Governance*, 6(4).
- Slaughter, Anne-Marie. 2016. "How to Succeed in the Networked World: A Grand Strategy for the Digital Age." *Foreign Affairs*, 95(6).
- ______. 2017. "Putting 'America First' Isn't the Problem. Trump's Version of It Is." *The Washington Post*, February 10.
- ______. 2023. "Who Is Part of the Free World?" *Project Syndicate*, January 26.
- Smith, Clint. 2021. "The Whole Story in a Single Photo." *The Atlantic*, January 8.

- Smith, Rogers M. 1993. "Beyond Tocqueville, Myrdal, and Hartz: The Multiple Traditions in America." *American Political Science Review*, 87(3).
- ______. 2017. "America's Case of Mistaken Identity." *Boston Review*, June 12.
- Snyder, Jack. 2019. "The Broken Bargain: How Nationalism Came Back." *Foreign Affairs*, 98(2).
- Sprunt, Barbara. 2021. "The Brewing Political Battle over Critical Race Theory." *NPR*, June 29.
- Steele, Brent J. and Alexandra Homolar. 2019. "Ontological Insecurities and the Politics of Contemporary Populism." *Cambridge Review of International Affairs*, 32(3).
- Stewart, Blake. 2020. "The Rise of Far-Right Civilizationism." *Critical Sociology*, 46(7-8).
- Stiglitz, Joseph. 2016. "Globalization and its New Discontents." *Project Syndicate*, August 5.
- Stuenkel, Oliver. 2023. "Why the Global South Is Accusing America of Hypocrisy." *Foreign Policy*, November 2.
- Sullivan, Jake. 2023. "Remarks by National Security Advisor Jake Sullivan on Renewing American Economic Leadership at the Brookings Institution." *The White House*, April 27.
- Summers, Lawrence. 2020. "Covid-19 Looks Like a Hinge in History." *Financial Times*, May 14.
- Tannenbaum, Frank. 1952. "Balance of Power Versus the Coördinate State." *Political Science Quarterly*, 67(2).
- Tannenwald, Nina. 2022. "Is Using Nuclear Weapons Still Taboo?" *Foreign Policy*, July 1.

- _____. 2023. "The Bomb in the Background: What the War in Ukraine Has Revealed About Nuclear Weapons." *Foreign Affairs*, February 24.
- Tesler, Michael. 2019. "It's Not Just Trump. Many Whites View People of Color as Less American." *The Washington Post*, July 16.
- The Editors of Foreign Policy. 2016. "Foreign Policy Endorses Hillary Clinton for President of the United States." *Foreign Policy*, October 9.
- The President's Advisory 1776 Commission. 2021. "The 1776 Report." *The White House*, January 18.
- The United States House Select Committee to Investigate the January 6th Attack on the United States Capitol. 2022. "Final Report." December 22.
- The White House. 1994. "A National Security Strategy of Engagement and Enlargement." *National Security Strategy Archive*, July 1.
- _____. 1995. "A National Security Strategy of Engagement and Enlargement." *National Security Strategy Archive*, February 1.
- _____. 2002. "National Security Strategy of the United States of America." *National Security Strategy Archive*, September 17.
- _____. 2010. "National Security Strategy." *National Security Strategy Archive*, May 27.
- _____. 2017. "Foreign Policy." *Trump White House Archives*.
- _____. 2017. "National Security Strategy." *National Security Strategy Archive*, December 18.
- _____. 2020. "United States Strategic Approach to the People's Republic of China." May 26.
- _____. 2021. "Joint Statement on the U.S.-Ukraine Strategic Partnership." September 1.

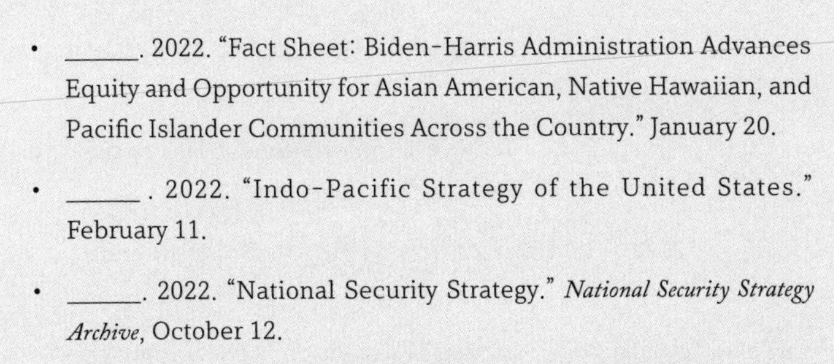

- ______. 2022. “Fact Sheet: Biden-Harris Administration Advances Equity and Opportunity for Asian American, Native Hawaiian, and Pacific Islander Communities Across the Country.” January 20.
- ______. 2022. “Indo-Pacific Strategy of the United States.” February 11.
- ______. 2022. “National Security Strategy.” *National Security Strategy Archive*, October 12.
- ______. 2023. “Bidenomics Is Working: The President’s Plan Grows the Economy from the Middle Out and Bottom Up—Not the Top Down.” June 28.
- Tierney, Dominic. 2022. “Global Order after Ukraine.” *The National Interest*, (182).
- Tilly, Charles. 1975. “Reflections on the History of European State Making.” In *The Formation of National States in Western Europe*, edited by Charles Tilly. Princeton: Princeton University Press.
- Tomasi, John. 2002. “Governance Beyond the Nation State: James Madison on Foreign Policy and ‘Universal Peace.’” In *James Madison and the Future of Limited Government*, edited by John Samples, 213-228. Washington, D.C.: Cato Institute.
- ______. 2003. “Sovereignty, Commerce, and Cosmopolitanism: Lessons from Early America for the Future of the World.” *Social Philosophy and Policy*, 20(1).
- Totten, Robbie J. 2012. “Security, Two Diplomacies, and the Formation of the U.S. Constitution: Review, Interpretation, and New Directions for the Study of the Early American Period.” *Diplomatic History*, 36(1).
- ______. 2020. “The Articles of Confederation State System, Early American International Systems, and Antebellum Foreign Policy Analytical Frameworks.” *A Companion to U.S. Foreign Relations: Colonial*

Era to the Present. vol. 1. Edited by Christopher R. W. Dietrich. Hoboken: Wiley-Blackwell.

- Traub, James. 2022. "Biden's Truman Moment Has Arrived in Ukraine." *Foreign Policy*, February 15.
- ______. 2022. "Cold War 2.0 Is Ushering in Nonalignment 2.0." *Foreign Policy*, July 9.
- Trifkovic, Srdja. 2017. "Trump's Realist Vision." *Chronicles*, January 23.
- Trump, Donald. 2016. "Disappearing Middle Class Needs Better Deal on Trade." *USA Today*, March 14.
- ______. "Transcript: Donald Trump's Foreign Policy Speech." *The New York Times*, April 28.
- ______. 2016. "Declaring Economic Independence." *Politico*, June 28.
- ______. 2016. "Donald Trump 2016 RNC Draft Speech Transcript." *Politico*, July 21.
- ______. 2016. "Transcript: Donald Trump on NATO, Turkey's Coup Attempt and the World." *The New York Times*, July 21.
- ______. 2017. "The Inaugural Address." *The White House*, January 20.
- ______. 2017. "Remarks by President Trump at the Conservative Political Action Conference." *The White House*, February 24.
- ______. 2017. "Remarks by the President on 250th Anniversary of the Birth of President Andrew Jackson." *The White House*, March 15.
- ______. 2017. "Remarks by President Trump to the People of Poland." *The White House*, July 6.
- ______. 2018. "Remarks by President Trump to the 73rd Session of the United Nations General Assembly." *The White House*, September 25.
- ______. 2019. "Remarks by President Trump in State of the Union Address." *The White House*, February 6.

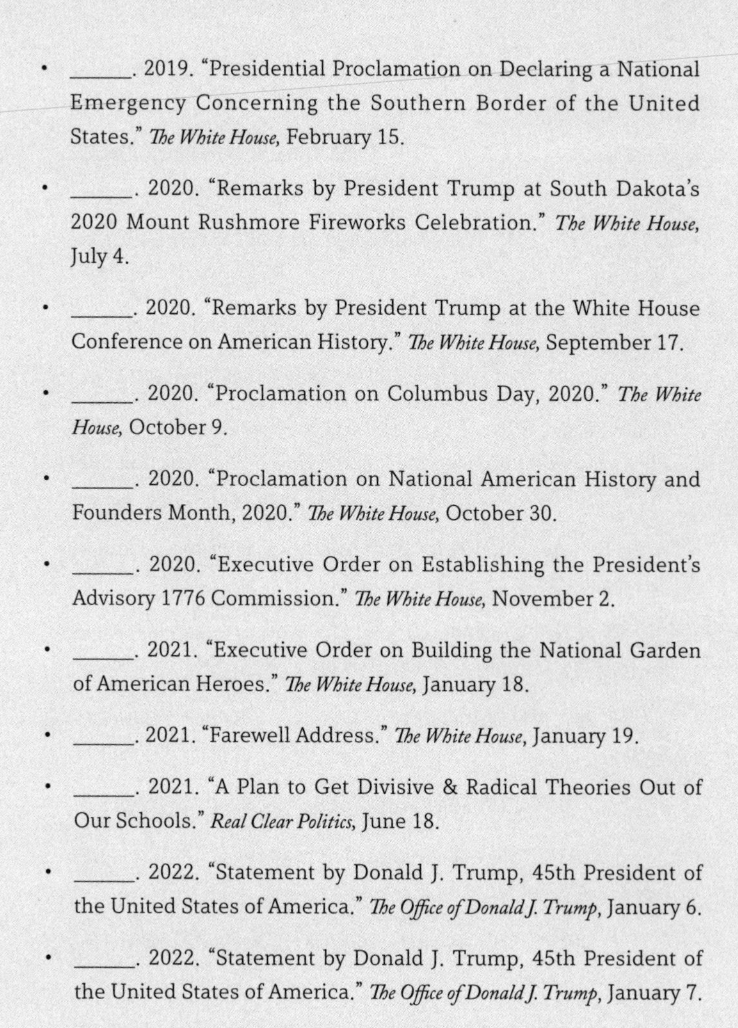

- ______. 2019. "Presidential Proclamation on Declaring a National Emergency Concerning the Southern Border of the United States." *The White House*, February 15.
- ______. 2020. "Remarks by President Trump at South Dakota's 2020 Mount Rushmore Fireworks Celebration." *The White House*, July 4.
- ______. 2020. "Remarks by President Trump at the White House Conference on American History." *The White House*, September 17.
- ______. 2020. "Proclamation on Columbus Day, 2020." *The White House*, October 9.
- ______. 2020. "Proclamation on National American History and Founders Month, 2020." *The White House*, October 30.
- ______. 2020. "Executive Order on Establishing the President's Advisory 1776 Commission." *The White House*, November 2.
- ______. 2021. "Executive Order on Building the National Garden of American Heroes." *The White House*, January 18.
- ______. 2021. "Farewell Address." *The White House*, January 19.
- ______. 2021. "A Plan to Get Divisive & Radical Theories Out of Our Schools." *Real Clear Politics*, June 18.
- ______. 2022. "Statement by Donald J. Trump, 45th President of the United States of America." *The Office of Donald J. Trump*, January 6.
- ______. 2022. "Statement by Donald J. Trump, 45th President of the United States of America." *The Office of Donald J. Trump*, January 7.
- Turner, Oliver and Nicola Nymalm. 2019. "Morality and Progress: IR Narratives on International Revisionism and the Status Quo." *Cambridge Review of International Affairs*, 32(4).
- Tyrrell, Ian R. and Jay Sexton. 2015. "Whither American Anti-Imperialism in a Postcolonial World?" In *Empire's Twin: U.S. Anti-*

Imperialism from the Founding Era to the Age of Terrorism, edited by Ian R. Tyrrell and Jay Sexton, 219-242. Ithaca: Cornell University Press.

- US Democratic Party. 2020. "2020 Democratic Party Platform." *Democratic National Convention*, July 31.
- USTR. 2017. "2017 Trade Policy Agenda and 2016 Annual Report." March 1.
- ______. 2017. "The President's Trade Policy Agenda." March 1.
- ______. 2018. "The President's 2018 Trade Policy Agenda." March 1.
- Voght, Kara. 2021. "Can America's Problems Be Fixed By a President Who Loves Jon Meacham? How a Pop Historian Shaped the Soul of Biden's Presidency." *Mother Jones*, April 2.
- Walt, Stephen M. 1997. "Why Alliances Endure or Collapse." *Survival*, 39(1).
- ______. 2016. "What Would a Realist World Have Looked Like?" *Foreign Policy*, January 8.
- ______. 2016. "No, Donald Trump Is Not a Realist." *Foreign Policy*, April 1.
- ______. 2016. "The Madness of Crowds." *Foreign Policy*, July 15.
- ______. 2017. "Barack Obama Was a Foreign-Policy Failure." *Foreign Policy*, January 18.
- ______. 2017. "This Isn't Realpolitik. This Is Amateur Hour." *Foreign Policy*, May 3.
- ______. 2019. "The End of Hubris: And the New Age of American Restraint." *Foreign Affairs*, 98(3).
- ______. 2020. "The Realist's Guide to the Coronavirus Outbreak." *Foreign Policy*, March 9.

- ______. 2020. "Biden Sees the A-Team. I See the Blob." *Foreign Policy*, December 11.
- ______. 2021. "Trump's Final Foreign-Policy Report Card." *Foreign Policy*, January 5.
- ______ . 2021. "The Top Five Debriefing Questions About Afghanistan." *Foreign Policy*, July 9.
- ______. 2022. "Liberal Illusions Caused the Ukraine Crisis." *Foreign Policy*, January 19.
- ______. 2022. "The Ukraine War Doesn't Change Everything." *Foreign Policy*, April 13.
- ______. 2023. "America Is a Root Cause of Israel and Palestine's Latest War." *Foreign Policy*, October 18
- Washington, George. 1796. "Washington's Farewell Address 1796." *The Avalon Project*, September 19.
- Wasow, Omar. 2021. "'This Is Not Who We Are': Actually, the Capitol Riot Was Quintessentially American." *The Washington Post*, January 7.
- Way, Lucan Ahmad. 2022. "The Rebirth of the Liberal World Order?" *Journal of Democracy*, 33(2).
- Weber, Cynthia. 2017. "The Trump Presidency, Episode 1: Simulating Sovereignty." *Theory & Event*, 20(S-1).
- Werner, Jake. 2023. "Biden Doesn't Need to Keep Pushing Xi and Putin Closer." *The Nation*, March 22.
- Wertheim, Stephen. 2017. "Trump and American Exceptionalism: Why a Crippled America is Something New." *Foreign Affairs*, January 3.
- ______. 2017. "Quit Calling Donald Trump an Isolationist. He's Worse than That." *The Washington Post*, February 17.

- Wilson, Jeffrey D. 2018. "Rescaling to the Indo-Pacific: From Economic to Security-Driven Regionalism in Asia." *East Asia: An International Quarterly*, 35(2).
- Wohlforth, William C. 1999. "The Stability of a Unipolar World." *International Security*, 24(1).
- Woodard, Colin. 2021. "How Joe Biden Can Help Forge a New National Narrative." *Washington Monthly*, January 10.
- Yellen, Janet. 2023. "Remarks by Secretary of the Treasury Janet L. Yellen on the U.S. - China Economic Relationship at Johns Hopkins School of Advanced International Studies." *Department of the Treasury*, April 20.
- Zakaria, Fareed. 2016. "Populism on the March: Why the West is in Trouble." *Foreign Affairs*, 95(6).
- ______. 2023. "America's Foreign Policy Has Lost All Flexibility." *The Washington Post*, March 17.
- Zeitz, Joshua. 2018. "How Trump is Making Us Rethink American Exceptionalism." *Politico*, January 7.
- Zelikow, Philip. 2016. "The Art of the Global Deal." *The American Interest*, December 13.
- Zhang, Baohui. 2022. "When Civilisational Clashes Meet Power Shifts: Rethinking Global Disorder." *The Chinese Journal of International Politics*, 15(4).
- Zoffer, Joshua P. 2017. "The Bully Pulpit and U.S. Economic Policy: Lessons for Trump from the Nixon Era." *Foreign Affairs*, September 13.
- Zurcher, Anthony. 2020. "US Election Results: Five Reasons Biden Won." *BBC*, November 7.
- Zvobgo, Kelebogile. 2021. "'This Is Not Who We Are' Is a Great American Myth." *Foreign Policy*, January 8.

찾아보기

가

나

다

라

마

바

사

아

자

차

카

타

파

하

기타

총서 知의회랑 arcade of knowledge 을 기획하며

대학은 지식 생산의 보고입니다. 세상에 바로 쓰이지 않더라도 언젠가는 반드시 인류에 필요할 지식을 생산하고 축적하며 발전시키는 일을 끊임없이 해나갑니다. 오랫동안 대학에서 생산한 지식은 책이란 매체에 담겨 세상의 지성을 이끌어왔습니다. 그 책들은 콘텐츠를 저장하고 유통시키며 활용하게 만드는 매체의 차원을 넘어, 인간의 비판적 사유 능력과 풍부한 감수성을 자극하는 촉매의 역할을 충실히 해왔습니다.

이와 같은 '책을 읽는다'는 것은 단순히 지식과 정보를 습득하는 데 멈추지 않고, 시대와 현실을 응시하고 성찰하면서 다시 그 너머를 사유하고 상상함을 의미합니다. 그러므로 '세상의 밑그림'을 그리는 책무를 지닌 대학에서 책을 펴내는 것은 결코 가벼이 여겨선 안 될 일입니다.

이제 우리는 다양한 방식으로 존재하는 지식과 정보, 그리고 사유와 전망을 담은 책을 엮어 현존하는 삶의 질서와 가치를 새롭게 디자인하고자 합니다. 과거를 풍요롭게 재구성하고 미래를 창의적으로 기획하는 작업이 다채롭게 펼쳐질 것입니다.

대학의 심장부에 해당하는 도서관이 예부터 우주의 축소판이라 여겨져 왔듯이, 그곳에 체계적으로 배치된 다양한 책들이야말로 이른바 학문의 우주를 구성하는 성좌와 다름없습니다. 우리는 그 빛이 의미 없이 사그라들지 않기를, 여전히 어둡고 빈 서가를 차곡차곡 채워가기를 기대합니다.

앎을 쉽게 소비하는 시대를 살고 있지만, 다양한 앎을 되새김함으로써 학문의 회랑에서 거듭나는 지식의 필요성에 우리는 공감합니다. 정보의 홍수와 유행 속에서도 퇴색하지 않을 참된 지식이야말로 인간이 가야 할 길에 불을 밝혀줄 수 있기 때문입니다. 앞으로 대학이란 무엇을 하는 곳이며, 왜 세상에 남아 있어야 하는 곳인지 끊임없이 되물으며, 새로운 지의 총화를 위한 백년 사업을 시작하겠습니다.

총서 '知의회랑' 기획위원

안대회 · 김성돈 · 변혁 · 윤비 · 오제연 · 원병묵

총서 知의회랑 arcade of knowledge 총목록

001 기업 처벌과 미래의 형법: 기업도 형법의 주체가 될 수 있는가
김성돈 지음 • 2018년 세종도서 학술부문

002 표상의 언어에서 추론의 언어로: 언어표현이 의미하는 것은 무엇인가
이병덕 지음 • 2018년 대한민국학술원 우수학술도서

003 동양 예술미학 산책: 동아시아 문인들이 꿈꾼 미의 세계
조민환 지음

004 한국 영화에 재현된 가족 그리고 사회: <미몽>에서 <고령화 가족>까지
강성률 지음 • 2018년 세종도서 학술부문

005 개인적 자유에서 사회적 자유로: 어떤 자유, 누구를 위한 자유인가
김비환 지음 • 2019년 대한민국학술원 우수학술도서·인재저술상 수상도서

006 시민종교의 탄생: 식민성과 전쟁의 상흔
강인철 지음 • 2019년 세종도서 학술부문

007 경합하는 시민종교들: 대한민국의 종교학
강인철 지음 • 2019년 대한민국학술원 우수학술도서·제1회 용봉최재석학술상 수상도서

008 식민지 문역: 검열/이중출판시장/피식민자의 문장
한기형 지음 • 2019년 세종도서 학술부문·제11회 임화문학예술상 수상도서

009 제러미 벤담과 현대: 공리주의의 설계자가 꿈꾼 자유와 정의 그리고 행복
강준호 지음 • 2020년 대한민국학술원 우수학술도서

010 세계관 전쟁: 근대 중국에서 과학신앙과 전통주의 논쟁
이용주 지음 • 2020년 세종도서 학술부문

011 빌리 브란트와 김대중: 아웃사이더에서 휴머니스트로
최영태 지음

012 충절의 아이콘, 백이와 숙제: 서사와 이미지 변용의 계보학
김민호 지음 • 2021년 세종도서 학술부문

013 중국인의 오브제: 답삿길에서 옛사람들의 눈과 마음을 읽는다
전호태 지음

014 고구려 벽화고분의 과거와 현재: 한국 역사문화예술 연구의 관문, 고구려 벽화고분들과 만나다
전호태 지음

015 동양의 광기와 예술: 동아시아 문인들의 자유와 창조의 미학
조민환 지음 • 2021년 세종도서 학술부문

016 조선 불교사상사: 유교의 시대를 가로지른 불교적 사유의 지형
김용태 지음 • 2021년 대한민국학술원 우수학술도서·제12회 원효학술상·제18회 붓다북학술상 수상도서

017 수용소와 음악: 일본 포로수용소, 아우슈비츠, 테레지엔슈타트의 음악
이경분 지음 • 2021년 세종도서 학술부문·제62회 한국출판문화상 최종 후보작(학술저술)

018 임진왜란: 2년 전쟁 12년 논쟁
김영진 지음 • 2021년 세종도서 학술부문·조선일보 선정 올해의 책10

019 한국의 여신들: 페미니즘의 신화적 근원
김화경 지음 • 2022년 대한민국학술원 우수학술도서

020 시인의 발견, 윤동주
정우택 지음 • 2022년 세종도서 학술부문

021 고대 한국의 풍경: 옛사람들의 삶의 무늬를 찾아서
전호태 지음 • 2022년 세종도서 교양부문

022 과거제도 형성사: 황제와 사인들의 줄다리기
하원수 지음 • 2022년 대한민국학술원 우수학술도서

023 동남아시아 도시들의 진화: 인간과 문화를 품은, 바닷길 열두 개의 거점들
한광야 지음 • 2022년 대한민국학술원 우수학술도서

024 감정의 귀환: 아리스토텔레스의 감정론 연구
한석환 지음 • 2022년 대한민국학술원 우수학술도서

025 학문이 서로 돕는다는 것: 현상학적 학문이론과 일반체계이론의 이중주
박승억 지음 • 2022년 세종도서 학술부문

026 로마 공화정 중기의 호민관: 공화 정치의 조정자
김경현 지음 • 2022년 세종도서 학술부문

027 문화 상징으로서의 인용음악: 현대음악의 상호텍스트성 미학
오희숙 지음 • 2023년 세종도서 학술부문

028 음악과 과학: 피타고라스에서 뉴턴까지
원준식 지음

029 일제 사진엽서, 시와 이미지의 문화정치학
최현식 지음 • 2023년 대한민국학술원 우수학술도서

030 중국사상과 죽음 이데올로기: 나는 존재하는가
정진배 지음 • 2023년 세종도서 학술부문

031　조선조 서예미학: 서예는 마음의 그림이다
조민환 지음

032　청대 중국의 경기변동과 시장: 전제국가의 협치와 경제성장
홍성화 지음 • 2023년 대한민국학술원 우수학술도서

033　반구대 이야기: 새김에서 기억으로
전호태 지음 • 2023년 세종도서 교양부문

034　증오를 품은 이를 위한 변명: 증오의 사회학, 그 첫 번째
엄한진 지음 •2023년 대한민국학술원 우수학술도서

035　전쟁자본주의의 시간: 한국의 베트남전쟁 담론과 재현의 역사
김주현 지음

036　민중, 저항하는 주체: 민중의 개념사, 이론
강인철 지음

037　민중, 시대와 역사 속에서: 민중의 개념사, 통사
강인철 지음

038　문학이 정의를 말하다: 동아시아 고전 속 법과 범죄 이야기
박소현 지음

039　중세 서유럽의 흑사병: 사상 최악의 감염병과 인간의 일상
이상동 지음

040　일제 사진엽서, 식민지 조선을 노래하다
최현식 지음

041　한국 시화사
안대회 지음

042　30년의 위기: 탈단극 시대 미국과 세계질서
차태서 지음

출간 예정

20세기 한국 민중서사 김경일
위계와 증오 엄한진
조선시대 노장 주석서 연구 조민환
광장의 문학, 한국과 러시아문학 김진영
도시마을의 변화과정 한광야
근대를 살다 김경일
일제 강점기 황도유학 신정근
서양 중세 제국 사상사 윤 비
'트랜스Trans'의 한 연구 변 혁
피식민자의 계몽주의 한기형
국가처벌과 미래의 형법 김성돈
지식의 제국과 동아시아 진재교
제국과 도시 기계형
고대 로마 종교사 최혜영
J. S. 밀과 현대사회의 쟁점 강준호
문학적 장면들, 고소설의 사회사 김수연
조선 땅의 프로필 박정애
제주형 지역공동체의 미래 배수호
제국의 시선으로 본 동아시아 소수민족 문혜진
루쉰, 수치와 유머의 역사 이보경
식민지 학병의 감수성 손혜숙
계몽시대 여성담론 및 여자교육 김경남
플라톤의 『테아이테토스』 연구 정준영
출토자료를 통해 본 고구려의 한자문화 권인한

지은이 차태서

서울대학교 외교학과와 동 대학원을 졸업하고, 미국 존스홉킨스대학(Johns Hopkins University)에서 「아메리카 문명표준의 건설(The Construction of The American Standard of Civilization)」로 정치학 박사학위를 받았다. 한국국방연구원 안보전략연구센터 연구원, 공군사관학교 군사전략학과 전임강사 등을 거쳐 현재 성균관대학교 정치외교학과 조교수로 있다.

담론 분석과 정치사상사를 기반으로 미국 외교와 세계질서 변동 연구에 집중해왔다. 최근 몇 년간에는 국제정치학에서의 인류세 논의와 함께 북한-미국 관계의 역사적 궤적에도 관심을 기울였다. 앞으로는 성찰적 현실주의의 세계관을 토대로 신냉전 시대 국제관계 변화와 한국 외교의 대응방향에 대해 모색해볼 계획이다.

주요 논문으로 'Contending American Visions of North Korea: The Mission Civilisatrice versus Realpolitik', 'Whither North Korea? Competing Historical Analogies and the Lessons of the Soviet Case', 'Rereading Friedrich Hayek and Karl Polanyi in the Late-Modern Condition of Fragility', 「포스트휴먼 시대 행성 정치학의 모색: 코로나19/기후변화 비상사태와 인류세의 정치」, 「자유주의와 민주주의의 불화: 한국에서 포퓰리즘적 계기의 출현」, 「담론 분석이란 무엇인가? 국제정치학의 경우」, 「한국의 중견국 외교와 정체성 공진화의 정치: 신동방정책과의 비교와 시사점」 등이 있다.

知의회랑
arcade of knowledge
042

30년의 위기

탈단극 시대 미국과 세계질서

1판 1쇄 발행 2024년 2월 28일
1판 3쇄 발행 2024년 10월 30일

지 은 이 차태서
펴 낸 이 유지범
책임편집 현상철
편 집 신철호·구남희
마 케 팅 박정수·김지현
펴 낸 곳 성균관대학교출판부
등 록 1975년 5월 21일 제1975-9호
주 소 03063 서울특별시 종로구 성균관로 25-2
전 화 02)760-1254 팩스 02)762-7452
홈페이지 http://press.skku.edu

ISBN 979-11-5550-622-6 93340

값 33,000원